現代人のこころに倫理の新風を

いまこそ葉隠

佐賀城鯱の門

佐賀藩 藩祖鍋島直茂像
公益財団法人 鍋島報效会 所蔵

有田の皿山は、直茂公高麗国よりご帰朝の際「日本の宝にしたい」と仰せがありまして焼き物名人・頭6、7人を召し連れられ、金立山に召し置かれ焼き物を致しました。その後、伊万里の内、藤の河内山に参り来て焼き物を致しました。それ以降日本人が見習い、伊万里・有田の方々に(皿山が)できましたとのこと。

(聞書第三39節)

佐賀藩 初代藩主鍋島勝茂像
公益財団法人 鍋島報效会 所蔵

勝茂公の御代には、毎年元旦に御願文をしたためられ、与賀社・本庄社・白山八幡にお籠りなされ、大晦日の夜に御願ほどきを遊ばされました。その趣意は、

一、家中によい者が出てきますよう

一、家中の者が扶持を取り失い申さぬよう

一、家中に病人が出て来申さぬよう　右の三箇条でした。

御死去の年の御願書が残っており申すはずです。（石田一鼎の話とのことである）

（聞書第四25節）

往時の姿を偲ばせる城内公園

写真提供:
株式会社 パスコ PASCO Surveying the Earth to Create the Future

佐賀城跡

平成27年1月13日撮影

常朝先生垂訓碑(昭和10年建碑)佐賀市金立
写真／公益財団法人 鍋島報效会 提供

葉隠研究家 栗原荒野
（佐賀市）

葉隠写本（山本本）
公益財団法人 鍋島報效会 所蔵／佐賀県立図書館寄託

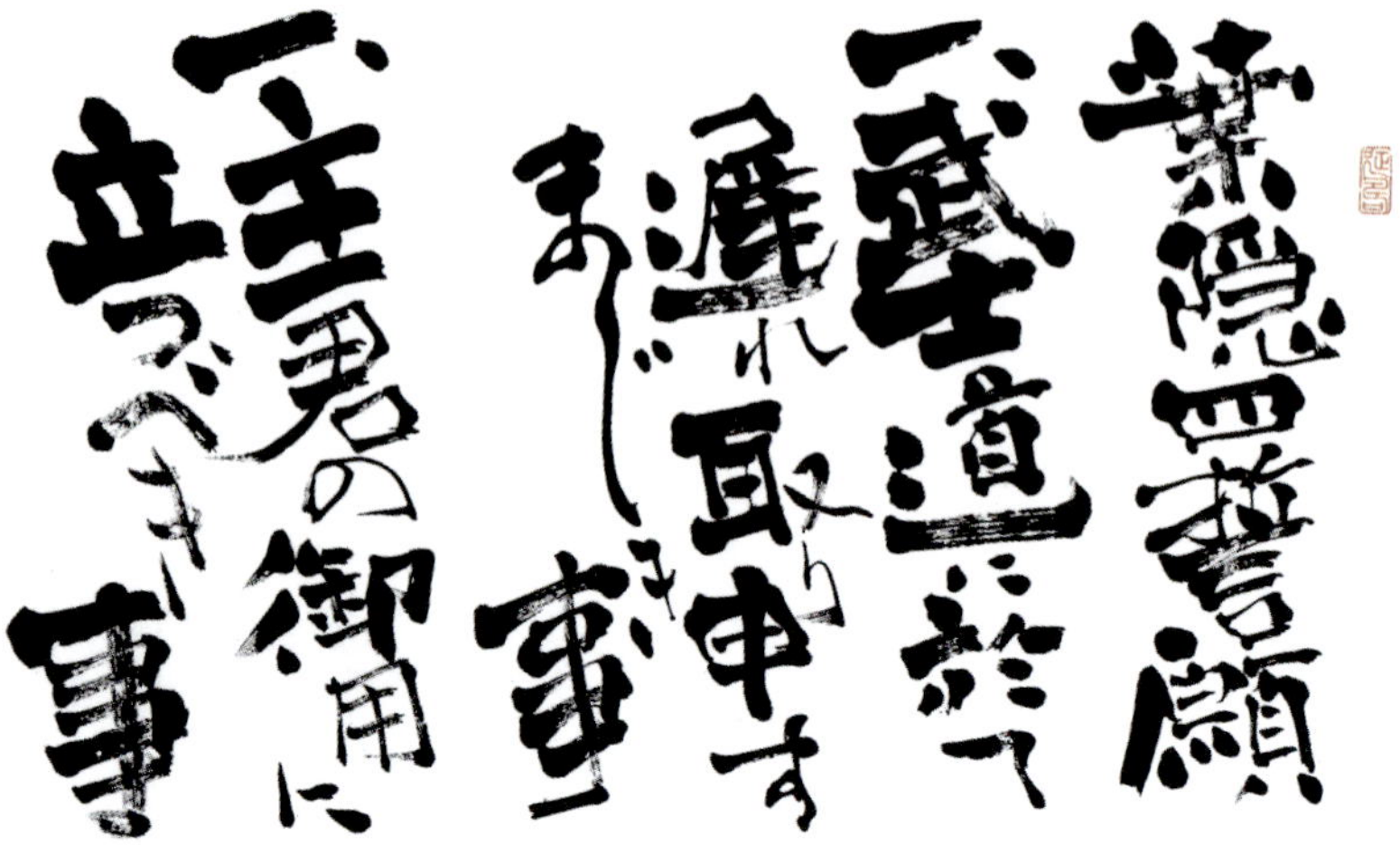

「葉隠四誓願」
書／渡辺松坡

佐賀城南堀の蓮堀
写真／久我秀樹 提供

一、「親に孝行
仕るべき事」
一、「大慈悲を
起し人の
為になる
べき事」

目次

佐賀藩の杏葉紋

目次

序

武士の思想を伝える古典は数多くあるが、とりわけ「葉隠」は、質・量ともに充実した、わが国武士道書の代表というべき文献である。

深い教訓と具体的な事例の数々を通して「葉隠」が訴えかけてくるのは、武士たる者の生き方の指針、つまり武士の「倫理」である。多くの佐賀藩士たちが、「葉隠」に「生き方の指南」を見いだし、その伝統は、今日に至るまで絶えることなく続いている。本書は、明治三十九年にはじめて「葉隠」が活字本となってから現代に至るまで、「葉隠」という書物がどのように読まれ、人々にどのような人生の糧を与えてきたかを通観したものである。

「葉隠」は、世界に誇ることのできる倫理の書である。もちろん、戦闘者である武士階級の倫理を、そのまま現代の世に適用できるわけではない。我々は生死を共にする主君を持たないし、責任を取るときに切腹をさせられるわけでもない。しかしそれでも、「葉隠」武士と今日の我々の間には、ある根本において通じるものが存在するのも確かである。

和辻哲郎は、倫理の根本は「信頼」と「誠実」であると述べている。人間は、「約束」をすることができる動物であり、人間の社会は、無数の約束事から組み立てられている。職場で決められた仕事をする、物を買ってお金を払う、子供を学校に行かせる、決められた時間に電車が来る等々、我々の社会生活はすべて、人々がさまざまな約束事を守ることによって維持されている。誠実に約束を守り、他者の誠実を信頼することは、人間社会そのものの存立に関わる大前提であり、まさに倫理の根本なのである。

約束ができるということは、裏返せば、人間は嘘をつき、約束を破ることもできるということでもある。他人を貶《おとし》める悪質な嘘は別として、策略、方便、比喩、お世辞、誇張、仮説等々といった広い意味での嘘は、人間生活にとって必要なものである。ことに、実利を追求するには、そのようないわば必要悪としての虚偽を使いこなす能力が大いにものをいう。これをうまく使いこなす人を、「葉隠」は、「利口者」と呼んでいる。

しかし「葉隠」は、本当に御用に立つ家来は、世にもてはやされる利口者ではなく、むしろ不器用で愚直な武士たちの中にいると主張する。不器用な者は、うわべの偽り・飾りがなく誠実であるというのが、「葉隠」の基本的な考え方である。「鈍なる者は直なり」(聞書第一40節)という「葉隠」の言葉は、「剛毅木訥は仁に近し」という孔子の言葉と軌を一にする。「智恵・芸能」のある利口者が幅を利かせる功利一辺倒の風潮の中で、倫理の基本は、かえって不器用・愚直な人々の中に生きていると説く「葉隠」は、現代に生きる者にとっても、すぐれた「生き方指南書」となるにちがいない。本書が、「葉隠」に関心を持つ多くの読者にとって、「倫理の海」に船出する良き手引きとなることを願ってやまない。

平成30年8月

菅野　覚明

略歴
皇學館大学教授　東京大学名誉教授
曹洞宗僧籍　日本倫理思想史

序

時が経つのは早いもので、父栗原荒野《くりはらあらの》が他界したのは昭和51年2月でしたから、あれから42年もの時が過ぎ去りました。あと3年もすれば、私も父の享年89歳に並ぶことになります。父が「葉隠」の研究に取り組み始めたのが、昭和の初めのころでしたから、文字通り半世紀を「葉隠」一筋に生きたのでした。

この度、葉隠研究会理事の大草秀幸さんが「いまこそ葉隠」という大冊を出版され、感激しています。「葉隠」の里である佐賀からの久々の出版です。一年ほど前に私を訪問になり、計画を打ち明けられましたが、「葉隠」の注釈本ではなく、明治末年から今日までに出版された「葉隠」の多くの本を縦覧・閲読して、その解釈や論評を一冊にまとめたいとのことでした。しかも、父荒野と私の「葉隠人生」を縦糸にし、歴代の葉隠研究者や作家、歴史家の手による「葉隠」の諸本を横糸にして編み上げたいとのことでした。

驚きました。これまでにそのような「葉隠」の本にお目にかかったことはありません。しかも、その動機がふるっていました。私が、若いころを回顧して「葉隠というは、貧乏することと見付けたり」「父も葉隠も大嫌いだった」と言っていたこと、書いていたことから興味を持たれたというのです。

戦後のわが家の貧困はすさまじく、特に母の苦労は筆舌に尽くしがたいものでした。私たち3人の子どもが小学生のころ、父は「葉隠」の研究と執筆に没頭するあまり、50歳を目前にして毎日新聞佐賀支局長を辞めてしまいました。その後の困窮は、私が就職するまで4半世紀も続いたのです。窮地に陥った私たち家族を地域の多くの方が物心両面で支えてくださいました。「葉隠」の著者として名前ばかりが有名になった荒野が書いた色紙を、「何枚でもいいよ」と引き受けて、家計の支援をしていただいたそうです。私は佐賀県庁に奉職し、県立図書館の課長職で定年となりましたが、多くの皆さんのご支援で仕事を全うすることができたことに感謝しています。

大草さんは拙宅から徒歩で10数分のところにお住まいで、ひんぱんに来訪されては、私が父から引き継いだ書斎にある「葉隠」の本を借り受けられ、図書館に足を運び、また、ご自分でも買い足されて読み込まれたようです。睡眠を削っての執筆のように見受けました。しかし、長時間パソコンに向き合って原稿を書くのを楽しんでおられるようでした。地元の佐賀新聞社で長年の記者経験がそうさせたのでしょう。平成8年に「葉隠一日一言」を出版された元佐賀新聞社論説委員長河村健太郎さんも喜々として紙上連載を執筆されていたことを思い出しました。

私も父をとりこにした憎き「葉隠」をのぞき見たことから、ミイラ取りがミイラになって、いつしか葉隠研究に手を染めていました。今では葉隠研究会の研究活動、研究会誌の発行を続けていくことも、若い人たちの参加もなかなか期待できず、徐々に困難になりつつあります。今回の「いまこそ葉隠」の発刊を契機として、「葉隠」への関心と理解が高まることを願うものです。

平成30年8月　　栗原荒野・耕吾の書斎にて

栗原　耕吾

はじめに

日本がおかしくなってきている。何をするにも便利な世の中ではあるが、果たして住み心地はよいか。爽やかに大きく深呼吸できないような空気につつまれてきてはいないか。21世紀に入ってさらに貧富の差が拡大した。それも原因の一つだろう。超高齢社会を迎え、人口が減少に転じたことの不安もあるのだろうか。社会保障も低所得層の暮らしに安心を与えるには程遠い。教育も機会均等とは言い難い。若い世代は自分たちの将来に不安を隠せない。自然災害も容赦なく襲ってくる。揺らぐ倫理と予測不可能な社会への拒絶反応だろうか。

世界もおかしくなっている。20世紀が「戦争の世紀」であったなら、21世紀は「平和の世紀」が到来するはずだった。しかし、世界各地に紛争の種がまかれてしまい、アメリカや中国などの新たな政治指導者たちの思惑は「自国第一主義」に傾いている。大国の狭間で浮き沈みする日本は、危ういこの道を歩き続けていいのか。人々は迷っている。政財界のリーダーたちも時勢に流されて口をつぐみ、国民に知らされなければならない情報も水面下に沈潜している。マスメディアも社会の真相を深掘りする報道を避けているようにも思える。一体、この国はどこに向かうのか。

インターネットがモンスターのような情報社会を築いてしまった。だれもが片時もスマホを手放せなくなっている。繋がっていないと不安の波間で溺れてしまいそうな少年少女たちがいる。便利の数だけリスクも生まれた。手に負えない文明の利器についていけない年齢層は、洪水のようにあふれ返る情報と変幻自在のビジネススタイルや流行をもてあましている。アナログとデジタルの違いでは説明のつかないほど、世代間に抗いようのないギャップが生まれている。ネット難民は置き去りにされるのか。ＡＩ（人工知能）の進化や新エネルギー革命がさらに追い打ちをかけるだろう。

人の生き方も融通無碍《ゆうずうむげ》。時代は変わろうとも他者を思いやる心は、新しいものに引きずられて変わるものではないと考えられてきた。しかし、そのように思いたい人々の思惑を超えて、日本人の「こころ」、精神文化が変質しようとしている。日常の身の回りで常軌を逸したとんでもない事件が頻発する。金銭第一主義がはびこり、産業基盤を支えてきた大手企業が偽装に手を染めたり、おれおれ詐欺が常態化するような社会現象が、人心を荒廃させる。政治や行政も国民の信頼を失いつつある。「今だけ、金だけ、自分だけ」。このような風潮が浸潤しつつある。

平成の世が30年目を迎え、そして終わる。日本国憲法施行後に初めて即位した今上天皇が生前退位を望まれ、国民も政府もこれを受け入れた。平成31年4月30日で「平成」が幕を下ろし、皇太子の天皇即位とともに新元号による新時代が幕開けする。２０１８年は明治維新から１５０年。その維新から更に１５０年さかのぼると１７１８年。そのとき佐賀藩の深山の草庵では、第2代藩主鍋島光茂《なべしまみつしげ》に永年仕えて出家した山本常朝《やまもとじょうちょう》が武士道の根本思想や倫理を語り、それを第3代藩主鍋島綱茂《なべしまつなしげ》の右筆役《ゆうひつやく》であった藩士田代陣基《たしろつらもと》が筆録した聞書11巻の大著「葉隠」はすでに2年前に完成していた。

「憂き世から浮世へ」といわれた元禄時代。戦乱は遠のき、経済も安定して、文芸・学問・芸術は百花繚乱、太平の世を謳歌していた。そのような時代を生きる戦《いくさ》を知らぬ鍋島藩士たちに、武士としての生き方を語らずにはおれなかった常朝は、陣基という若い俊才のパートナーを得て、「葉隠」を残すことができた。「武士道といふは、死ぬことと見付けたり」。この一句があまりにも有名であり、戦前から戦時中にもてはやされたという暗い過去を持つ書である。戦乱の世にあって、死地に赴く兵士たちの士気を鼓舞する妙薬として軍部から重宝され、独り歩きしてしまった。

明治末期に「葉隠」を初めて活字本で出版した佐賀出身の中村郁一《なかむらいくいち》がいた。昭和初年には「分類注釈葉隠《はがくれ》の神髄《しんずい》」「校註《こうちゅう》葉隠《はがくれ》」を編纂して「葉隠」を世に出した佐賀の栗原荒野《くりはらあらの》がいた。さらには父の遺志を継いで現代に「葉隠」の紹介を続けている葉隠研究家栗原耕吾《くりはらこうご》がいる。また、創立から32年の葉隠研究会の研究会誌「葉隠研究」は85号の刊行を重ねている。今日まで数多くの研究者、評論家、作家、ジャーナリストらによって著された葉隠本は優に260冊を超え、研究論文は数知れない。新刊本の出ない年はない。「葉隠」は現代人の心をわしづかみにする。

本書は、これまでの種々の葉隠本とは異なる切り口で「葉隠」を紹介する。「葉隠」全11巻を口語訳、注釈するものではない。先人たちによって「葉隠」がどのように読み解かれ、論評されてきたのかを縦覧《じゅうらん》し、あるいは抜粋して、新たに「葉隠」の世界を伝えたいと願い編集した。武士道書として300年前に編まれた「葉隠」は、封建時代の「武士の心構えに関する教え」であるが、その底流に流れる倫理は現代社会を生きるわれわれにも数々の示唆を与えてくれる。常朝は陣基に「追《おっ》て全11巻は火中すべし」と申し渡していたが、「葉隠」は残った。

「葉隠」は、近世から現代に至るわが国の精神世界を貫く「1本の棒」のようなものである。古今東西のあらゆる哲学にもひけを取らない江戸期の哲学書である。佐賀という一地方に生まれた古典ではあるけれども、日本の伝統的武士道の「神髄《しんずい》」は、類《たぐい》まれな人間形成の書として読み親しまれてきた。戦後70年余を経た現代社会にふたたび光を放ち始め、現代を生きる私たちに語りかけている。なぜに現代人のこころを揺さぶり、染み入ってくるのか。300年の時空を超えて、人としての生き方を問う古典を読み解き、汚れの目立つ日本のこころを洗濯する。「いまこそ葉隠」である。

大草　秀幸

2018年9月

凡　例

○参考文献は巻末の葉隠図書一覧中に地紋を施して表示しています。
○底本は栗原荒野編著「校註葉隠」です。同書は「夜陰の閑談」を1節としており、他の書と異なるため節が一致しません。また底本が異なると節も異なるケースがあります。
○人物の敬称は略しています。肩書は最終のものとは限りません。生年、没年ももれなく記しておりません。故人の表記もしていません。
○本書中に「筆者」とあるのは著者を指します。
○ふりがなは原則として章や項が変わるごとに必要に応じて付しています。
○活字は筆者の文、「葉隠」の原文、書籍や論文等からの引用、転載文によって異なります。
○年号、月日、年齢などの数字は引用文、転載文も含めて特例を除き漢数字を用いずアラビア数字としています。ただし、聞書一―十一巻は漢数字を使用しています。
○葉隠は江戸期の書であり原文中に不適切な語彙や表現があります。ご容赦ください。

第1章

「葉隠」の神髄

栗原荒野書き込みの初版校註葉隠

「葉隠」の舟で「倫理の海」へ船出しよう

「葉隠」は「生き方指南書」

「葉隠」がおもしろい。佐賀藩士山本常朝《やまもとじょうちょう》（1659―1719）が、永年仕えた藩主の死去に際し「追腹《おいばら》」を許されず、出家して隠棲した草庵で語った談話を、同じく若い佐賀藩士の田代陣基《たしろつらもと》（1678―1748）が筆録、編集した「葉隠」は、〝鍋島論語〟ともいわれた近世を代表する武士道書である。江戸期に生まれた日本の稀有な古典哲学ともいえる。「武士道といふは、死ぬことと見付けたり」の一句で有名だが、聞書《ききがき》全11巻1343節（写本により異なる）は、聞書第一、第二が教訓、第三が藩祖鍋島直茂《なべしまなおしげ》の言行、第四が初代藩主勝茂《かつしげ》及び世嗣忠直《ただなお》の言行、第五が2代藩主光茂《みつしげ》と3代藩主綱茂《つなしげ》の言行、第六から第九までが藩内のできごとや藩士の言行、第十と第十一は他藩の人々の言行や補遺《ほい》となっている。天下を分けた関ケ原の戦いから100年を経た江戸中期の精神世界を、さまざまな人物を登場させながら時代絵巻を解説するように生き生きと描いている。

原文と注釈の「葉隠」を読み込もうとすると難解である。ところが、現代語訳で易しく書かれた本が近年出版されている。口語訳だけの本だと原文の味わいや魅力を感じ取れないだけに惜しい。「武士道書」といえば、新渡戸稲造《にとべいなぞう》の「武士道」を筆頭に大道寺友山《だいどうじゆうざん》の「武道初心集」、山鹿素行《やまがそこう》の山鹿流軍学、宮本武蔵の「五輪書《ごりんのしょ》」など数多いのだが、今日も絶えず発刊され続けているのは「葉隠」だけではないだろうか。昭和50年以降をみても「葉隠」に関する本が出版されなかった年はない。それはなぜか。無論のこと、いずれの武士道書にもそれぞれの魅力、持ち味があるが、「葉隠」を読み始めるとぐいぐいと引き込まれてしまう。一節ごとに短編読み切りで構成されている。「短編」というより「短文」である。どこから読み始めてみても、そこに織り込まれている倫理、教養、死生観などが柔軟、多彩で、現代を生きるわれわれの心にも多くの刺激を与える「生き方指南書」だからだろう。

「葉隠」を読んでみたいと思いながらも手を出せなかった人たちへの朗報である。平成29年（2017）9月、菅野覚明《かんのかくみょう》（1956—）らによる「新校訂・全訳注葉隠」上巻が講談社学術文庫から発刊され、中巻も平成30年5月には出版された。下巻も同年11月には出るという。ところが同じく同29年10月には佐藤正英《さとうまさひで》（1936—）らによる「定本葉隠［全訳注］」上巻がちくま学芸文庫から刊行され、11月には中巻、12月には下巻が相次いで出た。分厚い文庫本3冊セットである。ほどなく菅野の「葉隠」3冊も出揃う。「葉隠」の最新刊である。

編著者の代表である二人は、いずれも東京大学文学部倫理学科で学んだ同窓である。同窓とはいえ東大名誉教授で倫理学者の佐藤が20歳年長の大先輩である。同じく倫理学者の菅野は、東大名誉教授で現在は伊勢市の皇學館《こうがくかん》大学文学部神道学科教授であり、曹洞宗の僧籍を持つ。この類似した2冊の「葉隠」は、編集の底本（翻訳や校訂の主な拠り所とした本）とした葉隠聞書の写本が異なっており、一部に相違点が見られるが、ともに「葉隠」の原文・現代語訳・注で構成されており、初心者にとっても「葉隠」の学習、研究のテキストとするには最適であろう。

新刊としては平成30年5月には鹿児島大学名誉教授種村完司（1946—）が「『葉隠』の研究—思

想の分析、評価と批判」を九州大学出版会から発刊したことも加えておきたい。種村は、「葉隠」を現代においてどう受け止めるべきか、「葉隠」の中に現代でも通用する主張・思想はあるのかという課題を取り上げている。種村は京都大学文学部卒で博士課程を経て、鹿児島大学副学長、県立鹿児島短期大学学長を務めた。

理解しやすい原文・現代語訳・注の3点セット

「葉隠」といえば、本家の佐賀から初の活字本として明治39年（1906）に出版された中村郁一《なかむらいくいち》の「抄録本葉隠」があり、昭和10年に栗原荒野《くりはらあらの》編著による「分類注釈 葉隠の神髄」、同じく15年の「校註葉隠」（校註葉隠のみ「註」を使用）はベストセラーになった。しかし文語体である。おいそれとは読みこなすことが難しい。しかも絶版で入手は困難だ。昭和15年（1940）、東京大学文学部での「葉隠」研究の創始者である和辻哲郎《わつじてつろう》・古川哲史《ふるかわてつし》による岩波文庫「葉隠」上・中・下巻の登場によって、「葉隠」がいよいよ全国一般に知られることになるが、それでもまだまだ読みこなすにはハードルが高かった。その後、新渡戸稲造の「武士道」も翻訳した京都帝国大学卒の歴史学者奈良本辰也の日本の名著「葉隠」が出た。三島由紀夫の「葉隠入門」が話題を呼んだ。佐賀出身で日本大学文学部史学科卒の歴史小説家松永義弘《まつながよしひろ》の全巻口語訳「葉隠」上・中・下巻なども登場して、われわれの身近に引き寄せてくれた。「葉隠」を題材にした小説もあれば、楽しく読める漫画もある。

しかし、今回ほぼ同時刊行の佐藤と菅野らによる「葉隠」2組は、原文・現代語訳・注の3つをセットにして編集した理解しやすさの新境地を開くもので、多くの読者に届けたい文庫である。佐藤の「定本葉隠」は、充実した巻頭の解題《かいだい》（著作についての解説）や巻末の解説があり、菅野の「新校訂葉隠」も巻末に、書中に登場する人物補注、山本常朝略年譜、解説を加えている。

東京大学で倫理学を学び、佐藤の下で監訳注と全体を統括した静岡県立大学准教授吉田真樹《よしだまさき》（1971―）は、筑摩書房のPR誌「ちくま」の平成29年11月号に〝葉隠祭り〟と題してエッセイを掲載している。そこには佐藤をトップに編集チーム11人が一丸となって上・中・下巻3冊を上梓《じょうし》するまでに長い年月を要したこと、さらには「葉隠」の原文に多く見られる尊敬語「御」「候」をどのように正確に訳出したかの苦心談もある。

おもしろいのは同時期に講談社学術文庫で「新校訂葉隠」の編さんに励んでいた菅野は吉田の研究上の師であり、その編集チームには吉田と親しい研究者もいる。つまり、ちくま学芸文庫葉隠チームと講談社学術文庫葉隠チームは、「それぞれ良い意味で複雑な人間関係を築いていて、仲が良い」というのだ。そのうえで互いに切磋琢磨しながら、編さん作業に打ち込んできた。吉田は両書が刊行された9月から12月までを「（無事刊行は）何にせよめでたく、この期間、〝葉隠祭り〟であった」と祝っていた。

青少年たちに伝えたい「葉隠」

戦後、すっかり影を潜めてしまった「葉隠」はぴたりと発刊も途絶えた。たまらず、いち早く「葉隠」の息を吹き返させるためにペンを取ったのが佐賀の栗原荒野だった。昭和31年（1956）に「物語葉隠」を刊行、同41年には佐賀青年会議所の要請に応えて「葉隠のこころ」を出版した。いずれも一段と「葉隠」への理解が広がるように平易な表現につとめている。

また、教育出版センター（東京・豊島区）からは昭和59年（1984）に全国学校図書館協議会選定図書としてジュニア・ノンフィクション「少年少女葉隠ものがたり」が刊行された。「ヒロシマの雨はドームの涙」「タロ・ジロは生きていた」「スペースシャトル物語」「科学万博ものがたり」「オリンピックものがたり」などのシリーズからすると、19番目に飛び込んできた「葉隠ものがたり」は異色だった。著者林《はやし》一夫《かずお》は北海道出身、早稲田大学文学部卒で勤務する出版社で児童図書も手掛けていた。「葉隠」の内容については、栗原荒野の「校註葉隠」「物語葉隠」、佐賀県多久市の作家滝口康彦《たきぐちやすひこ》著の「葉隠」を素材とした時代小説をも参考資料としている。栗原の長男で当時の佐賀県立図書館資料課長栗原耕吾《くりはらこうご》も資料提供で協力し、佐賀龍谷短大名誉教授志津田藤四郎《しづたとうしろう》（1900―1987）が監修している。

戦後、教育制度がガラリと変わり、封建色の強かった戦前教育から民主教育に一変した。教師も教育指針の転換を求められ、人権尊重、個性重視の戦後教育は、自由と平等の空気に包まれた。そのような教育改革を受け入れながらも、「葉隠」が教える「人の道」をどのようにして子どもたちに教授していくかを思い願う人たちがいた。

「少年少女葉隠ものがたり」の第1章には、ロサンゼルスオリンピックの柔道無差別級で優勝した山下泰裕《やましたやすひろ》選手を紹介している。7年間、試合では1度も負けたことがなく、194連勝というおそるべき記録を持っている27歳の山下選手。ところが決勝戦へと勝ち進んだ山下は、前の試合で右足のふくらはぎに肉離れを起こし、痛む右足を引きずっていた。

誠《まこと》（葉隠ものがたりに登場する少年）は、おじいさんとお父さんと一緒にテレビ中継を見ていた。負傷に打ち勝って山下が寝技に持ち込み、一本。

金メダルを決めた瞬間、誠は「やったあ！」と叫んだ。

するとそれまで黙っていたおじいさんが、突然、大きな声で「えらい、山下。それでこそ日本男児《にっぽんだんじ》だ！」といった。

お父さんが「アハハハ」と笑って「日本男児だなんて、古くさいですよ」というと、「古くさいとはなんだ」と本気で怒り出したおじいさん。

小学校の教頭をしているお父さんは「私の世代は、小学生だった戦時中、先生や大人たちから、君たち、日本男児は、天皇陛下のために死ぬのだと教えられました。つい、そんなことを思い出してしまうんです」

おじいさんは「わしがいう日本男児という意味は、日本人の魂を持っている人ということだ。日本人であろうとアメリカ人であろうと、それぞれが民族の魂というものを持っている。山下が、ただ勝ったから、えらいといったのではない。日本人の魂を持って戦い抜いたから、『えらい』といったのだ」

さらにおじいさんがいう。「試合に勝つことよりも、勝つために、毎日、苦しい練習をコツコツと積み上げていくことが一番、大切なことだ。『葉隠』という武士の生き方を書いた古い本に、このような覚悟を持って生きる武士こそ、まことの武士だと書いてある。山下が『葉隠』を読んだかどうかはしらないが、山下こそ本当の〝葉隠武士〟だ。日本人の魂を持っている」

この山下選手の話は、まだまだ続くのだが、このように日常の会話の中で、人としての正しい生き方、日本人としての魂を大事にするなどということが語られているだろうか。数学者でお茶の水大学教授藤原正彦が平成17年（2005）に出した「国家の品格」は大ベストセラーとなったが、藤原は日本の、世界の国家の在り様を憂えている。13年前に出版された本である。「先進国はすべて荒廃している」として、核問題を取り上げ「わたしが金正日（当時）でもアメリカの言うことなんか聞きません。『おれたちも半分にするからお前もやめろ』というのだったら、まだわかりますが」とアメリカをやり玉に挙げている。環境破壊や犯罪、家庭崩壊、教育崩壊の実情を嘆き、「これは西欧的な論理、近代的合理精神の破綻《はたん》に他なりません」と訴えている。

また同書の第5章では「武士道精神の復活を」とうたっている。

美的感受性や日本的情緒を育むとともに、人間には一定の精神の形が必要です。論理というのは、数学で言うと大きさと方向だけで決まるベクトルのようなものですから、座標軸がないとどこにいるのか分からなくなります。人間にとっての座標軸とは、行動基準、判断基準となる精神の形、すなわち道徳です。私は、こうした情緒を育む精神の形として「武士道精神」を復活すべきと20年以上前から考えています。武士道は鎌倉時代以降、多くの日本人の行動基準、道徳基準として機能してきました。このなかには、慈愛、誠実、忍耐、正義、勇気、惻隠《そくいん》などが盛り込まれています。惻隠とは他人の不幸への敏感さです。（中略）

武士道に明確な定義はありません。新渡戸稲造は「武士道」を書いていますが、それは外国人に日本人の根底にある形を解説するための、新渡戸の解釈した武士です。「武士道といふは、死ぬことと見付けたり」で有名な「葉隠」にしても、山本常朝という人が口述した佐賀鍋島藩の武士道に過ぎません。

それでもやはり、私は新渡戸の「武士道」が好きです。私自身が推奨している「武士道精神」は、多くは新渡戸の解釈に依っています。新渡戸の武士道解釈にキリスト教的な考え方が入っているのは確かです。

藤原は「葉隠」についてはそっけない表現だが、「葉隠」を深く読み込むまでに時間を割くことができなかったのではないかと思われる。藤原も言っているように、新渡戸のそれは西欧人への「武士道解説書」のような性格を感じる。筆者も一読して、広範におよぶ知識と識見に感動したものだが、「葉隠」から受ける武士の生々しい姿、生き方、譲れぬ一線と名誉など「武士の一分《いちぶん》（面目または職責）」を肌で感じるということはなかった。

藤原が紹介した「会津藩の教え」には筆者も深く共鳴したものである。会津藩には「日新館」という藩校があり、白虎隊《びゃっこたい》の隊員たちも教えを受けていた。この藩校に入る前の子弟向けの、いわゆる就学前教育として「什《じゅう》の掟《おきて》」というものがあった。そこにはこうあった。

一つ、年長者の言うことにそむいてはなりませぬ
二つ、年長者にはお辞儀をしなければなりませぬ
三つ、虚言《きょげん》をいうことはなりませぬ
四つ、卑怯《ひきょう》な振る舞いをしてはなりませぬ
五つ、弱いものをいじめてはなりませぬ
六つ、戸外で物を食べてはなりませぬ

七つ、戸外で婦人と言葉を交えてはなりませぬ

以上の七か条の後は、次のひとことで結ばれている。

ならぬことはならぬものです

若者はもっと自分に自信と誇りを

筆者は、この「什の掟」がとても気に入っている。人として守らなくてはならないことを、大切にしなければならないことをズバリと言う。その理由を説明もすることは要らない。「ならぬことはならぬ」のひとことで済む。ただ、今日では6つ、7つ目は掟から除外してもよさそうだ。独立行政法人国立青少年教育振興機構が平成30年に発表した青少年の意識調査に関する報告には、あらためて軽いショックを受けた。日本・アメリカ・中国・韓国の高校生8840人に「自分は価値ある人間だと思うか」との「自己肯定感」について調査したところ、他の国はすべて80%を超えているのに対して、日本の高校生だけが45%と突出して低く、「自分には価値がない」と悲観的であることがわかったという。

「あらためて軽いショック」と言ったのは、予測した通りの結果だったからである。なぜ日本の高校生はこれほどまでに「自分に自信を持てない」のだろうか。おそらくは「自分の存在価値」についての「価値基準」のとらえ方の違いもあるのだろう。各人の個性や将来目標をしっかりと認めてやる学校や家庭での評価と導き、社会の受け止めが大切なのではないか。「みんな違ってみんないい」である。しかし、そのような見方ができるようになるためには、極端な貧富の格差を是正し、暮らしやすい社会環

境を整えることが前提となるのではないだろうか。政治の視点を変えなければならない。

日本の大学生の海外留学も振るわない。行政法人日本学生支援機構の調査によると、平成28年度（2016）で9万6641人（前年度比1万2185人増）。相手国ベスト3は、アメリカ2万0159人（同1483人増）、オーストラリア9472人（同1392人増）、カナダ8875人（同686人増）だった。

アメリカへの留学生数（2016─2017）で見ると、学生は約220カ国から107万8800人で、全米大学生数の5・3％を占めているという。留学生出身国上位10カ国を見ると、①中国②インド③韓国④サウジアラビア⑤カナダ⑥ベトナム⑦台湾⑧日本⑨メキシコ⑩ブラジル─の順で、しかも日本は他の国に比べて大学院への留学割合が低い。これは将来の国際競争力の低下につながるのではないかとの懸念もあるという。しかし、どうだろうか。日本の大学の教育レベルに関する相対評価は先進国の有名大学に比して決して高いとはいえないが、イギリス、フランス、ドイツなどの姿も見られない。

世界に雄飛して、広く学び、国際性を身につけることの大切さは、いまさら言うまでもないことではあるが、まずはしっかりと自国のことを学ぶことが先決ではないか。日本の歴史や文化をおろそかにして、はばたくことばかりに熱心では、かえってひんしゅくを買う羽目になることも知っておきたい。従って、筆者はアメリカへの留学生が少ないことをさほど気に病むことはないと思う。「葉隠」の冒頭、「夜陰の閑談」の一番初めに常朝が思いを込めて語った一文だけを栗原荒野編著「校註葉隠」から紹介する。

夜陰の閑談

御家来《ごけらい》としては、國学《こくがく》心懸《こころが》くべき事なり。今時、國学目落《めおと》しに相成《あいな》り候。大意は、御家《おいえ》の根元《こんげん》を落

着け、御先祖様方の御苦労御慈悲《ごくろうごじひ》を以て御長久《ごちょうきゅう》の事を本《もと》づけ申すために候。剛忠《こうちう》様御仁心御武勇《ごじんしんごぶゆう》、利叟《りそう》様の御善根御信心《ごぜんこんごしんじん》にて、隆信《たかのぶ》様日峯《にっぽう》様御出現《ごしゅつげん》、其の御威力《ごいりょく》にて御家御長久、今《いま》が世迄《よまで》、無雙《むそう》の御家にて候、今時の衆、斯様《かよう》の義は唱《とな》へ失ひ、餘所《よそ》の佛《ほとけ》を尊《たふと》び候事、我等は一圓《いちえん》落着き申さず候。（後略）

（注）剛忠＝龍造寺兼家。龍造寺家の基礎を作った武将。隆信の曽祖父。
利叟＝鍋島清久。藩祖直茂の祖父

（訳）我が藩の御家来衆は、わが藩のことを学ぶ国学を心懸けねばならない。今時は、どこも国学がないがしろにされてしまっている。国学を学ぶ大きな意味は、鍋島の御家の根本を自分の胸に落ち着けること、つまり歴代藩主様方、当時の御家来衆のご苦労やご慈悲を知ることによって、鍋島家が長く久しく続いていることを根本から腑に落ちるようにするためである。剛忠様の御仁心と御武勇、利叟様の御善行と御信心のおかげで、隆信様、日峯様がご出現になり、お二人の御威力のおかげで御家は長久、今日まで無双（並ぶもののない）の御家である。今時の人々は、このような根本をすっかり忘れて、よその仏を尊ぶが、そのようなことは私にはまったく承服できない。（訳は講談社学術文庫刊「新校訂全注釈葉隠」より）

「葉隠」の根本精神の部分であり、別項でも詳しく語りたいが、この場合、私たちは「我が藩の御家来衆」を「日本の国民」に置き換えて考えることでよいと思う。国家主義を強調するものではない。自らが自信を持って学び、磨き、生きるということの大切さを「葉隠」からも読み取ってほしい。青少年や高校生や大学生たちには、国内であれ、海外に身を投じるのであれ、日本人であることの自信と誇りを胸に堂々とわが道を歩んでほしい。
この項の最後に「少年少女葉隠ものがたり」の3章「『まこと』をもった人になれ」をそのまま転載する。

「葉隠」には、よく「まこと」という言葉が出てきます。漢字で書けば「真《まこと》」「真実《しんじつ》」「誠《まこと》」という字があてはまりますが、意味は同じことです。「真実《まこと》の武士《ぶし》」とか「人の誠」というのが、それです。

おじいさんは、この言葉が大好きです。だから、孫が生まれたとき、「誠」という名前をつけたのです。

でも、誠は、自分の名前が、どんな意味を持っているのか、あまり考えたことはありません。誠なんて、平凡で、どこにでもある名前です。

しかし、おじいさんは、きっと、誠に自分の名前の意味を知ってもらいたいと思ったのでしょう。いろいろな人の例をあげて、話してくれました。

佐賀藩の藩祖、鍋島直茂《なべしまなおしげ》という人が、あるとき、自分のあととりとなるむすこの勝茂《かつしげ》と、ある神社にお参りにいきました。

参拝を終えて、勝茂に
「おまえは、神様に、なにを祈ったのか」と、ききました。
「それは、もちろん、武運長久《ぶうんちょうきゅう》、子孫繁栄《しそんはんえい》、国家安全《こっかあんぜん》を祈りました。それしか祈ることはないでしょう。父上は、なにをお祈りしましたか」

と、勝茂は胸を張って答えました。すると直茂は、

「わしは、そのようなことを一度も祈ったことはない」

といいました。勝茂はびっくりして、

「では、なんとお祈りするのですか」

と重ねてきくと、

「『まこと』の心を起こすよう、お守りくださいと祈るのだ。そのほかは何も祈らない」と、直茂はいいました。


藩祖直茂と嫡男勝茂との逸話は、100年近く後になって常朝が書き残したもので、「わが佐賀藩の殿さまは、こういうえらい人を先祖にもっていなさる。だから、代々の殿さまも『まこと』の心をもった立派な人が多い。人は『まこと』ひとつあれば、それで十分、ほかのものはいらない」と諭《さと》してる。

「葉隠」を熟読していくと、そのなかに人倫《じんりん》、人として守るべき道が、さまざまな事例、体験談を通して説かれていることが分かってくる。次項から「葉隠」のテキストとして推奨する最新刊2組を紹介する。「葉隠」の舟に乗って「倫理の海」へ船出しよう。

■■菅野覚明　『葉隠』は世界の名著■■

ソクラテスにも負けない「葉隠哲学」

本書の執筆のため、「手当たり次第に」としか表現できないが、半年ほど「葉隠」の本を読み込み、さあ、稿を起こそうとした矢先の平成29年（２０１７）秋、書店店頭に見い出したのが講談社学術文庫より9月11日に初版発行されたばかりの菅野《かんの》覚明《かくみょう》らによる新校訂・全訳注「葉隠」上巻だった。それまでに幾度となく葉隠研究の先駆者栗原《くりはら》荒野《あらの》宅を訪ね、ご当主栗原耕吾《くりはらこうご》の協力を得て、書斎の壁一面を埋めた書棚の葉隠本にさまざま目を通させてもらい、多数の図書を借り受けて通読したが、菅野覚明編著「葉隠」上巻を書店で求めたときは「ついにこのような『葉隠』が出たか」の感があった。

葉隠聞書11巻１３４３節を漏れなく収める編集は、昭和15年刊行の栗原荒野編著「校註葉隠」以来のことである。「葉隠」本文の《原文》《現代語訳》《注》の順で構成され、原文には「ふりがな」がふられ、注は詳細である。訳・注・校訂編著者は菅野と栗原剛《くりはらごう》（山口大学准教授）、木澤景《きざわけい》（お茶の水女子大学非常勤講師）、菅原令子《すがはられいこ》（神奈川大学非常勤講師）である。すでに中巻も出て、下巻の刊行が待たれる。

ところがこれよりひと月後れで、まるで申し合わせたように佐藤正英《さとうまさひで》らによる「定本『葉隠』全訳注」上・中・下巻がちくま学芸文庫から3カ月連続で発刊された。菅野と佐藤はともに東京大学文学部卒の同窓である。菅野は１９７９年卒の東京大学名誉教授で倫理学者。現職は皇學館大学教授である。佐藤は1958年卒の大先輩で名誉教授であり、宗教学者・倫理学者である。佐藤の編著書は別項で取り上げている。

菅野は東京大学大学院助教授のころ、「葉隠研究」第49号（2003年刊）に寄稿している。タイトルがずばり「『葉隠』は世界の名著である」。その内容を抜粋して紹介する。本意を伝え切れない恐れはあるが、ご容赦願いたい。

「葉隠」は名著です。それも単に武士道の名著というだけにとどまりません。仏教、儒教、神道など、日本のあらゆる思想的著作の中でも、指折りの重要文献であると思います。もしかすると、ソクラテスやカントなどとも対等にわたり合える、日本を代表する名著かもしれません。

私どもの学科は、文学部文化思想学科の倫理学専攻というところなのですが、ここでは、ソクラテス、プラトンやカント、ヘーゲルの著作を学ぶゼミがあるのと並んで、日本の思想テクストを研究するゼミがあります。「葉隠」は、もう50年以上、このゼミで何年に一回は取り上げられる主要テクストになっております。3時限目にヘーゲルがあって4時限目は「葉隠」というようなことが、もう何十年も前から続けられてきているのです。この伝統は、わが研究室の誇りでもあるのですが、逆にいうと、他の大学、学科でこのようなことがほとんどみられないのは、ちょっと残念な気もいたします。（中略）

山本常朝は、太平の現在の鍋島武士たちのあるべき道の原型を、戦国乱世を勝ち抜いた「御先祖様方」の「血みどろ」の「御苦労」（「夜陰の閑談」）の内に見出そうとします。そこには、子孫のためにこの家、この国を残してくれた先祖の苦心と愛情に対する、常朝の限りない感謝、畏敬の念があらわれていると見るべきでしょう。

「忠も孝も入らず、士道においては死狂《しにぐる》ひ也。此の内には忠孝は自らこもるべし」（聞書第一113節）と常朝は述べています。常朝は太平の世にふさわしい武士道は、何も儒教や仏教の理論を借りてくるまでもなく、「死狂ひ」のなかに「自ら」含まれているのだというのです。（中略）

先祖たちが、その「御苦労・御慈悲」において、何を願い、何を愛し、何を求めたのか。そういった、いわば戦国乱世を生きた先祖（武士）たちの「精神」を探る営みのことであります。「葉隠」武士道は、そういう意味では、一つの思想史研究を基盤として生まれた武士道であったということができます。そして、「葉隠」が名著たるゆえんは、山本常朝の思想家としての眼力の比類ない鋭さにあると申せましょう。

最後にもう一度繰り返します。「葉隠」は名著であります。乱世の「血みどろ」の事象の中に、人間普遍の真実を発見し、それを明確に日常の倫理の言葉になし得た、そういう意味で、まさに倫理思想の古典的名著と呼ぶにふさわしい書物なのであります。

「葉隠」は日本の「哲学」

平成17年10月8日には佐賀県立図書館の企画展「葉隠聞書の世界」の特別講演を佐賀城本丸歴史館で行なっている。このときは東大大学院教授で49歳の菅野は墨衣に袈裟がけで立ち、マイクを手にした。演題は「葉隠武士道における文と武」であったが、12月の「葉隠研究」57号に18ページにわたり収録されているので、やむなく一部の紹介にとどめるほかない。

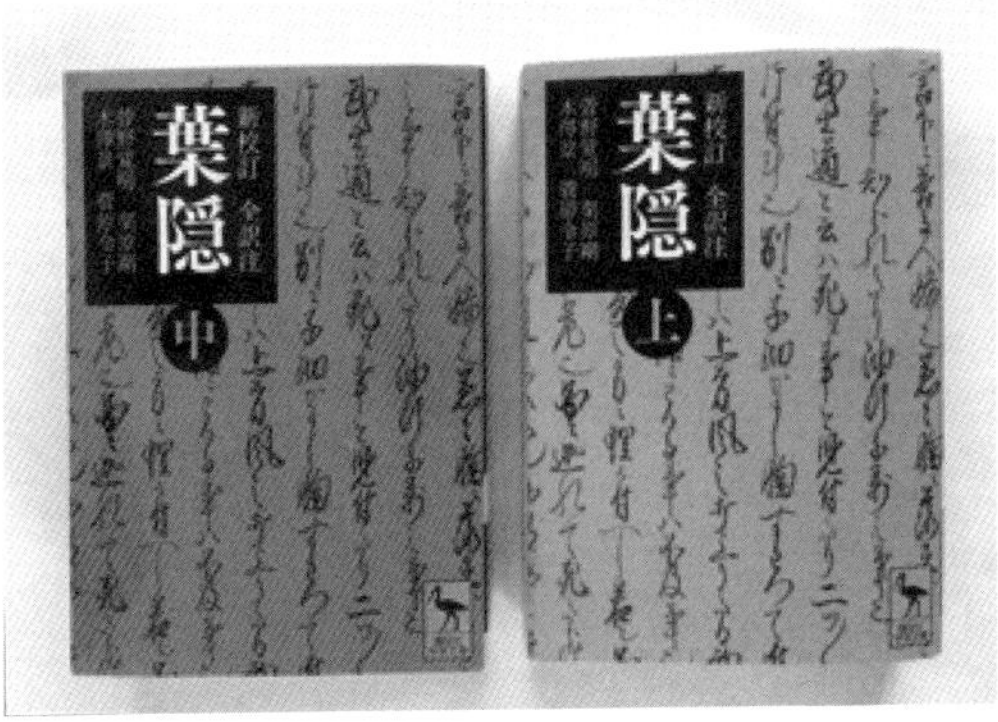

菅野覚明新校訂「葉隠」講談社学術文庫

「文」と「武」についていえば「文武両道」との表現があるが、「文」は思想と芸術のほか、ある種の感情の豊かさ、心の深さが求められるものであり、平易にいえば「強くてやさしい」ということになるという。武士道というのは、戦いの体験の中から生み出した知恵が武士の「道」になるが、「葉隠武士道」はそれだけで収まるものではなく、恐らく古代から、あるいは平安時代以来のさまざまな日本の文化が底辺に沈殿していて、その上に「葉隠」の武士道ができている。これが「葉隠」の深さの一番の源《みなもと》ではないかという。外国で講演するときも「葉隠は日本人の歴史とか文化にとどまるものではなくて、『哲学』なのだと説明してきた」と語っている。講演の最後を次のように締めくくっている。

常朝の主君光茂は和歌を読むのが好きだ。しかし、前の藩主である祖父勝茂からは禁止されていた。常朝はそのことはよく知っていたが、主君の思いを遂げてやりたい。もしかしたら、主君は「武」よりも「文」が好きなだけだったかもしれない。けれども「葉隠」の常朝は、たぶん光茂こそが名君だと思いたかったのではないか。それは、深く歌を理解する、そういう人であれば本当に戦いになれば、絶対素晴らしい主君だ、強い主君であると、そういう思いが主君に対して常にあったからだろう。主君の歌を読む「文」に付き合って、常朝は光茂のそういう心の深さに懸けていたのだろう。「この人はきっと大丈夫だ。すごい人なのだ」と信じていたのだろうと。

だからこそ、真の武士道というものを「葉隠」と言う形で、常朝自身が理論に表すことができたのではないだろうか。

そういえば、現在の東京大学文学部ホームページの「あいさつ」は、「『文』の学部である文学部へ、ようこそ。人間が生みだした『ことば』は、微妙なことがらや複雑な感情を説明する力を備え、それぞれの身体に共鳴と了解の感覚をもたらします」と述べている。

菅野らによる新刊「新校訂・全註釈『葉隠』」の「上巻」を手にしているが、その巻末に菅野自身の洞察による解説を置いている。そこには「葉隠」に初めて出会った読者、もう少し詳しく知りたいと思う読者のために、「葉隠」の成立とその時期、書名の由来、構成と内容などを紹介したうえで、本題である『『葉隠』の思想と山本常朝」について述べている。その中で、これまで詳細には言及されることのなかった点についての新たな解釈もあり、人生哲学および曹洞宗の僧として仏教道の視点からも考察されており興味深い。

一般に「葉隠」は、宝永7年（1710）3月5日から享保《きょうほう》元年（1716）9月10日まで7年にわたり常朝が語った談話を陣基が筆録して完成させた聞書の書と紹介されてきた。陣基が筆録した自筆の原本は今なお発見されていないので、いまだにわからないことが多いのも事実だが、写本の一つ「孝《こう》白本《はくぼん》」の巻末に書かれている跋《ばつ》（あとがき）には「この11巻は、山本常朝の話を、田代陣基が常朝の草庵に通《かよ》って書きとめたものである」との記述があり、巻頭と聞書第二の末尾にある俳句のやり取りの箇所には、それぞれ二人の俳号が記されていることからも、『『葉隠』が、常朝の談話を陣基が筆録したものであることに、特に疑いをはさむべき理由はない」と前置きをして、次のような新たな見解を述べている。菅野の解説をもとに「葉隠」のガイダンスとしたい。

「葉隠」という書物

（1）葉隠の成立　11巻すべてが常朝の談話であるとは考えられない。「葉隠」には、常朝の談話だけでなく、常朝以外のさまざまな人物の談話や記録から採用した記事が数多くある。なかには常朝没年（享保4年）より後の出来事も記されており、「葉隠」の完成は常朝没後のことであろうと思われるとしている。また聞書第六１２４節（校註葉隠）にある加判家老（執政の職に列する家老）の一覧には、おそらく享保14年の人事が反映されており、これは常朝没後のことであるとしている。いずれも「葉隠聞書校補」の記述をもとにしている。

この他にも聞書第五52節にある鍋島光茂・綱茂の年譜記事のように、明らかに鍋島藩の公的記録類を抜き書きしたと見られるもの、「甲陽軍鑑《こうようぐんかん》」（武田《たけだ》信玄《しんげん》・勝頼《かつより》期の軍学書）、「驢鞍橋《ろあんきょう》」（江戸時代初期の禅僧鈴木《すずき》正三《しょうさん》の法語類を弟子の曹洞宗僧侶恵中《えちゅう》が編集したもの）といった著名な書物の記事を写し取ったもの、その他故人の記録・覚えなどの写しと思われる節も少なくない。もちろん常朝本人から語られたものが主であるが、陣基自身が常朝以外の人物に聞いたり、資料を調べて記したものもあるようだ。こうして見ると、陣基が「葉隠」をまとめるために、常朝の談話をただそのまま文字にして写していたわけではなく、積極的に編集の手を加えていたことが想像できる。つまりは「葉隠」は常朝と陣基の共同著作であり、さらにいうならば、そこに引用された資料に関わった複数の佐賀藩士たちによる共同編集の産物であるとも考えられる。

（2）**成立時期**　「葉隠」が完成したとされるのは、五常本《ごじょうぼん》、小山本《おやまぼん》など一部写本の末尾に記された「享保元年丙申九月十日」が根拠となっている。だが、享保4年（1719）以後の成立とする「校補」もあるので享保元年と断定することはできないが、「葉隠」の原本がおおよその時期に成立したことは間違いないであろうとしている。少なくとも陣基と常朝との初めての出会いから相当長期にわたって常朝の草庵に通い、筆録・編集の作業を続けたことは間違いあるまい。なお、この間、常朝は正徳3年（1713）8月に、北山黒土原《くろつちばる》から近くの大小隈《だいしょうぐま》に草庵を移転している。

（3）**書名の由来**　一部の写本にある恩田一均《おんだいっきん》（陣基より18歳年少）跋《ばつ》には「葉かくれと名付けし事、いかなる心か知れる人にたづぬべし」とあり、同時代の人の言葉でもあるので、名称は陣基による命名ではないかという。また佐賀藩出身で岩倉使節団に随行して米欧回覧実記を書いた歴史学者久米邦武《くめくにたけ》は、出家隠棲した常朝が「草葉の陰より御家を荷《にな》ふ精神なるを以て、此集を葉隠と名付けたり」（『葉隠巻首評註』）と述べている。

今日の葉隠研究の基礎を打ち立てた栗原荒野は「主君には陰の奉公が真也」（聞書第十一の138節）とする常朝の奉公観、木の葉隠れの草庵で語られた「樹陰の聞書」の意を合わせてつけられたのであろうとする（『校註葉隠』）。また「葉隠」を抄録ではあるが、初の活字本として刊行した中村郁一は「寄残花恋」と題された西行の「葉隠れに散りとどまれる花のみぞ忍びし人に逢ふ心地する」にもとづくとする説を唱えた。菅野は「これらの説のいずれを取るべきか、にわかに決しがたいが、命名者が陣基であると考えるならば、最も説得力があるのは西行の和歌説のように思われる」としている。

（4）**構成と内容**　今回発行した新校訂・全訳注「葉隠」には、11巻1355節（写本によって多少の異同がある）を収録しているとしている。栗原の「校註葉隠」は1343節である。特に全体の総論というべき「夜陰の閑談」では、佐賀藩士の学びとして「国学」の重要性が説かれていること、鍋島侍の「覚悟の要文《ようもん》（大切な文句）」が「葉隠四誓願」であり、書物としての「葉隠」の全体は、藩士に対する精神的教訓談話と、その根拠となる事実の集成という2本の柱で構成されていると解説している。

『葉隠』の思想と山本常朝

常朝は、佐賀藩の有力な譜代家臣団である中野一門の出身であり、祖父中野神右衛門清明《じんえもんきよあき》は藩祖直茂に仕え、文禄・慶長の役にも従軍し、「葉隠」にいう典型的な「曲者《くせもの》」であり、戦国乱世の荒武者であり、父山本神右衛門重澄《しげずみ》もまた初代藩主勝茂に仕え、大坂の陣、島原の乱に従軍した曲者であった。常朝は「血みどろ」の苦労を分かち合った草創期佐賀藩の武士達の気風をたたきこまれた人物であり、常朝の思想の基盤を形づくっているのは「御譜代」の家たる中野一門のエートス（道徳観の発露）である。このようにまず中野・山本神右衛門3代を紹介している。

主君に対する一体的献身は、戦場で生死を共にする主従の心情的一体関係の中で、おのずから醸成されてきた道徳である。一方的に身を投げ出してしまえばよい、というのが常朝の答えだ。相手に通じようが通じまいが、そんなことはお構いなく、ひたすら身命を捧げるという発想である。それは、直茂・勝茂時代のような主従の契《ちぎ》りを打ち立てるために、常朝が見出した活路であった。

「葉隠」の内容は極めて多岐にわたるが、それらの根本にあるのは、「まず己の身命を差し出してしまえば、すべての指針はそこからおのずと割り出されてくる」という極めて単純明快な論理である。特定の主君に対して自分から身を投げ出すことを可能にしているものは何なのか。それは、常朝自身が感得した「哲学」としての「慈悲」であったと考えられる。

佐賀藩の思想を儒教的観念で捉え直して書かれたものに、常朝の儒学の師である石田一鼎《いしだいってい》の「要鑑抄《ようかんしょう》」がある。この主題は「武勇で遅れを取らない」「先祖の名を絶やさない」「主君の御用に立つ」の三誓願であるが、「葉隠四誓願」はその上に「大慈悲」の一条を加えている。主君への献身が「慈悲」の中にくくり込まれていることの意味は大きい。のみならず、あらゆるものを包括するものが慈悲であり「慈悲心から出る知勇が本物」「慈悲のために罰し、慈悲のために働くゆえに強く正しいこと限りないと言われるとき、慈悲はもはや一切の知恵・行為を生み出す根源とされている観すらある」（聞書第一179節）という。

「鍋島武士道」に付け加えられた「慈悲」の思想は、おそらく常朝その人の思考の特色を表しているものと考えられる。とはいえ、「大慈悲」の強調は、常朝の全くの独創であるわけではない。栗原荒野が指摘するように、それは確かに常朝の卓見ではあるが、「仏道の師湛然和尚の感化」によるものであるのも間違いはない。

一切衆生のために身を投げ出す慈悲が、絶対自由の知恵（悟り）への道であるとするのは、大乗仏教の基本的な考え方である。しかし、戦場で身を投げ出す奉公が実現する自由の境地を、一切衆生におのれの存在を差し出す大乗の慈悲の境地として捉え直したところは、「主君のために命を捨てるほど、清浄な悟りの境地はない」（聞書第七51節）と喝破した鈴木正三に代表される戦国乱世の禅僧たちの思想を媒介としているとはいえ、やはりすぐれて常朝の行き着いた彼の「哲学」であったといえるだろう。

一部の抜粋であり、言い尽くせてはいないが、菅野は、おおよそ以上のように常朝が説いた「葉隠の思想」を解析して読ませてくれた。

なお上・中巻には聞書第一から第七までが収められ、特筆すべきは人物補注で登場人物が詳しく紹介されており、上巻57人、中巻23人の計80人もの補注である。

■■佐藤正英　「葉隠」を身近にした「定本葉隠」■■

新たに書き下ろされた「定本葉隠〔全訳注〕」上・中・下巻が平成29年（２０１７）10月、ちくま学芸文庫から刊行された。東京大学文学部名誉教授で倫理学者佐藤正英《さとうまさひで》が、「葉隠」ファンに贈る平成年間の最後を飾る渾身《こんしん》の「葉隠」文庫本である。編集には監訳注を担当した吉田真樹《よしだまさき》（静岡県立大准教授）はじめ大学教授、准教授、講師ら10名が参画している。この葉隠全訳注はその紹介している「分担リスト」で分かるように本文校訂の佐藤正英をチーフとして吉田が重要な訳注など全体を統括し、総勢11名による総力戦で完成させた「葉隠」の決定版とも言えるものである。

「本文」「注」「現代語訳」で手抜かりなく懇切に構成されている。「本文」は、小山信就本《こやまのぶなりぼん》（佐賀県立図書館蔵）を底本（主なよりどころとした本）とし、餅木鍋島家本《もちのきなべしまけぼん》（国立国会図書館蔵）、山本本《やまもとぼん》（公益財団法人鍋島報效会蔵）を校合して作成している。「注」は、相良亨《さがらとおる》訳注「日本の思想9『甲陽軍鑑《こうようぐんかん》・五輪書《ごりんのしょ》・葉隠集』」（筑摩書房）を基礎としつつ、近年の研究成果を踏まえて改めたものであるとしている。「現代語訳」は、「葉隠を従来にない正確さで訳出したものである」と自信を見せている。徹底的に本文に即した訳出を試み、なかでも「葉隠」に大量に現れる敬語を重視したこと、説明的な訳をしないで、現代語に置き換える必要のないものは置き換えることをせず、置き換え不能のものはそのままにして、「注」で説明したとしている。いわゆる原本をでき得る限り尊重したということであろう。

解説は佐藤が担当し、上巻の巻頭にある。冒頭、「葉隠」は写本により「葉隠聞書」とも「葉隠集」とも題されていて、全11巻から成り、およそ1344節の長短の説話が収められているとしている。栗原荒野《くりはらあらの》編著の「校註葉隠」は1343節であるから本書のほうが1節だけ多い。聞書第十一167節が最終節「天下国家を治むると云ふは…」となっている。「校註葉隠」では聞書第十一169節が最終節で同一内容である。

上・中・下3巻に「葉隠」の全節が収められており、発行時期が上巻（序文、聞書第一〜聞書第四582ページ）第一刷発行が同年10月10日、中巻（聞書第五〜聞書第七522ページ）が11月10日、下巻（聞書第八〜聞書第十一612ページ）が12月10日と月間1冊ずつの発行となっている。まるで「各巻ともひと月かけてじっくり味わってお読みください」と提唱しているようである。

解題《かいだい》で特徴として、写本の本文のみをテキストとして忠実に訳出したことを強調している。まずは山本常朝《やまもとじょうちょう》と田代陣基《たしろつらもと》の人物像と2人の出会い、時代背景を紹介している。「葉隠」の核を形作る常朝の談話の聞書は、かなり長い序文と「教訓」の副題を持つ聞書第一、聞書第二から成る一つのまとまりとして構成されていることを説明の上、常朝の談話の総括として、鍋島藩歴代の事跡としての「国学」を学ぶべきことの大切さと「四誓願」が序文に置かれたのであろうと述べている。

さらに、「序文の基《もと》となった陣基の草稿が現存している。常朝に初めて出遇《あ》ったときの心躍りを伝えていて興味深い」と前置きし、「漫草」を紹介している。「みだりぐさ」と読む。理解が困難と思われるところには、例えば、「慰《なぐさ》まぬ＝心憂さの晴れない」「方袍円頂《ほうほうえんちょう》に任せ＝袈裟を着、頭を丸めて」「呵呵《かか》

＝大声で笑うさま」というように「注」を入れている。また、文中の陣基の句は「白雲や只今花に尋ねつく」（序文では「尋合《あひ》」）としている。

解題の最後には、田代陣基の自筆である「葉隠」の原本はまだ発見されていないこと、従って、現存する写本の中で筆写の年代の最も遡る小山信就本（全6冊、佐賀県立図書館蔵）を底本としているが、これは原本に最も近い形態を残している善本であり、今回初めて翻刻《ほんこく》したと記している。これまで多くの訳本には冒頭に「夜陰の閑談」として紹介しているが、この本ではすべて「序文」と表現している。本文は漢字の「ふりがな」も丁寧である。同書の紹介で特筆すべきは、上・中・下巻のそれぞれ巻末にある「解説」であろう。各巻の概要を紹介する。

上巻解説は、吉田真樹がテーマとした「『葉隠』の武士言語――『候《そうろう》』の射程について」が説得力に富む。「『葉隠』は英語・スペイン語・フランス語・ドイツ語・イタリア語・ポーランド語・ロシア語・トルコ語・中国語・韓国語など多くの言語に翻訳され、世界中で親しまれている。世界が徐々に『葉隠』の古典としての普遍性を認めつつあるといえるだろう」と紹介した上で、「言語的には空間的にも時間的にもより近くにいて、アクセスしやすいはずの私たちは、その環境を利し『葉隠』を正しく読むことができているだろうか。『葉隠』は古典としてもっと大切に、もっと精密に読まれなければならぬ時期に来ているのではないだろうか」と語りかけている。葉隠研究中の者にとってはうれしい一文である。

また、訳注のリーダーで全体を統括する吉田は、本文に大量に見られる「御」「候」の付いた文が、これまで刊行された本や論文で果たして正確に訳されているかどうかと指摘し、決して疎かであってはならないと述べている。

佐藤正英校訂定本「葉隠」ちくま学芸文庫

中巻解説は江戸川大学准教授岡田大助《おかだだいすけ》が「『葉隠』の中心思想とその問題点について―聞書第六74節を手掛かりに」をテーマにしている。鍋島助右衛門《なべしますけえもん》の娘が若党と2人で駆け落ちし、後に肥後の家老のもとで妾《めかけ》奉公していたところ、国に帰されて自害するまでの前半と、それ以降の娘の父子と家来18人が切腹して屋敷が血の海になるという大変な事態に発展してしまう話を取り上げている。娘が駆け落ちして国外（藩外）へ逃げたことが、どうしてその親が死ぬほどのことであり、その息子と18人の家来までもが死んでしまったのはなぜか。現代人の常識からすると理不尽である。

他国の者との縁組みは禁止されていた。それを許せば、他国者との強い絆が生じて、御家の強固な主従関係が崩れる。その違反は主従関係への背反《はいはん》となる。そこから葉隠の中心思想、鍋島藩の国法違反への対処が見えてくる。その一方で、助右衛門父子ほか忠義の家来18人を失った主君藩祖直茂の苦悩、さらに助命嘆願に乗り出す勇気ある家来がいなかった虚しさ、主従関係のありようなどを解説している。

下巻解説は神奈川大学非常勤講師上野太祐《うえのたいすけ》が「武勇と情念―女たちの『葉隠』」として、聞書に登場する勇猛な女性たちの姿が、実に生き生きと書き留められている事を紹介している。「聞書第十一 161節」に、「女子は幼少から第一に貞心（みさおの堅い心）を教え、男と六尺間より内には居合わせず、眼を見合わせず、手から手へと物を取らず、物見・寺参りなどを致させてはなりませぬ。家内で厳しく申し付け、苦労いたした女は夫婦になりましてからも挫《くじ》けることがありません」とある。

しかし「葉隠」にきざまれた女たちの姿は、しばしばこの印象とは裏腹であるとして、例えば「聞書第八63節」では、暮らしに困った夫が隣家より借金をし、それがもとで喧嘩になり、切り殺されてしまう。女房は夫の骸（むくろ）を見つけると、鎌（かま）を叩きながら歯噛みして、かなうはずもない隣の亭主に飛びかかっていったという話。その他、勇猛果敢な女も登場するが、女たちの己の命を賭している武勇の裏には、無念にも打ちのめされた夫へのこらえきれぬ情念に裏打ちされていたことに注意が必要だとしている。

佐藤の大先輩である東京帝大文学部哲学科卒の哲学者・倫理学者の和辻哲郎《わつじてつろう》と同学部倫理学科卒の倫理学者古川哲史《ふるかわてつし》の校訂による昭和15年初版の「葉隠」上・中・下巻（岩波書店）はあまりにも有名である。また、次なる先輩の東大文学部倫理学科卒の倫理学者相良亨《さがらとおる》の「日本思想大系葉隠」出版の際には、佐藤は校注の手伝いで佐賀県立図書館を訪ねて写本を調べ、相良とともに栗原荒野から多くの教示を受けたという。そうした葉隠研究の系譜をしっかりと受け止めて、満を持して今回の佐藤の「定本葉隠」発刊である。

平成5年（1993）秋、第8回葉隠研究会総会の記念講演に佐藤が招かれ講演している。「『葉隠』の世界―思想史の立場から」との演題で、「『葉隠』も読み手が100人いれば、100通りの読み方、受け止め方がある。『葉隠』はそのような作品です」と語っていたように、今回の上・中・下3巻も読み手それぞれの思いを大事にしたいものだ。

栗原荒野　「分類註釈　葉隠《はがくれ》の神髄《しんずい》」を読む

「葉隠」は300余年も前に書かれた不思議な魅力を備えた江戸中期の古文書である。明治末年から今日に至るまで、戦後の一時期を除けば毎年のように絶え間なく「葉隠」に関する本が出版され続けている。単行本、文庫本だけを数えてみても優に260冊を超えている。2人の佐賀藩士によって生み出された口述の聞書である。口述者の山本神右衛門《じんえもん》常朝《じょうちょう》（出家前つねとも）は佐賀鍋島藩の第2代藩主鍋島光茂《なべしまみつしげ》の側近として仕え、主君の信任を得た重鎮であった。だが、42歳のときに主君が亡くなった。常朝は若いころから、お殿さまが亡くなられたら必ず「追腹《おいばら》」を切ると心に決めていたのだが、その主君が幕府に先んじて殉死の禁止令を出していた。幕府もこれにならって2年後には殉死を国禁とした。「追腹」は許されず、常朝はやむなく出家を願い出て許され、元禄13年（1700）から城下より北に3里（12キロ）、金立山麓の草深い草庵に隠棲した。その10年後に常朝の庵《いおり》を訪ねた若い藩士がいた。藩主光茂の右筆《ゆうひつ》（主君の側で文章に従事する職。祐筆とも書く）の職を解かれて浪人中の田代又左衛門《またざえもん》陣基《つらもと》、33歳。それから7年間、19歳年下の藩士を相手に話し聞かせた常朝の口述を、陣基が書き取って編集したのが「葉隠聞書」全11巻である。享保《きょうほう》元年（1716）9月10日に脱稿、完成したとされている。

「葉隠」は、常朝が尊敬してやまない鍋島藩の藩祖鍋島直茂《なべしまなおしげ》や初代藩主鍋島勝茂《なべしまかつしげ》、さらには9歳のころから側小姓《そばこしょう》として仕えた鍋島光茂はじめ家臣団の実名を隠すことなく奔放に語った実話である。さらには常朝が修行の門を叩いた儒学者石田一鼎《いしだいってい》や鍋島家菩提寺高伝寺の住持であった高僧湛然《たんねん》和尚も登場する。歯に衣《きぬ》きせず語った口述であり、登場人物への賞讃《しょうさん》もあれば批判もある。だから常朝は筆録者である陣基に対して「この始終11巻は追《お》って火中すべし」と言い残している。つまり、これらはすべて焼き捨てなさいと言っていたのだ。

此の始終十一巻、追《おっ》て火中《かちゅう》すべし。世上の批判、諸士の邪正推量風俗等まで、只時分の後學に覺《おぼえ》居《お》り候とて、話のままに書附け候へば、他見の末々にては遺恨悪事も出づべく候間、堅く火中仕るべき由、御申し候なり。（孝白本）

「世間のことに対する批判や武士たちの行為の善悪、風俗などのことまでも、ただ自分の後学のために覚えていたことを、話のままに書きつけさせたものである。他人が見れば、後々、遺恨や悪事にもなろうから、必ず焼き捨ててもらいたいと申された」というのだ。

栗原荒野《くりはらあらの》著『校註《こうちゅう》葉隠《はがくれ》』には、この冒頭の一文の後ろの「註」には『御申し候なり』というのは、山本常朝が自分（田代陣基）に申されたという意味である」と解説している。研究者によっては、この一文は田代陣基が密かに書写を許した藩士に対して申し付けたものであると解釈、陣基のことばであるとするものもある。写本によっては「被覺居候」とあり、「覚え居られ候」と読み、敬語表現となっているので、「御申候也」の主語はだれであるか、陣基であろうと解説している。ふた通りの説があるようだが佐賀の葉隠研究家栗原荒野は常朝のことばと理解している。これらの説については別項で取り上げたい。

いずれにしても「葉隠」は残った。陣基は焼くことができなかった。その後、藩士たちの間に密かに回覧され、筆写が重ねられた。確認されただけでも11巻揃いの写本が佐賀県立図書館の9冊、栗原家からの佐賀県立博物館への寄託7冊はじめ国会図書館、県立博物館、佐賀大学附属図書館、多久市郷土資料館、旧鍋島侯爵家に所蔵されている。ただし、田代陣基直筆の原本の所在は確認されていない。

「葉隠」を読み解くには、まずは何よりも佐賀の荒野が全精力を傾注して昭和10年（1935）1月15日に刊行した「分類註釈 葉隠の神髄」（以下「葉隠の神髄」）を開かなくてはならない。発行所の葉隠精神普及会は佐賀市上多布施町298番地、栗原の自宅である。定価参圓（3円）。編著の底本としたのは鍋島侯爵家所蔵の「山本本」、栗原家所蔵「孝白本」をはじめその他45種の写本だった。山本常朝と田代陣基によって完成した原本が、どのような経緯で伝わったかはわからないが、当時の藩士の手によって筆写され続けたものであるから、当然ながら筆書きによる和綴《わと》じの古文書である。

さらに初版から5年後の昭和15年には、東京・内外書房から「校註葉隠」を刊行している。すると、これを追うように数多くの研究者や作家が「葉隠」を著したが、だれもがこの「葉隠の神髄」「校註葉隠」を底本、すなわち参考図書としたことを付記している。

戦乱の時代が求めた葉隠

20世紀初頭から世界は大揺れに揺れていた。日本は日英同盟を結び、大国ロシアに戦いを挑む。日清戦争に続いて日露戦争に勝利すると大日本帝国陸海軍の鼻息は荒かった。第一次世界大戦では、大正3

年（１９１４）にドイツに対して宣戦を布告して参戦した。関東大震災の試練も受ける。昭和に入ると政党政治への不満が吹き出し、軍部勢力が増大する。一方では世界経済大恐慌が吹き荒れた。昭和６年（１９３１）、満州事変が起こる。日本ファシズムが台頭して五・一五事件、二・二六事件とたて続けに軍部による流血クーデターが相次いだがいずれも失敗、鎮圧された。そして昭和12年（１９３７）７月、盧溝橋《ろこうきょう》事件から日中戦争に突入、４年後にはついに大東亜戦争へと拡大していく。

「武士道といふは、死ぬことと見付けたり」。「葉隠」の巻頭に際立つひとこと。続けて「二つ二つの場にて、早く死ぬ方に片付くばかりなり。別に仔細なし。胸座って進むなり」。

この一文が軍部を刺激した。時代の空気が「葉隠」を見逃さなかった。明治39年（１９０６）には初の活字本として中村郁一《なかむらいくいち》著の「抄録本葉隠」が発刊され、その後、「鍋島論語葉隠全集」となって昭和11年（１９２２）まで細々と版を重ねたものの、その後は絶版となって、それ以上に読者を広げることもなかった。

そこに登場したのが荒野の「葉隠の神髄」だった。ひと回りコンパクトになった四六判（12・７㎝×18・８㎝）の単行本。これを目に止めた当時わが国を代表するジャーナリスト徳富蘇峰《とくとみそほう》（１８６３―１９５７）が、毎日新聞全国版に大きな囲み記事で紹介したことも手伝って、「葉隠」ブームに火がついた。財界も大いに支援した。

それからが大変だった。発行所としていた葉隠精神普及会の栗原の自宅には、毎月のように増刷の注文が入り、冊数は不明だが10刷までも続いたようである。すっかり名を馳せた〝葉隠の栗原〟へ全国各地から講演の依頼も舞い込み、多忙を極めたのもこのころだった。

昭和12年9月から近衛内閣は国民精神総動員《こくみんせいしんそうどういん》運動を推進した。国家のためには自己を犠牲にしても尽くすという「滅私《めっし》奉公《ほうこう》」の国民精神を培うというものだった。「八紘《はっこう》一宇《いちう》（世界を一つの家とすること）」「挙国一致」「堅忍持久」の三つのスローガンを掲げ、国民全員を戦争遂行に協力させようとするものだった。

翌年には国家総動員法が成立し、国防国家体制の大政翼賛会《たいせいよくさんかい》が創立された。ここにも「進め、一億火の玉だ!!」をはじめ「欲しがりません勝つまでは」「ぜいたくは敵だ！」などのスローガンが躍《おど》っていた。昭和財閥は「葉隠」の要約冊子を大量に印刷して国内に配布したという。軍部は、昭和7年の上海事変で敵陣の鉄条網を破って突撃路を築くために爆弾を抱いて突入した肉弾三勇士を、愛国美談に仕上げて流布するなど国民の士気を奮い立たせようと躍起であった。

栗原荒野編著「分類注釈葉隠の神髄」初版本と復刻本

非常時日本の国民的経典

先に述べたように、「すべて火中に投じよ」と常朝がきつく陣基に申し付けた「葉隠」であった。常朝は死後220余年も後になって日本帝国の軍部によって戦意高揚の書として利用されることになろうとは、夢にも思わなかったであろう。「葉隠の神髄」には2人が「序」を寄せている。風雲急を告げる時代の求めを映した内容となってるのは無理からぬことであったろう。

一人は当時の佐賀県知事藤岡長和である。発刊事業に対する賛辞の後に述べたポイントを3つ抜粋する。

鍋島論語「葉隠」十一巻は、一鼎《いってい》、湛然《たんねん》、常朝、陣基の高士先覚によって述せられた佐嘉人士の経典であり、武士道中の武士道である。

「お家のため」は、今日においては「皇国のため」といふに同じく、「殿様」は「皇室中心」のシノニム（同義語）である。

本書一度い出て、「葉隠」は、もはや単なる「鍋島論語」ではなくて、非常時日本が要求する国民的経典となるであろう。あえて推奨する所以《ゆえん》である。

いま一人は、鍋島家の徴古館館長西村謙三である。徴古館は、鍋島家12代当主直映《なおみつ》が昭和2年に創設した佐賀県内初の博物館だ。長文につき抜粋に留めざるを得ないが、「我が畏友栗原荒野氏は篤学の士である」に始まる。国家総動員法成立の直前に寄せられた「序」とはいえ、なんとも激烈である。

現軍人の模範として全国民に喧伝せられつつある三勇士の江下伍長も、錦西に護国の鬼となった古賀連隊長も、港湾鎮《こうわんちん》の花と散った空閑少佐も共に佐賀人であって、葉隠の遺伝的精神がこれらの勇敢なる行動を生んだのである。されば非常時の今日に於いては、何を措《お》いてまず是等の犠牲《ぎせい》的報國的《てきほうこくてき》精神を養ふ事が帝国の最大の急務であらねばならぬ。

由来、我が国は尚武《しょうぶ》の国で、武士道の書はすこぶる多い。しかも直截明確《ちょくせつめいかく》、我が「葉隠集」の如く、「武士道といふは、死ぬ事と見付けたり」と云い、或いは『二つ二つの場合には死ぬ方に片付くばかりなり』と説き、あたかも錐《きり》を以て我が腹を刺し、ノミを以て我が胸を抉《えぐ》るが如く、強く、激しく、我が感情を刺激する教訓は、余不文にして未だかつて他に聞いたことがないのである。

西村に対する誤解があってはならない。このような序文を寄せているが、「龍造寺隆信伝」には、「日本軍は無慈悲な行為をした隆信のような失敗をくり返すことがあってはならない」とも述べているのだ。時代が言わせた言葉であったろう。

葉隠精神は「真剣に、仲よく、頑張れ」

元帥陸軍大将武藤信義の揮毫「智仁勇」

「葉隠の神髄」は、渋い黒褐色の厚紙の表装。山本常朝の草庵のデザインがプレスされた重厚な装丁である。表紙をめくると、墨痕たくましい「智仁勇」の3文字が目に飛び込む。元帥陸軍大将故武藤《むとう》信義《のぶよし》閣下（1868―1933）題字とある。

武藤は佐賀県杵島郡白石町生まれで明治25年（1892）に陸軍士官学校を卒業、日清、日露、日中戦争を戦った軍人である。日清戦争後に入校した陸軍大学校を首席で卒業、のちに関東軍司令官、特命全権大使、関東長官を務め、満州の軍事・行政・外交を掌握した。「明治維新以来、軍人として武藤ほど権力を掴《つか》んだ者はいない」とまで評されたという。大正7年（1918）に陸軍大将となり、満州国特命全権大使だった昭和8年（1933）には元帥の称号を受けている。

昭和8年、栗原荒野は「葉隠の神髄」の出版準備の大詰めを迎えていた。そこで佐賀市東与賀町出身の知友陸軍中将木下文次《きのしたぶんじ》が満州に赴くと聞き、郷土の誇りであり尊敬する武藤元帥に巻頭への揮毫《きごう》を依頼したのだ。荒野も東京で陸軍中央幼年学校に学び、一度は軍人を目指した男である。もし可能であれば、初めての出版となる渾身の著書を武藤元帥の筆になる題字で飾りたかったのである。ところが武藤は、その後間もなく死去した。いったんはあきらめた荒野だったが、なんと、題字の書が届いたのだ。荒野は「葉隠の神髄」の「はしがき」に次のように歓びを書いている。

武藤元帥閣下の題字は、昨年の初夏、陸軍中将木下文次閣下渡満の際に依頼していただいたが、その後間もなく薨去《こうきょ》せられたので断念していたところ、遺物中の絶筆題字を巻頭に飾ることが出来たのは無上の幸せで感激に堪えない。まず本書を元帥の霊前に捧げて感謝の意を表したいと思ふ。同時に木下中将閣下のご厚意に対して御礼申し上げる次第である。

巻頭への揮毫は、この他にも佐賀出身の陸軍大将真崎甚三郎《まさきじんざぶろう》が田代陣基直系の当主に書き送った「白雲や只今花にたづねあひ」や、同じく佐賀出身の前大蔵大臣武富時敏《たけとみときとし》が山本常朝直系の当主に送った「葉隠四誓願《はがくれしせいがん》」の書もある。さらには荒野の歌仲間である短歌結社「ひのくに」の主宰者で北原白秋、若山牧水とともに〝九州三大歌人〟と称される中島哀浪《なかしまあいろう》の「真剣に頑張れ仲よく葉がくれのこの心ありて国おこるべし」の書もある。そこには荒野が精魂込めて出版にこぎつけた「葉隠の神髄」に対する深い喜びと国民にその真価を問う熱意がうかがえる。

哀浪の揮毫《きごう》にある「真剣に頑張れ仲よく」に関するところも「はしがき」にある。

「佐賀市を中心に主要な遺跡が散在しているので、肥前史談会ではこれらの葉隠遺跡巡礼を年中行事として毎年行うことにしている。それは11月23日新嘗祭《にいなめさい》の日に佐嘉神社に集合し松原神社に参拝、全員が徒歩で石田一鼎、湛然和尚、山本常朝などの墓を巡る。1市6カ村、行程9里余とあるので35キロを踏破するのだが、その目的は、葉隠精神の涵養《かんよう》すなわち（1）拝む（真剣に）（2）歩む（頑張れ）（3）睦む（仲好く）の「三武（む）」行軍である」と説明している。

「葉隠の神髄」の巻頭「はしがき」の初めには、「編纂に当たって最も苦心したことは、解説並びに注釈に誤りなきを期すという点であった」としている。元旦には佐嘉神社、松原神社をはじめ石田一鼎、山本常朝の墓その他に参拝して「真剣真実の心を持たせてください」と祈ったとその心情を述べている。また編著のもととなる「底本」としたのは、鍋島侯爵家所蔵の「山本本」と編著者（栗原荒野）所蔵「孝白本」であり、その他45種の写本を参照し、本文はすべて原写本通りで、文章は少しも改めていないと説明している。また本の装幀《そうてい》は、山本常朝の祖父中野神右衛門晴明《なかのじんえもんきよあき》の血統につながる佐賀師範学校教諭山口亮一《やまぐちりょういち》に依頼したことを奇《く》しき縁として紹介し、喜びとしている。

葉隠の解説10項目

「葉隠」に関する関心事を10項目に分けて解説している。

（1）葉隠成立の由来
（2）葉隠成立の時代
（3）葉隠の名義（葉隠の名の起こり）
（4）葉隠の内容
（5）葉隠の写本
（6）葉隠の文章
（7）葉隠と義祭《ぎさい》同盟《どうめい》
（8）葉隠に対する誤解
（9）葉隠研究の沿革
（10）葉隠四哲略伝

荒野は葉隠研究を進めるうちに、「葉隠」を構成する重要なポイントをどうしても解説しておきたいという思いにかられたようである。（1）～（8）はこのあと書き進める中にさまざま登場してくるので、ここでは荒野の解説による（3）葉隠の名義（9）葉隠研究の沿革（10）葉隠四哲略伝についてふれておこう。

【葉隠の名義】

「葉隠」というネーミング。武士道書としては、なんとも優しく、奥ゆかしい名である。だれが命名したのかがわかっていない。山本常朝《やまもとじょうちょう》ではなさそうだといわれる。すると、田代陣基《たしろつらもと》かということになるが判然としない。「葉隠」の語の最も古い使用は、恩田一均《おんだいっきん》（1696―1789）が、孝白本《こうはくほん》の追加跋《ばつ》（あとがき）の中で「葉がくれと名付けし事、いかなる心か知れる人にたづぬべし」と書き残している。恩田は神埼・志波屋の佐賀藩士で常朝より37歳、陣基よりも18歳年少である。書写をしたものの名称はだれが名づけたものかわからないという。

武士道書といわれるものには、山鹿流兵法で有名な軍学者山鹿素行《やまがそこう》の「武家事紀《ぶけじき》」、大道寺友山《だいどうじゆうざん》は「葉隠」のように常に死を心掛けよと説く「武道初心集」、武道家として有名な宮本武蔵の兵法書は「五輪書《ごりんのしょ》」などの書名で、いずれも武道の書らしい。そこで、仮に「葉隠」の名称を筆録者である陣基が密やかに命名したとして考えてみよう。

栗原荒野《くりはらあらの》は編著書「葉隠の神髄」の中に、「葉隠」という名称はどういう意味から名づけられたのかと、「葉隠の名義」として考えられる幾つかの説を立てている。西行法師の「山家集」恋の部に、次のような歌がある。

はがくれにちり止まれる花のみぞしのびし人にあふここちする

また、寶永7年に山本常朝と田代陣基が初めて参会のとき、問答句を交わしている。

浮世から何里あらうか山櫻　古丸《こがん》（常朝）
白雲や只今花にたづね合ひ　期酔《きすい》（陣基）

「葉隠」の筆録者陣基が、世を忍ぶ隠士《いんし》常朝の徳を慕い、その談話を求めて訪ねたという気持ちから、これらの歌と句を照らし合わせ、かつ西行の初句「はがくれ」の字句を取って題名にしたのであろうとの説がある。さらには、草庵の近くには、今でもその地方の名物である「はがくし」という柿が多かったから、この柿の名から出たものであろうと説く人もあるという。

しかし、恐らくこれらの説は、後にだれかがつじつま合わせのように付けたものであって、たまたまそういう柿や歌があるために発想したものだろうというのが妥当であろう。では、どういう意味で名付けたのかといえば、当時の環境や心境によるものだろうという。すなわち、北山の木の葉隠れに語りつ聞きつした環境と、談話そのものがいわば内緒話であって世に出すものではなく、ただお互いの後学のために筆記したものであるから、陰徳を重んずるといったような心境から「葉隠」の名称を与えたと見るべきだろうという。書名については菅野覚明も前項で持論を展開していた。

【葉隠研究の沿革】

「葉隠」はそもそも刊行を目的に書かれたものではなかった。山本常朝の談話を中心として田代陣基が筆記したもので、常朝からは「この始終11巻は追て火中すべし」とあり、そのことは前述した通りである。すなわち門外不出、他見無用の秘書であった。ところがそうはならなかった。陣基直筆の原本はいまだに発見されておらず、種々の写本は存在するが、ひょっとしたら原本は末孫によって「火中に投じられた」とも推測される。

ではどのようにして筆写されたのか。栗原荒野所蔵の写本「蒲原孝白奥書（孝白本）」の次に「此書士たるもの讀《よ》まずんば有べからず。幸に藤崎氏より□借、急筆不及繕寫《ぜんしゃ》云々。」とあり、どうやら判然としない□には「恩」および「忍」の文字が書かれていると思われることから、密かに写本が家から家に伝わり、「恩借」または「忍借」（人目をさける）によって書写が行われていたことがうかがえるという。長崎警備に当たる藩士たちの間でも、勤務中などにもよく「葉隠」その他の書写が行われていたとの記録もあるようだ。

「葉隠」は佐賀藩の藩校「弘道館」でも、教科書として公然と用いられたことはなかった。藩士の一部の家々に伝わってきたに過ぎず、従ってあまり読まれることはなかったようである。読んだとしても、最も特徴的な箇所や奇抜な箇所が外面的に読まれた程度で、熟読《じゅくどく》玩味《がんみ》するようなことはほとんどなかったと思われる。

岩倉視察団に参加した米欧回覧実記の著者である佐賀出身の久米邦武《くめくにたけ》は、大正4年に東京肥前協会・佐賀郷友青年会で「葉隠特別講話」を行なったときのことを筆記している。

「葉隠をみな読んだ人は恐らくいないでしょう。私どもも3分の1も読んだかどうか。で、それをお話するというわけにはいかない」。このように、いかに「葉隠」が読まれていなかったかが分かるというものだ。もっとも、閑叟公《かんそうこう》（第10代佐賀藩主直正）の時代にはときどき御前で「葉隠」の読書会が催されていたという。

明治・大正時代に入って「葉隠」が「鍋島論語」として一般に喧伝《けんでん》され、「愚見集《ぐけんしゅう》」が「山本秘書」

として重視されるようになったのは、明治39年（1906）に中村郁一《いくいち》編著『抄録本葉隠』が初の活字本として刊行されてからのことで、同書は大正5年（1917）に再版されている。

【葉隠四哲略伝《はがくれよんてつ》】

『葉隠』誕生の主役は、もちろん口述者の山本常朝と筆録者の田代陣基である。しかし、その常朝が師と仰いで教えを受けた佐賀藩きっての儒学者石田一鼎、鍋島家菩提寺高伝寺の第11代住持湛然和尚を抜きに語ることはできない。この4人を『葉隠四哲』と称している。その人物については荒野著『葉隠のこころ』に詳しい。加えて葉隠研究会編『葉隠入門編〜凛《りん》として、自由に生きる』、中央公論社刊の奈良本《ならもと》辰也《たつや》編著『日本の名著第17巻・葉隠』を参照にしながらその略伝を紹介しよう。

山本常朝《やまもとじょうちょう》

万治2年（1659）6月11日、佐賀城下片田江横小路（現水ヶ江2丁目）で、佐賀藩士山本神《やまもとじん》右衛門《えもん》重澄《しげずみ》（1590〜1669）の末子として生まれた。忠臣蔵でおなじみの大石良雄《おおいしよしお》もこの年に生まれている。母は西松浦郡大木（現西有田町）の庄屋前田作右衛門《まえださくえもん》の娘（実は作右衛門の叔父の娘）で、重澄の前妻が亡くなったので後妻として嫁いでいる。万治2年といえば、関ヶ原の戦いが終わって、徳川家康が江戸幕府を開いてから約50年後のことである。そのころはすっかり太平の気運に満ちていた。常朝はそのような時代に生まれたのである。自分の生い立ちを「聞書第二140節」の中に語っている。

「自分は父重澄70歳のときに生まれた子で、医者からは、老人の子なるがゆえに体の水が少なく、とても20歳は超えては生きられまいと言われていた。折角生まれたのに、ご奉公もすることなく死ぬことがあっては無念だから、なんとしても生きてみせようと思い立った。そこで7年間禁欲したところ、ついに病気にもならなかった。薬をのむこともなかった。医師に言っておくが、病人は半年か1、2年禁欲させておけば自然と病気は治るものだ」

「葉隠」で常朝を語るには祖父中野神右衛門清明《きよあき》（1555〜1620）、父重澄《しげずみ》（1590―1669）に連なる〝山本3代〟を紹介しなければなるまい。祖父清明の苗字は中野である。清明の二男の父重澄が山本《やまもと》助兵衛《すけべえ》宗春《むねはる》の養子になったことから、常朝も山本姓である。

清明は戦国乱世のまっただ中に杵島郡中野村（現武雄市朝日町）生まれ、戦うことを宿命づけられていた。20歳で初陣を飾り、18箇所も手傷を負って血まみれで生還し、藩祖鍋島直茂《なべしまなおしげ》に仕えることとなった。龍造寺隆信《りゅうぞうじたかのぶ》の旗下で直茂とともに戦場を疾駆し、数々「一番槍の功名」を挙げた。その生きざまは「兵法など習うこと無益なり。生死を分ける場面では、無分別に近い分別こそが『生』につながる。真の闘う武士とは『大高慢《だいこうまん》』をなし『死狂いの覚悟』をもった『大曲者《おおくせもの》』でなければならない」を信条とした。直茂没後、追腹を願い出たが、生前から言われた通り世継《よつぎ》の初代藩主勝茂《かつしげ》を扶《たす》けて伊万里地方の代官となり、鍋島藩の西の守りを固めた。

父重澄は元和《げんな》元年（1615）の大坂夏の陣に参戦するものの実際の戦闘に加われなかった。そこで冬の陣では藩命に背いて戦場に走っている。父清明の血を受けついで「曲者」の行動だった。しかし、その後の太平の世はそれを許されず、優れた官僚武士として大坂城普請の二百人頭として監督の任を務めている。島原の乱でも武勇を発揮し、勝茂に重用され、有田皿山代官・楠久牧奉行となり陶磁器産業や牧畜業の育成に尽力している。「死に身の大曲者」を誇りとし、家来たちには「博奕《ばくち》を打ち、うそを言え。一町の内、7度嘘《うそ》を言わねば男は立たぬ」と言っていたとの逸話もある。

常朝は重澄が70歳になって生まれた2男4女の末っ子だった。誕生の翌日、重澄が大変懇意にしている大組頭（藩の親和的な組織の長）多久図書茂富《たくずしょしげとみ》が病気で難儀しており、どうしても重澄に会いたいと言うので訪ねて励ました。

「私は70歳の隠居の身だが、恥ずかしながら息子が生まれた。塩売りにでもくれてやろうと思っている」というと、「他人にやるなどもってのほか、父の血を受けているのだ、いずれお役に立つ立派な若者になろう」と茂富のとりなしで松亀《まつかめ》と名づけられ、山本家で育てられた。

幼児は塩を扱う者に抱いてもらうと強い子になるとの迷信があり、丈夫に育つよう願っての言葉とも思われる。重澄の躾《しつけ》は厳しかった。一門の子どもたちには、生まれたばかりの幼児にまでも耳元で「大剛《たいごう》になって、殿のお役に立たねばならぬぞ」というのが常だったという。常朝も幼いころから耳にタコができるほど聞いて育ったに違いない。7歳になると、父の名代で先祖の菩提寺である小城深川の勝妙寺まで往復5里（20キロ）の道のりをわらじ履きで墓参した。

藩主2代光茂・綱茂の御側役

常朝は9歳のときに「不携《ふけい》」の名をいただいて第2代藩主光茂の御側役《おそばやく》として召し出された。そのころ父からいつも聞かされた教訓は「作り笑いをするな。人の顔を真正面から見ることができないような卑怯な男になるな。なんとしても剛の者になるのだ。武士は食わねど高楊枝《たかようじ》でなければならぬ。書物をみるのは公家の役、山本の一門は樫の小太刀を握って武道に励むのが仕事である」などということであった。平素でも、「袴《はかま》の下に手を入れることは不用心だ」と厳しい躾だった。

11歳で父に死別、14歳のときに光茂の小々姓《こごしょう》となり、名を市十郎《いちじゅうろう》と改める。これは初代藩主勝茂が、常朝の父神右衛門重澄を、ひと目には目立たないが陰で立派な奉公をしていると目をかけていたからであろう。第2代藩主光茂の子の綱茂《つなしげ》の遊び相手を務めたこともあった。延宝6年（1678）に20歳で元服して権之丞《ごんのじょう》と改名、御側役として御書物手伝に従事する。この年、田代陣基が生まれている。この間、私生活では甥の山本常治に厳しい訓育を受け、たくましい武士に成長した。

常朝は2度の介錯《かいしゃく》（切腹する人に付き添って首を切り落とすこと）を経験した。初めは博奕を咎《とが》められて切腹を命じられた従兄弟の沢部《さわべ》平左衛門《へいざえもん》、2度目は大伯父中野正守の孫で失脚切腹となった年寄役中野《なかの》正包《まさかね》の介錯であった。介錯は首尾よく果たしおおせて当たり前、もしも仕損じようものなら武士として一生の恥となる。従って誰もが尻込みするのだが、常朝はいずれも大役を引き受け、その度胸がほめられた。

常朝が仕えた藩主光茂は、何事にも一生懸命打ち込む性格で、中でも歌道への執心は特別であった。祖父勝茂は武家の道ではないとこれを固く禁じた。しかし光茂は歌道をあきらめなかった。歌道の「古今《こきん》伝授《でんじゅ》（古今和歌集解釈の秘伝を授かること）」を武家の出としては初めて受け、日本に広くその名を知られるようになりたいとの夢があった。歌道に通じた倉永利兵衛《くらながりへえ》が御歌書役として召し抱えられ、倉永が常朝に文学の才があることを見抜き、元服の役を買って出て、さらに御書物役手伝《おかきものやくてつだい》に推薦したのだった。

だが、常朝は若殿綱茂《つなしげ》のところへも出仕しなければならず、たびたび出向いては、そこで歌道のお相手をしたことが光茂の不興《ふきょう》を買い、いつの間にかお役御免となった。「お役御免」は浪人ではない。役を外されてしまうと、江戸参勤に主君の供をしていくこともなくなった。常朝が20歳を過ぎたばかりのころである。ちょうどそのころは固く心に誓って禁欲生活をおくっていたころであった。後に24歳で結婚し、26歳で長女が生まれているから、常朝の禁欲は17、18歳のころからの7年間であったと思われる。役目もなく日々が過ぎ去っていくことは、この上なく苦痛なことであった。禁欲生活も、しっかり体質改善をして、主君のためにひたすら忠義を尽くそうとの一心からのことであった。親戚の者から「お前があまりにも賢そうな顔つきをしているから殿から嫌われるのだ」と言われ、それから1年余りも鏡を見て顔つきを変えてもみた。

「古今伝授」の取得に奔走

失意のうちに、佐賀郡松瀬（現佐賀市大和町松瀬）の華蔵庵《けぞうあん》を訪ねて湛然和尚に仏道を学んだ。21歳になると、仏法の血脈《けちみゃく》（師から弟子に法灯が受け継がれること）と下炬念誦《あこねんじゅ》（生前葬儀の式と思われ、旭山常朝の法号を受けた）を申し受けている。「葉隠」で慈悲心を非常に重んじている素地はこのとき涵養されたと言えそうだ。湛然和尚のもとでの修業によって、常朝は深い仏教の教えを学び、21歳にしてすでに教法の伝授を認められた。さらに同時期、神道・儒学・仏道の学を極めて藩内随一の学者と言われながら松梅村下田（現佐賀市大和町下田）に閑居する石田一鼎をたびたび訪れて薫陶を受けた。一鼎からは儒学とともに「お家は自分一人ででも持ちこたえてみせる」との強い精神を学んだ。

常朝は結婚から4年、28歳になると江戸で書写物奉行、次いで京都御用を命じられ、帰国後の元禄4

年（１６９１）、33歳のときに親の名「神右衛門」を襲名した。元禄8年に光茂（当時64歳）が隠居し、嫡男綱茂《つなしげ》が第3代藩主になったが、常朝は引き続き光茂に仕え、翌年には再び京都役（佐賀藩の京都駐在の職員）を命じられた。和歌のたしなみ深い光茂の宿望であった「古今伝授」を得るために、京都の公家で和歌の宗家三条西実教《さんじょうにしさねのり》卿《きょう》（大納言・歌人で古今伝授の正統継承者）に要請、この取り次ぎに奔走した。常朝は足掛け5年間、光茂が病死するまで8回にわたって古今伝授に関するいろいろな文書の写しを箱に入れて届けている。その初回は光茂が大坂に滞在中のことであった。光茂は初めて手にした古今伝授の大切な文書を手にして大変喜び、食事と酒、さらには召し古しの夜物《よるもの》（夜寝るときに上にかける夜具）と蒲団《ふとん》を与えた。また、その労に対して藩主綱茂から切米10石を加増され、これにより常朝は１２５石の中士《ちゅうし》となった。

勅撰《ちょくせん》和歌集の中の古今和歌集の解釈について伝授を得ることは至難ではあったが、ようやく元禄13年（１７００）にこれを授かり、瀬戸内海を経て、小倉から早かごを仕立て5月1日、佐賀にたどり着いた。背にした古今伝授の一箱を、隠居後重病の床にあった光茂の枕頭に届けると、毎日待ちわびていた光茂は押しいただいて喜び、常朝も面目をほどこすことができた。しかし、喜びもつかの間、光茂は半月後の16日にはこの世を去った。時代はといえば、江戸城松の廊下で浅野長矩《ながのり》が刃傷事件を起こすのはこの翌年である。

光茂は古今伝授を携えて69歳の生涯を閉じた。常朝は42歳のこの年まで「お家はわれ一人で持ちこたえてみせる」の心意気で光茂に仕え、早くから殉死することを考えていた。ところが、その主君が40年も以前に幕府に先駆けて発令した追腹《おいばら》禁止令、幕府の禁止令によって後を追うこともならず、常朝は失意のうちに光茂卒去の翌日、出家を願い出て許された。直ちに剃髪《ていはつ》して、３日後には高伝寺住持の了為《りょうい》

常朝の墓（龍雲寺）

和尚に就いて受戒し、世間との交わりを絶ち、ひたすら主君亡き後を弔うことにした。「聞書第二」に「大坂で殿の使われた夜着とお蒲団をいただいたときも『予が気晴らしのために召し使った者に禄高を増すというのは憚《はばか》るから、気持ちだけのことをお前にしたまでだ。家老たちに礼を言う必要はない』と仰せられた。このときも、ああ追腹の法度が出る前であったなら、この拝領の蒲団を敷き、この夜着をかぶって、立派に殿の後を追うほどの御恩であると、骨の髄までありがたく思ったものである」と語っている。

黒土原の草庵に隠棲

祭礼一切の行事が済むと、常朝に倣《なら》って剃髪出家した妻とともどもに、佐賀城下より北へ12キロ余り離れた金立山山すその黒土原（現佐賀市金立町）の鬱蒼《うっそう》とした木立ちの中に隠棲の地を選んだ。妻は間もなく城下へ帰している。小さな草庵「朝陽軒《ちょうようけん》」で弔いの日々を過ごす常朝を、田代陣基が慕い訪ね来たのは、それから10年後のことであった。朝陽軒は後に宗寿庵《そうじゅあん》となり、光茂の内室がここで追善供養を行い、自分の墓所と定めたので、常朝は遠慮して近くの大小隈《だいしょうぐま》に移り住んだ。

尋ね入る深山のおくの奥よりもしづかなるべき苔《こけ》の下庵《したいお》

虫の音のよわりはてぬるとばかりをかねてはよそに聞きて過ぎしが

黒土原に隠棲以来20年、享保4年（1719）10月10日、辞世を残してここに、61歳で没した。黒土原には「常朝先生垂訓碑《すいくんひ》」が立っており、墓は佐賀市八戸1丁目の龍雲寺にある。

神仏の信仰厚く、国学を尊重し、武芸にも達し、和歌俳句にも堪能で、俳号を「古丸《こがん》」とした常朝。二女をもうけたが、長女は早世した。次女お竹に迎えた養子吉三郎のために、自ら「愚見集《ぐけんしゅう》」を書いて奉公の心得を諭し、次いで同じく「餞別《せんべつ》」一章を書いて与えたが、養子夫妻も常朝夫妻に先立って死去している。

田代陣基《たしろつらもと》

「葉隠」の筆録者。延宝6年（1678）に生まれ、通称又左衛門、名は陣基。若いころから文筆に長じ、蕉門系の俳句を学び、「期酔《きすい》」または「松盟軒《しょうめいけん》」と号した。元禄9年（1696）19歳のとき第3代藩主綱茂の右筆役《ゆうひつやく》となり、引き続き第4代吉茂にも同役で仕えたが、32歳のときに理由は不明だが、宝永6年（1709）にお役御免となった。翌年3月5日、初めて常朝を黒土原の草庵に訪ね、教えを請うたときは失意のさなかであったと思われる。自らも草庵の近くに住んでたびたび常朝の宗寿庵を訪ね、その談話を筆記して「葉隠」の稿を起こした。以来7年の歳月を費やして享保《きょうほう》元年（1716）9月10日に「葉隠」の脱稿をみた。

享保16年、54歳の時に再び藩主宗茂の御右筆役となり、翌年には江戸詰を仰せ付けられ、御記録役を兼ね、同20年には隠密御用書整えの功を賞せられ、切米加増を受けている。陣基が優れた文章家であり、編集の才能にも秀でていたことは、「葉隠」全巻を読めば明白である。文章は簡潔にして素朴で情味があり、寛永7年の常朝との初会のことを記した「漫草《みだりぐさ》」一篇のごときは名文と称すべきもので、文章を軽んじ、ほとんど記録を残さなかった佐賀藩には稀有のこととして、「推称すべき人物である」とは郷土史家の評価である。寛延元年（1748）4月5日に没した。行年71歳。墓は佐賀市田代2丁目の瑞龍寺《ずいりゅうじ》にある。

石田《いしだ》一鼎《いってい》

儒学では佐賀藩内で石田一鼎の右に出るものはいなかった。初代藩主勝茂に仕え、2代光茂の御側相談役となった人物である。寛永6年（1629）、佐賀に生まれ、幼名を兵三郎と称した。幼いころから学を好み、母から制止されるほどに勉強し、15、16歳のころには儒・仏の書で閲読しないものはないほどだったという。17歳のときに江戸で父を亡くし、その家督をついで250石を拝領し、藩主勝茂の近侍《きんじ》となった。江戸が大火に見舞われた明暦3年（1657）に勝茂が死去、一鼎はその遺命により世嗣孫光茂の御側相談役となってこれをよく補佐し、知行75石を加封された。

しかし、その剛直な性質ゆえに藩主光茂の意に逆らい、退けられて小城藩の松浦郡山城郷に8年間幽閉された。その理由は明らかではないが、光茂が追腹御停止《おいばらごちょうじ》（追腹禁止）の方針を打ち出したところ、一鼎は「武士道と追腹とは不離一体だ」との信念から主君と意見を異にしたため、光茂は祖父から譲り受けた補導役として尊重しながらも、涙をのんでこの挙にでたのではないかと思われる節がある。なぜならこの事件が追腹禁止令の翌年に起こったことも無視できない考察資料であるとされている。また主君の前で重臣である相良《さがら》求馬《きゅうま》を面責（面と向かって責める）したためにおとしいれられたとの俗説もあるが、それは先代勝茂のころの一件であり、年数が隔たりすぎている。

その後、許されて佐賀郡松梅村に閑居、延宝5年（1677）に剃髪《ていはつ》して「一鼎」と号した。経史に通じ、神・儒・仏の学を極め、老いも若きも教えを請う者が多く、常朝も青年のころ薫陶《くんとう》を受けた。一鼎は極端に質素な生活を良しとし、食物もあれば食べるが、なければ食べなくてもいっこうに苦にするでもなかったという。苦痛に耐えることが人生修行の基本であり、善事であると説いた。著書に「泰巖《たいがん》公《こう》（龍造寺隆信）譜」「日峯公《にっぽうこう》（鍋島直茂）御壁書《おかべがき》二十一ヵ条注」「武士道要鑑抄《ようかんしょう》」などがあり、その言行は「葉隠」にも記されている。時代、思想、境遇ともに山鹿素行《やまがそこう》に似たところが多く「東に素行あり、西に一鼎あり」とも言われたという。元禄六年（1693）没。65歳。墓は佐賀市与賀町精の水月寺と大和町下田にあり、大正4年に正5位を贈られた。

湛然和尚《たんねんおしょう》

湛然梁重《りょうじゅう》和尚。鍋島家菩提寺高伝寺の第11世住持で、佐賀郡西与賀村（現佐賀市西与賀町）の楊柳寺の開山である。以前は三河国（愛知県）の某寺にあったが、曹洞宗中興の祖ともいわれる同国の長圓寺月舟《げっしゅう》和尚の推薦で高伝寺住持となった。慈悲心に富む湛然の教えは、光茂をはじめ諸人の尊敬を集めた。寛文6年（1666）、中の館圓蔵院住持の村了和尚が、寺格昇格のことで藩主光茂に直訴し、死罪となった。そのとき湛然和尚が命乞いをしたが容れられなかったので、憤然、寺を去って佐賀郡（大和町松瀬）の通天庵に入ってしまった。光茂からの高伝寺に戻るようにとの再三の説得があったが、頑として動じなかった。住持となったときも、藩主といえども寺内での飲酒はならぬと厳しく寺風を刷新していた。ついには光茂も折れて同地に高伝寺の末寺として華蔵庵《けぞうあん》を建立し、10石の扶持を与えた。その後は禁足蟄居の状態で13年を過ごし、延宝8年（1711）入寂した。年齢は不詳。

傑僧であった。仏道と武士道の神髄に徹し、その言行と逸話は「葉隠」に多く記されている。常朝は湛然和尚に師事して深くその感化を受け、21歳にして血脈《けちみゃく》（師から弟子に法灯が受け継がれていくこと）を授けられた。常朝が石田一鼎の遺訓である「武士道」「忠節」「孝行」のほかに「大慈悲」を加えて「葉隠四誓願」を提唱したのは、湛然和尚の感化によるものであった。四誓願は常朝が、宝永7年（1710）52歳のときに陣基に語ったことにより伝わっているが、「武士たる者は忠と孝とを片荷にし、勇気と慈悲とを片荷にし云々」ということが「湛然和尚平生の示し」として常朝に深い感銘を与えていたのである。湛然の生国は明らかではないが、肥前の生まれであったことは、同じ肥前・武雄の出生であった名僧月舟の「君要生涯終故郷」の詩をみても分かる。

常朝が師と仰いだ石田一鼎、湛然和尚は、ともに頑固一徹だったようである。いずれも主君の不興を買い、その地位を投げ捨てた。しかし、二人とも主君に対してはともに忠であり、義であろうとしたのだ。そのために主君と意見が衝突したに違いない。だが、あえて屈服することをしなかった。その剛直さ、潔さが常朝に大きな影響を与えたに違いない。常朝が主君光茂の没後に迷うことなく剃髪、出家して黒土原に隠棲したのも、二人の師の行動に倣《なら》ったようにも思える。

このように常朝の思想・人格の完成は、実に一鼎と湛然の薫陶によるもので、特に湛然和尚に負うところが大きかった。また、そうした常朝を師とも仰いで黒土原の草庵を訪ねた陣基も、藩主に職を解かれて失意のうちに山路をたどったのだった。佐賀鍋島藩にあって、「葉隠四哲」の存在はときを経るに従い輝きを増していった。

本文

これより本文であるが、本書は本文解説を旨とするものではない。「葉隠」11巻は1343節で構成されているが、「葉隠の神髄」はその中から741節を抜き出し、それをバラバラに分解してジャンル別に「四誓願篇」「一般修養篇」「実話逸事篇」「史蹟伝説篇」の4篇に類別して集約している。それら4篇をさらに次のように分類し構成している。

【四誓願篇】

①総論　4節　②武士道85節　③忠節117節
④孝行12節　⑤慈悲　38節

【一般修養篇】

①禁裡崇敬　2節　②敬神崇祖17節　③真実正念13節
④克己忍耐16節　⑤修行鍛錬20節　⑥反省自戒21節
⑦言辞尊重13節　⑧礼譲和親15節　⑨風尚嗜好21節
⑩訪問接客　5節　⑪子女教育　4節　⑫家庭道徳　8節
⑬其他雑事41節

【実話逸事篇】　１３３節
【史蹟伝説篇】　１５０節
附録（一）直茂公御壁書、要鑑抄、愚見集、餞別、常朝書置、山本常朝歌集
（抄録）
諸家略系図、注釈索引
附録（二）葉隠年表、田代陣基の名について、「葉隠校補」の編著者について、
特別研究―葉隠写本の比較について

荒野は「分類注釈　葉隠の神髄」に次いで5年後には「校註葉隠」を刊行するが、こちらは聞書11巻１３４３節すべてを注釈する大著である。

栗原宅の書棚にある「葉隠の神髄」の初版本を見せてもらった。そこには幅7ミリ、長さ1センチほどの小さな付箋がびっしりと付けられており、そのページには赤ペンで修正、加筆が、拡大鏡を必要とするような細かい文字で書き込まれている。本文をよくよくチェックしてみると、確かに数ページに一つほどの誤植が目につく。昭和10年、町の小さな印刷所（佐賀市米屋町・佐賀印刷社）で、鉛の活字を一個ずつ拾っての文選と組版作業である。また、荒野自身が文の表現で意に染《そ》まないところには、修正、表現の変更が容赦なく書き込まれている。初版本を手にした荒野にしてみると、文意に問題なしとしても、書き込み不足や散見されるミスがよほど無念だったのだろう。その悔しさがおびただしい付箋《ふせん》の数からもうかがい知れる。

戦後、「葉隠」は一転して〝戦犯図書〟のような扱いを受け、冷ややかな視線を浴びていた。荒野の二つの編著書も復刻を口にするような空気ではなかった。荒野の死後、付箋付きのぼろぼろになった「葉隠の神髄」初版本を幾度も目にしていた長男耕吾《こうご》は、「版を重ねるときにある程度の手直しはできたでしょうが、いつの日かこの付箋の修正と加筆の思いを、復刻版の発行によって遂げさせてやりたい」と思うようになっていた。

「初版が印刷されたのは私がまだ3歳のときでした。当時のことですから原稿を印刷所に渡した後は、信頼して任せていたのでしょうか。新刊本を開いてみて、誤植など見つけてよほど口惜しかったのでしょう。その日から来る日も来る日も初版本と首っ引きで、付箋を付けては細かい文字を赤ペンで書き入れていたと母から聞きました。当時のことはわかりませんが、物心ついたころから就職するころまでの私は、母の家計の苦労をよそに書斎にこもりっきりの父も、そして葉隠も嫌いでした。その手垢のついたぼろぼろになった本を見ると、とても常人の仕業ではありませんね。鬼気迫るものがありました」と回顧する。

熊本市の出版社「青潮社」社長高野《たかの》和人《かずと》の熱心な勧めを受けて、耕吾は「葉隠の神髄」の復刻を決意した。栗原荒野の仕事ぶりに惚れ込んでいた高野は、すでに昭和50年（1975）にも「校註葉隠」の復刻も手掛けている。耕吾の監修による復刻版は、荒野の没後20年目の平成8年8月に刊行された。戦時色を感じさせた要人からの序文や揮毫はすべて削除し、荒野の「はしがき」のみを巻頭に置き、朱筆の校正はすべて完璧になされていた。

■■ 栗原荒野　全編を註釈した「校註葉隠」■■

「葉隠」11巻全節の校註は荒野の悲願

「校註葉隠」は、佐賀の葉隠研究家栗原荒野《くりはらあらの》が山本常朝の口述「葉隠聞書」11巻1343節すべてを収録、全節にタイトルを付け、詳細に註釈を施した初の史料である。底本は、鍋島侯爵家所蔵の「山本本」と編著者栗原家所蔵の「孝白本」とで、同じく栗原家所蔵の「五常本」および濱野素次郎家所蔵「松本本」、その他23種の写本を校合し、内容項目の配列は「孝白本」に拠《よ》ったとしている。

荒野は「葉隠」を佐賀から世に出す第一歩として、先ず「分類注釈　葉隠の神髄」を昭和10年（1935）に発刊した。しかし、荒野にとっての「葉隠」研究は、「葉隠の神髄」で完結するものではなかった。なぜなら同書は、「葉隠」1343節の中から741節をバラバラに抜き出して、ジャンル別に分類、細密に注釈を加えて編集したものであったからである。「主要な部分はほとんど網羅したつもりである」とは巻頭に述べてはいるが、荒野は「葉隠聞書全節を写本どおり編集しなければやり遂げたことにはならない」との思いが強かった。

また、明治39年（1906）の中村郁一編著によるわが国初の活字本「鍋島論語葉隠全集」は、大いに話題をさらったものであるが、随所に見られる中村の独断ともいえる訳注や解釈には、荒野は違和感を感じていたようである。

戦時下で「葉隠の神髄」が好評を博して増刷を重ね、佐賀県内はもちろん全国各地からひっきりなしに講演依頼が舞い込んだ。その多忙が自信となって、荒野は引き続き「葉隠」の全節をもれなく収録した「校註葉隠」の編さんに着手、5年後の昭和15年2月11日には発刊にこぎつける。日中戦争のなかに書き進めたが、戦況は刻々と緊迫の度合いを増し、国家総動員法が成立し、大政翼賛会も創立された。太平洋戦争開戦前年のことであった。

黒厚紙表紙の「校註葉隠」は、当時、東京市本郷区・内外書房発行の文庫本で、分厚いハンドブック型だった。しかし、筆者が手元で史料としているのは、この初版本発行から35年後の昭和50年3月に刊行された復刻版である。米寿間近の荒野をかき口説いて、絶版になっていた「校註葉隠」の復刊を勧めたのは、熊本市の出版社「青潮社」の社長高野《たかの》和人《かずと》だった。荒野の「葉隠」に懸ける情熱に心酔していた高野は、高齢ですっかり弱っていた荒野を元気づけたい思いがあった。

高野は、「葉隠」が戦時下でもてはやされたことを、荒野が喜んでばかりはいなかったことを知っていた。「校註葉隠」の発刊から間を置かず岩波書店から和辻《わつじ》哲郎《てつろう》・古川《ふるかわ》哲史《てつし》校訂の「葉隠」上・中・下巻が出た。これには「注釈」はない。しかし、東京大学文学部の著名な子弟コンビで岩波書店が世に出した「葉隠」で一気にブームを呼び、ベストセラーとなった。

「校註葉隠」の復刻本はサイズをB6判（12・8㎝×18・2㎝）に変え、活字を拡大し、誤字誤植を修正して読みやすくした。初版本は発行当時の印刷事情などのために並の製本に甘んじなければならなかったが、復刻版では少し贅沢な永久保存に耐える綴《つづ》れ織《おり》の布表紙製本の体裁にした。高野の思いのこもったシンプルなデザインの豪華本である。あえて増補改訂や取捨選択は行わず、純粋に歴史史料として初版の原文を忠実に復刻していた。

栗原荒野編著「校註葉隠」初版本（右）と復刻本

1004ページの「葉隠」本記に付録として鍋島藩祖の「直茂公御壁書《なおしげこうおかべがき》」、石田一鼎《いしだいってい》著「要鑑抄《ようかんしょう》」、山本常朝の「愚見集《ぐけんしゅう》」や養子吉三郎に書き送った「餞別《せんべつ》」「常朝《じょうちょう》書置《かきおき》」「壽量庵《じゅりょうあん》中座の日記」も併せて1108ページ。さらに龍造寺家略系図、鍋島氏本支藩略系図と巻末索引、目次も加えて1260ページの大著である。なお、この書には校註を除く本文の漢字には一字一句もらさず「ふりがな」が施されているのも驚きである。定価は初版本が2円80銭だったのに対し、この復刻版は9600円である。

「校註葉隠」の特長は、文字通り詳細を極めた「校註」にある。「註《ちゅう》」は「注」と同義語であり、本文の間に書き入れて、字句の意味や登場人物などを説明する「註釈・補注」である。また、1節ごとにすべてにタイトルを付けている。たとえば冒頭の第1節「夜陰《やいん》の閑談《かんだん》」は「葉隠」の総論とも言うべき節文であるが、先ず文題、すなわちタイトルを置き、本文に入る。

四誓願を毎朝佛神に念ずれば、二人力になって後へはしざらぬ

御家来《ごけらい》としては、国学《こくがく》心懸《こころが》くべき事《こと》なり。今時《いまどき》、國學《こくがく》目落《めお》としに相成《あいな》り候《さふらふ》。…（中略）…尺取蟲《しゃくとりむし》の様《やう》に、少《すこ》しづつ先《さき》へ、にじり申《まを》すものに候《さふらふ》。佛神《ぶっしん》も、先《ま》ず誓願《せいぐわん》を起《おこ》し給《たま》ふなり。

本文は5ページにわたるが、その後に続く「註」が延々と10ページも続くのである。全1343節に「註」の付かない節が少ない。この「註」の調査研究にどれほどの時間と労力を要したことか。「はしがき」に荒野の熱い思いがある

はしがき（一部を抜粋して）

『葉隠』が我が国有数の武士道書であり、今では具眼《ぐがん》の士（筆者注＝ものごとを判断する見識ある人）から「日本武士道第一の書」とまで推奨されているにも拘らず、これまでに隠れて余り知られなかったのは、成立の由来から見れば、寧《むし》ろその名にふさわしい床しさである。しかし寶《ほう》玉《ぎょく》はいたずらに死蔵すべきではない。

先に私は『分類註釋 葉隠の神髄』を編纂刊行して、いささか葉隠精神紹介の微意を致したが、これは一目瞭然的に葉隠を掴むよすがにもと思っての企《くわだて》であって、深く葉隠を知ろうとする人は、これと同時に全集を繙《ひもと》く必要があり、かつこの分類は全部には亙《わた》っていないので、その当時から校訂本全集を編纂して世に問うのが念願であった。たまたま書肆《しょし》（書店）の依頼に接し快諾はしたものの、職務（筆者注＝佐賀市史編纂委員、佐賀県師範学校嘱託教員）の片手間で容易にはかどらず、とうとう1年有余半を費やして完了する事ができた。

校訂は一字一句の末まで原文に忠実であることを念とし、文章そのものは少しも改めていない。すべて書き下し（漢文を仮名交じり文に書き改める）としたのは、小学児童にまで読み易からしめるための心遣いからで、文中に句読点や括弧《かっこ》を加えたのもそのためである。「漫草《みだりぐさ》」は多くの

葉隠写本にはない。本書は鍋島侯爵家所蔵「葉隠聞書校補」によって巻頭に掲げた。

「葉隠」はともすれば誤解されやすく、十分に心読すべき本である。あくまで味読精読しなければ、その神髄と全貌とは把握し難いのである。この意味においても本書はその真精神を誤らぬよう、校註に精魂を籠《こ》めたつもりである。

解説

「校註葉隠」の初めに「解説」を挙げている。「葉隠」の①成立　②名義（葉隠の名称）③内容　④精神　⑤全貌　⑥写本　⑦文章　⑧略伝　と順次解説している。これらは前項の「葉隠の神髄」にもあり、この後の各章にも随所に取り上げることになる。ここでは①成立について述べておこう。

櫻咲く寶永《ほうえい》7年（1710）の春3月5日、佐賀城下から北方3里ばかりの佐賀郡金立《かなたて》村黒土《くろつち》原《ばる》の、屏風を立てたやうに東西に連る山並を背にした木の葉隠《はがくれ》の草庵に、対座して物語る二人があった。主は前の佐賀藩御側役山本神右衛門常朝《やまもとじんえもんつねとも》、今は剃髪染衣《ていはつそめぎぬ》の出家、朝陽軒《ちょうようけん》の庵主旭山《きょくざん》常朝《じょうちょう》居士、客は武家姿の田代又左衛門陣基《たしろまたざえもんつらもと》である。初会の此の日、二人は次のやうな句を詠み交わして互いに心境を語り合ふのであった。

浮世から何里あらうか山櫻　古丸《こがん》
白雲や唯今花に尋ね合ひ　期酔《きすい》

古丸《こがん》は常朝、期酔《きすい》は陣基の俳号で、ときに常朝52歳、陣基33歳であった。

これより先、元禄13年（１７００）5月16日、佐賀藩主鍋島光茂《なべしまみつしげ》公の逝去に遇《お》うて、9歳の御《お》側《そば》小僧《こぞう》から御小姓《おこしょう》、御側役《おそばやく》と足掛け33年の間、側近ばかりに仕へて殊遇《しゅぐう》を受けていた山本常朝は、帰らぬ旅のお供をと思ったが、当時国禁の追腹《おいばら》の代りに出家して、ひたすら殿の冥福を祈らうと、42歳をもって高伝寺了為《りょうい》和尚に就《つ》いて剃髪受戒《ていはつじゅかい》（筆者注＝髪を剃り、仏門に入る者が仏の定めた戒律を受けること）し、名も「旭山常朝《きょくざんじょうちょう》」と改め、

尋ね入る法《のり》の道芝《みちしば》露ちりてころも手すずし峰の秋風

と詠じつつ、ここ北山の草庵に隠遁《いんとん》してから早10年、念仏三昧《ねんぶつさんまい》の日々を送っていたのである。田代陣基は19歳の時から藩主鍋島綱茂《なべしまつなしげ》公の御右筆《ごゆうひつ》役を務め、第4代藩主鍋島吉茂《なべしまよししげ》の時迄前後14年に及んだが、寶永《ほうえい》6年（１７０９）5月16日、故あって御側《おそば》差しはずされ、いまは遠慮の身を道の修養に努めようと、出家常朝の學徳を慕うて翌7年の春、その庵を訪《と》ひ、自分も近くに住んで日《にち》夕《ゆう》常朝に親炙《しんしゃ》（筆者注＝親しくその人に接して感化を受けること）し、その談話を細々《こまごま》と書き留めた。

語るは出家、聴くは侍、墨染の世捨人と道を求むる罷職《ひしょく》の武士との歓談は、世をも恨まず身をも嘆かず、「浪人切腹も一つの御奉公である」との信念に生きる鍋島侍伝統の熱情に燃えさかり、忠誠《ちゅうせい》一途《いちず》、打てば響く魂と魂との対話となって、春の宵、夏の朝、或いは柿の實の熟する秋の

縁側に、霜冴ゆる冬の夜の爐邊《ろばた》に、しみじみと語り交わされて年は明け年は暮れ、寶永7年の春から享保《きょうほう》元年の秋まで、足掛7カ年に及んだ。冬の夜を語り更《ふ》かした翌朝に、かふいふ句を詠じ合ったこともあった。

手ごなしの粥《かゆ》に極めよ冬籠《ふゆごも》り　　期酔
朝顔の枯蔓《かれづる》燃ゆる庵かな　　古丸

陣基が全11巻の聞書を書き上げたのは享保元年（1716）9月10日で、この月日を記した写本もあるから、これを脱稿の日と見て差し支えあるまい。本文中に享保元年から24年後の元文《げんぶん》5年（1740）の年号のある写本もあるが、これは別行字下げになっておって後人の書入らしく、老孝白本、五常本にはない。なお陣基の外にも常朝の草庵を訪《と》うて教訓を受けた人たちがあり、老士常朝の北山草庵は鍋島家中の修験《しゅげん》道場《どうじょう》たるの観があった。

「手ごなしの粥に極めよ」の句は、果たして陣基の句としていいのか、それとも常朝が詠んだものではないかと、見解が分かれるとも聞くが、一般的な解釈は、陣基の句とする見方が多いと言われる。冒頭には田代陣基が書いたと思われる「漫草《みだりぐさ》」を置き、「葉隠」本記の前段には「此の始終11巻、追《おっ》て火中すべし」が念押しのように記されている。常朝からの陣基への申し渡しである。「葉隠」を語る上で、解釈の分かれがちなこの二つのテーマは読者の興味をそそるところであり、詳しくは第5章で取り上げたい。

■■栗原荒野「物語葉隠」と「葉隠のこころ」■■

物語葉隠

徳川家康が征夷大将軍となって江戸幕府を開き、元和《げんな》元年(1615)大坂夏の陣を最後に戦乱の世が終わりを告げた。それから100年後の享保《きょうほう》元年(1716)に佐賀藩中では山本常朝と田代陣基によって「葉隠」が編さんを終えた。太平の世に生まれた「葉隠」がなぜに太平洋戦争の戦時下にあって「軍人必読の書」とされたのか。武士は大小の刀は差せども戦場には無縁の天下泰平が続けば、よほど気を引き締めていなければ緩みが出る。そのような緩んだ武家社会を叱咤し、武士道精神を語った「戦人《いくさびと》の書」として注目されたのである。

戦前戦中に50冊余の葉隠本が出版されている。すでに述べたように中村郁一《なかむらいくいち》、栗原荒野《くりはらあらの》、古川哲史《ふるかわてつし》らによって著された「葉隠」によって「武士道といふは、死ぬことと見付けたり」の〝標語〟は、戦時社会に浸透していた。問題は戦後である。無残な敗戦となったばかりに、それまで戦意高揚のためにさんざん利用された「葉隠」は途端に葬り去られる運命となった。しかし「葉隠」は戦争礼賛の書ではなかった。その教えとするところは、武士道精神の中に息づく「人としての道」を語っているのである。

「『葉隠』に誤解があってはならない。その尊い倫理を学ばなければならない」と思い続けていた荒野は、戦後復興から未来を創造していく青少年たちに自信と誇りを持ってほしいと願い、昭和31年(1

956）11月、「物語葉隠」を文画堂（佐賀市）から刊行した。戦後、パッタリと途絶えていた葉隠本。その出版再開の口火を切ったのである。

荒野は「はしがき」に次のように述べている。抜粋して紹介する。

山本常朝が寶永5年（1708）に養嗣子吉三郎常俊《きちさぶろうつねとし》に書き与えた「愚見集」に、次のような文言がある。

「隙《ひま》のある時は、書物を見るのが知恵のます事なり。書物も見様《みよう》あるものなり。昔の事、人事《ひとごと》とばかり思ひて見ては益もなし。それぞれの事をただ今我が身に当てて見れば、一事一事、端的こなたの徳になるなり」

これは今の時代にもそのまま納得できることである。たとえば葉隠武士道についても、封建時代の考え方、ちょんまげ話とばかり思って見ただけでは何の役にも立たない。その精神を現代に生かし、自分自身に押し当ててみれば、思い当たることがいくらもあるにちがいない。

〝民主主義と武士道〟といえば、人権尊重と個性無視で木に竹をついだように思えるけれど、実はそうではない。民主主義の人権尊重には人格錬成が伴い、武士道の個性無視は、その実、個性を生かすことだったのである。（中略）

日本の国体および政体は「君民和合民主主義」であることがはっきりしてきたと、わたくしは確信している。まず個人の修養から、そして郷土愛、国家愛、世界愛の統一へ～日本の再建は生産貿易その他重要な事がいくらもあるが、その基礎は精神の鍛錬と道徳教育の普及徹底とによって築かれなければならない。

この本は、「葉隠」の特徴をまとめて物語風にやさしく書いたつもりで、次代を背負う青少年諸君はもとより、中学生諸君にも、一般父兄母姉の方々にも、昔の事、他人事とばかり思わないで読み味わい、これを現代社会に、個々の魂に生かしていただきたい念願である。

昭和31年10月19日　栗原荒野

「物語葉隠」には21話が掲載されている。これらは本書内に紹介している。

・黒土原参会　・常朝の生い立ち　・常朝の発憤　・葉隠四誓願
・追腹法度　・寒夜の槍　・諸人一和　・主水腹芸
・知恵兵庫　・四郎の旗　・急だらりだらり急　・ビードロ屏風
・裏と表　・一つ足り申さず　・神右衛門うめかず　・煙仲間
・ねまる分別　・終を慎む　・子供だいじ　・葉隠女性
・たしなみ

葉隠のこころ

「葉隠」の中に織り込まれた佐賀県人の心を一人でも多くの佐賀県民に伝えたい。昭和41年（1966）5月、佐賀青年会議所の会員の思いを実現させたのが、「葉隠のこころ」の出版だった。

当時の佐賀青年会議所の理事長片渕善之《かたふちよしゆき》は、栗原荒野著「葉隠のこころ」の発刊にあたり、「よい郷土をつくりたいという私たちの思いは、郷土の大きな精神的遺産である『葉隠』に向かったのです。栗原《くりはら》荒野《あらの》先生は80歳のご高齢にもかかわらず、快くお引き受け下さいました。その後、炎暑と執筆のための緊張から、極度に衰弱され、執筆の進行も危ぶまれるほどになられた時期もありましたが、『葉隠に打ち込んできた私の遺言書として、必ず書き上げたい』と決意され、秋に健康を回復されるや、せきを切ったように、渾身《こんしん》の力をこめて書き進められました。その間、内助の功の限りを尽くしてこられた奥さまの静かなお心が、常に先生をお支え通してきたことを忘れることはできません」と述べている。

同書は佐賀青年会議所が創立35周年を迎えた平成3年（1991）にも再刊されたが、理事長江里口《えりぐち》秀次《しゅうじ》（現小城市長）も「この書が広く愛読され、心豊かな人づくり、明るい豊かな街づくりが、より多くの人々とともに推進されるよう願っています」との言葉を添えている。

「葉隠のこころ」には荒野の盟友で経済学者・社会学者の高田《たかだ》保馬《やすま》が序を寄せている。

序

栗原荒野著「葉隠のこころ」という新著の公刊に際し、推薦の辞を述べて序文に変えたい。葉隠についての私の理解は未だ浅く、決して深しとは言い難い。従って序文の筆を執る資格の有無さえ反省すべきである。ただ著者と相知ることすでに幾十年、著者がその生涯かけての葉隠思想の探求、その精神によって現代日本を浄化しようとする至誠は一貫してまさに半世紀に及ばんとすることを熟知するがゆえに、自らの資格不足を知りつつも、あえて序文の筆を執りたいと思う。

栗原荒野氏は初め唐津中学校を中退、大阪地方幼年学校を経て中央幼年学校に進んだが、健康と思想の変化のために自ら退き、さらに東京明治学院神学部に入り、在学中教義に疑問を抱いたために卒業後も伝道には従事せず、唐津および佐賀市に新聞記者として立ち、早くもその人格と識見ゆえに敬愛されるに至った。

そのころ、すなわち昭和のはじめ郷里に静養中であった私は、中島《なかしま》哀浪《あいろう》氏をめぐる歌会において相知るとともに、その愛国の至誠、識見に打たれ、引きつづき友交30余年、現に今日に及んでいる。今ぞ知る、栗原氏は葉隠研究の造詣においてまさに第一線の人であるのみならず、葉隠をめぐる問題の理解の深さにおいても現代を代表する一人というべきであろう。重ねて言えば栗原氏はもとより葉隠の思想については、古川《ふるかわ》哲史《てつし》氏を先駆者とする倫理・哲学方面からの分析と考察とが進行しつつあることを聞知《ぶんち》しているが、私はその方面について記述する力を持たず、他日を期するほかはない。

しかし私の知見の範囲から言えば、栗原氏は葉隠の精神を自ら身につけており、葉隠の権化と見られ、かつ後世に伝えられる人というべきであろう。これだけのことを諸言として、私は多年味解《みかい》の結晶ともいうべき解説および主張を学びたい。

まず、武士道文書としての「葉隠」が藩政統一のために藩主の命によって書かれたものでもなく、全く自己完成を期する人間形成の書であることが著者によって述べられている。それは遠く２５０年前に説かれた佐賀藩武士道の書である。筆者は藩士田代《たしろ》又左衛門《またざえもん》陣基《つらもと》。その人に内容を教えたる教祖は金立村黒土原に隠居の出家山本《やまもと》常朝《じょうちょう》居士《こじ》。常朝52歳、陣基33歳のとき以来、常朝の談話を陣基が記述編集して成れるものが葉隠11巻。脱稿は享保元年（１７１６）9月であったという。結局、「葉隠」は常朝の思索の結晶が19歳年下の陣基によって書き取られ整理されて不朽の典籍《てんせき》となれるものである。常朝の思索内容が陣基の修学整理により不磨《ふま》の経典となり、同時に明治維新の隠れた原動力の一部ともなったと言い得るであろう。このたび葉隠精神についての栗原氏の新著が青年会議所の奮起、従って若き世代の覚醒《かくせい》によりて促進せられ強化せられることを知り、暁光《ぎょうこう》東天より昇るという印象を感得せざるを得ぬ。

昭和41年5月5日　京都において　　高田保馬

遺言書とする思いの小冊子

「葉隠のこころ」の発刊は昭和41年8月の初版であるから荒野晩年の著作である。著作を依頼した当時の佐賀青年会議所理事長片渕が発刊に当たって述べているように荒野が依頼を承諾したのが80歳の高齢のときであり、「炎暑と執筆の緊張から極度に衰弱され」とあるように、ずいぶん難儀したようである。だが、半世紀にもわたり「葉隠」の分類註釈と研究に打ち込んできた荒野にとっては、うれしい依頼であったに相違ない。佐賀の若い経営者グループから「葉隠の教えとその心を教授していただきたい」ということであり、多くの県民愛読者に手にしてもらえる歓びが、解説の行間に感じられる。

「葉隠のこころ」は、文字通り山本常朝、田代陣基が伝えたかった葉隠の神髄を口述と筆録者の二人に代わって解説するものであり、いみじくも荒野本人が「遺言の書とする思い」と言っているように、研究の集大成であったといっても過言ではあるまい。著書としては小冊子であるが、荒野の解釈と葉隠への思いが綴《つづ》られている。

目次

第七話　葉隠の独壇場—「煙仲間」
第八話　酒の飲み方—「常朝の仲裁」
第九話　頑張り種々相—神右衛門《じんえもん》・兵部そのほか
第十話　葉隠女性—慶誾尼《けいぎんに》型・陽泰院型
名訓佳話集

ここでいくつか例を挙げて内容を紹介してみよう。

「葉隠の成り立ち」から「民主主義と武士道」の8項目のうち6項目は他の項で紹介するので、「葉隠を味読した人」と「民主主義と武士道」を取り上げてみたい。

【葉隠を味読した人々】

「葉隠」は江戸時代には木版本も出ていなかったし、明治中期までは写本によるほかはなかった。筆による草書交じりの古風な書体であるから読みづらかったに違いない。一般に通読されなかったのもそのためであろう。田代陣基自筆の原本は明治以降は所在不明となっており、これに代わる良本としては、陣基と同時代の蒲原孝白《かもはらたかきよ》が写した「蒲原孝白本《こうはくほん》」があり、鍋島直紹家所蔵の全巻本「鹿島鍋島本」がある。鍋島家の写本は、「秘」と書かれた紙袋に入れたまま伝わっていたこともあり、「葉隠」は昔から秘本扱いとなって広く流布されることがなかった。

荒野は、「葉隠」は誤解や食わず嫌いであまり読まれなかった、と書いたこともあったが、一方、よく読んだ人々もあったことはもちろんであるとしている。

幕末の名君鍋島直正は、御前で「葉隠の会」を催すこともあった。また長崎防衛の任に就いた藩士たちは輪読会を開いたりしていたようであり、嘉永・安政のころには枝吉神陽《えだよししんよう》らが「葉隠」を会読し、葉隠聞書校補11巻を編集している。

「葉隠」は、多くは表面的もしくは偏執的に読まれがちで、たとえ全部を読み通さなくても、精読、味読してその心を体得し実生活に役立たせることが大切である。よく読まれた軍人界において味読した人々を上げると、乃木希典《のぎまれすけ》陸軍大将もその一人であろう。佐賀市出身の武藤《むとう》信義《のぶよし》元帥もたしかにその一人であって、昭和8年（1933）に関東軍総司令官兼駐満大使、関東長官在任中に現地で病死されたが、葬式の際、未亡人が「葉隠」一冊を棺に収められるのを柳川平助《やながわへいすけ》中将（長崎県出身）が実見《じっけん》して感動されたということで、かねがね愛読・味読しておられたことが推測される。「分類註釈　葉隠神髄」編集の際、本の題字を木下文次《きのしたぶんじ》中将に託して依頼していたが、いただけないまま間もなく死去されたのであきらめていたところ、後で関東軍司令部から遺物の中にあったといって、木下中将あてに「智仁勇《ちじんゆう》」の真筆が送られてきた。おそらくこの種のものでは絶筆であろう。

現代作家のうちでは、菊池《きくち》寛《かん》氏が第一の味読者であった。菊池氏は書物や講演などによく「葉隠」を推奨されている。たとえば、「塵の話」（1939年1月刊）に、「『葉隠』の著者は武士道の体得者であるとともに、禅学にも通じていたと言われているが、『葉隠』の中に『身は無相の中より生を受く』とあり。何もなき所にいるが色即《しきそく》是空《ぜくう》なり。その何もなき所にて、万事を備ふるが空即《くうそく》是色《ぜしき》なり。二つにならぬやうにとなり』（聞書第二）という言葉がある。自分の知れる限りでは、色即是空、空即是色の意味を、こんなに端的に説明している文句はないように思う。お経の文句でも、この程度に説明してくれれば生活にも役立つのだが、昔から高僧の中にもそうした才能はなかったようである。

挙げればきりがない。「葉隠のこころ」より遡って10年前の昭和31年11月には「物語葉隠」（東京・文画堂）を出版しているが、同書は註釈に重きを置いており、平易な表現で説明しているものの、「葉隠のこころ」ほどには荒野自身の解説、考えを述べることはしていない。

【民主主義と武士道】

戦後、日本は民主主義国・自由主義国・平和主義国を目指すようになった。しかし、そのような大きな変化の中でも、伝統の武士道は昔ながらにその精神を輝かせていた。なぜなら、武士道は時代によってその表現は異なるとしても、その精神は古今東西に通じる「人の道」であって、封建社会から民主主義の世界に変わっても、少しも矛盾しないからであろう。荒野は「武士道」に関する有名な逸話を紹介している。

日露戦争の始まった明治37年（1904）の3月から平穏を取り戻した翌38年10月までの1年7ヵ月間、私設全権のような重大使命を帯びてニューヨークに滞在し、ハーバード大学の同窓で親友であるセオドル・ルーズベルト大統領と密接に折衝して講和の斡旋を頼んだ金子堅太郎伯（当時男爵）の実話によると、赴任間もない6月7日、ワシントンでの昼食会で、ルーズベルトが、「ぼくは日本の武士道ということがしきりに新聞に現れるから本を見ようと思ったが見当たらない。一体武士道とはどういうものなのか。何か書いた本はないか」と尋ねた。

「それは、ちょうどいい本がある。ボルチモアの学校で勉強した新渡戸稲造が英文で書いた『武士道』という本がある。それを読みたまえ」と答えると、「それがほしい」「ではすぐに送ろう」ということになり、ニューヨークから1冊を送った。これを読んだ大統領は間もなく電報で30冊を取り寄せ、先ず5人の子女に1冊ずつ与えて、「これを読め。日本の武士道という高尚な思想は、われわれアメリカ人が学ぶべきことである。ただこの中に書いてある〝天皇陛下〟という字は直さねばならぬ。アメリカは共和国であるから天皇はいない。おれは主権者であるけども大統領であって天皇には当たらない。『天皇陛下』を『アメリカ国旗』という字に直せば、お前たちにもわかるだろう。この武士道は全部アメリカ人が習得し実行してさしつかえないから、お前たち5人は、この武士道をもって処世の指針とせよ」

と、言い聞かせたということを、ルーズベルト自身が金子さんに語った。

残る25冊は、上下院の有力な議員や政府の閣僚、親類知己などに配り、同じくこの武士道を読みなさいと勧めた。さらにルーズベルトは日本の武士道に感銘して、ついには柔道を始め、日本公使館の駐在武官から手ほどきを受けた。さらには日本から柔道講師を招き、畳を取り寄せて官邸内に柔道場を設けて柔道着を着て稽古に励んだという。

昭和26年（1951）4月6日夜、佐賀市公会堂で日本で2番目の女性牧師植村環《たまき》（1890―1982）の講演会が行われた。日本基督教会の指導者であり、婦人運動家である。大正4年（1915）に米国マサチューセッツ州のウェルズリー大学を卒業、帰国後は津田英学塾などで教師を務め、香淳皇后《こうじゅんこうごう》に毎週聖書の講義を行っていた。東京大学学長茅《かや》誠司《せいじ》、ノーベル物理学賞の湯川《ゆかわ》秀樹《ひでき》、青踏社の平塚《ひらつか》らいてうらとともに世界平和アピール7人委員会の一員としても活躍した人物である。終戦直後の昭和21年（1946）4月30日、昭和天皇と香淳皇后の米国大統領へのメッセージを託され、民間人としては初めて渡米してトルーマン大統領に会った。その講演を聞いた荒野は「葉隠のこころ」に次のように書いている。

戦後最初の公式渡米をした植村環さんが、米国で講演したある席上で、「日本は間違ったことをしてすみませんでした。しかし日本はいま民主主義の国として新しく立ち上がろうとしています。日本人の魂には尊いものがあります。それは武士道であります。武士道の本当の精神は、正しいことのためには強い者にもひるまず、弱い者を助け、気節（筆者注＝気概があって節操の堅いこと）を尊び礼儀を重んじ、破廉恥を排斥し、責任感が強く、自分の利欲を捨てて世の人のために犠牲になることをいとわないのであります。だから武士道精神によって日本はきっと立ち直りができます」というようなことを話されると、「武士道とはそんなものですか。わたしたちは武士道とはハラキリのことと思っていました。それなら、武士道はキリスト教の精神と同じようなものですね」と、いった人があったということである。

植村は「葉隠の話などもしたいと思いましたけれども時間がありませんでした」と付け加えた。明治時代の日本キリスト教界の大説教家である植村正久の娘であり、１５００石取り旗本の血を引いた人。戦後国家公安委員を務めたこともあり、武士道精神は女性ながらも生まれながらに体得していたであろう。

ライシャワーからの手紙

荒野は、老衰と戦いながら執念で書き上げたこの1冊を、一人の著名な米国人に謹呈していた。昭和42年（１９６７）９月１日付のお礼の手紙がエドウィン・オー・ライシャワーから荒野に届いた。手紙の差出人は昭和36年（１９６１）から昭和41（１９６６）年まで駐日アメリカ特命全権大使であった彼のライシャワーである。ケネディ大統領からの大使就任要請された日本生まれのアメリカ人で日本人妻ハル夫人を持つ知日派の大使であった。以下手紙の訳文である。

１９６７年９月１日

親愛なる栗原さん

「葉隠のこころ」と題するあなたの小冊子とともにお手紙を本日受け取りました。とりあえずお礼申し上げます。わたくしはかねてより武士道に関心を抱いておりますが、佐賀の伝統的遺産である「葉隠」については、特になじみはありませんでした。

わたくしはあなたの書物により、それを期待をもって学ぼうと思います。またそれを仲間にも紹介し、分かち合いたいと思っています。

明治学院における１９０７年から１９１０年までのあなたとのご縁は特に興味があります。あなたが私の父の家の庭で見られた小さな子どもはわたくしの兄（１９０７年生まれ）です。わたくしは１９１０年の秋まではまだ生まれていませんでした。わたくしはあなたが82歳であることを知りました。私の父は88歳でわたくしたち夫妻とともに住んでおります。

このたび天皇陛下からあなたの研究に対し授けられた名誉ある叙勲に対し、心からお喜びを申し上げます。この叙勲はあなたもさぞかしお喜びのことと存じます。

あなたの貴重な書物に感謝を込めて

誠実なる　エドウィン・オー・ライシャワー

元駐日米国特命全権大使エドウィン・O・ライシャワー

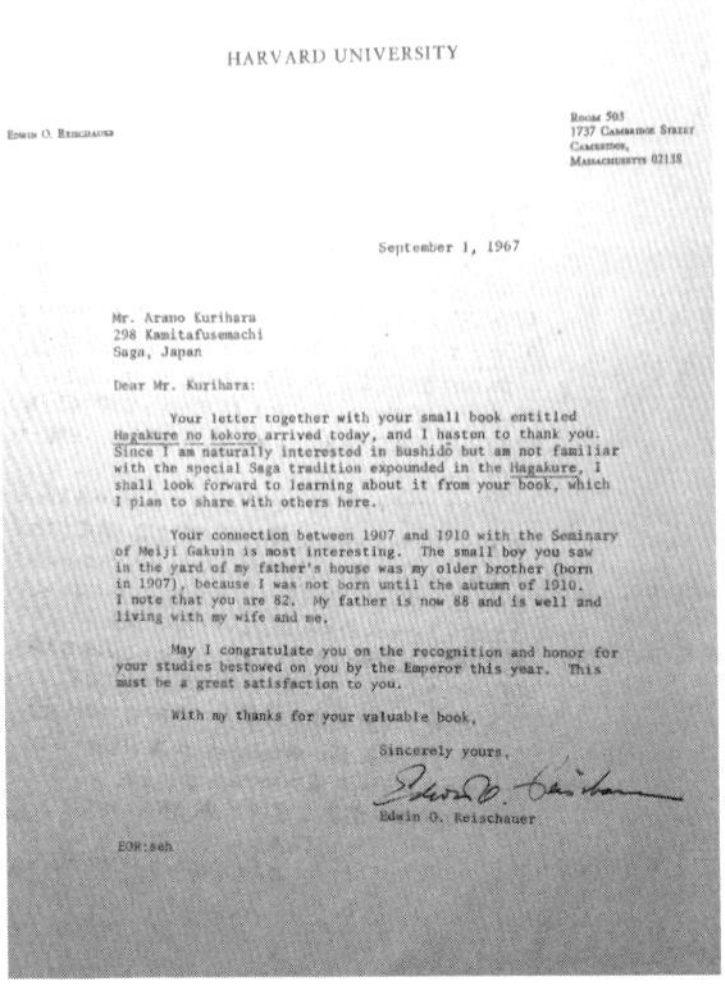

HARVARD UNIVERSITY

Edwin O. Reischauer

Room 503
1737 Cambridge Street
Cambridge,
Massachusetts 02138

September 1, 1967

Mr. Arano Kurihara
298 Kamitafusemachi
Saga, Japan

Dear Mr. Kurihara:

Your letter together with your small book entitled Hagakure no kokoro arrived today, and I hasten to thank you. Since I am naturally interested in Bushidō but am not familiar with the special Saga tradition expounded in the Hagakure, I shall look forward to learning about it from your book, which I plan to share with others here.

Your connection between 1907 and 1910 with the Seminary of Meiji Gakuin is most interesting. The small boy you saw in the yard of my father's house was my older brother (born in 1907), because I was not born until the autumn of 1910. I note that you are 82. My father is now 88 and is well and living with my wife and me.

May I congratulate you on the recognition and honor for your studies bestowed on you by the Emperor this year. This must be a great satisfaction to you.

With my thanks for your valuable book,

Sincerely yours,

Edwin O. Reischauer

EOR:seh

ライシャワーの手紙

荒野が明治学院に学んだ時、ライシャワーの父オーガスト・カール・ライシャワーはキリスト教会宣教師で東京府東京市芝区白金台町の明治学院内宣教師住宅に住んでいた。駐日米国大使となったライシャワーは、その次男として明治43年（１９１０）10月15日に生まれている。返信の文面からして、荒野はライシャワー宅の庭で過ごした時間があり、学生と教師である宣教師との縁があったことが分かる。

ライシャワーは昭和36年から41年まで駐日米国大使を務め、日本国民からとても慕われた。彼は妻が3人の子どもを残して急逝したために、昭和31年（1956）に明治の元勲松方正義の孫でアメリカンスクール・イン・ジャパンの5つ後輩の松方ハルと再婚した。大使就任の前年は60年安保闘争の年だった。日米間に大きな亀裂が生じたときでもあった。退任後はハーバード大学日本研究所長などを務め、日米の架け橋となった。

荒野は「葉隠のこころ」を無事刊行し、ライシャワーからの手紙もうれしく読んだ。しかし、発刊9年後には89歳で老衰のために力尽きたかのように息を引き取った。老体を励ましながら書き上げた同書の「あとがき」に、荒野が、「葉隠」とともに過ごした歳月をいとおしむような表現が胸を打つ。研究者として、またジャーナリストとしての荒野の「思いの決算」のようにも読み取れる。

あとがき

全人類の願望である恒久平和がいつかは実現し、国際間の武力戦争が絶滅しても、国家間の「たたかい」は永久にやまないのであって、それはすでに始まっている。すなわち政治、経済、産業、外交・教育・文化その他一切の人づくり・国づくり・世界づくりに関する武器なきたたかい、言い換えれば新しき国際競争である。そして、この競争に役立つ資材は武力に代わる「精神力」を基盤とするものであり、その精神力の一つに日本伝統の武士道があり、中でも葉隠はもっとも有力な精神資材である。

本書は、こうした考えに基づいて葉隠の純正な解明を試みたつもりであるが、紙数に限りがあるので足りない点があり、また、わたくしの不敏《ふびん》非才《ひさい》から至らない面のあろうことを恥じる次第である。

葉隠には、「古人の金言、仕業《しわざ》などを聞き覚ゆるも、古人の知恵に任せ、私を立つまじきためなり」（聞書第一７節）とある。小泉信三博士は古典について「古典は古い本であって、そうして今なお人の思想の中に生きているものであり、別言すれば古くあって、そして新しい本である」と、言っておられる。葉隠は、まさに、この定義にぴったり当てはまる古典であり、一言にしていえば、時代を超越した「良識の経典」であり、社会開発の精神的原動力なのである。もし、葉隠のことばで、そのまま現代に生かされた社会的事実が有るかと問われるならば、私は何のためらいもなく、有ると答える。

それは大東亜（太平洋）戦争の終結における日本国の取った態度である。昭和20年（１９４５）８月９日夜から10日午前にかけて３時間40分にわたる最後の御前戦争指導会議において、抗戦・和平の両派に分かれ、意見は３対３で対立し、鈴木首相の奏請により聖断を仰いだところ、天皇陛下は理由をあげて「ポツダム宣言を無条件で受諾せよ」と仰せられ、ここに日本の無条件降伏が決定したのであった（雑誌『日本』昭和36年８月号所載、元侍従長藤田尚徳《ふじたひさのり》氏の回想談記事による）。無条件降伏は言いかえれば日本国が死んだ（滅びたのではない）ことである。なぜなら、日本国がどうなろうと、例えば連合国の分割支配を受けようと異議をさし挟む余地はないからである。しかるに、日本は戦争に負け、無条件降伏という死の門をくぐりながら、敵味方の本命国どうしが和平克服後直ちに手を握り合って友好関係を結び、わずか20年にしてこのような復興繁栄を見つつあることは、世界史上稀有の驚異であると言わなければならない。このことは、たしかに葉隠の「武士道といふは、死ぬことと見付けたり」の名文句を地《ぢ》で行ったもので、死んで生きた好活例なのである。これは決して独りよがりのこじつけでもなく、我田引水の葉隠解釈でもない。葉隠が古くて新しい生きた古典であることを立証するものと確信する。

この小冊子を要約すれば、葉隠の「こころ」をつかみ、今の時代に「何を教え、何に役立つか」を知るために、約40年にわたる研究と実感とに基づき、老骨にむち打ちながら、わたくしなりの見解を率直に申し述べたつもりである。

荒野渾身の「あとがき」である。これほどまでに率直に装飾なく、短文の中に「葉隠」に対する尊崇の表現は他に見当たらないのではないか。どうやら紙数が許せばもっともっと書き残したい思いに駆られていた気配が感じられる。同時に、「葉隠」が現代に生かされた社会的事実として、「天皇の無条件降伏の聖断」を挙げていることは、荒野の「葉隠」に対する揺るぎない自信と誇りとを証明するものである。そこに荒野が「葉隠は時代を超越した良識の経典」という最大の賛辞を贈っていることに気づく。この荒野は「端的只今《たんてきただいま》の一念より外はこれなく候。一念一念と重ねて一生也」を日々心に留めて過ごしていたに違いない。

中村郁一　初の活字印刷本「鍋島論語葉隠全集」

抄録本「葉隠」に新渡戸稲造の序文

「追《おっ》て火中すべし」と山本常朝《やまもとじょうちょう》が言い残して逝った後の「葉隠聞書」全11巻。だが田代陣基《たしろつらもと》は7年の歳月をかけて筆録した聞書を焼却することはできなかった。佐賀藩士の間で密かに回覧、筆写が重ねられ、写本として残った古文書「葉隠」は、その後も秘本として一般の目には触れることがなかった。明治維新以降も一部の旧佐賀藩士や藩の要職の目に触れる程度だった。しかし、活版印刷の登場によって口語訳本の発刊も可能になり、「葉隠」がついに日の目を見た。明治39年（1906）3月23日発行の中村郁一《なかむらいくいち》編著の「抄録本《しょうろくほん》 葉隠」である。聞書第一、第二を中心にして分量を「葉隠」全文の5分の1ほどに絞り込んでまとめた抄本ではあったが、常朝と田代陣基によって「葉隠」が筆録を終えた享保《きょうほう》元年（1716）9月10日から数えて190年後の画期的な出版である。同時に特筆すべきは題字が講道館柔道の創始者嘉納《かのう》治五郎《じごろう》、序文は欧米でベストセラーとなった「武士道」の著者新渡戸稲造《にとべいなぞう》だったことである。

中村郁一

活版印刷技術といえば、1439年にヨーロッパで初めて活字印刷を実現させたドイツのグーテンベルグである。活字文化の一大革命だった。それに後れること400年余、国内では幕末安政3年（1856）に長崎奉行所がオランダ製の活版印刷機を用いたのが初めてだったという記録がある。それほどまでに西欧の技術輸入が後れたのは厳しい鎖国政策のためだろう。

抄録本はさらに明治44年2月15日に第2版が出る。書名も「鍋島論語葉隠」に変えて定価80銭。出版社も佐賀市の平井奎文館《ひらいけいぶんかん》である。驚くのはそこに寄せられた題字や書簡である。初版本の嘉納、新渡戸に加え、再販本に陸軍大将乃木希典《のぎまれすけ》の書簡、伊藤博文《いとうひろふみ》内閣の大蔵大臣渡辺国武《わたなべくにたけ》の題字、坂本龍馬《さかもとりょうま》の薩長同盟を周旋し倒幕運動に奔走した肥前大村の藩士で大阪《おおさか》府知事渡邊昇《わたなべのぼる》の題字、佐賀県白石町須古生まれの帝京大名誉教授で国際司法裁判所判事織田萬《おだよろず》の序文、ジャーナリスト九州日報社長で衆議院議員福本日南《ふくもとにちなん》の評論と、そうそうたる人物の揃い踏みである

中村郁一の初の活字本「鍋島論語葉隠全集」
東郷平八郎の揮毫「積誠動四海」

明治末年の珍しい活字本の武士道書とはいえ、佐賀出身で佐賀師範学校を出た一介の小学校の教員中村郁一に何があったのか。190年もの眠りから覚めた「葉隠」はこのあとも版を重ねる。大正5年（1916）10月31日には「全集印刷」とあるから、ここから「鍋島論語葉隠全集」として硬表紙本の装丁、今日でいうハードカバーとなったのだろうか。菊判（15㎝×22㎝）600ページ。その後も大正6年、同7年、昭和9年、同

11年と改撰6版まで続くので、抄録本2版、全集6版の併せて8版までを確認することができる。各版とも発行冊数はわからない。

大正5年の葉隠全集初版本の巻頭の自序には「大正5年8月31日、朝鮮京城（現ソウル）に於いて」として次のように述べている。

「『葉隠』は200余年来、佐賀藩における武士道の経典である。（私は）学徒のころより、自己の修養に切実なるところを抄出して座右の銘としてきた。ところが先輩友朋がしきりにそれを出版するように勧めるので、明治39年に初めて第1版を出した。畏《おそ》れ多く明治天皇の天覧を賜り、乃木将軍に愛読いただき感激に絶えない。されど世に広く読まれることなく、明治維新後は西欧の文明が輸入されるようになり、道義の観念は薄くなり、軽佻《けいちょう》浮薄《ふはく》の思想が蔓延し、建国以来の日本の精神気迫が衰退している。『葉隠』も次第に世人に忘れられ、顧みられなくなっていることを憂え、人心の覚醒と道義挽回の一端に資するために、鍋島論語葉隠全集を刊行した。本書がわが大帝国民の精神修養の一助となれば編者としてはこれに勝る幸せはない。故人（山本常朝）も地下にあって満足の笑みをたたえ、感謝の誠意を表すであろうと信じる」

大隈重信の序文、東郷平八郎の揮毫

筆者の手元には大正6年再販されたA5版576ページの「鍋島論語葉隠全集」がある。表紙には佐賀鍋島藩の杏葉紋《ぎょうようもん》が金箔で刻印されている。厚表紙を開くと、表題は「賜天覧　鍋島論語葉隠全集」となっており、「先帝陛下（明治天皇）に天覧を賜った書であります」と表現している。次いで山本常朝筆跡の「浮世から何里あらうか山櫻」「みな人は江戸へ行くらん秋の暮」の2句がある。さらに陸軍大将乃木希典の書簡、日露戦争の連合艦隊司令長官として日本海海戦を大勝利に導いた英雄・元帥海軍大将東郷平八郎《とうごうへいはちろう》の「積誠動四海」の揮毫《きごう》が書を引き立てている。

さらに巻頭を飾るのは旧佐賀藩士で内閣総理大臣大隈重信《おおくましげのぶ》の序文である。大隈は大正3年4月に第2次大隈内閣を組閣するが、第1次世界大戦が勃発、ドイツへの宣戦布告、日露協約締結など戦乱の中、同5年10月には内閣は総辞職する。しかも、全集への序文を書き送ったのは総辞職の2ヵ月ほど前のことだった。

とにかく、当時の超有名人の見事なまでの揃い踏みである。それは「武士道といふは、死ぬことと見付けたり」の強烈なキャッチフレーズに代表される「葉隠武士道精神」が時代の求めにこの上ないほどに合致していたこと、「天覧の書」であることをうたったこと、ときの総理大臣大隈が序文を寄せていたことなどが作用したことは疑いない。

大隈は、「葉隠」の「夜陰の閑談」に「鍋島の家来としては、鍋島藩のこと、国学心懸けるべきである。他藩の学問などは無用なことなり」と言い切っていることなどに配慮しながら、序文に「家風とは国民性から来る国風である。植物を移植してもその土性に合わなければ育たぬ如く、いかなる文明もその国民性の適否を察せずにこれを輸入すれば、害ありて多く効はない」との一文をも書き入れている。すなわち、佐賀藩には佐賀藩の国風がある。わが佐賀鍋島藩は二重鎖国とまで言われたほどであり、まずは国柄をよく学ぶことを大事にしてきたと言いたかったのだ。

他国からの「葉隠」に対する誤解を解こうとの配慮があり、「我輩に序文を求められたが、一隅《いちぐう》に鎖《さ》固《こ》した葉隠を、今や世界に向かって発展しつつある日本に広めんとするは時代後れの感あるやも知らぬけれども、それは皮相《ひそう》のことに過ぎぬ。精神上の学問に時代はない」と「葉隠」を擁護している。

「全集」発行は朝鮮・京城で自費出版

「抄録本葉隠」の内容を一段と充実させ、大正5年11月に「鍋島論語葉隠全集」として再刊された。その後、昭和11年（1936）までの20年間に6版まで版を重ねた。政情も不穏だった。大正5年（1889）には内閣総理大臣大隈重信が乗った馬車に爆発物が投げられて、同10年には、原敬総理が東京駅で暗殺される。米騒動、経済恐慌、関東大震災なども起こり、満州事変、上海事変などからファシズムの色合いを強め、日中戦争へとなだれ込んでいく時代だった。そのような中で中村の葉隠全集が戦時色の濃い編集となったのも無理からぬことであった。

中村が「自序」を書いた大正5年8月は朝鮮・京城（現在ソウル）にいた。自序に「帝国の新領土なる半島の主都倭城《わじょう》台下《だいか》の鶉居《じゅんきょ》に於いて併合第1回の紀元節を迎えたる」とあり、明治43年（1910）8月に韓国併合条約が調印され、韓国の全統治権を日本に譲渡することが決定したとき、中村が朝鮮総督府が置かれた京城に住んでいたことが分かる。発行所は東京四谷区左門町の葉隠記念出版會とあるが、これは発行者中村常一郎《なかむらじょういちろう》の住所と同じで、常一郎は郁一の従兄弟《いとこ》である。全集は葉隠解題《かいだい》をはじめ、葉隠の書名、著述の由来、著者、内容、葉隠会、葉隠と武士道要鑑抄《ようかんしょう》、「山本秘書」との関係を記述している。

なかでも解題では「世に葉隠を以て石田《いしだ》一鼎《いってい》の著なりと称し、また山本常朝の著なりとも称す」と書き入れている。しかし、「仔細に討究すれば誤りであることは明らかなり」と即座に打ち消している。一鼎は元禄6年（１６９３）12月に没しており、葉隠筆録の着手はその17年後であることを認めている。自序中での混乱は、一鼎を尊敬する中村が、「葉隠」と常朝には一鼎の影響が大であることを強調したい表現から生じたもののようである。その実、続く石田一鼎略伝では「『葉隠』の最初をなしたるは、実に石田一鼎先生なりとす。先生の薫陶を受け、精神的感化を蒙《こうむ》りて立てりの士、少しとせず」と重ねて一鼎の存在の大きさを表現している。また一鼎が、大正天皇即位の大礼の日に「正五位」に叙せられたことの喜びを幾度も書いている。

夜陰の閑談、教訓第一、第二に重点を置き、聞書第十一までの主なるものを抄出《しょうしゅつ》し、一鼎の要鑑抄、山本秘書、直茂公壁書二十一箇条を加えて編さんしている。ただし、中村は一貫して「陣基」とせず「陳基」で通し、「要鑑抄」とせず「用鑑抄」としている。

昭和11年の刊行を最後に絶版となった中村の全集だが、西日本新聞の昭和56年6月8日付「佐賀県版」に、活字葉隠の第1号・中村郁一著「全集」復刻版出る—と報じられている。「東京・五月書房から出版された「葉隠全集」が、県内の書店でひっそりと売り出されている」との記事の書き出しである。５２８ページ、５８００円の大冊で、大正5年に中村が朝鮮・京城に在住しているときに自費出版した「鍋島論語葉隠全集」の復刻版だ。

昭和10年（１９３５）に栗原荒野の「分類註釈　葉隠の神髄」さらに5年後に「校註葉隠」が出版されて、全国的な葉隠ブームが起こるが、〝中村葉隠〟は次第に影を潜めていった。それゆえ「ひっそりと売り出されている」となったのだろうか。

復刻版が報じられたころ、中村の長男彬の未亡人で茶道裏千家教授中村美代子が佐賀市田代に健在であることがわかり取材に応じている。復刻版は自費出版ではなく、五月書房は復刻の動機を「東京の古本屋でみつけ、ユニークな『葉隠』だと思ったからだ」とコメントしている。美代子が語った中村の父親像が紹介されているので西日本新聞の記事から抜粋して転載したい。

中村郁一さんは明治13年1月7日、神埼郡三田川町目達原で生まれた。葉隠研究は佐賀師範在学中から始めたが、新体詩の創作にも熱中。23歳のときには「佐賀県郷土歌」を自費出版している。これは県内唯一の新体詩集で、県下最初の詩集でもある。佐賀師範学校卒業後は佐賀市内の小学校に勤務。大所帯で家計が苦しく、妻シゲさんの協力で新聞発行なども行なったといわれる。「葉隠」の著述は日新小学校の訓導時代。同書出版当時は県下最年少の26歳で神埼小校長という出世ぶり。

しかし、小学校の給与では家計が賄えず、明治42年、朝鮮に渡り、京城で新聞販売店を経営。昭和12年には佐賀市田代の瑞龍庵境内に葉隠の筆録者田代陣基碑、16年には同市八戸の竜雲寺境内に「葉隠」の口述者山本常朝碑を自費で建立。「鍋島直正公伝」などの著作もある。

美代子は「父は佐賀のこの家で亡くなりました。復刻本が出て、父も草葉の陰で喜んでいることでしょう。父はとても柔和でまじめな人でした。『葉隠』が天覧《てんらん》の栄に浴したことや乃木将軍から礼状をいただいたことなど、嬉しかったようでした。朝鮮から引き揚げてからの晩年は、筑前琵琶《ちくぜんびわ》の作詞作曲にも凝っていました」と語り、当時を懐かしんだ。

翻刻「葉隠」の出版を初めて成し遂げるには、先駆者としての苦労は並大抵のことではなかったことは想像に難くない。中村に続いて昭和の初めから葉隠の研究に打ち込んだ栗原荒野にしても、当然のことながら大正、昭和初期発刊の「鍋島論語葉隠全集」をいつも傍らに置き、自らもさらに葉隠の神髄を求めて研究に没頭していたに違いない。その証《あかし》に、栗原家の書棚にある中村の全集を見れば、その書を手にした荒野の姿が目に浮かぶようである。すっかり古びた中村の全集にはびっしりと付箋《ふせん》が張り込まれ、解釈の違いや言葉、字句のミスは赤ペンで修正を書き込んでいる。同様に佐賀や全国の初期の研究者たちは同書を求めたことだろう。

佐賀の葉隠研究会の創設時から発起人に名を連ねて、たゆまず研究を続け、古文書の解読にも堪能な同研究会理事大園隆二郎《おおぞのりゅうじろう》は語る。「このような秘本とされてきた古典を単独で発掘し、読み解き、解釈を施して刊行するというのは、気が遠くなるような作業です。しかも量が膨大な大著です。先駆者の産みの苦しみは当事者でなければわかりません。明治末年のころのことでもあり、ちゃんと揃った写本が用意されていたわけでもなく、とても苦労されたことでしょう。聞書の写本らしきものが廃品や古紙を使う酒屋さんなどから発見されたとの情報があれば、労を惜しまず収集に行かれたそうです」という。

「葉隠」が一般に広まるまで200年

歴史学者の早稲田大学教授谷口眞子《たにぐちしんこ》（1960—）が先年、同大学高等研究所研究紀要に発表した「読み替えられた『葉隠』—その刊行と受容の歴史」には、中村郁一がどのように「鍋島論語葉隠全集」の編著に取り組んだのかが詳しい。この研究紀要は、佐賀藩の一隅にとどまっていた「葉隠」が全国に広められたときの第一歩がどのようなものであったかを教えてくれる貴重な資料である。
谷口は、初めに「前近代から近代に至る武士道の歴史を考察する場合は、武士道を論じた作品が書かれた時代背景や著者の履歴を考慮しながら、内容を分析するのが常である」と述べた上で、『葉隠』もまた、編さん後にどのように刊行され受容されたかを考察すべき対象であるとしている。すなわち、「武士道では必ず言及される『葉隠』だが、日本思想史の分野では、葉隠聞書第一、第二だけを主な検討対象とし、そこから読み取れる武士道精神を論じるにとどまっていた」としている。そして『葉隠』の編さん意図と異なる方向で読み、読まれ、提供されていった言説の歴史を捉えようとの論文である。
谷口は近世日本の法・規範意識、武士の心性（心の本来の姿）などを研究。アメリカ留学の経験があり、国際シンポジウムなどでの発表も多い。「赤穂浪士の実像」（吉川弘文館）、「武士道考―喧嘩・敵討・無礼討《ぶれいう》ち」（角川叢書）など著書も多く、日本歴史学会賞を受賞している。『葉隠』は重きを占める研究テーマの一つである。では谷口論文中の中村郁一編著『葉隠』に関するところを抜粋しながら紹介しよう。

中村が佐賀師範学校を卒業して小学校の教員をしていた26歳のとき、弘文学院（明治期に日本にあった、清国からの留学生のための教育機関。院長は柔道家の嘉納治五郎。後に宏文学院と改称）で授業を担当していた松本《まつもと》亀治郎《かめじろう》に『葉隠』の抄録を送ったところ、嘉納治五郎がそれを見て出版をすすめ、刊行を決意したという。

明治39年に初の活字本として「抄録本葉隠」が刊行されたときの題字が嘉納治五郎であったことを紹

介したが、ここでその謎が解ける。

自序で中村は、「葉隠に散り留まれる花、このまま朽ち果てさせんも惜しい。とても麗しき色香とてはなけれど、200年の昔に咲き出《いで》た花でもあり、佐賀城辺りに残るその実も少なくないので、新たな庭に『葉隠』を移し替えようと思う」と、謙虚に述べている。ところが、5年後の再版本はさまざまな点で異なっていた。

明治44年の再版本に寄せられた題字や序文は、初版にあった嘉納治五郎や新渡戸稲造に加えて乃木希典大将ら数名の著名な人物が登場していることは前述したが、中村は「第2版の巻頭に自序す」で次のように述べている。

200余年の昔に咲き出《い》でて、葉隠に散り留まれる花。明治の御代の晴の庭に移し植えて、色香愈々かぐはしく。畏くも雲井遥かに九重の、奥に色香を御覧ぜらる。葉隠の幸いかばかり、葉隠の誉《ほまれ》いかばかり。かばかりの幸を、空しく篋底《きょうてい》(箱の底)に秘め置かんも、あまりに本意なく思はれて、ここに第二版を出すこととしつ。

「畏《かしこ》くも雲井《くもい》遥《はる》かに九重の、奥に色香を御覧ぜらる」というのは「天覧」、すなわち「明治天皇がご覧下さった」ということの意味である。再版本には、宮内大臣手簡《しゅかん》(手紙)の写真が掲載されている。「葉隠」二冊が中村郁一より「聖上 皇后両陛下へ献納願い出の趣《おもむき》ヲ以て伝献《でんけん》被致候ニ付 御前へ差上候、此段申入候也」とあり、明治39年5月23日付けで、宮内大臣子爵田中光顕《たなかみつあき》が侯爵鍋島直大《なべしまなおひろ》へ送っている。

なんと、中村は抄録本「葉隠」2冊を佐賀のお殿さま鍋島直大公にお願いして、明治天皇・皇后両陛下にお届けしたわけである。今日のわれわれの感覚からすると、「何もそこまでしなくても」との思いにかられるところだが、手を尽くして当代随一の偉人に題字や序文を依頼し、ついには天皇にまでも著書を届けるという離れ業をやってのけた中村は、一体どのような人物だったのか。「葉隠」をこの世にあまねく知らしめたいという一途な思い一筋だったのであろう。また、その何ものも恐れぬ「死身」から生じた葉隠魂だったのか。ここは中村の長男夫人が語ってくれた「父はとても柔和でまじめな人でした」という言葉そのままにその人柄を受け入れたいと思う。一方、谷口は研究者として私情を交えず、中村の意とするところを突いている。

中村は再版時に陸軍・海軍関係者、帝大教授、貴族院議員、衆議院議員などから題字や序文、さらに評論を集め、「鍋島論語」を刊行し、世間の目を引きつけようとしたのだろう。

すでに紹介したが、中村は大正5年（1916）の明治節（明治天皇の誕生日＝旧暦では嘉永5年9月22日）の11月3日に「鍋島論語葉隠全集」を刊行した。抄録本が「葉隠」全編の5分の1ほどに縮刷していたのは、「葉隠」には、常朝が「此の始終11巻、追て火中すべし」と言い残したように、佐賀藩の内部事情や世上の批判、実名を挙げて武士達の善し悪しを述べてもいるので、全文出版は「葉隠」の威厳を損ねるとの意見もあったからである。従って、再刊本も初めは抄録本にしようとの方針だったが、当時、総理大臣であった大隈重信が全文刊行を強く求め、佐賀出身者でない評論家たちがそれに多く同調したことにより、葉隠記念出版会が全集版を2円50銭で出版することになった。

中村の自序は、ここでも抄録版「葉隠」が明治天皇の天覧を受け、乃木希典に愛読されたと強調している。「乃木将軍は明治時代における武士道の権化として、世道人心を感奮興起せしめ、一世に尊崇せられ又末世に景仰せらるる霊界の偉人なり」と賞賛し、その権威を持って「葉隠」の価値を高めようとする意図がうかがえる。

早稲田大学高等研究所研究紀要に発表された谷口の論文は、中村の「抄録本 葉隠」の登場から大正に御代《みよ》が移って全本版「鍋島論語葉隠全集」に切り替わっていく舞台に、早稲田大学創立者大隈重信がしっかりと絡んでくるところに、早稲田の学者として研究テーマを得た教授谷口の心情も感じ取れる。谷口は論文の「おわりに」に「読み替えられた『葉隠』」の部分を次のように締めくくっている。

武士道が日本民族・大和民族の精神として理解され、軍人精神としてではなく、国民一般が祖先から受け継いだ精神と解釈されるようになった当時の風潮には、徴兵令改正後、国民皆兵が実現していった20世紀初頭の日本の状況が反映されている。徴兵令は明治6年に太政官布告で制定され、明治22年に全面改正が行われ、その後、明治28年には沖縄と北海道全域でも施行され、日露戦争ではほぼ国民皆兵の原則が実現した。

近世のように武士という特定の身分階層が戦うのではなく、成年男子は徴兵検査を受けて、国防を担う軍人として何年かは軍隊に所属し、その義務を果たさなければならない。その組織を支える精神として武士道が読み替えられ、そのタイミングで「抄録本 葉隠」の初版が出たのである。さらに日露戦争後、世の中で道徳の退廃がみられた時期に、中村は論語という言葉を入れて「葉隠」を修養書としてイメージさせ、鍋島という言葉によって佐賀の地域色を出し、抄録本の再版を「鍋島論語葉隠」とした。

「葉隠」はこうして読み替えられながら次第にその存在感を増していくのだが、それにもまして「葉隠」が脚光を浴びたのは、佐賀出身の軍人たちによってであったのは、なんとも皮肉なことであった。昭和7年（1932）1月の陸軍古賀《こが》伝太郎《でんたろう》連隊長の戦死、2月は〝爆弾三勇士（肉弾三勇士ともいう）〟の一人で神埼郡蓮池村（現佐賀市蓮池町）出身の江下《えした》武二《たけじ》陸軍一等兵が、体に爆弾を巻き付けて敵陣の鉄条網を爆破しての爆死は国民的熱狂を呼んだ。さらには上海事変では龍造寺家の血を引く佐賀市水ケ江出身の空閑《くが》昇《のぼる》陸軍少佐が、負傷して捕虜となった後の潔い自決。こうして「葉隠」は徐々に忠君《ちゅうくん》愛国精神《あいこくせいしん》のシンボルとなっていくのである。

明治維新後の戦乱の歴史の中に産み落とされた中村の「葉隠」が、佐賀の精神文化をも塗り変えて戦争と一体化されたイメージは、その後も引き続き出版された「葉隠」をも同じ色に染めていくことになる。

第2章

「葉隠」への入門

佐賀城鯱の門の鯱

和辻哲郎・古川哲史	岩波文庫「葉隠」
古川哲史	「葉隠の世界」と追腹
相良　亨	「武士の思想」
小池喜明	「葉隠」と「奉公」
三島由紀夫	「葉隠入門」
三島由紀夫	「三島美学」と「葉隠」
奈良本辰也	新渡戸稲造「武士道」と日本の名著「葉隠」
神子　侃	「葉隠」と鍋島直紹随筆

和辻哲郎・古川哲史　岩波文庫「葉隠」

わが国の哲学・倫理学の頂点にあった和辻哲郎《わつじてつろう》（１８８９―１９６０）と愛弟子古川哲史《ふるかわてつし》（１９１２―２０１１）の連名による校訂「葉隠」上巻が岩波書店から刊行されたのは昭和15年（１９４０）４月15日だった。和辻は51歳、古川28歳だった。この年は紀元２６００年紀元節。９月には日独伊三国同盟の条約調印が行われ、大政翼賛会が創立された。欧米など列強から禁輸、経済封鎖に遭い、日本は不穏な空気に包まれていた。そして、ついには翌年12月8日に大東亜戦争の火ぶたが切られたのだが、この「葉隠」の発刊を古川に勧めたのは和辻であった。その時期は、恐らく日本が国際連盟を脱退し、昭和12年（１９３７）に日中戦争に突入したころではなかったかと思われる。和辻が何を思いこの時期に、旧佐賀藩に生まれた古典哲学ともいえる「葉隠」の出版を口にしたのだろうか。

東京帝国大学哲学科卒業、大正から昭和にかけて、わが国に哲学、倫理学を確立させるに大きな役割を果たした和辻である。哲学の世界的な流れを洞察して、いち早くニーチェやキェルケゴールの「実存主義」を紹介し、人と人との間の学としてとらえた「人間の〝學〟としての倫理学」によって「和辻倫理学」を確立している。京都大学にも8年間勤務し、奈良飛鳥の仏教美術にも深く関心を寄せて「古寺巡礼」、さらには「日本精神史研究」「倫理学」などを著し、日本倫理学会を創立した。

岩波書店刊「葉隠」の上巻はしがきに古川が次のように述べている。

封建時代の思想が必ずしも封建的思想でないことは、民主主義時代の思想が無条件に民主的思想になっていないのと同じで、その点のけじめはハッキリつけておかなくてはならない。そうでなくては、父祖が残した宝玉の遺産を泥土に付して顧みない醜態に陥らないとも限らない。わたくしは、「葉隠」の思想には民主主義の現代にあってもなお滋味豊かなもののあることを信じて疑わないが、遺憾なことに、故和辻哲郎先生の提唱によって出版されたこの岩波文庫本は久しく品切れであった。

それが、このたび再び読書界に提供せられるようになってこの上ない悦びであるが、それにつけてもこの書が最初に上梓せられたときのことを懐かしく回想せざるを得ない。わたくしが大学生活を終わって4年目の昭和14年夏、佐賀市に赴き、鍋島侯爵佐賀別邸内庫所において写本数種の逐語訳較正に当たったのであった。

古川はさらに「『葉隠』は、たしかに、どこを切っても鮮血のほとばしるような本だと言える。しかしまた、そうであればあるだけに、血気にはやりすぎた本だという印象もあたえないではない」とも書いている。「葉隠」の随所に「気違ひ」「死狂い」「曲者《くせもの》」などという類の文字がしきりに出てくるのも、山本常朝《やまもとじょうちょう》が元禄《げんろく》から享保《きょうほう》に至るころの世相をほとほと情けなく思っていたからであろう。

50、60年ほど前までの武士は、毎朝行水し、月代《さかやき》を剃り、髪に香を焚《た》きしめ、手足の爪を切って、軽石でこすり、こがね草で磨き、怠ることなく身辺に気を配り、特に武具一式は錆《さび》をつけず、埃を払い磨きたてて、そばにおいておく。身辺に気を配らずに討ち死にしたならば、前もって死を覚悟していなかったということも現れ、敵に見透かされ、見下される故に、老いも若きも身辺に気を配ったのである。（聞書第一63節）

医術の道では、陰陽《おんみょう》に対応させて、その治療には差別がある。男女で脈も変わる。ところがここ50年ほどで男の脈は、女の脈と同じものになった。（中略）また男の勇気が抜けた証拠には、縛り首の罪人の首でさえも切った者は少なく、まして介錯《かいしゃく》などといえば、うまく断りを言い勝った者を「利口者だ」「魂の入った者だ」などという時代になった。（聞書第一36節）

このように嘆いている。常朝は、当世の軟弱な若侍どもに気合を入れようとの思い入れで語っただけに、自ずと鮮血のほとばしるような表現にもなったのであろう。そのような「葉隠武士道」の世界を、戦前戦中の若者たちの手元に届けてみてはどうかとの発想が和辻に働いたのだろうか。

栗原《くりはら》荒野《あらの》が昭和10年（1935）に「分類注釈 葉隠の神髄」、同15年2月11日に「校註葉隠」を刊行した。奇しくも2月11日は「建国記念日」である。荒野がこの記念日発行にこだわったのかどうかは定かでない。岩波文庫「葉隠」上巻はこれに後れること2ヵ月の4月15日である。古川が「校註葉隠」の初版本を手にしたとしたら出版の直前である。岩波文庫「葉隠」は、本文中の「註」は節ごとにはなく、巻末に4ページにまとめている。上・中・下巻の帯のコピーを紹介する。

（上）帯　佐賀藩士、山本常朝の口述になる武家倫理の書。徳川幕藩体制下に生きる武士達を支えた倫理を、数々の挿話によって浮彫りにする。

（中）帯　殉死や果し合い、それらへの全き肯定の涯《みぎわ》から「武士道といふは死ぬことと見付けたり」本書は、封建的武家道徳の極北《きょくほく》と呼ぶにふさわしい。

（下）帯　死に物狂いという、論理の彼岸《ひがん》に武士道の妙諦《みょうてい》（すぐれた真理）を見た本書は、乱世を生きた武士達の到達した苛烈な人生哲学の極点を示している。

古川は昭和14年（1939）発行の岩波書店「思想」4月号別冊に「武士道」を書いている。これも数カ所を抜粋で紹介する。

例えば武家社会においては「忠の序」ということが重んぜられた。AがBの直接の家来であり、BがまたCという主人をもつ場合、AはBを超えて直接Cに忠を尽くしてはならぬというのである。

「武士道すなわち忠君愛国と断ずるのはいささか速断に失する」ことに気づいた者もいないことはない。この場合の武士道が武家社会のそれを指しているのは明らかであるから、もとより忠君愛国を内容とするものではない。しかしこういう論者が「武士道は元来忠君愛国と相反するような傾向がある」「武家時代の忠は反国民のそれである」とまで言ってしまうところとなると、わたくしたちは警戒しなければならぬ。というのは反国民的とか反忠君愛国的ということが言われ得るには、皇室への反抗あるいは絶縁がなければならぬのに、そういう性質は武士道には見出されないからである。

将軍もしくは将軍に類する者が皇室に対し忠である限り、たとえ下々の武士が皇室を念とせずとも、武士道の忠は国民的忠と立派に連結する道理である。この連結が切断される時はじめて武士道の忠は反国民的となる。しかし日本の歴史はいかに歴代の封建君主が、皇室へ忠誠を捧げたかを語っている。してみると武士道の忠は少しも反国民的ではなかったのである。

武家時代の武士道から士道を除き去るとすると、あとに残るものは何であろうか。中央封建制度の倫理であった士道に対立して、伝統的な地方分権的封建制度の道徳を保持しようとつとめた江戸期の地方各藩における武士道が加わるのである。江戸期の武士道といえば、儒者の説いた士道で代表させるのがきまりのようになってしまっていたため、この方は問題にされる余地がなかったのであろうと思われる。

しかし、この方にみごとな武士道が存在した事実は、例えば鍋島論語あるいは肥前論語とも呼ばれる佐賀藩における武士道の経典たる「葉隠」を読めばわかるのである。武士道書としての正統性を示す思想として、「主従の契《ちぎり》より外は何もかも無要《むよう》である。この事はまだだと釈迦、孔子、天照大神が御出現されて御勧めになってもぎすともすることではない。地獄にも落ちよ、神罰にも当たれ、此方《こなた》は主人に志立つるより外はいらぬのだ」（聞書第二64節）という激しい言葉に含まれた、一切の倫理的、宗教的価値をも粉砕するほどの主従の契りの強調を指摘するにとどめる。

この主へのひたむきな傾倒から武士道の一切の美しさも、一切の悲しさも生まれる。そうしてこの主へのひたむきな傾倒の失われるところには、もはや何の美しさ、何の哀しさも認められない――すなわち武士道はなくなるのである。

和辻哲郎・古川哲史　校訂岩波文庫
「葉隠」上・中・下巻　岩波書店

長文の引用になったが、昭和14年当時の緊迫した世情の中での評論である。古川は、歴代の皇室および中央集権および地方分権の封建的武家社会に於ける武士道、さらに際立つ特質を見せた佐賀藩の「葉隠」に於ける主従関係の有り様を短い論文の中で見事に書き示した。

岩波文庫「葉隠」の「はしがき」は昭和40年4月のものである。同書は平成25年（2013）9月には42刷を重ねるロングセラーとなっている。その末尾には古川が「あらゆる点についてご指導を賜り校訂者として名を連ねてくださった和辻先生はじめ…深謝の意を表する」と述べているが、若き日の古川がチーフとなって幾人かで編さんに取り組み、おそらく和辻が直接に関わることはなかったと思われる。まさに恩師への深謝であるが、和辻・古川の連名による岩波文庫「葉隠」の発刊によって、ここから「葉隠」の存在が国内にあまねく知られるようになっていったことは間違いない。

古川哲史　「葉隠の世界」と追腹《おいばら》

「追腹」に大した理由などいらぬ

お側近くに親しくお仕えしてきたお殿さまが亡くなると、ご恩に報いるために主君の冥土への旅が寂しくないように側近のものがお供をするという習わしがあった。「追腹」である。「殉死《じゅんし》」ともいうが、「葉隠」のなかには「殉死」との表現はない。「葉隠」の主人公である山本常朝も、第2代佐賀藩主鍋島光茂《なべしまみつしげ》が亡くなられれば必ず追腹を切ってお供をすることを固く心に決めていたが、40年以前に定められた「追腹御停止《おいばらごちょうじ》」すなわち追腹禁止令により果たせなかったのである。

では、追腹はどのような立場にある者が、どのような理由で行うものであるのか。追腹を決意する、そのきっかけはなにか。そこのところが判然としない。現代社会にあっては追腹などとてもありえないが、愛する婚約者や恋人あるいは夫や妻が、不慮の事故や病気で突然死するようなことがあったとき、悲しみのあまり「後追い自殺」をはかるというようなことも考えられないことではない。道ならぬ恋に悩んだ挙句の無理心中や会社経営が破綻して自殺するのとはわけが違う。心に深く忠義を誓った主君の死に殉《じゅん》ずるのである。いかに尊敬する社長や所属長の死に直面したとしても、現代人に「追腹」は考えられない。

日本倫理思想史の東大名誉教授古川哲史《ふるかわてつし》（1912―2011）は平成5年（1993）に「葉隠の

世界」（思文閣出版）を刊行した。「追腹」については、古川の調査研究に最も詳しい。古川は葉隠研究会誌「葉隠研究」に数多く寄稿している。第4号（1987年刊）に「殉死と『葉隠』の精神」と題しての稿がある。こちらも参照にしながら追腹の動機や禁止令の経緯などを解いていきたい。

まず、常朝はいつ、どのようなときに追腹を決意したのかを、「校註葉隠」に探すと、聞書第二63節に「何よりも唯主君のひと言が忝《かたじけな》くて腹を切る志は起こるもの」とある。

「…知行《ちぎょう》の御加増、金銀の過分に拝領ほど有り難き事はなく候へども、それよりは唯御《ただご》一言《いちごん》が忝《かたじけ》なくて腹を切る志は発《おこ》るものなり。火事御仕組《おしくみ》に、江戸にて御書物心遣《かきものこころやり》と申し上げられ候へば、『若き者に候間、供申付け候へ。』と仰出《おおせいだ》され候時、身命を捨つる心になりたり。又大坂にて御夜の物御蒲団拝領の時、『慰方《なぐさみかた》に召使ひ候者に加増とは遠慮故、志までに呉《く》るるぞ、年寄共へ禮《れい》にも及ばぬ』と仰せられ候時、あはれ昔ならば此の蒲団を敷き、此の夜着をかぶり、追腹仕るべきものと骨髄《こつずい》有り難く存じ奉り候なり。」

（訳）知行のご加増や、金銀を過分に拝領するときほどありがたいことはないけれど、それよりむしろ、おかけいただく一言がありがたく、そのかたじけなさに追腹切る志が沸き起こるものである。江戸で火事の際の部署を決めるときに、私は御書物を守る役をとの案に対して、殿みずから「若いものであるから、余の供を申し付けるように」とご発言されたその時、たちまち身命を捨てる気になった。また大坂では（光茂が宿願としていた古今伝授《こきんでんじゅ》に関する文書を初めて届けたとき）光茂が使っていた蒲団と夜着を拝領した時、「自分の慰みごとである和歌で仕えている者に加増をするわけにはいかないので遣《つか》わすのだ。年寄りどもに礼を言うにはおよばない」と仰ったことに、ああ昔ならば、この蒲団を敷き、この夜具をかぶって追腹出来たものをと、骨の髄までありがたく思ったことである。

古川も寄稿文の最初に聞書第一12節を紹介している。

「…大名の御死去にお供仕る者一人もこれなく候では淋しきものにて候。これにて能く知られたり。擲《なげう》ちたる者は無き者にて候。ただ擲ちさへすればすむなり。すくたれ・腰ぬけ。欲深の、我が為ばかりを思ふきたなき人が多く候。多年胸わろくして暮らし候由」

佐賀藩で全国初の「追腹」禁止令

この一文は前にも紹介しているが、「大名の御死去にお供仕る」とはいわゆる「殉死」で、常朝は大名が死んで殉死者がいないのを寂しがっているのである。従って、常朝は殉死賛美者であったと見てよいが、聞書第一１１３節にも「追腹《おいばら》御《ご》停止《ちょうじ》になりてより、殿のお味方をする御家中なきなり」と、追腹停止以来、忠義の武士がなくなったこと、口先だけで臆病者、欲深で、自分のことばかり考えている見苦しいものが多いと嘆き、長い間気分を悪くして暮らした、と嘆いている。

では「追腹御停止」になったのはいつのことか。

徳川幕府による殉死の禁は寛文3年（1663）以来のことであるが、紀州徳川家ではそれより一年前に禁止し、佐賀藩では紀州藩よりさらに一年前の寛文元年以来これを禁止していた。佐賀藩より先に禁止していた藩があったか否かはあきらかではないが、徳川将軍家では初代家康、2代家光ともに殉死には賛成ではなかった。

寛文《かんぶん》元年（1661）に佐賀藩で光茂が追腹禁止令を出す以前は多数の殉死者があった。藩祖直茂のときに12人、初代勝茂のときに26人、忠直のときに5人。では寛文元年に何があったのか。光茂はなぜ殉死の禁令を出したのだろうか。鍋島藩には小城、蓮池、鹿島の3支藩と御親類4家がある。御親類4家のうちに白石邑《ゆう》があった。その白石邑の祖である鍋島山城守直弘《やましろかみなおひろ》（盛徳院《せいとくいん》）が死去した。すると、光茂は家来36人が追腹の 志《こころざし》 でいるとのことを聞きおよび、これはたいへんと「待った」をかけ、相良《さがら》求馬《きゅうま》と生野織部《いくのおりべ》を使者として追腹を禁じた。

「葉隠」の聞書第五「光茂公御代」の寛文元年の条に、「七月七日盛徳院《せいとくいん》御死去、追腹の者差し留められ、以来ご法度に仰せ付けられ候。その後紀州光貞卿《きしゅうみつさだきょう》御感心《ごかんしん》、御家中追腹法度《はっと》なされ候。寛文三年癸卯五月、公儀ご法度なされ候なり」とある。佐賀藩の法度に紀州が続き、ついには幕府も2年後れて追腹を禁止したのである。

常朝のように、主君光茂から夜具と布団をいただいたときに「礼にはおよばぬ」と言われたそのひと言だけで、殿が亡くなられたときには必ずお供しようと決心したように、それ以上の理由は必要としなかったのである。しかし、佐賀藩も幕府も、そのご法度は厳しいものだった。もしも禁を破る者があったら、その一族郎党が厳罰を受けるだけでなく、追腹の対象となった主家も取り潰《つぶ》しや転封を余儀なくされた。これにはどんなに追腹願望が強かった常朝といえども従わざるを得なかった。

そこで常朝はどのような道を選んだか。そのまま出仕を続けてお世継ぎを助けるのも、一つの道ではある。しかし、それでは追腹の志を満たすことができなかった。残る道はただ一つ、世を遠ざかって出家し、ひたすら亡き主君の霊を弔うことであった。その後については「葉隠の神髄」の「葉隠四哲」、常朝紹介の項ですでに述べた通りである。

初代藩主勝茂の殉死26人が藩主では最多

古川は40年余にわたって全国諸藩の藩主の墓所をめぐり、殉死者をつぶさに調べて分布図をつくっている。その中でも佐賀・高伝寺に眠る初代藩主鍋島勝茂《なべしまかつしげ》(1657没) 殉死26人が最も多く、鍋島藩は殉死者の多いことではトップクラスであった。次いで藩主ではないが鍋島安藝守茂賢《あきかみしげまさ》(1645没) 22人、さらに東北・仙台の独眼竜の藩主伊達政宗《だてまさむね》(1636没) 19人、同じく熊本の細川忠利《ほそかわただとし》(1586—1641) 19人などが続く。異例である茂賢は、彼の母が直茂の妻陽泰院《ようたいいん》の姪で、物成《ものなり》(田畑からの収穫)2500石であるから知行高では6000石以上で小名格とも言える。そこで家臣18人と陪臣《ばいしん》(臣下の臣) 4人の計22人というのはケタ外れと言ってよい。薩摩には初代藩主である島津忠恒《しまづただつね》の叔父歳久《としひさ》(1592没) に追腹27人の記録もある。

聞書第八7節には安藝守茂賢の面白い逸話がある。安藝守が食事中、会いたいという客人があったので、しばし中座したところ、その間にある家来がおどけてちゃっかり主人の膳に座って焼き魚を食いかけた。そこへ安藝守が戻られたので、家来はうろたえて立ち去った。席に戻った安藝殿は「あいつは勝手に膳に手をつけおって、憎いやつ」とつぶやき、そのまま黙って食いかけを食べた。特にお咎《とが》めもなかった。この食い逃げの家来も茂賢への殉死に加わっていたという。

この類の逸話にはこと欠かない。「父子3代御供《おとも》」という斎藤家の追腹は有名である。この話は古川の寄稿からそのまま抜粋する。

斎藤佐渡《さいとうさど》は、若い時分、武道に優れ、たびたび手柄をたて、直茂公から目をかけられた。が、世渡りが下手で、世が平和になると朝夕の営みも自由にならず、飢えに瀕して年越しも難しくて腹を切ろうと言い出した。悴《せがれ》の用之助が「何事でもしてみましょう」というと、「卑劣なことをしても詮がない。大変な悪事なりして死ねば本望だ」と佐渡がいうので、用之助は「もっともだ」と賛成して、親子して高尾の橋に出ていると、米を負うた馬が通る。それも1駄、2駄には目もくれず、10駄ばかりが一団になって通るのを親子刀を抜いて追い散らし、米を自分の家へ運んだ。そのことは世上に隠れなく、馬主からも訴え出たので、勝茂公へも伝達され、死罪に決った。

奉行から直茂公へも披露があったが、直茂公は夫婦ともども嘆かれ、なんのお沙汰もなかった。そこで奉行から勝茂公へその次第を申し上げると驚かれ、佐渡には浪人を申し付ける旨を奉行を通じて直茂公へ通達した。すると直茂公は、「佐渡に昼強盗をさせたのはわれらの責任であった。たびたび手柄《てがら》高名《こうみょう》したのに、平時の奉公は目立たなかったので、知行もやらず、うっかりしていた。その恨みにあんなこともしでかしたのだろう。面目ないことである。われらのために浪人を申しつけてくれた勝茂の配慮は有り難い。あんな悪事をしたものを助けよとはいいにくくて、何とも返事をしなかったのだ」と言って、佐渡へは米10石を下賜《かし》された。

直茂公が他界されると、佐渡は追腹を願い出た。勝茂公は「その心入れで自分に奉公してくれ」と追腹を止められたが、かさねてお暇を乞い、切腹した。悴《せがれ》用之助も同様に追腹を切った。用之助の次男権右衛門《ごんえもん》は勝茂公に殉死し、「親子3代御供」という珍しい結果となった。

追腹の動機はさまざまである。忠義により殉じて死を選ぶという行動を取ることは、根本は戦場で生死を共にする武士の不断の覚悟として常に「死」があるということではないだろうか。追腹を切るというのは、戦場ではなくて平和時における武士としての精神の表現である。直接的動機は案外簡単なことでもよいのだ。「礼に及ばずとの殿の一言がかたじけなくて」「食い逃げした残りを主君が食べてくれた」という簡単なことから、「真っ昼間に切り取り強盗を働いた事を寛大に見過ごしてもらった」という普通ではありえないようなことまで動機としてはある。

江副金兵衛、一年後れの追腹

古川は追腹とは異なる殉死についても述べている。殉死には、後を追うばかりではなく、主君に先立って自殺する「先腹《さきばら》」というのもある。先腹には「死出の旅のお供」という目的の他に「命代わり」という意味あるいは目的もあった。聞書第四76節の中に「先腹」が語られている。栗原荒野の「校註葉隠」には「鍋島勝茂重態《なべしまかつしげ》の時、志波喜左衛門《しわきざえもん》身代わりにとて先腹を申出づ」と表題を置いている。

志波が光茂に言うには「私はかねてより勝茂公にお供を約束いたしております。ご全復なさるかどうか不確かなように見えますので、（勝茂公の）お命の替わりにお先に切腹いたします。さすればご回復なさることもあろうかと存じます。いずれ御供いたすことですから、どうか（先腹を）お許しくださるように」と。光茂が江戸増上寺《ぞうじょうじ》の住職に「命替わりということがござろうか」と尋ねさせたところ、「そのようなことはありません。大切な士をお囲いなされますように」と言ってきたので光茂は願いを差止められ、お感じになって「子ども（家臣）らを疎《おろそ》かにしてはならぬ」との旨したためた自筆の御書付をくだされた。それは今も子孫が持ち伝えているそうだ。

勝茂とその嫡子興国院《ちゃくしこうこくいん》肥前《ひぜん》守忠直《かみただなお》は、徳川3代将軍家光の年代である。家光時代は殉死者が一番多かった。初代家康は殉死には反対だったので、殉死者はいなかった。2代秀忠にもいなかったという。ところが3代家光になると、異常なまでに全国的に殉死が増えた。前出の白石邑の鍋島直弘《なべしまなおひろ》の兄忠直には5人の殉死者があった。忠直は父より22年前の寛永12年（1635）に23歳の若さでなくなり、この時3歳だった光茂が22年後には祖父勝茂の跡を継いで第2代藩主になるのだが、聞書第七の6節には、興国院忠直のお供江副金兵衛正強《えぞえきんべえまさしげ》が登場する。

金兵衛は忠直が若くして病のため重態に陥ると、「わが指1本を7日に替えて若殿様のご寿命を延ばさせたまえ」と神仏に祈願し、すでに2本の指を切って2週間を経過し、3本目に及ぼうとして忠直の逝去に際会した。やはり「命代わり」を願ってのことであったろう。古川はこのような出来事も軽視できないとして、殉死には「追腹」「先腹」の二つの場合があった旨を明記すべきであると主張している。6節の原文には次の通り。

興国院様御供、江副金兵衛は御骨を持ち、高野に納め、庵を結び、御影を刻み、御前に我身畏《かしこ》まり

居り候自影をも作り置き、御一周忌にか罷り下り、追腹仕り候由。右の御影、追て高野《こうや》より参り、高伝《こうでん》寺《じ》に御座候。

（聞書第七６節）

勝茂の嫡子忠直が重態の時、わが指まで切って延命を祈っていた無比の忠臣といわれたお供の金兵衛が、死去の後に忽然《こつぜん》と行方をくらましたために城下は大騒ぎとなった。ほかの家臣が殉死したのに「いざとなると生命を惜しんだか」と、皆から卑怯者、不忠者とのそしりを受けた。ところが金兵衛は御骨を持って高野山に登り、出家をして一年間、亡き忠直の菩提《ぼだい》を弔った。その間に忠直と、忠直の前にひれ伏す自分の姿を木彫りにして、一年目に高野山を下り、ちょうど一周忌が行われている高伝寺に姿を現した。

見慣れぬお坊さんだが、よく見ると金兵衛に違いないので、びっくりして事情を聞きただしてみると、高野山に登って一年間、亡き殿を弔っていたことが判明した。初めて金兵衛の意図がわかって、卑怯者、不忠者とののしっていたのが間違いであったと知れ、さすがは金兵衛だけのことはあると皆が感嘆した。一周忌の弔いが済むと、やがて金兵衛は別室に退き、辞世の歌一首をのこし、みごとに腹掻き切って亡き若殿の後を追った。一年おくれて殉死の素願《そがん》（もとからの願い）を達したわけである。

こそのけふなくなりし君弔いてことしのけふは跡したいゆく

鍋島家の菩提寺高伝寺の忠直の墓のうしろに江副金兵衛の名を刻んだ碑が立っているが、金兵衛が刻んだ忠直の像とひれ伏す金兵衛の像は、後に高野山から運ばれて高伝寺に収められたという。

光茂は、金兵衛が亡き父忠直の像を残してくれたために、高伝寺にお参りするたびに父の姿に接することができるという感謝の気持ちが生まれ、もし、殉死がなくなればどんな恩恵があるやも知れないと考えた。その折も折、父の弟である白石邑の叔父直弘が亡くなり、36人もの家来衆が殉死しようとしていることを知り、断然、殉死禁止に踏み切ったのだといわれている（1992年11月、葉隠国際シンポジウムでの古川哲史基調講演より）。古川はさらに近代に視点を移して、「追腹」「先腹」について述べている。

殉死には「主君の後を追うか、主君の死に先立って臣下が自殺する」という他に、「夫のあとを追うか、夫の死に先立って妻が自殺する」という場合もあった。わが国には、この種の「殉死」は少なく、少なくとも風習としては存在しなかったが、突発的には起こった。極東裁判で絞首刑になった広田《ひろた》弘毅《こうき》の静子夫人は、夫の死が避けられないのを知ると、夫の死に先立って服毒自殺をして夫の後顧の憂いを絶つとともに、「死出のお供」をする決意を実行した。

明治大帝の御後《みあと》を慕って自刃した乃木《のぎ》希典《まれすけ》の場合も立派な殉死であったが、大将とともに自刃した静子夫人は、明治大帝のみ後を追ったというより、夫の大将と死をともにしたと見るべきであろう。乃木大将と静子夫人のどちらが先に自刃して果てたかについてはいくつかの説があるが、もし夫人が先に死んだのなら広田弘毅夫人の場合と全く同じで、一種の「先腹」と見てよい。とにかく大正と昭和の時代に入って、二人の静子夫人によって殉死が行われ、しかもいずれも「先腹」であったらしいことに感銘を覚えざるを得ないが、そういう「習性」、そういう「風習」は公的にはわが国には存在しないと見るべきであろう。

思えば、乃木は日露戦争における旅順攻囲戦の指揮を執るなど国難に立ち向かい戦場を駆け、戦勝に導いた〝明治の武士〟であった。広田も第32代首相を務め、極東裁判で文官としてはただひとりA級戦犯として絞首刑となった政治家であるが、主として日中戦争について責任を問われた。判事も多くが極刑には否定的であったが、広田は天皇に累が及ぶことを避けるためか黙秘を続け、絞首刑が告げられても「雷に打たれたようなものだ」と言い放った〝戦時下の武士〟だった。常に死に身になって時局に対処してきた「武士」の回りには、殉死をもいとわない強者《つわもの》どもが存在していたのではないだろうか。

奉公人は心入れ一つにて済む

山本常朝は光茂の死去に遭遇したとき、追腹禁止令によって殉死を果たすことは叶わなかった。すでに時代がそれを許さなくなっていた。受戒をしてひたすら亡き光茂の菩提を弔う日々を過ごした。毎月、往復6里（24キロ）の道のりを高伝寺墓参に通った。黒土原での隠遁生活に入って20年、うち田代陣基との出会いから7年。陣基も常朝を尋ねて「いかに生きる道を見出すか」を求める武士であった。古川は語っている。

常朝と求道心に厚い陣基との間で取り交わされた談話が中心となっているから、殉死の精神が全体の基調となっているのは当然であり、「武士道といふは、死ぬことと見付けたり」という大命題からして、その気持ちがにじみ出ている。わたしはかつて、「葉隠は追腹を切ろうとして切れなかった常朝の悲願が凝《こ》って成り出た一巻の血涙の書であった」というような言い方で「葉隠」

という武士道書の本質を表現しようとしたが、その考えは今も変わっていない。殉死の心を無視していたのでは、「葉隠」が分かるはずはないとわたしは思うのである。

聞書第二61節に「奉公人は心入れ一つにて済む事なり」とある。「奉公人としての分別や芸も武勇もなく、何の御用にも立たず、田舎の片隅に一生朽ち果てようとも、自分は殿にとってただ一人の家来であるとの思いを骨の髄まで染みわたらせておればそれでよい」と語っている。

古川は幾度となく佐賀を訪れ、葉隠研究会総会や国際シンポジウムでの記念講演、座談会などにも参加している。また同研究会発足時から終身顧問であり、そのような関わり方が、とりわけ佐賀における葉隠研究熱を大いに高めた。研究会理事や会員、会誌編集委員らを勇気づけた。

「武士道といふは、死ぬことと見付けたり」の強烈な一句が、命を惜しまない、命を軽んじる鍋島侍との誤解を生んだ。古川の調査研究によっても「追腹」の数は鍋島藩が最多であったが、命を軽んじた、粗末にした、とみるのは全くの見当違いといえる。繰り返しになるが、全国諸藩で慣例化していた「追腹」を最初に禁じたのが、第2代藩主光茂であり、これに紀州藩が続き、ついには2年後に幕府も禁令を発し「国禁」としたのである。主君のために命を投げ出すことに躊躇はない鍋島侍であっても、一方で追腹禁止令によって、その命を大事に守って生き抜くように導いたのも佐賀鍋島藩であった。

古川哲史著「葉隠の世界」思文閣出版

葉隠研究に多くの功績を残した古川は、平成23年（2011）8月22日、老衰のため死去した。99歳での往生であった。

相良　亨「武士の思想」

故郷は佐賀、育ちは水戸

東京大学には旧帝大のころから文学部倫理学科で「葉隠」を研究する流れがある。昭和15年（1940）に和辻哲郎《わつじてつろう》・古川哲史《ふるかわてつし》師弟による岩波文庫「葉隠」が出版され、佐賀鍋島藩の「葉隠」の存在は全国の一般読者層にも広く認識されるようになった。哲学科を出て倫理学会を創立した和辻を慕って学んだ学究は数多い。なかでもよく知られるのが倫理学科の古川であり、古川より9年後に同学科を卒業したのが、文学部名誉教授で倫理学者相良亨《さがらとおる》（1921—2000）である。和辻の衣鉢《いはつ》を継いで日本文化の中の美と倫理の研究に努め、東京大学で長く教鞭をとった。『相良亨著作集』全6巻はじめ「日本人の伝統的倫理観」「日本人の死生観」「武士の思想」ほか「葉隠」に関する著書も多い。

平成12年10月14日に79歳で亡くなった。相良は昭和61年（1986）5月24日、佐賀県立図書館で開催された葉隠研究会設立総会で「葉隠と現代」をテーマに記念講演をしている。その4年前に東大を定年退官しているが、長年に渡る数多くの研究成果の中から選んだ退官最終講義が「葉隠の思想」であったという。

死去翌年の「葉隠研究」第43号（2001年刊）には、倫理学科後輩で当時は東京大学大学院助教授だった倫理学者菅野覚明が「相良亨先生を偲ぶ」を寄せている。菅野は本書にも「序」を寄せてくれたが、東京大学名誉教授で現在は伊勢市の皇學館大学教授である。

（金沢市生まれの）先生は酒席の折りなどに、好んで「故郷は佐賀、育ちは水戸」ということをおっしゃられた。そのことは「ふるさとの思い出」と題された先生の短いエッセーの中にも記されている。長身で折り目正しい先生のお姿に、いつも孤高の武士を感じていた。先生ご自身も、日本を代表する尚武《しょうぶ》の地の二つにまでご縁がおありなことを、ひそかに誇りに思われていたようである。諡《おくりな》して（戒名は）文照院嘉岳亨道居士と称す。嘉岳は、佐賀（嘉）の山である。佐賀の山といえば天山だと、佐賀出身の門下生が呟《つぶや》いた。思えば、先生の学問の出発点には儒教的な「天」への問いがあり、その到達点には、「満目（見わたすかぎり）青山」の発見があった。「天山」という名こそは、ある意味で先生の一生のお仕事の姿を、ひとことで言い当てているようにも思われる。ついに先生ご自身も、北風を背に受けて立ち、豊かな平野を優しく見おろす佐賀の山へとお帰りになられたのであろう。

葉隠研究会の講演はウィットに富むものであった。相良は「佐賀に来て『葉隠』を語るのはお釈迦さんに説法するようなもので、これはとんだことだと後悔しました」と愉快に前置きして1時間余を淡々と語った。その一部を紹介する。

私は倫理学をやっており、特に日本人の倫理思想というものを対象にしながら、今日の生き方を考えようとしております。そこで日本人の倫理思想史上の古典を考えることになりますが、「万葉集」や「源氏物語」、あるいは「空海」「親鸞」「道元」と日本の古典を考えてきましても、「葉隠」は後れをとりません。日本の古典の代表的なものを何冊かあげた場合、「葉隠」は落とすことのできないもののひとつです。単なる佐賀の「葉隠」ではなく、日本の「葉隠」という気持ちがします。私にとりまして、「葉隠」は日本の「葉隠」であり、そして佐賀の「葉隠」であります。

古典といわれるものは、それが生まれた時代の制約を突き抜けたもの、つまり時代を超えたもの、そして常に何かを後の時代に働きかけるものを持っていると思います。葉隠に関しましても、徳川の中期にまとめられたものですが、その徳川中期を突き抜けて今日のわれわれに響いてきます。今日、われわれがいかに生きるかということを考える場合に、われわれの心に響いてくるのです。しかもそれは日本の古典の中でも重要な位置を占めているものです。

そこで私の関心は、古典としての「葉隠」を、現代において私個人がどう受け止めるかということ、またはどう生かすかということになると思います。ですからこれから申しますことは、あくまで私の受け止め方であります。皆様の受け止め方は、必ずしも一つではないと思いますが、私もそのうちの一つです。

武士社会に倫理の形成

著者のもとには相良の著書「武士の思想」（1984年刊・ぺりかん社）、「甲陽軍鑑《こうようぐんかん》・五輪書《ごりんしょ》・葉隠集《はがくれしゅう》」

（1969年刊・筑摩書房）などがある。

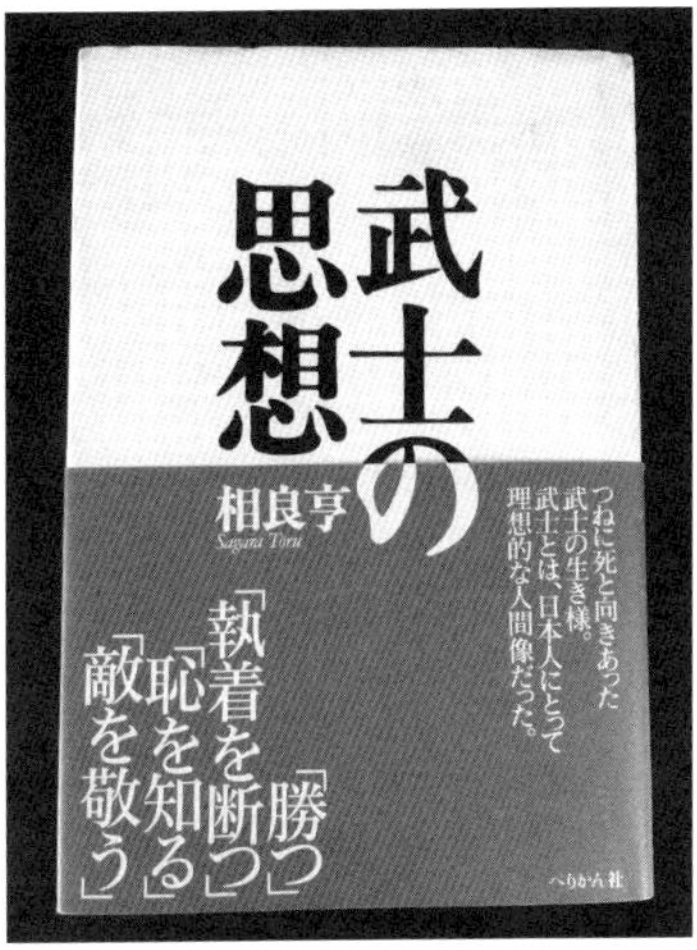

相良亨著「武士の思想」ぺりかん社

「武士の思想」の「はじめに」に書いている。宮本武蔵の「五輪書」には、戦国武士は基本的には何よりも勝つことを求めた。また甲斐の国・武田氏の軍学書「甲陽軍鑑」は、国に罪はなけれども、その国を奪い取ることが武士の道であるとしている。勝つためには生命への執着、私利私欲を絶ち、自らの内面と闘うのが武士だとする。敵もまた内面と闘う者であることを認めることで、敵を敬うことができた。武士は武士らしくなければならない、そして「恥を知る」というところから武士社会の倫理が形成されていったという。

敵を殺すことと敬うことは矛盾するように思われるが、武士としての敬意をもった殺し方があるという発想が存在した。例えば馬乗りになって殺すのは敬意を払った殺し方ではないというのだ。日本の歴史において倫理意識をはっきりと初めて打ち出したのは平安末期に登場した武士たちである。武士たちの倫理観を除外して日本の伝統を語ることはできない。このような日本人の伝統的倫理観のもっとも根底に流れるものとして心情の純粋さそのものの尊重をあげ、この観点から「誠実」を問題にしている。

美濃国の儒学者佐藤《さとう》一斎《いっさい》の「言志四録《げんししろく》」と山本常朝《やまもとじょうちょう》の「葉隠」は、久しく関心を持ってきた文献であるが、「言志四録」については儒教によって養われた武士の思想が最後に、到達した姿、したがって明治に持ち込まれた。儒教によって養われた武士の思想を知る最も代表的な文献として私は位置づけている。葉隠は儒教的な「士道論」に反発するもう一つの流れを代表する文献である。戦国武士に関する2編については、いささか弁解めいたことを述べたい。

私が今、武士に関して最も関心をもっているのは戦国武士であり、特にその死生観である。彼らはきわめて此岸《しがん》（筆者注＝生死を繰り返す迷いの世界）的な現実に生きつつ、なお常に死に晒されていた。私は彼らの精神的な緊張が知りたいのである。

四十九年一酔の夢、一期《いちご》の栄華は一杯の酒にしかず。柳は緑にして花は紅

露とおき露と消えゆくわがみかな、浪速《なにわ》のことは夢のまた夢

それぞれ上杉謙信、豊臣秀吉の辞世として伝えられるものである。織田信長が出陣に当たって舞った幸若《こうわか》は、

人生五十年、下天《げてん》の内にくらぶれば、夢幻《ゆめまぼろし》のごとくなる、一度《ひとたび》生を得て滅《めっ》せぬ者のあるべきか

であったと言う。いずれも確かなものではないが、このような形で伝えられている戦国武士の心の世界を、資料に即して深く追究したいのである。（後略）

山鹿の「士道」と葉隠の「武士道」

一方、相良は「甲陽軍鑑・五輪書・葉隠集」にも武士についての思い、憧憬《どうけい》を吐露している。全420ページ編集の前半45ページに解説「武士の思想」、同書の半分を超す220ページを「葉隠集」が占めている。「葉隠」への思い入れの深さが感じられる。

「葉隠」を語る前に、相良は近世における儒教の台頭を述べている。大陸の思想界からの影響や江戸幕府が儒教を奨励したことも大きい。戦乱が終息し、平和な時代になると、武士は戦闘員であるよりも、為政者としての性格を深めた。中江藤樹《なかえとうじゅ》がその「翁問答」に述べたように、「儒道」がすなわち「士道」と理解された。武士は上下を問わずすべてが人倫の指導者と理解され、庶民とは異なって積極的に人倫の道を学び、先ず自らの一挙手一投足を正さなければならなかった。山鹿素行の「山鹿語録・士道」に「己《おの》れの職分を知る」として武士の立ち位置を次のように表現している。

まず武士は主人を得て、奉公の忠を尽くし、朋友と交わって信を厚くし、身の独りを慎しみ、義を専らにしなくてはならない。また父子、兄弟、夫婦という人間関係は武士に限らず、天下の万民すべてが生きる人間関係であるが、農工商はそれぞれの職業の忙しさに負け、十分に正しく道を尽くすことができない。ところが、武士は農工商などの業に従う立場にはない。肉体労働から解放された武士は人倫の道をひたすらつとめ、農工商三民の中にこの人倫の道に背くものがあれば速やかに罰して、天下に人倫の道を実現しなければならない。これが肉体労働から解放されている武士の任務である。武士が文武の徳知を備えることによってはじめて、三民がおのずから武士を師として尊び、その教えに従うことになる。

「士道」に対する「武士道」の代表的な文献は「葉隠」であると相良は言った。「武士道といふは、死ぬことと見付けたり」でも分かるように、主君へ献身、死の覚悟を伝統とする武士のカタチである。したがって農工商の3民に対する人倫の指導者としてではなく、主従関係の場における武士のモラルが優先である。聞書にもあるが「みな生きる方が好きなり」という自覚があるのだが、ギリギリの局面に対峙して、さて、いかにすべきかと迷う時は、瞬時も立ち止まることなく、死地に突入すべきだと常朝は説くのである。「葉隠」は、士道論は所詮、生への執着を飾る議論だと見ている。

大道寺友山の「武士初心集」は「元旦の朝に雑煮を食べてから大晦日の夜まで、日々夜々、死を心にあつるのを以って本意の第一と仕るにて候」と書き出している。死に向き合うという姿勢は「葉隠」と同じようであるが、「死を心にあつる」という「初心集」、「死ぬことと見付けたり」という「葉隠」は別物だという。友山は素行の弟子であり、友山の思考の根底には士道論につながるものがあるのではないか。相良は、最高の奉公とされた諫言を取り上げて、士道論と「葉隠」の武士道の比較を試みている。

士道においても諫言《かんげん》は奉公の第一としてあげられるのが常であった。しかし諫言が容れられず、主君に改めるところがなければ、もはやかかる主君は主君とするにふさわしからざる人物であり、他に仕えることが武士の生き方であるとすら理解されていた。素行にあっても大丈夫たらんとする武士の生き方はここにあった。

しかし、「葉隠」では諫言を容れず悪行を改めぬ主君である場合にも、主君の悪を己の悪として引き受け、いよいよ主君の御味方を申すことこそ、武士の生き方であった。

極めてストイックな「葉隠」の奉公の覚悟である。本項の冒頭に紹介した菅野の相良への追悼では、「古武士の風格を漂わせた古き良き日本人が、一人、世を去った」と惜しみ、佐賀県出身の門下生が、相良の学問に対する姿勢を評して「孤立無援の思想」だと言ったことを思い出すとも語っていた。卒業年次では菅野は相良の35年後輩である。

相良自身も「日本には、倫理の問題として武士道を取り上げている研究者は、自分の他には一人か二人しかいない」と呟《つぶや》いていたそうである。東京大学倫理学研究室の同窓生たちは、相良とその門下の研究者たちを、しばしば、独特の響きを込めて「相良学派」の名で呼んでいた。その小さな研究室では不相応と思えるほどの多くの研究者が育てられた。

「武士の思想」の「あとがき」に相良は「私が武士に関心をもつのは、まず武士の姿勢に憧憬《どうけい》を持つからである。今の世の中にもなかなかの侍がいる。私は彼らを尊敬し、そして自分が侍たりえぬことを悲しく思っている。しかし私が武士に関心をもつのは、ただ憧憬を感ずるからだけではない。同時に、今日われわれが対決すべきものは、まず武士であると考えるからでもある」と述べている。同書の発刊は昭和44年（1969）である。

高い評価の「新渡戸裁定」

本項の最後に「武士道」の著者で知られる新渡戸稲造《にとべいなぞう》（１８６３―１９３３）についてのエピソードを紹介して終わりたい。筆者の知る「倫理」を学び実践している法人に「実践倫理宏正会《こうせいかい》」という一般社団法人がある。全国各地で毎朝欠かさず早朝に集い、家庭の愛和、夫婦の愛和など生活倫理を互いの実践報告などに学び合っている社会教育団体である。終戦翌年、原爆投下で焦土と化した広島から一人の社会運動家上廣哲彦《うえひろてつひこ》（１９０６―１９７２）の提唱で創立された公益法人は、朝起きの実践から戦争のない平和な社会づくりを目指している。先年、第2代会長上廣榮治《うえひろえいじ》から第3代会長上廣哲治《うえひろてつじ》に引き継がれた法人には全国に多くの会員がいる。平成30年（２０１８）3月の会報「倫風」に上廣哲治の倫風宏話が「柔軟で丁寧な倫理実践を根気よく」と題して掲載されており、新渡戸の逸話が紹介されていた。

宏話の前段で、最近相次ぐ大手メーカーのデータ改ざん問題を取り上げ、検査数値を完璧にクリアしなくとも、高品質だから問題ないとの思い上がりはなかったかと問いかけている。その上で「ゴルディアスの結び目」という故事を紹介している。昔、トルコの古代アナトリア半島にあったフリギアの都ゴルディオンには、柱に馬車の轅《ながえ》（かじ棒）がしっかりと結び付けられており、結び目を解いたものがアジアの王となるといわれていた。そこに小アジアを転戦中のマケドニアのアレキサンドロス大王がやってきてその結び目を解こうとするがどうしても解けず、剣で断ち切ってしまい、アジアの王となる。だれも思いつかなかった方法で難問を解決したケースとして語られもするが、本来は頑固な結び目も根気強く解く努力をしなければ、本当の解決に結びつかないという教訓である。

「困難な問題が起きたとき、私たちはその問題に正面から向きあって解決に努めているか、思い上がりはないか」と問う。上廣会長の話からその一部を紹介したい。

あるお母さんからこんな話を聞きました。

小学6年の娘さんが突然塾をやめたいと言いだしたそうです。数か月前に自ら親に頼み込んで許しを得てやっと入ることができ、嬉々として通っていた塾をいきなりやめたいというのです。お母さんは娘の身勝手さに腹が立ち、思わず厳しく叱りました。

翌日、冷静になったお母さんは、なぜやめたいのか、その理由を娘さんに尋ねました。すると数日前の深夜、お父さんが、会社の業績が悪く今年は賞与が出ないと母に話すのを聞いてしまったというのです。無理を言って塾に通わせてもらったけれど、月謝が家計を圧迫するかもしれないと悩み、やめることにしたといいます。それを知ったお母さんは、おもわず詫《わ》びて娘を抱きしめたそうです。では、どうするべきだったのでしょうか?

「武士道」の著者として知られる新渡戸稲造博士は、国際連盟の事務次長を務めていたとき、当事国の利害が複雑にからまる領土問題を地道な努力と忍耐のすえに解決に導きました。それぞれの国の意見に耳を傾け、もつれた糸の結び目を丁寧に解きほぐして解決したのです。

1920年、北欧の国フィンランドとスウェーデンは、バルト海にあるオーランド諸島の帰属をめぐって争っていました。仲介役のイギリスは問題の処理を当時の国際連盟に委ね、それを任されたのが事務次長の新渡戸博士でした。フィンランドは長くロシア帝国の支配下に置かれていたためにオーランド諸島もロシアに帰属しています。1917年のロシア革命を機にフィンランドが独立すると、島の領有権を主張しました。ところがオーランド諸島はロシア帝国が支配する前にスウェーデン王国の領土だった時期があり、島の公用語はスウェーデン語で島民はスウェーデンへの帰属を望んでいました。

新渡戸博士は時間をかけて丁寧にそれぞれの意見に耳を傾け、裁定案をまとめあげました。オーランド諸島はフィンランドに帰属し、公用語はスウェーデン語とする。島には軍事と外交を除いて高度の自治権を与え、もし紛争が起きたときには中立を守る。両国は喜んでこの裁定案を受け入れ、領土問題は解決したのです。裁定は「新渡戸裁定」と言われ、現在でも高く評価されています。

即断するには注意が必要であり、相手の真意をよく汲み取ることの大切さを説いている。新渡戸は困難な課題に正面から向き合い、根気強く結び目を解きほぐして解決に向けた。娘に詫びたお母さんは、わが子の突然の翻意にカッとなって叱ってしまったけれど、その一瞬、目の前の不可解な結び目に気付かなかったのだろう。

新渡戸はなぜ連盟事務次長の任に就くことになったのか。新渡戸は岩手南部藩の武家に生まれた侍《さむらい》である。札幌農学校（のちの北海道大学）に学び、米国のジョンズ・ホプキンス大学留学ののちに京都帝国大学、東京帝国大学の教授、東京女子大初代学長、国際連盟事務次長を務め、〝太平洋の架け橋〟となることを信条として活躍した。

大正9年（1920）に国際連盟が設立され、日本は常任理事国になった。このとき「武士道」の著者として国際的に高い評価を受けていた新渡戸に白羽の矢が立ち、事務次長に選ばれ、7年間を務めた。

「SPIRIT OF BUSHIDO（武士道精神）」が発揮された。「新渡戸裁定」はこのときの業績である。

小池喜明　「葉隠」と「奉公《ほうこう》」

小池喜明《こいけよしあき》（1939年―）は「葉隠」の本3冊を書いている。

・「葉隠」の志「奉公人」山本常朝（1993年5月刊・武蔵書院）
・「葉隠」の叡智（1993年10月刊・講談社）
・「葉隠」武士と「奉公」（1999年7月刊・講談社学術文庫）

小池の〝葉隠3部作〟である。小池は、東京・浅草に生まれ、昭和39年（1964）に東京大学文学部倫理学科を卒業、平成21年（2009）に東洋大学文学部教授を定年退官している。「葉隠」研究者の名を挙げるとしたら小池を抜きには語れない。すでに述べたように東大文学部といえば哲学・倫理学の和辻哲郎《わつじてつろう》に始まり、門下の倫理学科卒からは古川哲史《ふるかわてつし》をはじめとして「葉隠」の研究者が続出、相良《さがら》亨《とおる》、佐藤正英《さとうまさひで》（1936―）、菅野覚明《かんのかくみょう》らがいる。和辻が哲学科で他は倫理学科だが、連綿と〝葉隠人脈〟をつないで今日に至っている。

小池は、山本常朝生誕350周年を記念して平成21年（2009）に葉隠研究会が開催した「いまこそ『葉隠』交流会」に招かれ、佐賀県立男女共同参画センター・生涯学習センター「アバンセ」で記念講演をしている。演題は「葉隠の志《こころざし》」。筆者は当時、アバンセ館長を務めており、葉隠研究会理事の末席にもあったので、幸いにも講演を聴く機会を得た。とても軽妙で、わかりやすく、興味深い講演だったという記憶がある。その要旨は「葉隠300年」特集として「葉隠研究」69号（2010年刊）82号

（2017年刊）に収録されている。13ページにも及ぶので、この項では数あるテーマの中でも小池が「葉隠」研究に打ち込むようになった経緯と特に研究で重きをおいていると思われる「武士と奉公」を主として紹介してみたい。

　私は来年の春、慶應義塾大学を卒業した人たちや大学の教授を相手にして「福沢諭吉と武士道」という話をします。まるでバチカンで枢機《すうき》卿《きょう》を前にしてキリストや法王についてしゃべるようなもので、大変なプレッシャーを感じます。同じく佐賀で「葉隠」についてしゃべるというのは同じくらいのプレッシャーがあります。

小池喜明著「葉隠」―武士と「奉公」講談社学術文庫

　小池は、ずいぶん以前に「葉隠」について前記の3冊の本の骨子になる論文を書いて、その論文に関して京都大学で発表した時、居合わせた佐賀大学の教授副島正光《そえじままさみつ》が「佐賀で今のような話をしたら血の雨が降りますよ」とニコニコしておっしゃったと語っている。小池は「論文に書いていることが（葉隠解釈の）基本的な立場、考えなので佐賀で講演するのにはためらいがありますね」と苦笑していた。講演要旨を抜粋しながら、小池の「葉隠武士と奉公」を読み取っていこう。

　実は私は「葉隠」という本が嫌いだったのです。東京大学の倫理学科というところで学びましたが、そこには和辻哲郎という偉い先生を慕って全国から学生が集まり、西洋のことと東洋のことの両方を学べる環境でした。私は大学ではアリストテレス、大学院ではカントを学びました。隣の東洋倫理思想史では源氏物語や本居宣長を学んでいましたが、同時に（東大倫理学科は）日本における「葉隠」研究の総本山でもありました。

「葉隠」という本は長い間世の中には知らされていませんでした。世の中に知られるようになったのは、昭和15年に和辻哲郎先生が私の恩師である古川哲史先生（当時東京帝国大学助手）といっしょに、岩波文庫として出版されてからです。それで初めて日の目を見たと言ってもいいでしょう。それまではほとんどの人が「葉隠」を知りませんでした。佐賀においてだけ知られていました。昭和15年といいますと、みなさんがご存知のような時代で、「葉隠」はさんざん戦争に利用されました。でもあの利用の仕方は間違っていました。

「武士道といふは、死ぬことと見付けたり」

一番最初に人の心を一句でつかむようなまことに優れたキャッチコピーが出てきます。恐らくこれに比肩しうるキャッチコピーというのは室町時代に世阿弥が言っている「初心忘るべからず」という言葉でしょう。この二つの言葉は日本人にとって心に染み入ります。ところが私にいわせれば、この二つの言葉は両方とも誤解されがちです。

小池が「葉隠」という書物を評価するのは、山本常朝《やまもとじょうちょう》の話を田代陣基《たしろつらもと》が書き取った「葉隠」の中には、日本が誇ると言ってもいい「骨切侍《ほねきりざむらい》」「曲者《くせもの》」と評されるような江戸時代の強者《つわもの》がまるで大リーグのようなラインナップで登場することだという。佐賀を訪れた小池は当時佐賀県立図書館に勤務していた大園隆二郎《おおぞのりゅうじろう》の案内で、常朝の本家筋に当たる中野家の墓がある小城市三日月町に案内された。そこで「葉隠」をめぐる歴史の厚さ、重さというものに圧倒され、佐賀の風土に根ざした理解が不十分であることをつくづく感じさせられたという。

初代小城藩主鍋島元茂の事績を記す元茂公御年譜《もとしげこうごねんぷ》では、小城藩家臣は「御家之骨切侍」と評している。御家や主君の為なら骨を折る以上の苦労を厭《いと》わない武士たちが、元茂のもとで初期の小城鍋島家を支え、子孫たちはその由緒を誇りとしてきた。

常朝を同じ人間としてすばらしいとは思うが、聖人扱いはしていないという小池。その常朝が賞賛している先祖中野一門の中野《なかの》将監《しょうげん》正守《まさもり》や中野《なかの》内匠《たくみ》茂利《しげとし》、祖父の中野《なかの》神右衛門《じんえもん》清明《きよあき》、さらに鍋島家の家臣には3代にわたって追腹をした斎藤用之助《さいとうようのすけ》、優れた戦国武将でありながら〝治水・利水の神様〟とも称される成富兵庫茂安《なりどみひょうごしげやす》らは文字通りの「骨切侍」である。日本男児なら涙なしには聞けないような人物が「葉隠」には何人も登場してくる。よくぞこんな人間たちが生まれてきたなというのが「葉隠」を読んだときの第一印象だったという。数カ所抜粋してみよう。

> 「葉隠」の巻頭に「死ぬことと見付けたり」と書いてあり、一番最後には「家老になりたい」と書いてあります。終戦の年、私は国民学校1年生だった。周りには「死ぬことと見付けたり」と言って若い人を戦地に送って、ちゃっかり自分は生き残っているような人がたくさんいました。だから「葉隠」なんて大嫌いでした。「死ぬことと見付けたり」などというのはなんとも胡散《うさん》臭《くさ》く思えたのです。ぱらぱらっと「葉隠」をめくってみると、「家老になりたい」などと変なことが書いてあるのです。

最初から読んでみると、殿様の悪口が書いてありました。「殿様というのは若いときから若様、バカ様と言われるくらいバカだ、どうにもならないものだ」と書いてあるのです。それまでの私は、「葉隠」というのは殿様に絶対的な忠誠を尽くす本だと思っていたのです。ここで言われている殿様は第4代藩主吉茂《よししげ》だということが分かってきたころには、もう「葉隠」を真剣に読み始めていました。

読んでいきましたら、「殉死《じゅんし》」という言葉が一つもないのです。「葉隠」は武士道の聖典でしょう。「殉死」は武士道の華ですよね。もう一つ、「武士」という言葉より「奉公人」という言葉がやたらに多いことにも驚きました。常朝はこれも一身を捨てて「公《おおやけ》に奉る」のだということを明確に定義しています。一方で「死ぬことと見付けたり」と言いながら、一方で「家老になりたい」なんて実に面白いですよ。私は哲学の出身ですから、矛盾があったら俄然《がぜん》嬉しくなります。

当時の佐賀の武士たちは、ずっと同じ町に同じ禄高で暮らしていた。武士は戦争がなければ出世もないので禄高も変わらない。佐賀では島原の役以来、戦争がなかった。常朝の禄高は少しずつ増えて変わることなく120石だった。足軽の家に生まれたら足軽、家老の家に生まれたらどんなバカでも家老になるのが封建社会だった。父が70歳のときに生まれた常朝には、年上の甥五郎左衛門《おいごろうざえもん》がいた。父亡きあと、父親代わりだった五郎左衛門も切腹してしまうが、存命中にある古老の話として「名利《みょうり》を思ふは奉公人に非ず。名利を思わざるも奉公人に非ず」と語った。偉くなりたいと考えているようなやつは奉公人ではない、しかし、名利を思わないのも奉公人ではないというのだ。謎めいた言葉だ。常朝が「奉公」について語った2題を取り上げてみよう。

「奉公の至極の忠節は、主に諫言《かんげん》して、国家を治むる事也。下の方にぐどつきまはりては益《やく》に立たず。然《しかれ》ば家老に成るが奉公の至極也。私の名利《みょうり》をおもわず、奉公名利をおもふ事ぞと、得と胸に落《おち》、さらば一度御家老に成て見すべしと覚悟極《きわ》め申候」

（聞書第二１４０節より）

（注）諫言＝目上の人の非をいさめること

「至極」という言葉、「快く」「見事」とか、「葉隠」にはこういう台詞《せりふ》がすらっと出てきます。私の大好きな点です。ただし、その底に死の覚悟があります。

生きるか死ぬのか、生きたい、「見事に」「快く」「至極」の生を生きたいと言います。

「葉隠」では「国」とは佐賀のことですが、大隈重信が後に「葉隠は佐賀のことしか考えていない、日本のことを考えていないではないか」と批判します。しかし、それは明治維新後の発想であって、当時は、佐賀一藩、薩摩一藩、そういう単位で動いており、「葉隠」では天皇、皇室はもとより将軍・公儀（幕府）もほとんど念頭に置かれていません。徳川封建体制から天皇親政に代わった後の時代の考えで批判しても仕方のないことです。自分が出世したいのは、家老になって殿様に諫言したいからだ、すなわち、「国」のための出世（奉公名利）だと言っているわけです。殿様に諫言する権限というのは家老と年寄役《としよりやく》しかないからです。

「葉隠」は後の大東亜戦争期に「滅私奉公《めっしほうこう》」という言葉で利用されますが、これは「葉隠」とは何の関係もありません。私心、邪心を捨てて公に奉るという消極面にみんなが注目するのですが、「葉隠」はもうひとつ積極的なことを言っているのです。

それは「諫言」こそが「奉公人」究極の忠義だ、ということです。

「奉公は色々心持《こころもち》これありと相見え、大體にては成り兼ね申すべし。」と申候へば、「左様にてなし、生附《うまれつき》の分別にて済むものなり。勝茂公よく御撰《おえら》みなされたる御掟《おんおきて》に合わせて行く迄なり。安き事なり。其の中、御家中下々迄《しもじもまで》の為になる様にと思うてするが、上への奉公なり。不了簡《ふれうけん》の出頭人《しゅっとうにん》などは、上《かみ》の御為《おんため》になるとて、新儀《しんぎ》を企て、下の為にならぬ事は構わず、下《しも》に愁《うれ》ひ出来《でき》候様に致し候。これは第一の不忠なり。御家中下々、皆殿様のものにて候。又上よりは御慈悲にて済むものなり。其の時は磔《はりつけ》もお慈悲になるなり。」

（聞書第二２３節）

（訳）「奉公はいろいろと心がけねばならぬことがあると思われ、並大抵ではできかねるものでしょう」と申したところ、「そうではない。生まれついての分別で済むものである。勝茂公が適切に選び定められた掟《おきて》に合わせていくまでである。たやすいことだ。その時代の御家中、下々までのためになるようにと思ってするのが、主君への奉公である。了見《りょうけん》違いの成り上がり者などは、主君のためになるとして新たなことを企て、それが下のためにならなくても構わず、（むしろ）下に憂いを生じさせるような仕方をする。これは不忠の最たるものである。御家中は下々まで皆、殿様のものである。他方、上からはというと、これは御慈悲ひとつあれば済むものである。その場合は磔刑《たっけい》でも御慈悲になるのである。」

（菅野覚明全訳注「葉隠」より）

「葉隠」で「奉公」について述べようとすれば、あまりにも多くの人が取り上げておりきりがない。

最後に、常朝の親戚の中野数馬にちなむ「七度諫言」と、「骨切侍」としても名を挙げた成富兵庫茂安《なりどみひょうごしげやす》の「お城坊主」という逸話2題を紹介したい。

七度諫言《かんげん》

第3代藩主綱茂《つなしげ》のころ、殿の御意思に背いたというので5人の家臣に切腹が命じられた。その時、年寄役の中野数馬《なかのかずま》は御前に罷《まか》り出て、「右の者どもの切腹を赦《ゆる》してくださいと申し上げた。殿様は赦すべき「道理は何か」を尋ねる。数馬は「道理」はないと答える。殿様は「詮議は尽くしておる。道理がないとはけしからん」と立腹して退出させる。このような場合は、殿様に願い出る方も命がけである。まかり間違えば自分も切腹することになるリスクを冒していることになる。

しばらくして数馬はまた参上して同じことを繰り返す。これを7回繰り返した。7回目には殿様も困惑しつつも、というよりも「こいつどうしても何かを言いたいのだな。しかしそれを言えないのだな」ということがわかった。聞書第一137節にある。

数馬は重臣たちの間で〝二十五日殿〟とあだ名をもらっていた。御前での評議のときに皆が発言を躊躇《ちゅうちょ》していると、決まって口火を切るのが数馬であった。味噌や沢庵などを漬けて二十五日を経過すると蓋を開ける習わしがあるので、二十五日は「口明《くちあ》け」とか「口開き」といった。ことの始まりを意味することから付いたあだ名だったようだ。

「葉隠」は、口に出すと「理」に落ちるという。「葉隠」が一番嫌いな「道理」の「理」だ。「理」をいえば議論になる。すると、どちらかに疵《きず》がつく。「諫言」をした数馬にとっては、この5人の家臣は必ずいざという時には御家の役に立つものだから、どのようなことで勘気《かんき》を蒙《こうむ》ったかは知らないけれど、このくらい目をつぶってくださいと暗黙のうちに言っているのであろう。それで殿様は赦《ゆる》すことにした。

お城坊主

初代藩主勝茂が参勤交代で江戸城に登城する時は、いつもお供は成富《なりどみ》十右衛門《じゅうえもん》、久納《くのう》市右衛門《いちえもん》だった。登城しても殿中には大名以外は入れない。お殿様は日ごろ身の回りの世話を全てしてもらっているのでたちまち困ってしまう。その時、成富十右衛門こと成富兵庫茂安《なりどみひょうごしげやす》の機転でたちまちお城坊主と懇意になってしまい、ことなきを得たとの逸話が「葉隠」聞書第四43節にある。

佐賀の治水・利水事業の研究をはじめ武将成富兵庫茂安に詳しい「さが水ものがたり館」の館長金子《かねこ》信二《しんじ》は、葉隠研究会誌「葉隠研究」に「成富兵庫茂安と葉隠聞書」を58号（2006年刊）～70号（2010年刊）まで13回連載している。いずれも「葉隠聞書」に登場する「奉公人・茂安」の実像と業績を紹介している。

シリーズ（5）「お城坊主」は、茂安の優れた奉公人ぶりを教えてくれる。

> 茂安が仮病を装わせてまで、お城坊主に近づきになりたかったのはなぜであろうか。参勤交代が義務づけられたのは、寛永12年（１６３５）に武家諸法度改定によってである。それまで各大名は自主的に行っていた。茂安が藩主勝茂のお供をして江戸城に登城したのは、元和《げんな》から寛永《かんえい》の初めのころ（１６１５～１６３０）ではなかろうか。まだまだ不案内なことが多く制度は整備さ

れていなかったと思われる。しかし殿中は、原則として大名以外は入ることができない。日ごろ、多くの家来によって世話を受けている大名は一人では何もできない。着替えから食事、部屋への案内など、お城坊主の世話にならざるを得なかった。茂安は懇意な坊主をつくり勝茂の世話を頼みたかったのである。「成富家譜《なりどみかふ》」に、茂安とお城坊主とのやり取りが詳細に記されている。

登城した茂安が玄関より上がってお城坊主衆に会い、「私の同僚がただ今気分悪く難儀いたしていますので、不躾《ぶしつけ》ながら湯をくだされますように」とお願いした。お城坊主はしばらく考えていたが、天目茶碗に湯を持参してくれたので、市右衛門に飲ませ、翌日その茶坊主久斎《きゅうさい》の自宅へ茂安主従が身なりを整えてお礼に行き、反物10巻を持参したところ、久斎は喜んでこれを受け取った。後日、再び登城したとき、茂安が式台近くにいると、久斎が出てきて「兵庫殿、お供にて候や」と会釈した。

茂安は翌日、久斎宅へおもむき、「昨日は御城内の諸人の中で懇ろに言葉をかけてくだされ、かたじけなく候、お礼に罷《まか》りいで候」と、金子を差し出した。それ以来、親しくなり、勝茂が登城したときは湯茶の接待をするようになり、さらに城内で気をつけねばならぬことなど、久斎から情報がはいるようになり、何事も都合よく運ぶようになったという。

江戸城に登城した主君が、政務は別としてその他の雑事で、どうしてよいものか分からずオロオロされるようなことがあってはならない。茂安は殿中での作法やしきたりを熟知した、身の回りに面倒見のよさそうなベテランのお城坊主を目ざとく見付けて、殿の側につけようと一計を案じたのである。機転が利き、仮病を装うことにも躊躇なく、あっという間に手なづけてしまったのである。

殿中でお城坊主は、頭を丸めて法衣を着ているので、外見を見れば僧侶だが、実は僧侶ではなく武士なのである。彼らは座敷から諸役人の部屋から殿中を自由に行き来して、世話役を果たした。役割に応じて職制は細分化され、3代将軍家光《いえみつ》のころから6代将軍家宣《いえのぶ》のころに職務が明確化されたという。正徳元年（1711）ごろの分限帳には奥坊主136人、表坊主231人、数寄屋《すきや》坊主113人とある。茂安が口説いて懇意になったのは表坊主で、老中や若年寄への面会を取り次いだり、藩邸から届けられた弁当の保管や昼食事のお茶の世話、衣服に着替えを手伝ったりした。茂安は常に「殿がお困りにならぬように」と細心の気配りを怠らなかったのである。

外交にたけ、戦国武将として名を馳せた茂安の策謀ぶりと主君への奉公ぶりは、諸国の大名たちがうらやむほどであった。金子は、熊本城にあった天下の猛将加藤清正《かとうきよまさ》から茂安が猛烈にスカウトされた逸話も紹介している。

武士は忠節と武勇であった。自分の前にはわが殿様、わが藩だけしかないのである。茂安は加藤清正に肥後にこないかと誘われたことがある。清正は、木は立ち所によって大木となるように、侍は生き所によって大身《たいしん》となる。肥後へ参れば知行一万石を遣《つか》わそうと言った。茂安は肥前武士の習い、義理を専《もっぱ》らとして死を軽くし、たとえ肥後一国をくだされようと、譜代の主を捨て国を後にすることはできないと答えた。清正は、茂安の言葉に感動し涙を浮かべたという。

栗原荒野編著「校註葉隠」の聞書第一4節に常朝の「奉公人」についての思いを凝縮させた一文がある。この節、「武士道と云ふは、死ぬことと見付けたり」の次に置かれている。これは常朝の武士としての、鍋島侍としての一途な思いをここに位置付けしたと考えて間違いあるまい。

奉公人は一向に主人を大切に歎《なげ》くまでなり。これ最上の被官《ひかん》なり。ご当家御代々、名誉の御家中に生まれ出で、先祖代々御厚恩の儀を浅からぬ事に存じ奉り、身心を擲《なげう》ち、一向に歎き奉るばかりなり。此の上に智慧《ちえ》、藝能《げいのう》もありて相応《そうおう》相応の御用に立つは猶幸《なおさいわ》いなり。何の御用も立たず、無調法千萬《ぶちょうほうせんばん》の者も、ひたすら歎き奉る志さへあれば、御頼み切りの御被官なり。智慧、藝能ばかりを以て御用に立つは下段也。

（注）歎く＝ものに感じて深い思いをもつ　被官＝主君に仕える、役職を与えられた家臣

「奉公人はひたすら主人のことを切に深く思うだけでよい。これこそ最上のご被官である」と言っている。奉公は何も難しいことではない、ひたすら主君のことを思うだけでよいという。奉公する特技や知恵がないと歎く者も救われるというものだ。

常朝の理論には「哲学」ではなく、仏道、み仏の教えに近いものが感じられる。鍋島家の菩提寺高伝寺で湛然和尚に仏道を学んでいた常朝である。すなわち、「慈悲」と「智慧」をもって、阿弥陀仏の本願により念仏するだけで浄土へ往生できるという「浄土仏教」に通じ、親鸞聖人を師とした唯円の仏教書「歎異抄」にある「善人なほもて往生をとぐ。いはんや悪人をや」にも符合するようにも思われる。

何としても加判（公文書に花押《かおう》の捺印をすること、すなわち執政の職に列すること）の家老となって主君に諫言できるようになりたいとひたすら願った常朝ではあったが、その願いを果たすことはできなかった。平安の世にあっては戦場で主君の盾《たて》となって討ち死にすることもなく、藩主光茂の後を追って

「追腹」を切ることもできなかった。「奉公人は心入れ一つにて済むことなり」（聞書第二61節）と言い残しているが、思い叶わぬことの多い一生ではあった。享保《きょうほう》4年（1719）10月10日に畳の上で最期《さいご》を迎えた「奉公人・常朝」の心中どのようなものであったのか。再度ではあるが常朝辞世の句である。

尋ね入る深山《みやま》のおくの奥よりもしづかなるべき苔《こけ》の下庵《したいお》

虫の音のよわりはてぬるとばかりをかねてはよそに聞きて過ぎしが

三島由紀夫 「葉隠入門」

「葉隠」は三島の文学的思想的自伝

佐賀鍋島藩に生まれた「葉隠」の存在を広く世に知らしめたのは、三島由紀夫《みしまゆきお》著「葉隠入門」（笠原《かさはら》伸夫《のぶお》訳）の公刊であったろう。「葉隠」は戦時中、大和魂や武士道精神を基に軍人の戦意高揚のために大いに推奨されたが、終戦から22年後に登場した「葉隠入門」は、忌まわしい〝戦犯図書〟のイメージを払拭するに貢献した。

「武士道といふは、死ぬ事と見付けたり」の一句で名高い「葉隠」は、「死」を中核に据《す》えた、自由と情熱の書である。三島は「わたしのただ1冊の本」と呼んで心酔した。「葉隠」の濶達な武士道精神を今日に甦らせ、乱世に生きる「現代の武士」たちの常住坐臥《じょうじゅうざが》（座るときも寝るときも。ふだん）の心構えを説いたこの「葉隠入門」は、人生論であり、道徳書であり、三島自身の文学的思想的自伝でもある。

「葉隠入門～武士道は生きている」は、昭和42年（1967）9月1日初版発行で、光文社「カッパ・ビブリア」の日本人の知恵シリーズ（2）である。栗原荒野《くりはらあらの》の「校註葉隠」も底本参考としており、笠原は三島とともに雑誌「批評」の同人。三島はこの本の裏表紙に著者のことば「わたしのただ一冊の本『葉隠』」と題して、執筆するに至ったメッセージを書いている。

いろいろ仕事が山積しているのに、光文社の依頼を受けて、この本を引き受けてしまった理由というのは、まことに単純であり、浅薄でもある。つまり、私が断れば、だれかほかの人がこの本を書くだろう。私は自分の「葉隠」をほかのだれにも渡したくなかったのである。もちろん「葉隠」は大勢の人に読まれてきた。しかし戦後、「葉隠」が否定されていた時代に、一生懸命これを読みつづけて鼓舞されてきた男は、私のほかに多くあるまいという「大高慢《だいこうまん》」がわたしにあるからである。

現代――1960年代にいたって、「葉隠」は、じつに、不気味なほど、現代的な本になってきた。こんなモダンな本はあるまいと思うほどだ。私の解説はその現代性に留意して、できるだけわかりやすく書いたつもりである。

――著者の言葉――

光文社ではカッパ・ブックスがよく知られているが、「カッパ・ビブリア」は、英語のバイブル、古代ギリシャ語のビブルに通じる「ブックス」、つまり「本の集団」との意味合いから名付けて、同社が昭和41年（1966）3月に誕生させた。「人間生存のよりどころ」をあらゆる方面から極め、読者の共感を誘い出したいとしていた。三島の「葉隠入門」はカッパ・ビブリアの企画による日本人の知恵(2)として翌年9月に初版を発行しているが、ちなみにシリーズ（1）は「徒然草入門」、（3）は「歎異抄入門」であった。

さて、「葉隠入門」発刊に際して、のちに東京都知事となった作家石原慎太郎が同書のカバーに三島を紹介している。

三島由紀夫氏のこと

この自堕落《じだらく》時代に、多くの男たちは自らを武装することもなく安逸《あんいつ》に己《おのれ》の人生を消耗する。自堕落と安逸《あんいつ》のうちに男の矜持《きょうじ》と尊厳を打ち捨て、士《さむらい》として失格しながらかえりみることもなく。だがここに一人の男がある。明晰《めいせき》な逆説と皮肉で己を核とした意識の城を築き、いつも白刃《しらは》を抱いて美の臥所《ふしど》に寝ている士がいる。

この知的で、かつ痴的《ちてき》な乱世に、あるときは金色《こんじき》をまぶした七色の甲冑《かっちゅう》に身をかため、またあるときはまったくの裸身で、変化《へんげ》の妖《あや》しい士がいる。その彼が、いつも手放《てばな》さずにいる佩刀《はいとう》が「葉隠」である。

ここにただ一つ残る本がある

昭和41年（1966）春、九州佐賀から東京の私大に進学した筆者は、時折、新宿の紀伊国屋本店に足を運ぶことがあった。70年安保闘争の学生運動が激しくなり始めたころだったと思うので、大学2年の秋あるいは3年の春だったと思う。偶然にも道路から紀伊国屋書店ビルの2階に通ずるエスカレーターを仰ぎ見ると、そこに真っ白なスーツにビシっと身を固めたやや小柄なきりりとした男性を見出した。「ミシマユキオだ！」。すぐにそれとわかった。多分、独りつぶやいたと思う。地方出身の筆者が初めて目にした作家が三島由紀夫だった。特に読書好きな方でもなかった筆者は、そのときまで三島の作

三島由紀夫の「葉隠入門」左から新潮文庫２冊と光文社カッパ・ビブリア

品をちゃんと読んだことがなかった。大学受験生の知識としては、三島文学の作品に「金閣寺」「仮面の告白」「鹿鳴館」などの話題作があるぐらいのことを知っていた程度だった。

昭和42年秋には書店の店頭に「葉隠入門」が積まれたのだ。偶然にも本人を見てしまった上に、「葉隠」が佐賀ゆかりの本であることもあって、貧乏学生ながら３４０円をはたいて「葉隠入門」を買った。ラーメン1杯が60円ほどであったろう。初めて買った三島の作品だった。やや難解ではあったが、三島がそのプロローグで「『葉隠』こそは、わたしの文学の母胎であり、永遠の活力の供給源であるともいえる」とまで言い切っているのに、ある種のショックを覚えたことを記憶している。葉隠名言抄には聞書原文の口語訳が入ってくるのだが、なかなか読み進むことができず閉口した。それでもユニークな横尾忠則のイラストに引きずられて読んだような気がする。

前置きはこれくらいにして「葉隠入門」に入門しよう。最初に取り上げたいのは次の1節である。

> ここにただ一つ残る本がある。それこそ山本常朝の「葉隠」である。戦時中から読みだして、いつも自分の周辺に置き、以後20数年間、折にふれて、あるページを読んで感銘した本といえば、おそらく「葉隠」一冊であろう。わけても「葉隠」は、それが非常に流行し、かつ世間から必読

の書のように強制されていた戦争時代が終わったあとで、かえってわたしの中で光を放ちだした。「葉隠」は本来そのような逆説的な本であるかもしれない。戦争中の「葉隠」は、いわば光の中に置かれた発光体であったが、それが本当に光を放つのは闇の中だったのである。

これは「葉隠入門」のプロローグ「『葉隠』とわたし」の中にある。冒頭の文ではない。あえて抜粋してこの一文を初めに紹介した。三島にとって「葉隠」の存在はいかなるものであったのか、彼に何をもたらしたのか、そこのところを自らがズバリ核心に切り込んで単刀直入に表現した部分だからである。三島は「葉隠」を戦時中に初めて手にしたのだ。手にしたときから彼の生き方そのものが変わっていった。戦前、戦中に戦意高揚の書、必読の書として軍政府にさんざん利用されたと言われた札付きの本であるが、三島は早くも「葉隠」そのものの中にただならぬ光を見出していたのだ。後にそれを《発光体》と表現したほどに、彼の人生そのものを大きく揺さぶり続けたのであろう。プロローグ冒頭の書き出しはこうである。

若い時代の心の伴侶としては、友達と書物とがある。しかし、友だちは生き身のからだを持っていて、絶えず変わっていく。ある一時期の感激も時とともにさめ、また別の友だちと、また別の感激が生まれてくる。書物もある意味ではそのようなものである。少年期の一時期に強烈な印象をうけ、影響を受けた本も、何年か後で読んでみると、感興《かんきょう》は色あせ、あたかも死骸のように見える場合もないではない。しかし、友だちと書物との一番の差は、友だち自身は変わるが書物自体は変わらないということである。それはたとえ本棚の一隅に見捨てられても、それ自身の生命と思想を埃《ほこり》だらけになって、がんこに守っている。われわれはそれに近づくか、遠ざかるか、自分の態度決定によってその書物を変化させていくことができるだけである。

戦争の中に少年期を過ごした三島は、フランスの天才的な作家であったレイモン・ラディゲの傑作「ドルジェル伯の舞踏会」に魅せられ、20歳で死んだラディゲを目標に「おそらく自分も戦争によって20歳で死ぬことになるだろう」と考えて小説家を目指したほどだった。ところが、はからずも死ぬことなく、戦後まで生き延びると文学的嗜好《しこう》が変わり、「ラディゲの本の魅惑は薄れた」と白状している。また「雨月物語」の上田秋成《うえだしゅうせい》にも傾倒し、空襲のさなかにも秋成の全集を手離さなかったというが、その想いも徐々に薄らいでいく。そこに登場したのが「葉隠」であった。そこで前記の文に続けて、プロローグの初めに抜粋した「ここにただ一つ残る本がある」と続くのである。

三島は「葉隠入門」の執筆で引用した原文として、栗原荒野編著の「校註葉隠」(内外書房刊)、和辻《わつじ》哲郎《てつろう》・古川哲史《ふるかわてつし》校訂の「葉隠」(岩波文庫)、「いてふ本・葉隠」(三教書院刊)の3冊を参考にしたと記している。ただ、「葉隠入門」の発刊は、終戦から22年後のことである。それまでの間、三島はどのように「葉隠」への思いを昇華させていたのだろうか。次の文面にその答えの一部が見られる。

戦後、わたしはまもなく小説家として出発した。当時わたしの周辺には、新しい時代の、新しい文学の潮流がうず巻いていた。しかし、このいわゆる戦後文学の時代は、わたしに何ら思想的共感も、文学的共感もあたえなかった。ただ、私と違った思想的経歴を持ち、私と違った文学的感受性を持つ人たちの、エネルギーとバイタリティーだけが、嵐のように私のそばを擦過していった。わたしはもちろん自分の孤独を感じた。そして戦争中から戦後にかけて一貫する自分の最後のよりどころは、何であろうかと考えた。それはマルクスの「資本論」でもなく、また教育勅語でもなかった。その一貫するわたしを支える本こそ、わたしのモラルのもととなり、同時にわたしの独自の青春をまるごと是認するものでなければならなかった。わたしのその孤独と反時代的な立場を、両手でしっかりと支えてくれるものでなければならなかった。のみならず、それは時代にとって禁断の書であるべきであった。「葉隠」はこのあらゆる要請にこたえていた。なぜなら、当時この一冊の本は、戦時中にもてはやされたあらゆる本と同様に、大ざっぱに荒縄でひっくくられて、ごみための中へ捨てられた、いとうべき醜悪な、忘れ去らるべき汚《けが》らわしい本の一つと考えられていたからである。かくて「葉隠」は時代の闇の中で、初めてそのほんとうの光を放ち出した。

三島は、戦後日本の変わりゆく世相に落胆、絶望していたのではないか。戦争が終わり、暗く長かった死の闇から解放されたものの、連合国軍の占領下に置かれた。筆舌に尽くしがたいほどのおびただしい犠牲と廃墟の中に一縷《いちる》の光を見出して、戦後、民主主義社会の到来に明るい未来を見ていた人たちからは、「葉隠」は忌まわしいだけの本として忘れられていた。戦前、戦中には「葉隠」に関する書籍の発刊は散見されるが、戦後に「葉隠」を取り上げた作家、歴史家、研究者は見当たらない。そのような中にあって、三島は時代の闇のなかに「葉隠」が放つ光を見出していた。

昭和30年（1955）に「小説家の休暇」という書き下ろしの評論を発表したときに、戦後初めて、自分が「葉隠」に愛着を抱いていることを人に漏らしたと告白している。それは次のようであった。

わたしが戦争中から「葉隠」に感じていたものは、かえってその時代になってありありと本当の意味を示し始めた。これは自由を説いた書物なのである。これは情熱を説いた書物なのである。「武士道といふは、死ぬことと見付けたり」という有名な一句以外に「葉隠」を読んだことのない人は、いまだに、この本にファナティック（筆者注＝狂信的、熱狂的）なイメージを持っている。しかし、「武士道といふは、死ぬことと見付けたり」というその一句自体が、この本全体を象徴する逆説なのである。わたしはそこに、この本から生きる力を与えられる最大の理由を見いだした。

わたしは戦時中から読みだして、いまも時おり「葉隠」を読む。犬儒的《けんじゅてき》（筆者注＝ソクラテスの孫弟子でアテネの哲学者ディオゲネスを犬儒派という。「徳」が人生の目的であり、知識や教養は無用であり、肉体的・精神的に鍛錬し、動じない心を持つことを重んじた）な逆説ではなく、行動と知恵と決意が自ずと逆説を生んでゆく、類のない不思議な道徳書。いかにも精気にあふれ、いかにも明朗な、人間的な書物。

封建道徳などという既成概念で「葉隠」を読む人には、この爽快さはほとんど味わわれぬ。この本には、ひとつの社会の確乎たる倫理の下に生きる人たちの自由が溢れている。

戦意高揚に利用された「葉隠」

「葉隠」は戦時中にもてはやされて、国民に、軍人に読むように推奨された。軍政権は国威《こくい》発揚《はつよう》のために、都合の良い部分だけを抜き出して読ませようと努めた。だが、「葉隠」は武士自らの気構え、覚悟を悟るもので、上から強要されたものではない。また、若き特攻隊員たちの運命は、過酷であった。死を見すえ、「死ぬこと」を覚悟して出撃して行った。お国のため、天皇陛下のため、愛しい家族のためとの覚悟であったとも言われたが、ただ運命ここに至れば臆病者《おくびょうもの》の烙印《らくいん》だけは押されたくないとの「無」の思いで死に赴《おもむ》いたのではなかったか。

昭和16年1月8日、東條《とうじょう》英機《ひでき》陸相は「戦陣訓《せんじんくん》」を示達《じたつ》した。軍人の心得をうたったものだ。「葉隠論語」も参考にされたとも解説されている。

【序】 夫《そ》れ戦陣は、大命に基き、皇軍の神髄を発揮し、攻むれば必ず取り、戦へば必ず勝ち、遍《あまね》く皇道を宣布し…

【生死観】 死生を貫くものは崇高なる献身奉公の精神なり。生死を超越し一意任務の完遂《かんすい》に邁進《まいしん》すべし。身心《しんじん》一切の力を尽くし、従容《しょうよう》として悠久《ゆうきゅう》の大義に生くることを悦《よろこ》びとすべし。

【名を惜しむ】 恥を知るもの強し。常に郷党家門の面目を思ひ、愈々《いよいよ》奮励して其の期待に答ふべし。生きて虜囚《りょしゅう》の辱《はずかし》めを受けず、死して罪禍《ざいか》の汚名を残すこと勿れ。

瀬戸内寂聴（晴美）は毎日新聞社刊の決定版昭和史（10）の証言特集に書いている。

「正義の戦いだと信じていたから真珠湾奇襲は、義仲や義経の奇襲作戦のように痛快で、勇ましく感じ血沸き肉踊ったものである。そんな私が変わったのは昭和20年の敗戦の日を境にしてであった。空襲が徳島にまで及んだとき、母は『こんな田舎にまで空襲があるようでは日本はもうダメだ、負けた日本にはいたくない』と、逃げることもせず防空壕のなかで黒焦げになってしまった。聖戦《せいせん》を信じていた母は、絶望から死を選んだが、私は自分の生き方を180度転換し、反権力に徹しようと誓った。それは自らの愚かさを恥じると同時に、間違った教育で私たちを洗脳《せんのう》し、だまし続けた国家への怨念《おんねん》がそうさせたのかもしれない」（一部抜粋）

「葉隠」に生の哲学を見る

三島は、人間の完成の究極に「自然死」を置くか、「葉隠」のように「斬り死にや切腹」を置くか、大した違いはないように思われるとしている。「二つ二つの場にて、早く死ぬ方に片付くばかりなり」と言うとき、この選択には最低限度の徳を保障するという、良識が語られているに過ぎないとも言っている。山本常朝は42歳のときに藩主鍋島光茂の死に殉じようとしたが、光茂が幕府に先んじて厳しく定めた追腹禁止令によって、死ぬことができなかった。その無念の思いを胸に出家して深山に隠棲し、「葉隠聞書」をこの世に残して、心ならずも61歳で畳の上で死んだ。三島はプロローグの最後を次のように締めくくっている。

わたしの「葉隠」に対する考えは、今もこれから多くを出ていない。むしろこれを書いたときに、初めて「葉隠」がわたしの中ではっきり固まり、以後は「葉隠」を生き、「葉隠」を実践することに、情熱を注ぎだした、といえるだろう。つまり、ますます深く、「葉隠」にとりつかれることになったのである。それと同時に「葉隠」が罵っている「芸能」の道に生きているわたしは、自分の行動倫理と芸術との相克《そうこく》にしばしば悩まなくてはならなくなった。文学の中にはどうしても卑怯なものがひそんでいる、という、ずっと以前から培われていた疑惑がおもてに出てきた。わたしが「文武両道《ぶんぶりょうどう》」という考えを強く必要としはじめたのも、もとはといえば「葉隠」のおかげである。文武両道ほど、言いやすく行いがたい道はないということは、百も承知でいながら、そこしか、自分の芸術家としての生きるエクスキューズ（口実）はない、と思い定めるようになったのも、「葉隠」のおかげである。（中略）

わたしは「葉隠」に、生の哲学をつとに見いだしていたから、その美しく透明なさわやかな世界は、常に文学の世界の泥沼を、おびやかし挑発するものと感じられた。

その姿をはっきり呈示してくれることにおいて、「葉隠」はわたしにとって意味があるのであり、「葉隠」の影響が、芸術家としてのわたしの生き方を難しくしてしまったのと同時に、「葉隠」こそは、わたしの文学の母胎であり永遠の活力の供給源であるともいえるのである。すなわちその容赦ない鞭《むち》により、叱咤により、罵倒により、氷のような美しさによって。

光文社カッパ・ビブリアの初版発行から16年後の昭和58年（１９８３）には新潮社からも発行された。その新潮文庫6刷版（昭和61年）を求めた。

「葉隠入門」は、読者にとっては、とても親切ていねいで、三島の際立つ評論も簡潔にまとめられ、実に過不足のない書である。整然と並べられた目次を見る。シンプルな構成である。

プロローグ『葉隠』とわたし
（1）現代に生きる「葉隠」
（2）「葉隠」四十八の精髄
（3）「葉隠」の読み方
付　「葉隠」名言抄（笠原伸夫訳）
　　解説　田中　美代子

（1）現代に生きる「葉隠」

三島が「葉隠入門」を執筆した当時の世相を評論している。「葉隠聞書」の中から現代に通じる数項目を引用して、いかに生きるべきか、いかに解釈すべきかを語り、サジェストするのである。初めに「葉隠」の特性を紹介している。

戦後20年の間に、日本の世相はあたかも「葉隠」が予見したかのような形に移り変わっていった。日本にもはや武士はなく、戦争もなく、経済は復興し、太平ムードはみなぎり、青年たちは退屈していた。「葉隠」はまえにもいったように、あくまでも逆説的な本である。「葉隠」が黒といっているときは、かならずそのうしろに白があるのだ。「葉隠」が「花が赤い。」というときには「花は白い。」という世論があるのだ。「葉隠」が「こうしてはならない」というときには、「あえてそうしている」世相があるのだ。それやこれやをかんがえると、現代には「葉隠」というあの厳しい本の背後に広がっていたその本とは反対の世相、いかなる時代にも、日本人が太平の世に対して示す反応と同じ反応が広がっていた。

人が一芸に秀でたことによって喝采を浴びるような世相を、「葉隠」が迷うこと無く侮蔑《ぶべつ》することに「胸がすくようである」と語り、「武士道といふは、死ぬ事と見付けたり」という有名な一句にしても、「二つ二つの場にて、早く死ぬ方に片付くばかりなり。別に仔細《しさい》なし。胸すわって進むなり」という次なる一句で、三島自身も「仔細なし」としている。また、「葉隠」のいう「忍恋」についてもふれている。その上で—。

「葉隠」はそういう太平の世相に対して、死という劇薬の調合を試みたものであった。この薬は、かつて戦国時代には、日常茶飯事のうちに乱用されていたものであるが、太平の時代になると、それは劇薬として恐れられ、はばかられていた。山本常朝の着目は、その劇薬の中に人間の精神を病いからいやすところの有効な薬効を見い出したことである。

おそるべき人生知にあふれたこの著者は、人間が生だけによって生きるものではないことを知っていた。そして人間が自由を与えられるととたんに自由に飽き、生を与えられるととたんに生に耐えがたくなることも知っていた。

当代随一の作家と評された三島が、山本常朝をすっかり気に入っている。三島はこの項を次のように締めくくっている。

「死」だけは、「葉隠」の時代も現代も少しも変わりなく存在し、われわれを規制しているのである。その観点に立ってみれば、「葉隠」の言っている死は、特別なものではない。毎日死を心に当てることは、毎日生を心に当てることと、いわば同じことだということを「葉隠」は主張している。われわれはきょう死ぬと思って仕事をするときに、その仕事がいきいきとした光を放ちだすのを認めざるをえない。

われわれの生死の観点を、戦後20年の太平のあとで、もう一度考えなおしてみる反省の機会を、「葉隠」は与えてくれるように思われるのである。

この一文を書き残してから、さらに50余年を経過したいま、あのとき「葉隠」が与えてくれたであろう生死の観点は、いまなお少しも変わりのないことを再認識する。

(2) 葉隠四十八の精髄

「葉隠」の著者山本常朝の人物像を紹介し、「葉隠」には三つの哲学、すなわち「行動哲学」「恋愛哲学」「生きた哲学」があると解説している。その上で、「エネルギーの賛美」「決断」「デリカシー」「実践」「寛容」「女性」「ニヒリズム」……「交際の心得」「意地」「時間の効用」など「葉隠」の教えるところの48項目を挙げ、種々の事例を通して解説している。

（3）「葉隠」の読み方

短文ではあるが、三島のその後の生き方を暗示しているように思われてならない。ここでも「死」を語っている。自分が死ぬか生きるかの決断を自分で下して死ぬというような状況は、いつも簡単に与えられるものではない。常朝でさえも61歳まで生き延びて、畳の上で死んだ。「図に当たらぬは犬死などといふ事は、上方風の打ち上がりたる武士道なるべし。二つ二つの場にて、図に当たることの分かることとは、及ばざることなり」と「葉隠」にある。「図に当たる」とは「正しい目的のために正しく死ぬ」ということを意味するという。「葉隠」はスッパリと否定している。「正しい目的のためなのか、そうではないのかなど死ぬ時になったら分かるものではない」と言っている。三島は言った。

われわれは、ひとつの思想や理論のために死ねるという錯覚に、いつも陥りたがる。しかし「葉隠」が示しているのは、もっと容赦ない死であり、花も実もない無駄な犬死さえも、人間の死としての尊厳を持っているということを主張しているのである。もし、われわれが生の尊厳をそれほど重んじるならば、どうして死の尊厳をも重んじないわけにいくであろうか。いかなる死も、それを犬死《いぬじに》と呼ぶことはできないのである。

付「葉隠」名言抄

「葉隠聞書」の序章「夜陰の閑談」をはじめ聞書第一から聞書第十一までに書き記された1343節の中から101節を抜き出して現代語訳を加えている。その第1節「武士道といふは、死ぬことと見付けたり」に始まり、最終項は「天下国家を治めることは、なにもむずかしいことではない」である。「葉隠入門」の約半分を占めているこの名言抄は（笠原伸夫訳）となっているので、いわば付録のような存在となっている。つまり、この場合、三島が「ただ一つ残る本」に対して心血を注いだのは、名言抄を除く前段のすべてということであろう。

「葉隠」は稀有な人間通の書

最後に、「三島由紀夫小論」で知られる文芸評論家田中美代子の解説は秀逸である。冒頭の一節だけを紹介してこの項を終わりたい。

「葉隠入門」は、昭和42年、三島由紀夫自決の3年前に書かれた。その後、現在まで広く読みつがれてロング・セラーとなっているが、そのこと自体、進行しつつある現代文明の病状の深刻化を、暗に告げているように思われる。何故ならこれは、著者が現代社会の病根を深く洞察、診断し、身を持ってその打開に心を砕いた、体験的、臨床的な処方箋だからである。あらゆる幻想が剥落《はくらく》したのちに、万人にとって最後の現実である「死」を凝視《ぎょうし》したこの書物は、道徳書としてであれ、人生論としてであれ、また三島由紀夫の文学的思想的自伝としてであれ、種々な読み方のできる不思議な書物となっている。

三島由紀夫は、敗戦後の日本人の魂の危機と「生の哲学」の行きつく果てを、いち早く予感した、と言うべきであろう。

「…いわゆる戦後文学の時代は、わたしに何らの思想的共感も、文学的共感も与えなかった。ただ、わたしと違った思想的経歴を持ち、わたしと違った文学的感受性を持つ人たちの、エネルギーとバイタリティーだけが、嵐のようにわたしのそばを擦過していった。わたしはもちろん自分の孤独を感じた」

思想とはおそらくこんな場合、真に孤独な魂を支えるに足るものでなければならないだろう。書物は世につれ、世は書物につれ、そのときどきに数々のベスト・セラーが産み出されてゆくが、ひとときの熱病のようにもてはやされ、たちまちかえりみられなくなる思想の流行とは一体何であろうか。

彼は「葉隠」との千載一遇の出会いを語る。死を中核に据えたこの哲学は、ともすると禍々《まがまが》しい危険な書物として人々におそれられたが、実質はむしろ力を内に撓《たわ》めた公明な人格に裏づけられ、闊達《かったつ》自在な日々の心構えを説いたものである。まず物事の諸原因をきわめ、生の本質を洞察し、そこから生活に即した具体的な実践を導き出した稀有な人間通の書だといってよい。

三島由紀夫「三島美学」と「葉隠」

自決す

昭和45年（1970）11月25日水曜日の正午過ぎ、東京・市ヶ谷の陸上自衛隊市ヶ谷駐屯地は騒然となった。ノーベル文学賞候補作家の三島由紀夫が、東部方面総監部の総監室で自決したのだ。「えっ、どうして？」「なぜ、そのような…」。列島に衝撃が走った。いまや絶頂期にある作家の壮絶な割腹自決はフラッシュニュースとなって世界を駆けめぐった。

「違う、違う。三島君は間違っている。『葉隠』の武士道はそうじゃない！」。この仰天のニュースを書斎で聞いた佐賀の栗原《くりはら》荒野《あらの》は、手にしていた金火箸で2度、3度と置き火鉢の縁を激しく打った。「葉隠入門」を3年前に著したばかりの葉隠精神の深き理解者であったはずの三島である。「あの三島さんがなぜこのような挙に？」。「楯《たて》の会」という憂国の青年たちの会を主宰する三島であったので、その日常の動向が気懸かりな荒野ではあった。だが、よもやそこまでの行動を起こすとは想像を絶した。長く伸びたあごひげを震わせ慟哭《どうこく》した。苦しさ、悔しさが喉元まで突き上げてくるようだった。そして悲しかった。

三島は同日午前11時ごろ、森田《もりた》必勝《まさかつ》ら楯の会の会員4名を伴い、予告していた通り益田《ました》兼利《かねとし》東部方面総監に面会を申し入れた。総監部も何かと自衛隊に対して日ごろから好意的な三島に対して警戒感を抱くこともなく総監室に招き入れた。ところが面会中に突如、総監を人質にして籠城した。自衛隊員を広場に招集させるように命じると、三島は総監部のバルコニーに立ち、集まった1000人近い自衛官たちを見おろし、白手袋の拳を振り上げて絶叫調で演説を始めた。

「七生報國《しちしょうほうこく》」(七たび生まれ変わっても、朝敵を滅ぼし、国に報いる)と書かれた日の丸の鉢巻が巻かれていた背後には森田が仁王立ちしていた。「日本を守るための健軍《けんぐん》の本義に立ち返れ」「憲法改正のために決起せよ」と訴える手はずだった。常軌を逸した三島ら楯の会の決起に憤激した隊員からは怒声や激しい野次が浴びせられ、警察も急行した。上空には新聞社やテレビ局のヘリが旋回した。三島の演説は肉声だった。野次や騒音にかき消され、しばしば途切れた。

おまえら、聞け。静かにせい。静かにせい。話を聞け。男一匹が命をかけて諸君に訴えているんだぞ。いいか。それがだ、今、日本人がだ、ここでもって立ち上がらねば、自衛隊が立ち上がらなきゃ、憲法改正ってものはないんだよ。諸君は永久にだね、ただアメリカの軍隊になってしまうんだぞ。(中略)

おれは4年待ったんだ。自衛隊が立ち上がる日を。4年待ったんだ……。最後の30分に……待っているんだよ。諸君は武士だろう。武士ならば自分を否定する憲法をどうして守るんだ。どうして自分らを否定する憲法にぺこぺこするんだ。これがある限り、諸君たちは永久に救われんのだぞ。

予定していた30分の演説はあえなく7分で終わり、思いのほとんどが伝わらなかった。明らかに失敗だった。三島と傍らに控えていた森田必勝は皇居に向かって「天皇陛下万歳」を三唱すると総監室に消えた。三島は制服のボタンを外すと、気合とともに短刀を腹部に突き立て、横一文字に切腹して果てた。森田が、三島が帯刀していた日本刀「関孫六《せきのまごろく》」で介錯した。その後、森田も三島が使った短刀を取って切腹、楯の会会員一人が介錯した。割腹場面の詳細は書くに忍びないほどに凄惨であった。残る三人の会員は涙のうちに総監の縄を解き、胴体と首をきちんとじゅうたんに並べ深々と頭を垂れた。益田総監もまた2人の遺体に向かって頭を垂れ、瞑目したという。血生臭い事件は終わった。三島45歳、森田25歳。

これより4年前、三島は独り意を決して自衛隊へ体験入隊、翌年には楯の会を結成した。楯の会の理念は自衛隊を名誉ある国軍とするために命をも捨てようというものだった。

「憲法を改正して、自衛隊をわが国を守る国軍にせよ」。これは自民党が平成24年（２０１２）に発表した改憲草案と同じではないか。草案の憲法九条の二（国防軍）は「我が国の平和と独立並びに国および国民の安全を確保するため、内閣総理大臣を最高指揮官とする国防軍を保持する」としている。これが1項であり、2項は「1項の任務遂行には国会の承認が必要」、3項「国防軍は1項の任務のほか国際社会の平和と安全を確保するために国際的に協調して行われる活動をおこなうことができる」、5項には「国防軍に審判所（軍事裁判所）を置く」。ざっとこのような内容である。

戦後、7年間、マッカーサー司令長官の下、日本は連合国軍の占領下に置かれたが、昭和26年（１９５１）に「日本国とアメリカ合衆国との間の安全保障条約」を結んでその翌年に占領を解かれ、さらには昭和35年（１９６０）1月19日に「日本国とアメリカ合衆国との間の相互協力及び安全保障条約」の二つ目の条約が結ばれた。これがいわゆる「日米安保」である。併せて「日米行政協定」も同日発効、これが今日の「日米地位協定」である。

日本本土には軍人・軍属・家族が4万5000人、沖縄にも4万9000人が配属されており、このうち約4万5000人が軍人である。これは外務省の平成20年の発表だから10年前である。日本国内へのアメリカ軍の駐留を認め、在日アメリカ軍は極東における平和維持に寄与する。その代わりに、「アメリカ陸海空軍は日本国において施設及び区域を使用することが許される」としている。これほどまでに米国に譲歩している条約、協定はほかにはあるまい。

三島はここに憤然として立ち上がったのであろう。「日本はいまだに独立国家としての体をなしていない。諸君らは武士だろう」とまで言った。三島の自決から間もなく半世紀、安保条約、日米地位協定はほとんど変わることがない。

総監室占拠に際し、三島が全国の自衛隊員に対して訴えようとして書き残した演説文があるので紹介する（一部省略）。

演説文

自衛隊員よ！決起せよ

われわれは戦後の日本が、経済的繁栄にうつつを抜かし、国の大本《おおもと》を忘れ、国民精神を失い、本を正さずして末に走り、その場しのぎと自己の保身、権力欲、偽善にのみ捧げられ、国家百年の大計は外国に委ね、敗戦の汚辱《おじょく》は払拭されずにただごまかされ、日本人自ら日本の歴史と伝統を流《けが》してゆくのを、歯噛みをしながら見ていなければならなかった。

われわれは今や自衛隊にのみ、真の日本、真の日本人、真の武士の魂が残されているのを夢みた。しかも法理論的には、自衛隊は違憲であることは明白であり、国の根本問題である防衛が、ご都合主義の法的解釈によってごまかされ、軍の名を用いない軍として、日本人の魂の腐敗、道義の頽廃《たいはい》の根本原因をなしてきているのを見た。もっとも名誉を重んずべき軍が、もっとも悪質の欺瞞《ぎまん》の下に放置されて来たのである。

自衛隊は敗戦後の国家の不名誉な十字架を負いつづけて来た。自衛隊は国軍たりえず、建軍の本義を与えられず、警察の物理的に巨大なものとしての地位しか与えられず、その忠誠の対象も明確にされなかった。

われわれは戦後のあまりに永い日本の眠りに憤った。自衛隊が目ざめる時こそ、日本が目ざめる時だと信じた。自衛隊が自ら目ざめることなしに、この眠れる日本が目ざめることはないのを信じた。憲法改正によって、自衛隊が建軍の本義に立ち、真の国軍となる日のために、国民として微力の限りを尽すこと以上に大いなる責務はないと信じた。

われわれはこの日（4年前の入隊）以後の自衛隊に一刻一刻注視した。われわれが夢みていたように、もし自衛隊に武士の魂が残っているならば、どうしてこの事態を黙視しえよう。自らを否定するものを守るとは、何たる論理的矛盾であろう。男であれば、男の矜持《きょうじ》がどうしてこれを容認しえよう。我慢に我慢を重ねても、守るべき最後の一線をこえれば、決然起ち上るのが男であり武士である。われわれはひたすら耳をすました。しかし自衛隊のどこからも、「自らを否定する憲法を守れ」という屈辱的な命令に対する、男子の声はきこえては来なかった。かくなる上は、自らの力を自覚して、国の論理の歪みを正すほかに道はないことがわかっているのに、自衛隊は声を奪われたカナリヤのように黙ったままだった。（中略）

われわれは4年待った。最後の一年は熱烈に待った。もう待てぬ。自ら冒涜《ぼうとく》する者を待つわけには行かぬ。しかしあと30分、最後の30分待とう。共に起って義のために共に死ぬのだ。日本を日本の真の姿に戻して、そこで死ぬのだ。生命尊重のみで、魂は死んでもよいのか。生命以上の価値なくして何の軍隊だ。

今こそわれわれは生命尊重以上の価値の所在を諸君の目に見せてやる。それは自由でも民主主義でもない。日本だ。われわれの愛する歴史と伝統の国、日本だ。これを骨抜きにしてしまった憲法に体をぶつけて死ぬ奴はいないのか。もしいれば、今からでも共に起ち、共に死のう。

われわれは至純《しじゅん》の魂を持つ諸君が、一個の男子、真の武士として蘇えることを熱望するあまり、この挙に出たのである。

究極の美を追求した三島

彼はあまりにも至純であった。微塵の妥協も許したくなかった。三島は当日朝、自宅を出るときに、すでに「死」を決めていたのだ。身辺をきれいに整理し終えていた。原稿の締め切りは必ず守る作家だった。決起する半年前から原稿執筆などの約束事を着実にこなし、遺作となる「豊饒の海」の最終稿を期日どおりに出版社に渡せるように書き上げていた。最後の一行に「完」を書き記し、完結の期日「11月25日」は、自決決行の当日であった。

また、直前には親交のあったドナルド・キーン（コロンビア大学教授・日本文学研究家）宛に最期の手紙を投函していた。そこには「君なら僕がやろうとしていることを十分理解してくれると思う。だから何も言わない。僕はずっと前から、文人としてではなく武人として死にたいと思っていた」とあった。自衛隊員に決起を促す行動は、成功するはずのない無謀な計画だった。戦後、日本の文学は翻訳されて世界に紹介された。しかも、その役割を果たしたのは占領軍として日本にやってきたアメリカ人たちだった。戦後間もなく、日本はマッカーサーが指揮する朝鮮戦争で兵站《へいたん》（作戦軍のために、後方にあって車両、軍需品の前送、補給、修理、後方連絡線の確保などに任ずる機関）を支え、新たなアメリカのパートナーとなっていた。「帝国主義」のよろいを脱ぎ捨ててしまった日本は、「美しい日本」として紹介されていた。

三島は、文学にも行動にも究極の「美」を追求していた。武士道や右翼将校にあこがれを抱き、「楯《たて》の会」をつくって独自の軍服に身を包んだのも思いの表現であったろう。作品「金閣寺」や「憂国《ゆうこく》」からも読み取れるように、人間の生と死の間に絶対的なものとして存在する「美」の存在を信じて疑わなかった。戦後、手のひらを返したように商業主義に染まっていく人々の醜悪を目の当たりにしながら耐えていたのだろう。

事件後、ノーベル文学賞作家川端康成は「こんなことは想像もしなかった。もったいない死に方をしたものです」と嘆いた。当時の防衛庁長官中曽根《なかそね》康弘《やすひろ》は「せっかく日本国民が築き上げてきた民主的な秩序を崩すものだ」と語り、首相佐藤栄作は「気が狂ったとしか思えない」と一蹴《いっしゅう》した。もしも「葉隠」の死生観に接していた人であったならば、佐藤のようなコメントはしなかっただろう。三島は、「葉隠入門」のプロローグ「葉隠とわたし」のなかの「現代に生きる『葉隠』」に書いている。

戦後20年間に、日本の世相はあたかも『葉隠』が予見したかのような形に移り変わっていった。日本にはもはや武士はなく、経済は復興し、太平ムードはみなぎり、青年たちは退屈していた。カルダン・ルックにうつつを抜かす現代の青年、社用族の発生、美しく生きることも醜く生きることもできない現代の折衷的風潮、理想的な恋愛「忍恋」なんて論外なのだ。

三島がそのように表現したときからさらに50年が経過した。「現代に生きる『葉隠』」のなかに三島は続けて次のように触れている。

トインビーが言っていることであるが、キリスト教がローマで急に勢いを得たについては、ある目標のために死ぬという衝動が、渇望されていたからであった。パクス・ロマーナ（筆者注＝ローマ帝国の支配領域内における平和を指す語）の時代に、全ヨーロッパ、アジアまでに及んだローマの版図は、永遠の太平を享楽していた。しかし、そこににじむ倦怠を免れたのは、ただ周辺警備隊のみであった。周辺警備隊のみが、何かそのために死ぬ目標を見出していたのである。

「葉隠」はしかし、武士というところに前提を持っている。武士とは死の職業である。どんな平和な時代になっても、死が武士の行動原理であり、武士が死を恐れ、死をよけたときには、もはや武士ではなくなるのである。そこに山本常朝が、これほどまでに死を行動原理のもとに持ってきた意味があるのだが、現代では少なくとも平和憲法下の日本で、死をそのまま目標としている人たちは、たとえ自衛隊でも原理的にはありえないと考えている。民主主義の時代を生き延びるのが前提である。

三島は最期まで武士であることを貫いた。バルコニーから訴えた三島の「死と職業」について触れた死生観と、広場に集合して聞き耳を立てた自衛官たちの死生観とは、大きく乖離していたことは明らかである。三島の演説文の中には「われわれの愛する歴史と伝統の国、日本だ。これを骨抜きにしてしまった憲法に体をぶつけて死ぬ奴はいないのか。もしいれば、今からでも共に起ち、共に死のう」と訴えかけている。また、ドナルド・キーンへの手紙でも「僕はずっと前から、文人としてでなく、武人として死にたいと思っていた」とも書き残している。自衛官にしたところで、突然に「憲法を改正するために立ち上がれ、ともに死のう」と言われても答えようがあるまい。

このとき「三島美学」という言葉も生まれた。三島は老醜を嫌いボディービルで筋肉質の体をつくり、若く美しくあるうちに国に殉じて死んで行くことを願っていたようである。三島の死を惜しんだ川端康成もまた、三島の自決から2年後には逗子のマンションの自室でガス自殺した。明治生まれと大正末年生まれで27歳の年の差がありながらも二人の交友は深く、戦後日本の実相を批判的に見ていたことも共通していた。三島の非凡な文学的才能をいち早く見出したのも川端だった。二人はともに、社会が目まぐるしく近代化していくのに伴い、日本から滅びゆく「もののあはれ」に殉じたと文学的表現で解説する者もいた。

三島と親交のあった歌手美輪明宏は、「(三島さんは) 今に日本はとんでもない時代になるよって言ってたんですね。親が子を殺し、子が親を殺し、行きずりの人を刺し殺してみたりとか、そういう時代になるよって、50数年も以前に言ってたわけじゃないですか。その通りになりましたよね」と語っている。美輪は昭和27年（1952）、東京・銀座のシャンソン喫茶「銀巴里《ぎんぱり》」で歌手デビュー、三島が「天上界の美」とまでに絶賛した性別不明の美貌で話題をさらい、三島とも懇意であった。三島の戦後世相への危機意識はズバリ的中していたのだ。

新渡戸稲造の「武士道」や「葉隠」の訳本を著した奈良本辰也（1913―2001）は、昭和50年（1975）に「武士道の系譜」（中公文庫刊）を刊行している。そこには源平合戦、武士道の確立、戦国武将モラル、儒教の倫理、朱子学への疑問などをテーマとしながら武士道の変遷を15講にわたり展開しており、そこにはもちろん「葉隠」も書き込まれている。武士道系譜の「おわりに」三島由紀夫の死について触れている。その原稿は三島の自決の翌年に書いたものだった。ここでも一部を抜粋して紹介する。

昨年の11月25日に作家の三島由紀夫が割腹自殺をした。内村鑑三が明治30年代の社会や政府に対して持っていた不信の念が、そのまま三島の不信に重なるとは言えない。しかし、三島も社会や政府の偽善に対して著しい不信を抱いていたことは確かである。彼は、そこで本当の生き方を求めようとした。このとき、彼の心中を占めたのが武士道というものであった。そして作家的な直感とでも言うべきであろうか、陽明学についても傾倒していったようである。

確かに、武士道の花は「葉隠」であると思う。しかし儒教化した武士道が、その本来のすがたを求めるとしたならば陽明学以外にはなかったろう。そこで大塩中斎（筆者注＝江戸後期の儒学者で大塩平八郎の乱を起こした）や吉田松陰の生き方が問題になってきたのだ。三島は、武士道に傾倒することにおいて、自分自身を極限の状況まで追い込んでいったのだ。この際、武士道というものが必ずしも死を絶対化しているものではないということは、すでに述べたとおりである。

（中略）

三島由紀夫が、そのことを知らないはずはない。彼は、私の解説と訳の付いた「葉隠」（『日本の名著』17）に推薦の文章を書いたが、そのなかで「私にとっては、生きるということは『葉隠』をお手本にすることであった。ところが『葉隠』は、戦争中、死ぬことを教える本だと思われていた。しかし一冊の本が多くの青年を死にみちびいたなどと考えるのはセンチメンタルな妄想であり…」と記している。死をみつめて、常に日常を美しく生きるということ、それが『葉隠』の真髄であったことが分からないほどの三島ではない。

しかも彼は死んだ。恐らく、彼はその武士道の精神が、極限において演ずる美の演出を念頭においていたのであろう。確かに、武士道には、そうした美の演出があることは、これまでにみてきた通りである。私も多くの人々と同じように、彼の割腹をその美学の結論とみたい。それ以上の議論をここで展開する気がしないのだ。


佐賀市生まれで東京新聞政治部次長だった内田清は、50年4月に佐賀新聞社社長中尾都昭《なかおくにあき》から、〝幻の名著〟といわれていた栗原荒野編著の「校註葉隠」が復刻されたとの知らせをもらい、「まず私の脳裏に浮かんだことは、畏友・三島由紀夫氏が『ふるさとの精神的遺産である葉隠を大事にされるよう』という私への忠告であった」と語った。

これは同年7月26日付で内田が佐賀新聞に寄稿した「校註葉隠と三島由紀夫」という記事中にある。内田は防衛学会の会員でもあり、三島との最初の出会いは昭和42年（1967）早春、防衛庁であった。三島は、高度成長による金、物質万能の世相を憂い、それが若き青少年の心までむしばみつつあることを慨嘆《がいたん》した。話は防衛、政治の問題から自然に「葉隠」に移った。三島は「世人は『武士道といふは、死ぬことと見付けたり』という有名な一句以外はよく知っていない。『葉隠』は自由と情熱を説いた書物である」と強調し、一生を「葉隠」の研究にささげている栗原荒野の業績を高く評価したという。

さらに三島は、戦後の保守政治が国家存立の基盤である安全保障問題について、（政府が）米国任せの政策をとり、国民に防衛意識を植え付けることに失敗したことに大きな憤りを抱いていたという。自決に至った三島事件に関しても内田は「いずれ歴史が評価を下すであろうが、三島氏の〝憂国の至情〟から出たことだけは間違いないだろう」と記している。また、東部方面総監益田兼利《ましたかねとし》陸将は、三島から日本刀で手に切り傷をつけられながらも、「三島さん、死んではダメだ。命を大事にしなさい」と忠告し、記者会見では「三島さんは見事な最期でした」と語ったということも紹介している。そして記事の最後は「その益田陸将も48年7月24日、59歳で永眠された。いま、三島、益田両氏は何を語り合っているのだろうか。やはり『武士道といふは、死ぬことと見付けたり』であろうか」と結んでいる。

益田は、陸軍士官学校46期の同期であった佐賀出身の陸軍少佐晴気誠《はるけまこと》との辛い別れも経験している。晴気はサイパン島防衛の主務者であったが、計画した水際迎撃作戦が失敗に終わり陥落した。日本の敗戦時の8月17日早朝、共に死のうという益田に、晴気は「お前は生きよ」と言って押し止め、益田の立ち会いのもと、陸軍省内の大正天皇御野立所で割腹自決を遂げたという。

三島の辞世の歌である。

益荒男《ますらお》が　たばさむ太刀の　鞘鳴《さやな》りに　幾とせ耐へて　今日の初霜

逞しい男の刀が「さあ、太刀を抜いて膿んだこの世を断て！」とばかりに震えている。長いこと耐えてきた、きょうこそがそのときだ。

散るをいとふ　世にも人にも　先駆けて　散るこそ花と　吹く小夜嵐《さよあらし》

人は必ず死ぬ。死ぬにふさわしいときがある。夜半の嵐も言っている。死ぬのをためらう者を尻目に、さっさと自ら死地に向かおう。

年明けて昭和46年（１９７１）1月24日、築地本願寺で告別式が行われた。三島自決の日から49日目に当たるこの日は、三島の誕生日でもあった。三島は誕生日の日から49日を逆算して自決の決行日を決めていたのだろうか。葬儀委員長は川端康成が務めた。一般会葬者は９０００人近くにものぼったという。

荒野は自決には憤り悲しんだが、「葉隠」を深く理解した三島の葬送に際し、ひとこと感謝の言葉を添えて冥福を祈りたかった。葬儀の朝、東京・築地本願寺あてに電報を打とうと郵便局に出向いた。ところが、局員が言うには「東京の何区ですか、区が書いてないのは受け付けられません」とつれない。「ほう、築地本願寺気付では届きませんかねえ」と言ってはみたが、局員は相手にせず、とにかく出直してくださいということだった。86歳の老人はすごすごと帰り、ついに葬送には届かなかった。届かなかった電文は短歌だった。

むさし野に魂留めしもののふを今に生かしてゆきし君かも　（荒野）

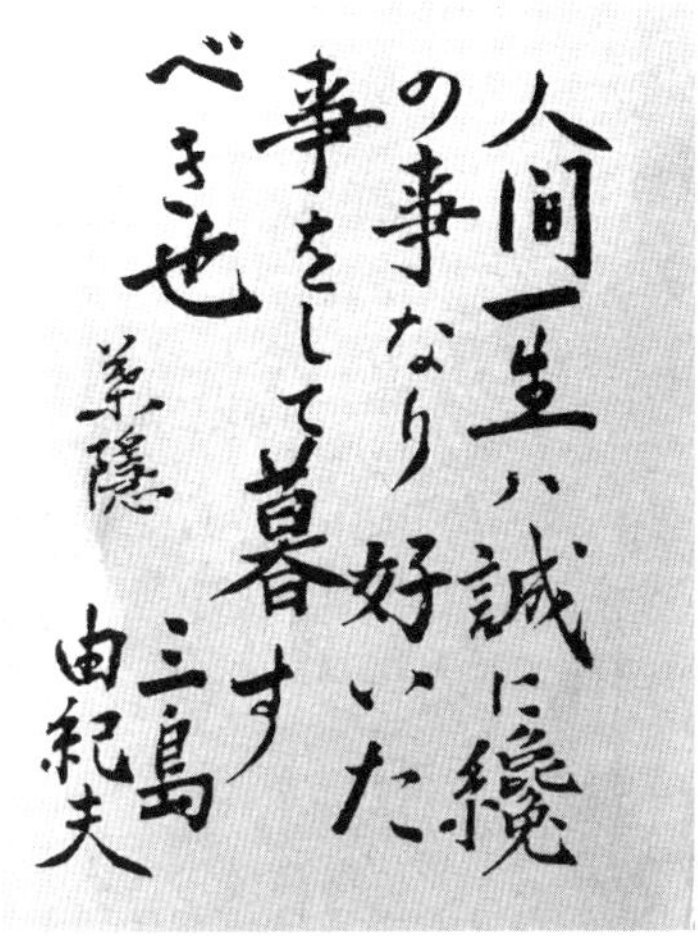
人間一生ハ誠に纔
の事なり好いた
事をして暮す
べき也
葉隠
三島
由紀夫
三島の揮毫

奈良本辰也　新渡戸稲造「武士道」と日本の名著「葉隠」

「武士道」に魅せられる

武士道の書といえば、新渡戸稲造《にとべいなぞう》の「武士道」がある。佐賀鍋島藩士山本常朝《やまもとじょうちょう》の「葉隠」と双璧である。歴史家奈良本辰也《ならもとたつや》（１９１３―２００１）は、その二つの武士道書の編著をいずれも手掛けた。京都帝国大学を卒業し、立命館大学教授となり、京都イングリッシュセンター学院長などを歴任した中世史、幕末史の研究者奈良本である。数ある著書の中には西郷隆盛、勝海舟、吉田松陰、高杉晋作、坂本竜馬、緒方洪庵、佐久間象山らを主役にした多くの幕末群像も描いている。

奈良本は、昭和10年（１９３５）に佐賀の栗原荒野《くりはらあらの》編著により出版された「分類注釈　葉隠の神髄」（佐賀市・葉隠精神普及会刊）さらには同15年刊の「校註葉隠」（東京・内外書房刊）を後年手にして、新渡戸の武士道とはまったく異質の「葉隠」に強く惹かれていた。鍋島藩でも秘書扱いであった常朝の「葉隠」に接して、奈良本は何を思ったのだろうか。

先ず日本の「武士道」を世界に紹介した新渡戸の「武士道」を先に取り上げておこう。新渡戸が37歳の時、アメリカ滞在中に英文で執筆し、2年後の明治33年（１９００）に「Bushido　The Soul of Japan」の書名でフィラデルフィアで出版された。英語版だけでなく相次いでドイツ、フランス、ロシア、イタリア、スペイン、ポーランド、ノルウェー、チェコ語などにも翻訳された。

そのころの日本は日清戦争に勝利し、軍制を確立していた。また、自由党と進歩党が合同して成立した憲政党を中心とする初の政党内閣「隈板内閣《わいはんないかく》」が成立した。佐賀鍋島藩出身の大隈重信が首相兼外相、四国土佐の板垣退助《いたがきたいすけ》が内相である。戦勝国日本は軍事大国としてデビュー、一躍、世界列強に仲間入りしようとしていた時期である。

脚光を浴びる日本に高い関心を寄せる欧米諸国で「武士道」は話題を呼び、各国でベストセラーとなった。アメリカではときの第26代大統領セオドア・ルーズベルトが武士道にすっかり感銘を受け、同書を数十冊買い込んで子どもたちや友人たちに配り、兵学校や士官学校にも読むことを勧めたというエピソードは有名である。後にジョン・F・ケネディ大統領の愛読書ともなった。

新渡戸は岩手南部藩の武家に生まれ、13歳で東京英語学校、さらに札幌農学校（後の北海道大学）に学び、米国のジョンズ・ホプキンス大学留学の後に京都帝国大学、東京帝国大学の教授、東京女子大初代学長、国際連盟事務次長を務めるなど〝太平洋の架け橋〟となることを信条として活躍した。日本銀行券5千円札の肖像（1984年〜2003年）にもなった。妻メアリー・エルキントンは米国人である。

「武士道」が日本語に訳されたのは、明治41年（1909）に丁未出版社から桜井鷗村《さくらいおうそん》訳、昭和10年（1935）近藤晴卿《こんどうせいきょう》訳があったが、その後、邦訳の決定版として登場したのは昭和13年に岩波文

左から奈良本辰也著/日本の名著「葉隠」中央公論社、「葉隠」三笠書房、葉隠Ⅰ・Ⅱ中公クラシックス

庫から刊行された矢内原《やないはら》忠雄《ただお》訳「武士道」であった。矢内原は大正6年（1917）東京帝国大学法科政治学科を卒業、住友総本店に入社したが3年後、東京帝大教授であった新渡戸が国際連盟事務次長へ転出したのに伴い、後任として母校の経済学部に呼び戻された。経済学者であり、のちに東京大学総長を務めた。無教会派キリスト教の指導者としても知られる。

奈良本は新渡戸の「武士道」に魅せられていたが、その翻訳著「武士道」を三笠書房から出すのはずっと後の昭和58年（1983）のことである。その奈良本の「武士道」巻末に解説がある。その一部を紹介する。

戦前から戦後にかけて、武士道がなんであったかを考えたことはない。ごくありふれた考え方、つまり私の近代合理主義的思考が、それを全くの反動思想だとして、研究の窓からほうり出していたのだ。しかしながら、あるとき必要があって新渡戸稲造氏の「武士道」を読んだ。そのときのことである。私は日本語訳の序文として書かれた冒頭のところで、ハッと胸を打たれたのであった。すなわち、新渡戸氏がベルギーの法学の大家、ド・ラブレー氏のもとで過ごしたときの話だった。ド・ラブレー氏との散歩の途中に、談が宗教の問題に及んだ。そのとき、ド・ラブレー氏から「あなたのお国の学校には宗教教育はないとおっしゃるのですか」と質問してきた。新渡戸氏は「ありません」と答えたという。すると、ド・ラブレー氏は驚いて歩くのを止め、「宗教なし！どうして道徳教育を授けるのですか」と聞き返してきた。

そのとき新渡戸氏の心のなかに湧いてきたのが、その幼年時代に過ごした家庭の教育であったというのだ。そして、ハタと頭に浮かんだのが「武士道」というものだったと記されている。新渡戸氏は、結局、その場ではド・ラヴレー氏を満足させるような答えは出なかったけれども、その後それが頭を離れることなく、幾度も幾度も考え直されたようである。その結果が幼年の頃から空気のように入ってきて、いつのまにか自分の道徳の根底になっている武士道であることに気づく。（中略）

私は、改めて私の問題として、この武士道について考えをまとめなければならないと思いだしたものである。全集「日本の名著」（中央公論社）のなかで、自分から申し出て『葉隠』を選ぶ気持ちになったのは、そのためだった。

そして、それに引き続いて『武士道の系譜』なる小著を書いたのも、私なりにそれにおける武士道理解の発端は、まさにあの冒頭の文章であり、新渡戸稲造であったのだ。そして、私の心がふくらんでいったのは、何としてもその叙述である。それはかたくなな武士道論ではなくて、広い視野と柔軟な理性で論じられたものだった。

（中略）

「武士道は、ひとつの無意識的な、あらがうことのできない力として、日本国民およびその一人ひとりを動かしてきた。近代日本のもっとも輝かしい先駆者の一人である吉田松陰が死刑前夜にしたためた次の歌は日本国民の偽らざる告白である。

かくすればかくなるものと知りながらやむにやまれぬ大和魂

系統立てて説かれたわけではないが、「武士道は日本の精神活動、推進力であったし、また現に今もそうである」というように、その現代性にまで及んでいる。そうだ、それはまだ明治時代に至ってもそうであったし、大正から昭和の初期に至っても、まだ微々たるものだが生き続けていたと言いたい。

「日本の名著」で「葉隠」編著が先行

奈良本は、矢内原らが先行して紹介した新渡戸の「武士道」を翻訳したいとの思いを募らせていたのであろうが、中央公論社発刊の「日本の名著」シリーズ全50巻中17番目の「葉隠」を、責任編集・翻訳者として担当することになり、駒敏郎ら8人の編集スタッフとともに葉隠の研究取材に着手したのだった。昭和44年（1969）12月刊行された。聞書11巻の全節を口語訳で収め、補注と葉隠年表を併せた立派な装丁本である。このあと奈良本は同48年に角川書店から「葉隠」、同57年に力富書房から「小説葉隠」を発刊している。そのような事情から、新渡戸の「武士道」は翌58年発刊ということになってしまったようである。

「葉隠」を先行させた奈良本であるから「葉隠」の武士道に深く親しんだ上で、新渡戸稲造の「武士道」翻訳に臨んだはずである。片や「葉隠」全11巻は、新渡戸の「武士道」より180年余も以前に山本常朝の口述と田代陣基の編さんによって完成していたが、鍋島藩外不出の秘書であったために、新渡戸が「武士道」を執筆する時には写本さえも目には止まっていなかったであろう。従って新渡戸の「武士道」のなかには葉隠武士道は登場しない。しかし、6年後の明治39年（1906）3月、東京・丁酉《ていゆう》社《しゃ》から発刊された中村郁一《なかむらいくいち》編著「鍋島論語葉隠全集」には、新渡戸稲造が序文を寄せている。

奈良本が「日本の名著」シリーズに「葉隠」を執筆するときに手にしていたのは、昭和15年（1940）2月に内外書房から刊行された黒表紙の1108ページの大著、栗原荒野編著「校註葉隠」であった。同書の初版は定価2円80銭だった。奈良本は目次の凡例に次のように説明している。

「葉隠」にはいくつかの写本が残っているが、私は、それらの中で、栗原荒野《くりはらあらの》氏が所蔵しておられる孝白本《こうはくぼん》がもっとも原型に近いものだと思っている。本書の訳は、もっぱら、その栗原氏の「校註葉隠」を中心に行った。現代語訳にあたり、たいへん参考になったのは、栗原氏の校註であった。この校註がなかったならば、この訳に数十倍の努力を要したであろう。ここに記して深く感謝する。「聞書六」以降の現代語訳は駒敏郎氏が当たり、奈良本が校閲した。

「校註葉隠」を読み込んだ奈良本は、昭和48年（1973）角川書店から「葉隠」を刊行したことは前にも触れたが、同書は奈良本没後の平成22年（2010）にも「現代語で読む『武士道』の真髄！『葉隠』〜人間の『覚悟』と『信念』」として三笠書房から再刊されている。目次の冒頭に、「葉隠を読む人のために」として、なぜに「葉隠」の訳編に取り組む思いに至ったかを述べている。

若いころのことを思うと、私は「葉隠」という本にひどく反発を感じていた。「武士道といふは、死ぬことと見付けたり」という言葉はまだよいとしても、「釈迦も孔子も楠木も信玄も、終に龍造寺・鍋島に被官懸けられ候儀これなく候へば、当家の家風には叶ひ申さざる事に候」（釈迦も孔子も楠公《なんこう》も信玄公も、なるほどすぐれた聖人や武将であろう。しかしながら、その人たちは一度も龍造寺・鍋島の家に、家来として仕えたことはないのであるから、当家の家風に合うとは言えないだろう）という文章が最初に出てきたときに、これは偏狭《へんきょう》の一語に尽きると思ってしまった。

そのころ、ヨーロッパの近代思想に心酔していた私たちにとっては、偏狭ということだけで、それはすでに唾棄《だき》されるものになっていたのである。私は最初の方を読んだだけで、『葉隠』という本のすべてがわかったつもりになっていた。私が引きずっていったのは、ヘーゲルやマルクスの発展概念であり、ドイツ古典哲学の理性を中心とした考え方であった。

しかし、私は近ごろになって、というよりも、何年か前からそうしたドイツ古典哲学の系譜を引く考え方に疑問を持つようになっていた。大学紛争があり、公害の問題が深く突きささったからである。

理性の府である大学が、すっかりその無力を暴露した。そこにあるのは形骸だけであり、何ら精神の充実もなかった。そして、私たちが手放しで迎えた文明の進歩が、一方で大変な公害を拡散させていたのである。文明の木は繁茂しすぎて、いまやそのために枯死の将来を迎えるかもしれないという声も聞かれるようになってきた。

私は、これまでの考え方を根本的に反省してみなければならないと思うようになっていた。そのとき、ふと読んだのがグウルモン（筆者注＝フランスの批評家・詩人・小説家、1858－1915）の「砂上の足跡」なのである。それは、私が青年の日に読んだもので、手垢にまみれて本棚の一隅にあった。

何気なく開いたその瞬間に、私は驚くべき言葉を見た。「理性ということは、哲学者先生の珍妙な発明品だ」というのである。パラドックスなのか、いや、そうではない。確かに彼はそれをテーゼとして突きつけているのだ。しかし、その時代にそれを真理として受け取るにはずいぶんむつかしいことだったろう。

私もその言葉の前に立って躊躇した。そして次の目に入ったのが、「理想は極端論のなかのみにある」という一語だ。これは、私の心を打った。そう言われれば、確かに、そのような気持ちがする。右を見、左を顧みて、「ああでもない」「こうでもない」と言っているような頭のなかには、いかなる思想も入っていないはずだ。

また、何物かの権威によりかかって、いつもその主人の顔を見ながら、おずおず述べたてる繰り言も、思想の名には値しないであろう。思想とは、常に勇気をもって語らうべき言葉なのである。だから、常識の立場に立てば、それはいつも極端な言葉になる。

私がそのようなことを考えながら日を送っていたとき、「葉隠」に出会った。これは偶然ではなくて、講義の材料として目を通したのである。「葉隠」の文章は小気味よい響きを持っていた。それは、読んでゆくほどに、それが蔵《ぞう》している不思議な美学が私の心をとらえた。

私は、それからすっかり「葉隠」の魅力に取りつかれたのである。もちろん、反発するところもある。しかし、反発があるからこそ、私は、本当にこの本を読み得たように思っている。

奈良本は冒頭に「学生時代には『葉隠』に反発を感じていた」と述べているように、すでに若いころから「葉隠」に高く関心を寄せていたことが分かる。後年、立命館大学では大学紛争をめぐって教授の立場で悩み、同和問題研究所理事長として〝文厚《ぶんこう》事件〟の矢面に立たされた奈良本が、「葉隠」から何を読み取っていたのか。

昭和50年（1975）に奈良本が中公文庫から発行した「武士道の系譜」の中に触れている。「理性への懐疑」と題する項に、大学と教官について述べている。


私は昭和44年の1月に辞表を出し、3月にそれが受理された。私が大学に勤めるようになってから23年の月日がたっていた。月日のたつのは早いものである。その後私はどこにも勤めることなしに今日に至った。もちろん、自分の大学に来てくれないかと誘う人もあったが、私はその人の親切をありがたいと思いながらも、それらをすべて断ってきた。

私は、大学というものに幻滅を感じていたのかもしれない。あるいはそこで授けたり受けたりする学問というものが、もう私の心を以前のようにときめかすものでなくなったことに対する不安がそれをさせたかもしれないのだ。私は、ともかくそこを離れて、もっと自由にのびのびと考えてみたいと心に決めた。


学生運動についていえば、奈良本が昭和44年（1969）に立命館大学教授を辞した直後に、キャンパス内にあった反戦・平和の願いを象徴する「わだつみの像」が暴徒化した学生によって引き倒されるという事件があった。

この像は昭和28年（1953）11月の像建立のときにも歓迎式典に参加しようとする学生が警官隊と衝突、賀茂川にかかる荒神橋という橋の上で激しくもみ合い、幾人かの学生が10メートルほども下の石の河原に落ちた。奈良本は、その時の血みどろになった学生たちの姿を鮮明に記憶していた。その日の夜、大島渚《おおしまなぎさ》（後の映画監督）を委員長とする学生連合（京都府学連）は、市民をも含む大集会を開いて、警察署にデモを仕掛けようとしたが、立命館大はじめ京大、同志社大からも駆けつけた教授たちが必死の思いで夜を徹しての説得を行い、デモの決行を思いとどまらせた。奈良本も教授陣のなかの一人であった。

また、奈良本は部落問題研究所理事長の任にあったが、昭和41年（1966）から8年にかけて、部落問題の中央センターである文化厚生会館（京都市左京区）の帰属を巡り、部落解放同盟京都府連合会と同研究所の間で争われた紛争に悩み多き日々を過ごした。京都府連が思想の違いにより分裂、その渦中で板挟みとなった同研究所の奈良本は理事長を辞した。一連の紛争は〝文厚事件〟とも言われた。

先に紹介したように「武士道の系譜」の解説に、奈良本は「私は大学というものに幻滅を感じていたのかもしれない」と述べている。日本の名著の「葉隠」の刊行が、まさに教授辞任の昭和44年、その年であり、角川文庫の「葉隠」出版がその4年後であることからすれば、70年安保闘争で全国の大学が学生運動に飲み込まれていた時期に、奈良本は数々の苦悶と闘いながら、「葉隠」の研究と執筆の日々を過ごしていたのである。

奈良本辰也が佐賀に栗原荒野《くりはらあらの》を訪ねている。荒野の書棚にある「日本の名著」を開くと、表紙裏に和紙刷りの奈良本の名刺が貼ってあった。筆文字の美しい名刺。来訪の期日は昭和46年（1971）2月8日と記されている。初版発行の1年2カ月後のことである。この日、佐賀市内の佐賀城址や佐嘉神社、松原神社、山本常朝の墓などを巡って、午後には佐賀市上多布施の荒野宅を訪問している。どのような会話があったのかは、長男の栗原耕吾《くりはらこうご》も知らないという。

ところが、同年の文藝春秋社「諸君！」5月号の「葉隠」―人と風土―に、奈良本は「葉隠の里」紀行とともに、佐賀鍋島藩や山本常朝と「葉隠」のこと、更には栗原荒野宅訪問までもレポートしている。その中から抜粋して転載しよう。

松蔭の見た佐賀

暦の上では春の訪れが知らされていたが、しかし寒い日が続いていた。この辺りには高い山はない。500から800メートルくらいの山々が北の方に立ちならび、ひときわ高くそびえても見える脊振と天山も、わずかに1000メートルをこえたばかりの山だった。しかし、それらの山の頂きは雪で真っ白に覆われて、アルプスの連峰を思わせるような景色なのである。

私はこのとき、佐賀平野に入っていたのだ。車は国道をひた走りに走ってゆく。このとき、ふと吉田松陰の「西遊日記」のことが頭に浮かんだ。彼は、嘉永3年（1850）の9月1日にこの佐賀に入って、やはりこの辺りを馬で過ぎていたのだ。日記を見ると、この日は雨である。まず「中原を発し神埼に至る」とあった。そこから佐賀に向かうのである。「此の辺稲田万頃」と記しているように、所々に見られる集落のほかはすべて水田である。それが南のほうに向かってどこまで続くかわからないほどの広さを思わせる。さすがに佐賀は米どころという感じだ。

「葉隠」の情熱の秘密

さてこの辺で佐賀という地方の特色を考えてみよう。松蔭は、その紀行のなかで、「往還の童子、多くは書を挟み袴を着けて過ぐ、実に文武兼備の邦とみゆ」というようにほめて書いている。筑前博多の商業盛んな土地柄をみて、そこに浮薄なものを感じ、嫌悪の情を抱いてきた松蔭の一つの感想である。

しかし、佐賀という土地柄は、松蔭だけでなく一般的にそのような感想を覚えさせるところであったようだ。江戸時代の初期にできたと思われる本で、「人国記」というのがある。それを見ると、「肥前」として、当国の風俗は山陰を合わせたるよりも、猶勇気あり、武勇に至っては、義を知りて、ひるむ色なし。誠其国の風土を生まれ得たるといひながら、百人に一人、此風なければ、ことのほかめづらしきやうなり。武士の風なほ此の如し。只温和の志をしらざる也。上を敬い下をめぐみ、主君のために命を捨つる事を常に願ふなり。百姓町人男女ともに、遁《のが》れざる罪科にて、死に至るといえども、毛頭命を惜しむ気象なし。風義は信州と同じく、智は足らず、音声野卑《やひ》なり。文人の和する事は、信州に及ぶべからずとぞ。

この「人国記」の言葉の中には、「葉隠」という極めて特色のある教訓書を生み出す十分な土壌が用意されていたように思えるのだ。あの有名な「武士道といふは、死ぬことと見付けたり」というような極端なまで推し進めた自己犠牲の考え方などは、この肥前の風土だからこそ口をついて出たのであろう。（後略）

貧乏なりと見つけたり

私は、佐賀に入って佐賀の城址から程遠くないところに宿をとった。そして、まず何よりも最初に訪ねなければならない人のことを思った。栗原荒野氏である。氏は昭和の初め以来、「葉隠」の研究に打ち込んできた人である。いま人が「葉隠」を研究しようとするならば、氏の校註に頼るのがまず一番であろう。私も「葉隠」の現代語訳を行うときに、どれだけ其の校註が役に立ったかわからないほどであった。

その御礼の意味もあるのである。栗原氏の住所は、私の宿からはかなり遠かった。しかし、私はそこまで歩いて行くことにした。その都市の姿を知り、歴史を考えるには歩くのが一番よいのだ。教えられたとおりに歩いていると、掘割がいたるところにあり、木々がその上に枝をかざしていた。たしかに、松蔭の言うように要害の役目を担うのだろう。そしてところどころで寺院や神社を見た。慶長の年号のある鳥居が目に入った。龍造寺八幡なのである。（中略）

ずいぶん遠いなと思っているうちに、栗原氏の家の門を見つけた。案内を乞うと、老夫人があらわれ、私たちを部屋の中に招じられた。老夫人というのは栗原氏の夫人である。栗原氏は置炬燵の上で何か調べ物をされていたようだ。しかし、この突然の来客を氏は快く迎えてくれた。そして、自分は86歳であるが、まだ気力は十分にある。そしてこれだけはやりたいという仕事もかかえているというようなことを言われながら、話は「葉隠」や（昨年自決した）三島由紀夫のことなどに及ぶのであった。

氏はこの佐賀の生まれではないとのことだった。たまたまここに毎日新聞社の支局長として赴任してきて、同好の士と歴史の輪読会を始めたのが、「葉隠」を読むきっかけになったという。その時の本は、鍋島家にあったものを借り出し、夫人がそれをすべて写しとられたという話も出た。

夫人は、佐賀藩の若侍たちが長崎勤番などのときに写したという話も残っているのだから、もっと地方の旧家などに残っていてもよいと思うのですが、それも少しも出てきませんね、というような話をしておられた。その中に、孝白本が手に入ったということだった。孝白本は、今日ある

「葉隠」の写本の中では最も信頼のおける本の一つであろう。

終戦前は、栗原氏はその「葉隠」に対する深い蘊蓄《うんちく》をもって全国から講演を依頼されて歩いたそうだ。しかし、戦後はその反動がきて、「葉隠」はすっかり人気がなくなってしまった。令息耕吾氏が「葉隠とは貧乏することと見つけたり」「彼岸花　花は葉を見ず　葉は花を見ず～母は金見ず金母を見ず」と冷やかされたそうだが、たしかにそのような自嘲の中に生きなければならなかったことだろう。（後略）

さらに興味深いのは、日本の名著17巻の付録として、作家司馬遼太郎《しばりょうたろう》と奈良本の「日本人の行動美学」と題する対談があった。当代随一の評論家と小説家との対談はたっぷり1時間を超えたであろう行数である。失礼ながら「葉隠」に言及した部分だけを紹介する。

司馬遼太郎、大いに「葉隠」を語る

司馬　「葉隠」というのは、思想書としては非常に運命的な書ですね。意外なことに、家元の佐賀藩でも藩校では正式の教科書にはなっていなくて、佐賀藩で「葉隠」をよんでいるのは、一種の葉隠仲間というべきグループが輪読会をするような恰好で…（中略）佐賀藩においても「葉隠」の位置はそんなところだったろうと思うんです。この書名が広まったのは昭和15年（1940）に岩波文庫（筆者注＝和辻哲郎《わつじてつろう》・古川哲史《ふるかわてつし》校訂『葉隠』上中下巻）が出たことによってでしょう。葉隠研究の栗原荒野氏によれば、昔からの秘本として筆写で伝えられ、活字本で版行されたのは明治39年（1876）（筆者注＝中村郁一《なかむらいくいち》編著の「抄録本葉隠」）が初めてだそうです。

奈良本　明治には乃木大将がよく読んでいるでしょう。

司馬　「葉隠」は非常にドラマティックな運命をもった本であるのに、岩波文庫で現れた時期が、日本が戦争をやっている時期で、戦争に利用されたものだから、そのころ学生だった私もなんとなく手に取らなかった本でした。戦後、だれも顧みなくなったけど、日本人の精神美といいますか、その世界を最もティピカル（典型的な）に書いたものは「葉隠」じゃないかということが世間でいわれるようになって、三島由紀夫《みしまゆきお》がそれについて書き、そして奈良本の「葉隠」が登場するわけです。

奈良本　私には反省があるわけでした。私が影響を受けていたのはヘーゲルなんですが、次にはマルクス、その前に行くとカントでしょう。たいへん体系的なガチッとした一つのカテゴリーを使って組み立てていくのです。

司馬　あなたは日本の名著「葉隠」の巻頭に、「思想の偉大さは極端論のなかにのみある」というグウルモンの言葉から「葉隠」の解釈にはいってくるというのは、実に問題提起が大きくてハッとしました。

奈良本　極端論でなければ旧来の思想は破れないですよ。いつも同じ次元で、一たす一は二の論理でやったのでは駄目なんだと思う。

司馬　江戸時代というものは日本人を非常に卑小化したと言えますが、その犯人は確かに朱子学にあると私も思います。その朱子学以前の日本人はどうだったろうかということを知るには「葉隠」以外にはないのじゃないですか。

奈良本　解説でも書きましたけど、武士がサラリーマン化してしまって、人間が類型化してくる。それに対する反発が「葉隠」をして実に痛憤せしめているわけですね。だから人間の原点、侍の原点に戻ろうということだろうと思うんですけれど。

司馬　赤穂浪士の例をあげていますね。赤穂浪士の批評は非常に面白いな。彼はどうも赤穂浪士は好きらしいんだけれど、上方侍どものやり方が手間ひまかかりすぎている。おれならばすぐ吉良屋敷に行くということでしょう。上方侍というのは今日的教養主義で、手練手管がかかり過ぎると言うあたり、なるほど、そうですわ。(笑)

奈良本　あれはおもしろいですね。確かに彼が言うとおりで、もしも吉良殿《きら》が病気にかかって、亡くなられたらどうするか。それはありうることですからね。すると、大石内蔵助《おおいしくらのすけ》は祇園で遊びほうけておったという歴史しか残らない。大高源吾《おおたかげんご》は橋の上で竹を売っておったということしか、馬方に詫び証文を書いたやつがいたとしか、そんな事実しか残りませんからね。それでは敵打《かたきう》ちもくそもない。

司馬　結局、常朝は美の表現をどうするかということでしょうね。己というものの美の表現を一生懸命考えた人間なのでしょうね。その美はもちろん実存的でなかったらいかんわけですから、その点で、その夜にすぐに吉良屋敷に打ち入るということになるわけでしょうな。

奈良本　死んでもいい。なにも生きなきゃならんわけではない。敵討ちをしたということ自体が立派なことであって、それが成功するかしないかは第二の問題だということを言っておりますな。

司馬　それが「狂《きょう》」の思想ですね。

奈良本　しかし、「武士道といふは、死ぬことと見付けたり」というのは、戦時中はただ「死んだら武士道か」というふうに考えられてきました。そうじゃなくて、やはり生きなきゃだめなんだ、生きなきゃ佐賀藩が保てない。お国を一人にても抱きかかえるということを書いているでしょう。生きるには常に死を覚悟していなければ生きられないのだということを、馬場《ばば》美濃守《みののかみ》の話（筆者注＝永禄11年、上杉謙信《うえすぎけんしん》の今川攻めの際、謙信が今川の財宝が消失するのを惜しんで、運び出すよう命じたことを知ると、すぐさま現場に駆け付け、謙信公を貪欲な武将として後世の物笑にしてはならぬと、周囲の者たちが止めるのも聞かずに財宝を再び火中に投げ込んだ。謙信はこれを知って、「さすが7歳年上だけある」と恥じ入った）を例にとって言っておりますけれど、あれを読んだ瞬間、ぼくには「なるほど、これだ」とわかったんですよ。

司馬　黒土原へいらっしゃったんですね。どういうご印象でしたか。

奈良本　今は木が少ないのですけれども、当時は、おそらく金立山からあの辺一帯は、うっそうとした木が生い茂っておったんじゃないかと思いますね。そこにこもって、田代陣基が訪ねてきて、何年もかかって毎日「葉隠」を口述している。おそらく彼の住んだのは小さな草庵でしょう。そこで二人がこんな話をかわすのは、ある意味で凄愴《せいそう》（すさまじくいたましいこと）ですよ。

司馬　人間が人間と関係を結ぶ極地の光景かもしれません。

奈良本　はるかに佐賀の城が見える…。

司馬　吉田松陰の「西遊日記」では、松陰は佐賀藩にいちばん感心して、佐賀の士風は非常に質朴で、しかも学問を愛して、どの家にも素読の声がきこえる…。

奈良本　撃剣の音がして、青年が防具を持って歩いておると書いておりますね。

司馬　福岡は多分に町人風で駄目である…。松陰は薩摩には行かなかったのですが、佐賀に非常に感動した。それほど佐賀人というのは一つの型を持っておったんですね。その型というのは。常朝によってつくられたんじゃなくて、さっきも言ったように、「葉隠」はわずかに葉隠仲間が伝承したので、佐賀藩自体はやはり朱子学で来ている。それで佐賀藩と「葉隠」の関係というのは、「葉隠」が佐賀藩の性格をつくったのではなくて、佐賀人の性格が「葉隠」をつくったということでしょうね。幕末における佐賀藩というのは、その一つの朱子学的完成の姿だったと思います。

奈良本は平成2年（1990）5月26日、佐賀県立図書館講堂で開いた第5回葉隠研究会総会に招かれて講演している。その要旨は「葉隠研究」第13号に15ページにわたり収録しているが、歴史家奈良本が得意とする吉田松陰、中江藤樹、西郷隆盛、大隈重信、江藤新平らの維新前後の絡みと山本常朝、新渡戸稲造の武士道を取り上げながら軽妙に語っている。興味尽きない講演ではあるが、最後の部分を少し抜粋して紹介したい。

忠義について、何のために殿様のお役に立たなければいけないかと、彼（常朝）は書いていますが、殿様を慕う心というものについて書いている。それは何かというと、これは「無償の愛」ということですね。これが私は好きなんです。何か功労とか、功績とか、いろんな栄誉を無視する。金も要らなきゃ、名もいらんと。それが無償の愛です。無償の忠義ですよ。忠義というのは無償でなければならない。何かそれで、自分がいいことができるというふうに思ったらそこでもう駄目になるんだと。（葉隠は）全編がそれですよ。無償の愛。人間の美しさというのは、案外無償の愛にあるんではないだろうかという気がします。

吉田松陰にもそういう言葉がある。桜田門外の変の前、井伊直弼《いいなおすけ》の弾圧が始まる。それに対し井伊を襲うごきがあった。松蔭も（弾圧に対して）何をしでかすかわからんということで、牢屋にぶち込まれる。怒れる松蔭を慰めようと高杉晋作《たかすぎしんさく》や久坂玄瑞《くさかげんずい》らが松蔭に「今はそんな時期じゃない。この時にそんなことをやったら長州藩は潰されます」と手紙を出す。その時に松蔭の言った言葉が「葉隠」の言葉によく似ている。「諸君は功業をなすつもりなり、われは、忠義をするつもりなり」と。

功業というのは、名誉とか金がくっつくものです。ところが「私はそういうものは受けるべきものではないと思っている。私は忠義だと。忠義はいくらやっても、名声は何も上がらないかもしれないけれど、しかし私は忠義をする」と言っている。これは無償の忠義ですよね。だから、「葉隠」とよく似ていると思うんです。

私は、「葉隠」を書いてから、またレパートリーがひとつ増えまして、よく講演を頼まれます。しかし、なかなか「葉隠」というのは難しいですね。宮本武蔵の「五輪書」だったら飛びついてくる奴は、いくらもいるんですけれど、「葉隠」はまだまだそこまではいっていません。わたしが「葉隠」を書いて本にして、あの中で人間の美学というものを強調したんですよ。

そうだなあ、政治をする人の気持ちといいますか。面白いなあ。そうかなと思ったのは、鍋島直茂公が、寒い晩に奥さんと炬燵に入りながら、「今日は寒いなあ。こんなに寒くて、身も心も凍るようだ。しかし、この寒さの中で困っている人がきっといるだろうなあ。まず百姓じゃないだろうか」。二人がそういう会話を交わす。奥さんが「いやいや、百姓はまだわらがあったりして、それをいろりにくべたりして暖を取ることもできるし、あるいは熱い湯を飲むこともできましょう」「じゃあ、誰だろうか」ということになって、公が「それは牢屋につながれている囚人たちであろう」と言うんですね。すると彼は係を呼んで、「おかゆを作れ。それを囚人たちにやれ』と言って振る舞った。囚人たちは涙を流して有難がったという話（聞書三の３節）が出ていますが、これなんかほのぼのとしていますね。

いわゆる東洋の人生思想というものの、ひとつのほのぼのとした感情がここに現れておる。われわれは、人生思想というものを確かに大事にしなくてはいけないと思います。海保青陵（江戸後期の儒学者・経世家）は「武士というものは、殿様との売り買いの関係だ」と言っていますが、これは面白いことだとしきりに世の中の本に出てくる。

売り買いの関係は冷たく、武士道というものを商売に陥れている。武士道を全く無視した考え方だと思います。武士道というのは、本当に現在でも必要じゃないだろうか。これほどまでに近代文明が崩壊した、そして新しいものを求めてきたこの時代ですから、「葉隠」は大変必要な、見逃してはならないものだというふうに考えます。

この項では奈良本辰也を軸としながら「武士道」について述べてきたが、奈良本の「葉隠」への熱の入れようは並大抵ではない。

「梅が早春を開くのだ」

佐賀市本庄町には天文21年（1552）に鍋島藩祖鍋島直茂《なべしまなおしげ》の父清房《きよふさ》が建立した鍋島家の菩提寺、曹洞宗高伝寺《こうでんじ》がある。同寺には日本一の大きい大涅槃図《だいねはんず》（縦15・14メートル、横6・09メートル）があり、境内には龍造寺家と鍋島家歴代藩主の墓や石灯籠が整然と並び、紅白梅400本の梅の名所である。「葉隠研究」52号（2004年刊）に当代の高伝寺住職高閑者廣憲《たかがわこうけん》（当時は久善院住職）が「新戸部稲造の『武士道』と『葉隠』の違い」と題して寄稿している。「武士道」をとりあげたこの項の最後に、その一部を紹介する。

わたしの師である如浄禅師は、正月元旦に上堂して「幸いを開く元旦である。万物はみな新たである。梅は早春を開くのだ」と語った。普通は「春が梅花を開く」のであって決して如浄禅師が語るようなことはない。万葉集やその他の歌集もすべて「春が梅花を開く」のです。たしかに、春になれば、梅が咲いて香りは満ち、人は動き、出会いがあります。しかし、梅が尊ばれるのは寒気のなかにすでに春の機を含んでいるという事です。

「梅は寒苦を経て芳香を放つ」という言葉は、『禅』においてよく使われる言葉ですが、そこで梅と人との共感が得られないだろうか。禅的にいえば「修行と悟り」であり、一般的にいえば、苦難と希望の入り混じった厳しいものでありましょう。

新渡戸稲造の「武士道」はどちらかと言えば、「新古今集」的な無常観が漂い、「願わくば桜の下で死なむ」と詠んだ西行法師の美学に近いと思う。新渡戸の「武士道」はキリスト教に接ぎ木された奇妙な形であったとか、あるいは政治的愛想笑いをしつつあった仮想敵国アメリカからの、逆輸入の代物であったとかの批判があったとしても、「武士道」という神仏の贈り物を投げ捨て、足蹴にしてきた明治の成功者たちにとっても、高尚な感情の自己嫌悪など求められることなく「武士道」という言葉との和解は可能であったのではないだろうかということです。

わたしはなぜ梅の花を語るのに「武士道」までも語るのでしょうか。そこで、散り際の美学（桜花）をもって「武士道」の象徴とする新渡戸の「武士道」と、葉隠の「武士道」との違いを考えてみたかったのです。

「武士道といふは、死ぬことと見付けたり」は「葉隠」の代名詞のような言葉ですが、詩情を伴わせない解釈こそ、この書の悲劇でもあったのです。万葉時代の《言霊（ことだま）信仰》のように全霊をもって「言（ことば）」と「事（こと）」に向き合うことが困難な時代ですが、「葉隠」の口述者山本常朝と鍋島第2代藩主光茂公との主従の間には、「古今集」という詩情の結びつきがあったことは知られています。「武士道」に限らず生死こそが人間の一大事です。「死ぬことと見付けたり」の一節には、「死」から「生」に転換してくる「生命のメカニズム」さえも組み込まれていそうな感じがします。

「葉隠」の原点をなすものとして高伝寺に龍造寺、鍋島両家の両墓所があります。歴史を見つめてきたこの梅は、ゆっくりとした春を開き、その他の梅花に引き継ぐのです。

■■神子　侃　「葉隠」と鍋島直紹随筆■■

戦後、「葉隠」に対しての世評は豹変《ひょうへん》した。しかし、それは裏を返せば太平洋戦争がいかに軍部の暴走による不幸な戦いであったかを物語っていた。1700年初頭に編まれた「葉隠」が思わぬとき、思わぬところで戦意高揚の具とされたことは拭いようのない事実であった。

神子侃《かみこただし》（1920―2011）の著書「現代人の古典シリーズ4『葉隠』」は昭和39年（1964）に徳間書店から刊行された。神子は新潟県生まれ、ハルビン学院卒。徳間書店出版局長、日本生産性本部出版部長などの経歴を持つ。

神子は「はしがき」に栗原《くりはら》荒野《あらの》編著の「校註葉隠」を底本としたと付記している。荒野が心血を注いで発刊にこぎつけたのは、時も時、開戦前年の昭和15年であった。日中戦争から急速に戦時色に染まっていた日本ではあったが、荒野は戦争を予見して葉隠武士道の書を刊行したわけではない。すでに昭和10年には「分類註釈 葉隠の神髄」を公刊済みであった。手のひらを返したような戦後の「葉隠」への偏見についても、荒野は淡々とこれを受け入れた。「葉隠」が誤解を受けるような書ではないことは荒野自身が一番理解していたのだから、一転して極度の

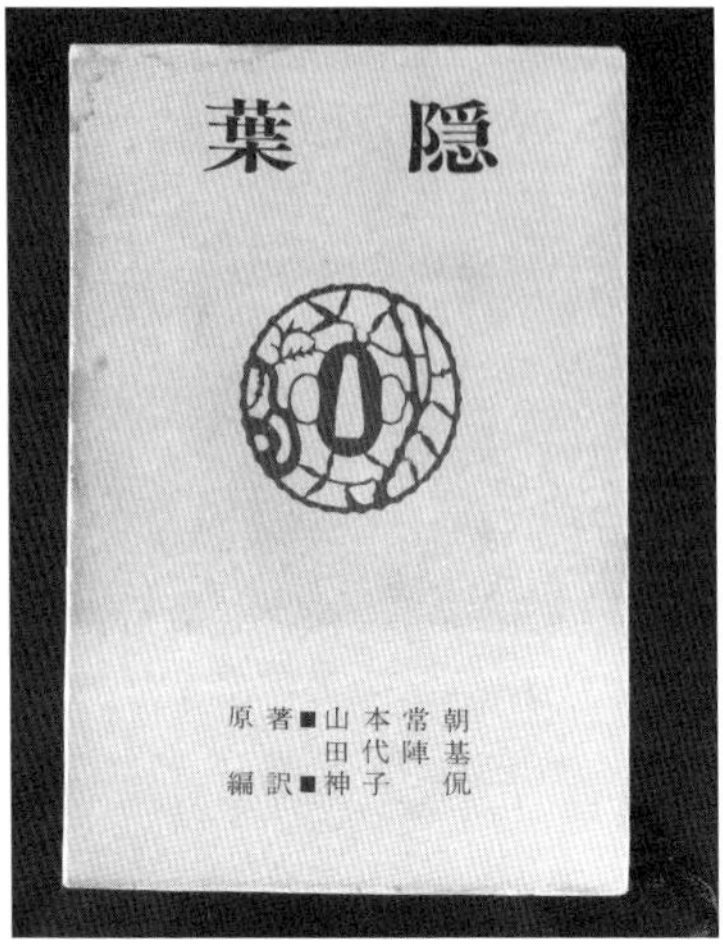

神子　侃著「葉隠」徳間書店

貧困にあえぐようになった日々にも恨むそぶりすら見せなかった。

神子が戦後の早い時期に徳間書店から「葉隠」を発刊したことは、荒野にとっても大きなエールであったろう。先ずは「はしがき」である。

はしがき

「葉隠」という文字を見たとき、現代人の反応はさまざまであろう。戦前派および戦中派の、ある者は懐旧の思いをめぐらし、ある者はほろにがい表情を示すに違いない。そして戦後派のある者は「ハガクシ？」と首をかしげるかもしれない。

佐賀藩に伝わる武士道の秘本『葉隠』が「武士道とは死ぬことと見付けたり」の一節によってのみ記憶され、戦時中、若者たちを死地に駆り立てるスローガンとして乱用されたことのために、この古典が、現在、正当な評価を受けていないのは、やむを得ないことであったろう。終戦直後、占領軍の目を恐れてこの本を焼いた者もあったと聞く。

だが、今日、冷静に読み直してみると、われわれはそこに学び取るべき多くのものを新しく発見する。葉隠が書き記されたのは、徳川政権が確立して以来100年、人々は太平ムードに安住しつつあるときであった。そのなかで忘却されようとする厳しい生き方—葉隠はそれを示している。もちろん、葉隠は封建制度を絶対的なものとして容認している。その成立条件を考慮すること無く、現代に再生しようとすることは、ミイラに口紅をさすに等しい。だが、危機的不感症ムードの今日にこそ、葉隠の中から前向きに汲み取るべきものが少なくないのではあるまいか。

しかも葉隠は、誤解されているように、単なる修養書ではなく、集団共通の目的を遂げるための個人のあり方、その心構え、さらには生活技術的な処世術までが具体的に記されている。

これらのものをくみとり、現代の実務社会人のために生きた古典として新しい光をあてるのがこの本のねらいであり、専門的な研究書ではない。もともと葉隠は全11巻1343節におよぶ膨大なもので、歴史的価値はあっても現代人の生活に生かし得ない部分が多いのは当然である。そこで、このなかから、現代的意味をくみとり得るものを主眼として抽出した。

また鍋島藩主の後裔で、元佐賀県知事、現参議院議員というだけでなく、優れた文人でもある鍋島直紹氏の「葉隠」に関する随筆を付させていただいた。その本質を現し得て妙である。

なお、底本について一言したい。今日、葉隠の原典は写本だけが残されているため、不明または改竄《かいざん》（筆者注＝字句などを不当に改めること）された箇所も少なくない。これを諸流布本の綿密な校合によって完全な姿で公刊したのは、佐賀市の碩学《せきがく》栗原荒野氏であり、戦前出版され今日では絶版となっている「校註葉隠」（内外書房刊）がそれである。本書はこれを底本とした。氏は79歳の高齢、なお矍鑠《かくしゃく》として清貧に甘んじながら「葉隠」全巻のより完全な校註をめざして研究を続けておられる。その成果がやがて公刊されることを期待したい。

鍋島氏、栗原氏、さらに資料の点で協力いただいた佐賀文化館長永竹威氏はじめ館員諸氏に深く感謝する次第である。

昭和39年1月

神子　侃

簡潔にして親切な構成

この書には「はしがき」に次いで初めに解説がある。「葉隠」がどのような書であるか、その成立、鍋島藩草創の歴史、山本常朝・田代陣基の生涯、葉隠聞書の構成、その内容と今日的意味―を解説している。その上で、夜陰の閑談、聞書第一から聞書第十一の中から興味深い68節を抜き出して、原文を口語調で書き、次に平易な表現で「訳」を加え、著者の「解説」を付し、更に理解が深くなるように「補」を重ねている。簡潔にして親切な構成は、神子の「葉隠」ならではである。しばしば酒宴を楽しむわが身に照らして、酒席の心得という例を取り上げてみよう。

■酒席の心得

大酒にて後れとりたる人数多《あまた》なり。別して残念の事なり。先ず我が丈け分を能く覚え、その上は飲まぬ様にありたきなり。その内にも、時により、酔い過す事あり。酒座にては就中《なかんづく》気をぬかさず、図らぬ事出来ても間に合ふ様に了簡あるべき事なり。又酒宴は公界《くがい》（注・公の場）ものなり。心得べき事なり。

（聞書第一69節）

【訳】大酒のために不覚を取った人は多い。とりわけて惜しいことである。まず自分の酒量をよく心得ておき、それ以上は飲まぬようにしたいものである。そのようにしていても、時としては酔いすごすことがあるものだ。酒の席にあってはとりわけ油断をせず、不測の事態がおきても対処できるように覚悟しておかねばならない。酒の席は公の場であるから、よくよく気をつけて失態のないようにせねばならない。

【解説】酒の飲み方は、微に入り細をうがっている。とくに公の場としての酒席の心得を強調しているのは、さすがである。なお、常朝が自ら筆を執った「愚見集」にも、さらに詳細な「酒の心得」があるので以下に引用しておく。

【補】

酒盛の様子はいかようあるべき事なり。心つけて見るに、大方飲むばかりなり。酒と云ふ物は、打上り綺麗にしてこそ酒にてあり。気が付かねばいやしく見ゆるなり。大方の人の心入、たけだけも見ゆるものなり。公界物なり。（聞書第一24節）

酒は悪事の根元、病も亦発《またおこ》る。常々おとなしき人、酒過ぬれば取り乱し、過言を云ひ、口論も出来、心の奥の恥までも云ひあらわし、浅ましき者なり。酒に酔ひたる時は、一向《いっこう》理屈を云ふべからず。又下人酔いて居る時、叱ることなかれ。其の者醒めてより教訓すべし。いずれ酔ひたる時は早く寝たるがよきなり。（後略）

ざっとこのような記述形式である。筆者も時として調子に乗って飲み過ぎ、酒席で酔った勢いで論戦めくこともあり、常朝の忠告は耳に痛く、ごもっともである。

■武士道といふは、死ぬことと見付けたり

■ダラダラ思案は無益、決断力を持て

■水清ければ魚棲まず
■大事の思案は軽く、小事の思案は重く
■思い切って濡れれば雨も苦にならぬ
■鏡を見て修行せよ
■名人も人なり、我も人なり
■只今がその時、その時が只今
■部下の醜態を見て見ぬふり
■失意のときこそ、くさらずはげめ

このような例を50項ほど取り上げている。さらには「名言集」として聞書の中から18例をピックアップして解説している。3例ほど紹介しよう。

■**武士道は死狂いなり。一人の殺害を数十人にても仕かぬるもの（聞書第一114節）**

【解説】鍋島直茂のことば。死にもの狂いになっている者をうちとるのには、数十人かかっても容易ではない。つまり非常の際に全エネルギーを燃やしつくせば、通常考えられぬほどの力が発揮できるもの。それが武士道の心得だというのである。そのためにはすべての迷い、善悪の判断、利害の打算を捨て去ること、早くいえば正気でなくなることが要求されている。

■内は犬の皮、外は虎の皮（聞書第一146節）

【解説】私生活はあくまでも質素に過ごせ。しかし、公式の場に出るときは、多少の無理をしても、しゃんとした形をつくれとの意味である。単なる見栄やおしゃれではない。人間の心理は案外服装や持ち物に影響される。しほたれた姿をしていると心までいじけて、持てる力を発揮できなくすることもある。山本神右衛門のことば。何よりも積極的な気風を尊んだ神右衛門らしい教訓である。

■理非を糺《ただ》す者は人罰に落ちるなり

【解説】人の落ち度や欠陥を言い立てて、その責任を追求し、それによって自分の株を上げようとする者はいつの時代にもいたのであろう。だが、その結果はかえって人々の反感を買い、同僚や部下からも孤立して失脚せざるを得ない。仲間内の間では、気づいたことがあれば密かに忠告し、お互いの結束を固めるのが本道であろう。

さて、同書には巻末に旧肥前鹿島藩の第15代当主に当たる鍋島直紹《なべしまなおつぐ》（１９１２—１９８１）の随想「葉隠」が特別掲載されている。昭和26年（１９５１）に佐賀県知事となって2期を務め「トンさん知事」と親しまれた。任期中に財政再建団体となったために教職員の削減をめぐり佐教組事件が発生し、石川達三の小説「人間の壁」のモデルとなったほろにがい経験を持つ。その後、参議院議員に当選4回を重ね、第2次佐藤内閣で科学技術庁長官を務めた郷土の偉人である。鍋島家には葉隠聞書の写本「山本本」が所蔵されており、「葉隠」への造詣の深さが感じ取れる随想となっている。全文を転載紹介する。

他の項と重複する内容も多いが、ご容赦願いたい。

随筆「葉隠」

鍋島直紹《なべしまなおつぐ》

郷里が佐賀で、鍋島だと人にいえば、まず「化け猫騒動」、その次には「葉隠」が必ず持ち出される。最近流行の剣豪小説などにも、佐賀の「はがくれ武士」だから…というような言葉がよくあらわれる。また「佐賀の者ははがくれ武士の血統をひいているから強いわけだ」という言葉を聞くし、佐賀では何かといえば「はがくれ武士じゃないか、がんばれ、がんばれ」などと激励することが多い。このはがくれ武士というのは、一体どんな武士かと分析してみると、簡単に言えば「勇ましくて強い武士」だということであろう。しかし、人によっては、この勇ましい中には、猪突猛進的意味が多分に含まれているし、もう少し解釈すると、多少常識に外れたことでも人に先立って実行する勇気がある？という意味に考えている人もいるだろう。さらにいえば、物事をはなはだ単純に考えて割り切ってしまい、極端にかつ熱狂的に行動に移して、これを実際に断行するというような意味もあるようである。しかも強引にやってしまうという傾向があるということであろう。

「はがくれ」といえば、古くから鍋島藩に伝えられた武士道の教科書的なもので、佐賀藩の武士達はこれを根本にして教育を受け、それが代々長い間にわたって重ねられることによって、いわば、激しい気性の、勇敢な武士的素質が何時の間にか佐賀の人間の中に流れてひとつの伝統になっているというように一般では考えられていると思う。実際において、明治維新この方、日本が戦争に負けるまでの約百年間、旧佐賀藩からは沢山の名将が輩出し、また戦時に際しては将校といわず兵といわず、その勇敢さをたたえられる幾多の実例を示したのであった。これこそ、「はがくれ」の思想が脈々として底流に流れているからだと考えるのが一般の通念となっているように思われる。私はこのことについて全面的に否定するものではないが、「はがくれ」についてもう少し異なった見方をしているので、以下それについて述べてみたいと思う。

「葉隠」—正確に言えば「葉隠聞書」は一般に考えているよりもっと量において長く、内容において広範なものである。「論語読みの論語知らず」という言葉があるが、「葉隠」の場合は、「葉隠知りの葉隠読まず」とでもいうほど案外葉隠の成立過程やら、その全文を読んでいる人は少ないと思う。地元の佐賀にいて「俺は葉隠武士の末裔だ」といばっている人々でも案外葉隠の全文を読んでいない人が多い。もっとも、葉隠を全部読了するということは相当の努力を要することであるし、今では、研究の史料にするとか、何か目的があってよほどの熱心家でない限り、ことさら全文を読む必要もないであろう。

大体、葉隠という本は、今日でいえば「ある武士の回想的談話の筆記」というべきものである。この葉隠は、もともと多くの人に読んでもらうつもりで書かれたものではない。口述者の山本常朝がその巻頭に次のように述べているのでもわかる。

此の始終十一巻。追って火中すべし。世上の批判、諸士の邪正推量風説まで、只自分の後学に覚え居り候とて、話のままに書附候へば、他見の末々には遺恨悪事も出づべく候間、堅く火中仕るべき由、御申し候なり。（蒲原孝白本）

終わりの「御申し候なり」というのは、山本常朝が筆記者である田代陣基に対して言ったという意味に解すべきであろう。このことによっても了解できるように、他人には絶対に読ませないで必ず火をつけて燃やしてしまえ、とまで言い渡している。

ところがこの筆記を7ヵ年にわたっておこなった田代陣基はその意志に反して聞書の草稿に火をつけて焼かなかった。しかも、22歳でお役御免になった田代陣基は54歳の時ふたたび登用され、御右筆役に再任、つぎに御記録役となり、さらには「御隠密御用書整へ付加増」というように藩政の機密事項まで知り得る役目にまで重用された。この背景があったからこそ葉隠聞書が世に出たのではあるまいか。おそらく田代陣基が再登用されずお役御免のままその生涯を終わったならば、たとえ「聞書草案」が火中にされずに残っていたとしても、果たして今日のように世に出たかどうかは疑問であったろうと私は考える。

それでも、この葉隠聞書は藩政時代を通じてあくまで秘本であった。したがって刊行されたことなどはもちろんない。おそらく最初は藩士中の心を許した人たちの仲間で、ごく秘密のうちに手から手に渡って小範囲に読まれたものであろう。今日、この本を読んで共鳴した熱心家の写本がわずかに残っているにすぎない。史家の研究によれば筆録者である田代陣基ですら浄書せず草稿のみを所持していたであろうと推察される位で、今日残されている写本でもそれぞれ多少異なったところがあるという。しかし、内容に対して相違はない。じつは私の家にも現に写本が残っているが、数年前、私が取り出した時には「秘中の書」と書いた古い紙袋に包んであった。祖父がたしかに見ているが、祖父の字体と異なるので、おそらく祖父の見る以前から袋に包んであったものであろう。祖父の生涯の半分は本当の大名であったのだから、その時代の葉隠に対する扱い方を知る一つの材料にはなるであろう。

このような本であったから、藩政時代の藩校・弘道館においても教科書として公に用いたことは全然なかった。否、むしろ批判している面がある。この弘道館教授で後に徳川幕府の儒官となった有名な古賀精里の遺稿には、「葉隠後」と題する一文があって、

既にして伝写やや広まる。人或いはこれを好み藩人の学何ぞ孔孟を用ひんやと言ふに至る。其書、大抵殺を嗜《たしな》み気を遣うをもって道となす。

と述べたあと、「佐藤一斎（儒官）がいった武士道の異端なるものであるか、どうか」と疑問を持っているという。

ただ、ここで考えられることは、秘本かと言われ「他人に見せないで火中にすべし」と書いてあるが故に、かえって藩士たちの興味と関心をそそり、案外多く手から手に渡って読まれていたかもわからないということである。しかし写本する段になると、後に述べるように相当膨大なる分量を有するから到底誰にでもその全文が写し取られたとは考えられないと思う。

この葉隠がはじめて世に刊行されたのは明治39年で、しかも武士道のところを主体とした抄本であった。全文が刊行されたのは大正5年であると思う。日本の歩みが軍国主義的な色彩を濃くして、軍人を中心として武士道が鼓吹せられる時代に正比例して葉隠はわが国有数の武士道教本として取り上げられ、また出版も盛んに行われた。この出版のほとんど全部が抄本であって、極言すれば「武士道といふは、死ぬことと見付けたり」を中心に教訓的な勇ましいところのみを抜粋したものが多い。ここで葉隠は一時、時代の寵児となった。そして、通俗的にも有名になった。私の知る限りにおいては、葉隠の全文が

印刷されているのは3、4種しかない。しかも今日ではすべて絶版になっている。

今日まで抄本として発刊されているものは、そのほとんど全部、勇ましくて教訓的なものだけを拾い集めたものが多い。時代の要求でもあったのだろう。

その他は山本常朝の直接談話のみならず、山本常朝が他の人から聞いたもの、昔からの伝承、記録、藩主の略年譜など雑多なものが、雑然と記載されている。鍋島藩政の側面的資料としては大いに役立つものと信ずる。

「葉隠聞書」を一貫して流れる士道精神というか、その主張するところは、「夜陰の閑談」に述べている。また、語らんとする対象は、鍋島藩の武士たちに対してである。そこでまず冒頭に、

御家来としては、国学心懸くべき事なり。今時、国学、目落としに相成り候…。

と述べる。すなわち鍋島藩士としては、先ず第一に藩の歴史、とくに創業時代における藩主およびそれに従った勇敢な侍たちの言行を充分に研究し、学べ、と主張する。「これが現在では、おろそかになっているではないか！　そして今時の侍たちは、余所のことばかりを尊び、自分のところのすぐれていることは忘れている。これでは納得出来ない。鍋島藩に仕えている侍であるならば、よその学問は無用である」とまで、先祖達の武勇、善根、慈悲、苦労をあげて主張する。

この、文中に出てくる「国学」とは、藩の歴史、風俗といった広い意味で「お国ぶり」とでもいうべきであるし、「主君」とは藩主を指す。これが後年、国学は日本の歴史、主君は天皇というように拡大

して解され、指導されたことはすでに説明の要はないであろう。

「葉隠」のなかによく出て来るのが、日峯様すなわち藩祖といわれている鍋島直茂である。直茂は天文7年（1538）、今の佐賀市鍋島町鍋島に生まれ、肥前国一帯を領有していた龍造寺隆信の配下となり、幾多の地方的戦闘に生死をともにした。以後、次第に重用され、天正12年（1584）、薩摩の島津軍と戦っていた隆信が島原において戦死した後はついに実権を握り、豊臣秀吉に従って朝鮮遠征に出陣、兵力1万余を率いて朝鮮各地を転戦、その後、慶長6年（1601）、徳川家康より領地を受け、佐賀35万7千石の藩主となった。元和元年（1615）81歳で亡くなっている。以後、初代勝茂、第2代光茂、第三代綱茂と続く。

この創業の時代をわずかでも知り、また此の時代に生きてきた人々が鍋島藩では4代吉茂の時代、徳川幕府の基礎も一応安定し、しかも華やかな元禄時代を過ぎて、ようやく世上頽廃の兆す時代を迎えた時、過去を思い、現状を眺めて「昔を今になすよしもがな」と歎いている心境は、何時の時代でもあることだが、その気持ちは充分わかるように思われる。「殿様はもっとしっかりしてもらわなければならない。大体御先祖がいかに苦労されたかを知らないからだ。また侍達も当今は柔弱になり小利口になって困ったものだ。昔はそうじゃなかった。もっと気合を入れなければ駄目だ。このような有様では先が案ぜられる」という考え方が葉隠全巻を通じ一貫してくみとれるように思われる。

筆記者田代《たしろ》陣基《つらもと》があえて、私淑した山本常朝の意思に反し、「葉隠聞書」を他の人々に見せ、また写し取らせた真意もおそらくここにあったのであろう。

「葉隠」といえば「武士道といふは、死ぬことと見つけたり」のことばが大変に有名である。

これは聞書第一、すなわち総論である「夜陰の閑談」の次に、

「武士である者は、武士道を心掛けていることは当然だが、みんな油断した武士ばかり多い。武士道とは何だ？と聞けば、直ちに答え得る人はまったく稀である。油断千万のことだ」と述べて、このはなはだ有名な章につづく。

「武士道といふは、死ぬことと見つけたり」に引きつづいて「生きるか、死ぬかいずれかに決心を必要とする場合には死ぬ方に決心すればよい。何も考えずに邁進するだけである。そして成功しなかった場合、犬死したなどというのは上方《かみがた》風の打算的武士道である。誰でも生きる方が好きだから、多分生きる方にいろいろと理由がつくことだろう。生きる方を選んで万一不成功に終わって死んだとしても恥にはならない。これは武士道に背いたことにはならない。朝から晩まで毎日死ぬ気でいたら自由な境地を悟り得て、生涯落ち度もなく御家の仕事も立派に果たすことが出来る」

いわば主君のために何時死んでもよいという気持ちになって働け──ということを強調するわけだが、その語調は相当激烈である。

「武士道は死狂いのようなものである。本気になると利益打算を考えるから気ちがいになっておこなえばよい」とか、「武士道は思慮分別が出て来ると、もう駄目である。場合によっては忠になるとか孝になるとか考える必要はない」などと極言してある。

また藩主すなわち主君に対しては、

「主従の関係以外に何も考える必要はない。たとえ、釈迦（仏教の教え）、孔子（儒教の教え）、天照

大神（神道の教え）に背くとも心を動かしてはならぬ。地獄に行こうが、神罰を受けようが、主君のためと思うなら勇気を出して実行するだけである」

と、強調し、その勇気は、

「刀が折れたときは手で戦え、手を切り落とされたら肩で突き倒せ、肩が切り離されたら、口で首の十や十五は食い切る覚悟が必要だ」という。

葉隠の教訓（聞書第一及び第二）の勇ましいところをぬき出してみると、こんな激烈な文章で極端に強調した部分も相当ある。このような檄文が若い侍達の間に、秘本として密かに読まれていくならば、感じやすい青春の心を何時の間にか燃え上がらせたことは間違いないように思われる。

一方また葉隠の教訓には、

「武士は勇気を表して、内心には腹の破れる程大慈悲心を持たなければ、家の仕事もできないものである」

というように、一方において勇気を説き、他方において慈悲を説いている。四誓願を根本にしているから、当然のことといえよう。しかしながら、その勇気を説くことあまりに急にして、勇ましくかつ激烈である。したがって勇ましく激烈なところのみが表面に出てきて極端に強調され、読む人に強い印象を与えるのはやむを得ないと思う。おそらく手から手に渡って、永年読んできた佐賀藩の侍達のなかに、この偏狭に近い一面が何時の間にか影響をおよぼしていたことは事実であろう。

それでは何故にかくまで極端に強調され、激烈な文章で書かれたものであろうか。

それはすでに述べたように、口述者山本常朝にしてみれば、後世読まれるとは全く考えていなかったこと。自分は隠棲していて、前には自分に心から私淑している若い情熱に溢れた田代陣基を置いて口述したこと、しかも隠居の身であるために自由勝手に発言できたこと、等であろう。
しかし、その基底には戦乱の時代に生き、戦場の体験を持って一生を送ってきた一人の武士が、一時代に変わった元禄時代前後の風潮と武士の生活を眼前に眺めて悲嘆の涙にくれ、世を慨嘆する一貫した思想がこのような檄文を書かしたのではあるまいか。

「ここ三十年来、風儀がすっかり変わって、若侍が会合しても、金銭の話、損得のこと、生活の話、着物や色欲の雑談ばかりである。誠に嘆かわしき御時世になった」（聞書第一64節）と述べていることもそのあらわれであると思う。

葉隠聞書第一から第十一までは、全部で１３５０節（筆者注＝校註葉隠では１３４３節）あるが、教訓的なものは第一および第二の約３４０節で、後は藩主・侍たちの言行を主として雑然と並べてある。時代的配列も相前後している場合が多い。またその言行といっても武勇伝、訴訟、けんか、果し合い、切腹、不義密通などから断片的記録、系図、年譜まで思いつくままに語ったものを、ただ忠実に筆記したものと見ることが出来る。
この聞書に出てくる藩士たちは藩祖直茂から第3代綱茂におよび、時代的には秀吉時代から徳川幕府成立から元禄時代におよんでいる。この間、秀吉の朝鮮遠征から関ヶ原の戦争、大坂夏の陣、冬の陣、徳川時代に入って天草四郎の島原戦役などがあり、いずれも藩主みずから兵を統率して出陣しているし、この間、九州における地方的戦闘、紛争、勢力争いは数限りない。したがって個々の侍たちの武勇伝などになると、話はいくらでもあったわけである。

このような見地に立って葉隠を読んだ場合、大きな歴史の側面史としては、はなはだ興味深いものがある。

たとえば、「朝鮮遠征の時に、佐賀の侍、片田江金右衛門は偶然虎と出合った。乱闘の末、ついに大虎を殺したが、とうとう自分も虎の爪にかかって真っ二つに引き裂かれて死んだ」という話の前には「中野数馬という侍は、若くして死んだ婚約の娘を引き取って立派に葬ってやった」とか、「中島十右衛門《なかしまじゅうえもん》が寝入っていたら、誰とも分からない者が忍び入り殺してしまった。女房が起きて『誰か！』と言葉をかけ、台所で追い付き、後ろからむずと抱きついて子どもの久太郎を呼んだが寺に夜手習いに行ったまいない。ついに家来どもを呼び寄せて敵討ちを果たした」（聞書第八61節）といった事件から、藩主の話になると、

「勝茂が若い時分のこと。大名連が集まったある会合の席で、伊達政宗が『九州の者は魂が一つ足りないというがどんなことを言ったのだろう』と話していた。一座の大名は勝茂がいることに気が付かず『実際そんなことをいうが、なんの意味だろう』などと雑談していた。これを聞いた勝茂が進み出て『今、お話の通り正に魂が一つ足り申さぬ』と答えた。そして『実は臆病魂が一つ足り申さぬ』と答えた」

こんな言行録とも挿話ともつかない話が随分多く記述されている。

面白いのは、ちょうどこのころ起きた忠臣蔵についても2、3記載されていることであろう。一つはごく簡略に事件の経過、終末を記した1節があって、次に「ある時、吉良上野が鍋島光茂に対して、『大

身の大名で官位が低くては全くお困りでしょう。近衛少将に任ぜられるために知行を分けて、それとお替えになってはどうか』といった。光茂は『官位ばかり高くとも、食うものがなくてはどうにもなりませぬ』と答えて相手にならなかった」といい、

「浅野殿の浪人夜討も泉岳寺で腹を切らないのが落ち度である。また主人を討たれてから復讐までのびのびに時間がかかっていることもよくない。もしその中に吉良殿が病気などで死んだときは残念千万である。上方の人たちは知恵があって利口だから、なかなかやり方が上手である。しかし長崎喧嘩のようにするのは無分別である」

と批判している。これに対し、私の家に現存する「葉隠」（写本）には上欄に「赤穂浪士の辛苦の状を察せずみだりにこれを避諱《ひき》（そしること）するのは感心しない。反対である」と朱筆で「註」が入れてある。

文中に長崎喧嘩と言うのは、これも葉隠にあるが、元禄12年（1699）長崎港警備にあたっていた佐賀藩の侍二人が、市中で町年寄の高木氏と喧嘩した。雪どけのとばっちりがかかったとか、かからぬというのが原因であった。はじめ中間《ちゅうげん》の方が負けたが、その夜、高木氏の家来10人が佐賀屋敷まで押しかけて相手の武士二人を袋だたきにして刀まで取り上げて引き上げた。ところが翌朝、今度は佐賀藩側から高木氏宅に乱入、高木氏と中間とを斬り殺し、乱入した10人がその場で切腹した事件である。

これはだれが見ても無分別であろう。

さらに追腹（殉死）、切腹等も随分多い。不義密通がばれて切腹させられることは当時としては当然

というべきかもわからないが、江戸屋敷詰の侍が、町奴と喧嘩したり、遊女狂いをしたため切腹になったり、お城から帰りに置いたと思ったところに刀がなく、弱っていたら、「武士が刀を失うとは何事か」といわれて、翌朝、その侍を討ち果たし自分も切腹した話もある。ひどいのは、佐賀の城下町を通っていた一人の侍が、急にお腹が痛くなって我慢できなくなり、近所の家に頼んで便所を借りた。

この家には若いお嫁さんが一人で留守をしていた。「たとえ密通でなくとも、若い娘が一人でいるところに無遠慮に乗り込んで袴《はかま》を脱いだとはけしからん。女の方も夫の留守中に袴を家のなかで他人に脱がせるとは密通と同然である」というので両方とも死罪にされた。これは少々ひどいように思う。今の時代ではまったく想像もつかぬことであろう。

葉隠のなかで散見するものに衆道《しゅどう》（男色。若衆道の略）がある。

衆道が原因で侍同士が喧嘩におよび、ついには相手を討ち果たし、また自分も切腹した、などという事件が相当に起こっている。どうも、チゴさん―男色の方は公然と行われていたらしい。「念友《ねんゆう》なき前髪は縁夫もたぬ女にひとし」と西鶴が書き出しは名文なり…と堂々と宣言しているから相当なものである。（聞書第一）つまり、男色の相手を持たぬ若衆は、婚約の相手を持たぬ女と同様だ、という意味であろう。また無骨一点張りのような山本常朝にして、当時の井原西鶴の作品を読んでいたことが明らかにされて興味深いものがある。つづいて「念友は五年程こころみて志を見とどけたならば自分から頼むべきである。浮気者は見放した方がよい。お互いに相手のために命を捨つる決心を要するから、よくよく性根を見とどけるべきである…」という。

じつに命がけの男色である。さらに、

「星野了哲は御国衆道の元祖である。弟子が大変多かったが、皆に一つずつ教授した。枝吉氏は奥伝を受けた人であるが、江戸にお供するので、了哲氏にお別れに行った時、了哲は『若衆好きの極意は何か？』と聞いた。枝吉氏は『すいてすかぬもの』と答えた。了哲は喜び、『お前をこれだけに教育しようとして永年骨を折った』と言った。後になって枝吉氏にその解説を頼んだところ『命を捨てる決心で衆道に執心するのが極意である。そうでなければ衆道の恥になる。そうすると主君のために捨てる命がない。だから好いて好かないものだ』と言ったという」

どうも解ったような解らぬ話である。しかしこれによって「御国衆道の元祖」なる人がいたり、この人が沢山に弟子を持っていたことや、本当に命がけで男色に励む？ことが公然と行われていたことが明らかにされている。

私の家にある葉隠写本には、「戦国の遺風を受け男色をもって女色に陥るをふせぐの具となし、隠士《いんし》（山本常朝）これを奨励するの風あり、記載無用…」と同じく朱筆での「註」が入れてある。字体から判断すれば私の祖父の字のようである。

◇　◇

本書に転載するには長い随想となったが、元鍋島家の肥前鹿島藩15代当主鍋島直紹の随筆である。この随筆中には「葉隠」の読み方について、祖父に当たる「お殿様」の写本の朱筆からすれば、常朝の「葉隠」を文面通りに読み込むことにいささか抵抗があったようでもあり、興味深かった。忠臣蔵の吉良邸討ち入りについて常朝は「のびのびに時間をかけたのはよくない。泉岳寺で腹を切らなかったのは落ち度だ」と辛辣に批判しているが、これには反論する「註」もあり面白い。こうして読み込んでみると、その時代感覚の相違から読み手の解釈も千差万別であろう。古くて新しい歴史書としての「葉隠」の魅力である。

第3章

「葉隠」根本精神

藩祖鍋島直茂と陽泰院の墓
高伝寺の墓所

「葉隠」の根本精神と「葉隠四誓願」

「葉隠」誕生300年の歴史はここに始まる。

寶永七年三月五日　初《はじめて》而参会

浮世から何里あらうか　山櫻　古丸《こがん》
白雲や唯今《ただいま》　花に尋合《たずねあい》　期酔《きすい》

夜陰の閑談

御家来として八国学《こくがく》可心懸事也。今時国学目落《めおとし》に相成《あいなり》候。大意八　御家之根元を落着《おちつけ》御先祖様方之御苦労、御慈悲を以《もって》御長久之事を本《もと》づけ申為ニ候。……

このように始まる「夜陰の閑談」は、「葉隠」11巻の「総論」ともいうべき序文である。栗原荒野《くりはらあらの》は「校註葉隠」の聞書第一1節にこの「夜陰の閑談」を位置づけて、「四誓願を毎朝仏神に念ずれば、二人力になって後へはしざらぬ」との表題を付けている。本書中に紹介した古川哲史《ふるかわてつし》、相良亨《さがらとおる》、佐藤正英《さとうまさひで》、菅《かん》野覚明《のかくみょう》、松永義弘《まつながよしひろ》、奈良本辰也《ならもとたつや》、水野聡《みずのさとし》らの訳注本はいずれも「夜陰の閑談」だけは別格の序文扱いとしている。常朝の俳号「古丸」は、「ふるまる」「こがん」とも読める。通常、音読みが一般的であり、著者が底本とした「校註葉隠」の栗原荒野が「こがん」と読んでいることからそちらを採用した。ちくま学芸文庫の佐藤正英校訂「葉隠」は、「ふるまる」をふりがなとしている。

（訳）我が藩の御家来衆は、我が藩のことを学ぶ国学を心懸けねばならない。今時はこの国学がないがしろにされてしまっている。国学を学ぶ大きな意味は、鍋島の御家の根本を自分の胸に落ち着けること、つまり歴代藩主様方、当時のご家来衆のご苦労やお慈悲を知ることによって、鍋島家が長く久しく続いていることを根本から腑に落ちるようにするためである。

剛忠《こうちゅう》様（筆者注＝龍造寺隆信《りゅうぞうじたかのぶ》の曽祖父）の御仁心と御武勇、利叟《りそう》様（筆者注＝鍋島清久《なべしましまきよひさ》。藩祖直茂《なおしげ》の祖父）の御善行と御おかげで隆信様、日峯様がご出現になり、お二人の御威力のおかげで御家は長久、今日まで無双の御家である。今どきの人々は、このような根本をすっかり忘れて、よその仏を尊ぶが、そのようなことは私にはまったく承服できない。

なぜなら釈迦《しゃか》も孔子《こうし》も楠木正成《くすのきまさしげ》も武田信玄《たけだしんげん》も、一度も龍造寺・鍋島家に仕えたことがないのであるから、当家の家風とは関係ないのである。平時も戦時もともに、御先祖様をあがめ、そのご指南に学び従う、我が藩は主従ともにそれで済むのである。我が藩主従の道だけでなく、いろいろな修業の道にあっては、普通、その修行の道ごとの特定のご本尊を尊ぶものだ。

したがって当家に奉公する者などは、当家の本尊を学ぶ国学をさしおいて、他国の学問は無用である。国学に得心《とくしん》がいってからならば、その他の道も暇つぶしに学んでみるのもよい。国学をよく学び理解すれば、国学で不足なことは何一つない。もしいま他藩の人々から、龍造寺・鍋島の成り立ち、龍造寺の領地が鍋島家の所領となった経緯、また「龍造寺・鍋島は、九州きっての武勇の家とうかがっているが、どのような武功をたてられたのですか」などと尋ねられた時、国学を知らない連中には、一言も答えられないであろう。

（菅野覚明《かんのかくみょう》・新校訂「葉隠」全訳注）

ここまでだと「夜陰の閑談」の4分の1ほどである。山本常朝《やまもとじょうちょう》は堂々と〝自国第一主義〟を述べている。誤解してはならない。鍋島家さえ平和、安泰であれば他国がどうあろうと構わないと言っているわけではない。ご先祖様のご苦労に感謝し、何より鍋島家のことをよく理解しておきなさいと諭《さと》しているのだ。しかし、表現が辛辣なので、いかにも誤解を招きそうだ。「国学に得心がいけば、ほかのことも〝暇つぶし〟に学んでもよい」などと言って平気だ。傲慢不遜と思われるかもしれない。しかし、誤解を恐れて筆勢を抑制するような常朝ではない。そんなことは常朝は百も承知の上だ。筆録する田代《たしろ》陣基《つらもと》も阿吽《あうん》の呼吸である。「葉隠」に対する誤解については、5章で詳しく述べる。

この後が辛辣《しんらつ》である。「今の殿様（第4代藩主吉茂）には、日峯《にっぽう》様（藩祖直茂）、泰盛院《たいせいいん》様（初代藩主勝茂）のご苦労を、お譲りいただいた書物などを熟読して胸に叩き込んでほしいものだ。生まれながらに『殿様、殿様』とご機嫌取りばかりされて苦労もなく、国学も知らず、好きなことばかりなされているので、これまでに築かれた盤石な体制が手薄になりかけている」と、現藩政を手厳しく批判している。

さらに「代々の藩主には悪人はおられず、愚かで鈍い方もおられず、全国の大名と比べても2番、3番に甘んじるような殿様はおられない不思議な御家（佐賀藩）であり、代々の藩主様からの恩義は言い尽くせないほどだ」という。ここでいう「代々の藩主」というのは直茂、勝茂、光茂である。その上で、今、自分は出家の身ではあるが、7度生まれ変わっても鍋島侍として誕生し、鍋島の御家を1人ででも背負う志《こころざし》が肝に染み込んでいる。総じて修行は大高慢でなければ、つまり大いに思い上がって、うぬぼれてやるくらいでなければ役に立たないものだ。修行の志は冷めやすい。だから仲間内では次のような誓願を立てているという。

一、武士道に於ておくれ取り申すまじき事
一、主君の御用に立つべき事
一、親に孝行仕るべき事
一、大慈悲を起し人の為になるべき事

「この四誓願を毎朝仏神の前で自分の心に刻み込んでおけば、2人分の力が備わって、後ずさりはしなくなるものだ。尺取り虫のように少しづつ、先ににじり進むものである。仏や神の修行にも先立ち先ず誓願を発するのである」という。

「分類注釈　葉隠の神髄」「校註葉隠」を著した栗原荒野《くりはらあらの》は四誓願について述べている。葉隠四誓願であるが、この4つの項目は、ただ単にお題目として並べてみたといったような浅薄なものではない。山本常朝が師より学び、先輩に教えられ、自ら心の奥から念じ、叫び出した「誓願」である。そしてこれは、葉隠聞書全巻の巻頭にかかげられた総論ともいうべき「夜陰の閑談」の1章の終わりにずっしりと重く据えられている。しかも、その前と後に、大事な事柄が記されているのを見落としてはならない。

「この世に生まれて、人はいかに生きるべきか」。こう問われると、すごく重い課題を突きつけられたようで、返答に困ってしまうだろう。でも、考えてみると、だれもがいつでも、いかなるときでも、この大きなテーマを考えながら生きている。

「四誓願」は人としての生き方、指針を示している。「葉隠」はその激烈な論調によって異端視されたり、誤解されやすい書物だが、戦《いくさ》もなく太平の世となって戦国の侍の気風が失われつつあった当時にあって、あるべき侍の姿を真摯に追い求めた近世型武士道の聖典とされた歴史的名著である。「葉隠」の根本精神を著した節文は数多いが、それらの中からいくつか挙げてみよう。

○ **忠と孝とを片荷、勇気と慈悲とを片荷にし、「殿様殿様」と唱へよ**

湛然和尚平生《へいぜい》の示しに、出家は慈悲を表にして、内には飽くまで勇気を貯《たくわ》へざれば、仏道を成就すること成らざるものなり。武士は勇気を表にして内心には腹の破《わ》るるほど大慈悲心を持たざれば、家業立たざるものなり。これに依って、出家は武士に伴ないて勇気を求め、武士は出家に頼《たよ》りて慈悲心を求むる者なり。（中略）武士たる者は、忠と孝とを片荷にし、勇気と慈悲とを片荷にして、二六時中、肩の割入る程荷なうてさへ居れば、侍は立つなり。朝夕の拝礼、行住坐臥《ぎょうじゅうざが》（筆者注＝日常のこと）、「殿様殿様」と唱ふべし。仏名真言に少しも違はざるなり。又氏神に釣合うて居るべし、運強きものなり。又慈悲といふものは、運を育つる母の様なものなり。無慈悲にして勇気ばかりの士、断絶の例、古今に顕然なりと。

（「校註葉隠」聞書第六１８節）

○君父の御為又諸人子孫の為にするが大慈悲、慈悲は智勇の本

大気（筆者注＝度量が広いこと）といふは、大慈悲の義なり。神詠（筆者注＝神が詠んだとされる和歌）

慈悲の目に憎しと思ふ人あらじ科《とが》のあるをばなほもあはれめ

廣く大なること限りなし。普《あまね》くといふところなり。上古三国（筆者注＝古代のインド・中国・日本）の聖衆を、今日まで崇め奉るのも、慈悲の廣く至るところなり。何事も、君父の御為、又は諸人の為、子孫の為とすべし。これ大慈悲なり。慈悲より出づる智勇が本の物なり。慈悲のために罰し、慈悲のために働く故、強く正しきこと限りなし。我が為にするは、狭く小さく小気なり。悪事となるなり。勇智の事は、此の前得心せり。慈悲の事は、頃日《けいじつ》（このごろ）篤《とく》と手に入りたり。（後略）

（「校註葉隠」聞書第一　179節）

○困難にぶつかったら、おおいによろこぶこと

大難大変に逢うても動転せぬといふは、まだしきなり。大変に逢うては歓喜踊躍して勇み進むべきなり。一関越えたる所なり。「水増されば船高し」といふが如し。

（聞書第一　116節）

（訳）たいへん困難なことに出会っても、気を転倒させないというくらいでは、まだ未熟な段階である。大きな変事に出会ったときは、おおいに喜び勇んで突き進むべきである。これはいってみれば、ひとつの段階を越えたところである。「水増せば船高し」（筆者注＝水位が上がれば船は高くなるように、人間も困難にぶつかるたびに大きく成長するものだ）というようなものだ。

○

勘定者はすくたるるもの、死ぬことを好かぬ故すくたるるもの

勘定者はすくたるるものなり。仔細は、勘定は損得の考《かんがへ》するもの、つねに損得の心絶えざるなり。死は損、生は得なれば、死ぬることを好かぬ故、すくたるるものなり。学問者は才智弁口にて、本体の臆病、欲心などを仕かくす物也。人の見誤る所なり。

（聞書第一 １１２節）

（訳）計算高いものは、卑怯者である。なぜかというと、計算というのは損得ずくのものなのでいつでも損得の考えがなくならないものだからである。つまり、死ぬことは損、生きることは得なので、結局死ぬことをやめにするから、卑怯者だというのである。また、学問のある者は、才知にたけ、弁舌さわやかで、臆病とか、欲得の心を隠しているのである。こうした点は、とかく人の見間違うところである。

○

純一無雑、混じりものがあっては道ではない、奉公武辺一片になれ

修行《しゅぎょう》においては、是まで成就《じょうじゅ》という事はなし。成就と思ふ所其儘《そのまま》道に背くなり。一生の間、不足不足と思ひて死するところ、後《のち》より見て成就の人なり。純一《じゅんいつ》無雑《むざつ》、打成一片に成る事は、中々一生に成り兼《かぬ》べし。まじりもの有りては道にあらず。奉公・武辺一片に成る事心掛くべきなり。

（聞書第一139節）

（訳）修行においては「これまでで成就した」ということはない。「成就した」と思うところが、そのまま道にそむいているのだ。一生の間、「不足だ、不足だ」と思って思い死にするところを、その軌跡をかえりみて成就の人というのだ。純一無雑（まったくまじりけがなく一つであること）になりきり、心が一つになることは、なかなか一生の間では成りがたいだろう。混じりものがあっては道ではない。奉公と武勇とが一つになることを心がけるべきである。

とてつもなく面白い作品「葉隠」

「葉隠」の全巻を収めた栗原荒野《くりはらあらの》の「校註葉隠」、和辻哲郎《わつじてつろう》・古川哲史《ふるかわてつし》の岩波文庫「葉隠」、松永義弘《まつながよしひろ》の原本現代訳「葉隠」、奈良本辰也《ならもとたつや》・駒敏郎《こまとしろう》の「日本の名著17葉隠」などに触発され、平成18年（2006）に現代語全文完訳「葉隠」を自らが経営する能文社から刊行した水野聡《みずのさとる》は、訳者はしがきに「私がなぜ葉隠全文を翻訳しようと思ったのか」を述べている。

第一の理由は、それがとてつもなく面白い作品であるから。率直に申せば、本中毒の一読者として、まず自分がこの作品を一篇として余すことなくすべて読みたかったから。それだけかもしれない。

本文中にたびたび出る「奉公」「追腹」を、「会社勤め」「退職」と読み替えれば、そのまま現代日本の閉塞的状況を言い表しているようなリアルな視点を感じさせる。常朝が言いたかったのは、ただ嘆き、告発することではなく、こうした状況をものともせず、鍋島武士としていかに恥を忘れず剛《ごう》の者として生きていけばいいのか、ということだと思う。

「葉隠」は、全11巻1299節（校註葉隠では1343節）の膨大な書物である。ただ、短いエピソードが、それほど強い関連もなく構成されているため、どこからどのように読んでも構わないようになっている。つまり評論家はわが得意の分野のみピックアップして批評を加えるため、三島由紀夫をはじめとしていかに歪曲、換骨奪胎《かんこつだったい》された私説葉隠論の多いことか。「葉隠」の作品評価は古典として確立されているが、批評家が千人いれば、千通りに「切り取った」葉隠論ができてしまう。

斯《か》くして半世紀にもおよぶ不毛な批評の歴史が繰り返されたのである。まず持って、第三者の解釈、批評に頼らず、「葉隠」という作品そのものに裸で接していただきたい。澄み切った目と白紙の心で、「葉隠」という物語をまず味わうために、一言一句として省略しない、初の全文完訳を試みたのである。

ここでは深い含蓄に富む感動的な物語が、ごく短い章段で永遠のごとく紡がれていく。「まるで聖書のよう」と訳者の知人が評した。もしも武士道が、失われつつある日本人の最も純粋な魂の住処《すみか》であったとするならば、「葉隠」という書物を「武士道の聖典」と呼ぶことに、さほどためらいは覚えないのであるが。偏った「葉隠観」を持たされぬためにもぜひ、作品全文を通読されることをおすすめする。

この項の最後は、葉隠研究の第一人者で東京帝大文学部名誉教授古川哲史《ふるかわてつし》（1912—2011）が、葉隠研究会の研究会誌「葉隠研究」第3号（1987年5月刊）に特別寄稿した評論『葉隠』の四《し》誓願《せいがん》と武士の精神」の一節を抜粋で紹介して終わりたい。「葉隠」の根本精神に迫る重い一文である。

春休みの数日を利用して「葉隠」を全巻読み返した。「葉隠」を読んだのは、これで何回目か知らないが、何度読み返しても、新鮮な発見がある。今までうっかりしていたことが、色々と出てきて、思わずため息が出てくる。その意味で、興味《きょうみ》無尽《むじん》の読みものといえよう。

私は前から「葉隠」はどこか「徒然草《つれづれぐさ》」に似通っていると思っているが、その点はことに第一、第二の総論ないし原理篇においていちじるしい。「葉隠」を論ずる者の注目も、おのずから第一、第二に集中するのではないかと思われるが、私もこの部分に現れる四誓願や、「武士の大括《おおくくり》の次第」という一段に心を惹《ひ》かれるのである。

聞書第一2節では、「死ぬこと」が武士道だという表現をとっている。そしてその「死ぬこと」は、一回きりのことではなく、「毎朝毎夕、改めては死に改めては死に、常住死身になりて居る時は、武道に自由を得、一生越度なく、家職を仕果たすべきなり」と説明している。

その一方で、「葉隠」は一回きりの死を最高だとする表現もしている。「武辺は、敵を討ち取りたるよりは、主のために死にたるが手柄なり」（聞書第一172節）とあるなどはそれで、「貴となく賤となく、老となく少となく、悟りても死に、迷いても死す。さても死ぬことかな。我人、死ぬといふ事知らぬではなし。ここに奥の手あり。死ぬとは知っているが、皆人死に果ててから、我は終りに死ぬ事のように覚えて、今時分にてはなしと思うて居るなり。はかなき事にてはなきや。何もかも役に立たず、夢の中のたわぶれなり。……」（聞書第二50節）という一段も、死を賛美しているようである。

私は戦争末期のある飛行学校での夜を憶《おも》い起こす。学徒兵が先に前線に送られて死んでゆくのに、士官学校出の正規の軍人があとまで生き伸びている現実に疑問を投げかけると、「正規の軍人には皇国の最期を見守る義務がある。われわれが死んだら、誰がこの皇国を護持するのか」と、まだ若い飛行将校の数人が気色ばんで反論したのである。「我は終わりに死ぬ事のように覚えて」とあるのが、彼ら飛行将校の言い草に似ていると思ったのであるが、飛行将校の覚悟は、結局、「葉隠」のいう「夢の中のたわぶれ」に終わってしまった。

「葉隠」流でゆけば、飛行将校は「悟りても死に、迷いても死す。さても死ぬことかな」とあきらめて、まっ先に死ぬべきではなかったか。

「葉隠」の根本精神はページを重ねても語り尽くせるものではない。栗原荒野、水野聡、古川哲史の解説・評論と聞書の訳文引用で表現することになったが、筆者にとっても、根本精神は「四誓願」に尽きるとの思いが一段と強くなった。

武士道といふは、死ぬことと見付けたり

武士道といふは、死ぬ事と見付《みつけ》たり。二つ二つの場にて、早く死ぬ方に片付《かたづ》くばかり也。別に仔細なし。胸すわって進むなり。「図に当《あた》らぬは犬死」などといふ事は、上方風《かみがたふう》の打上《うちあが》りたる武道なるべし。二つ二つの場にて、図《づ》に当《あた》るやうにするは及ばぬ事也。我人《われひと》、生くる方が好きなり。多分好きの方に理が付《つ》くべし。若《も》し図にはづれて生きたらば腰抜《こしぬけ》なり。此境《このさかい》危《あやふ》きなり。図にはづれて死にたらば、犬死気違《きちがひ》なり。恥には成らず。是《これ》が武道に丈夫なり。毎朝毎夕、改《あらた》めては死に改めては死に、常住死身になりて居《い》る時は、武道に自由を得、一生落度《おちど》なく、家職を仕果《しおほ》すべきなり。（校註葉隠聞書第一３節）

〔訳〕武士道というのは、死ぬことと見付けた。二つに一つの場で、早く死ぬ方に片付くだけである。他に仔細はない。胸が据《す》わって進むのである。「狙い通りにいかぬのは犬死に」などと言うことは、上方風のお高くとまった武道であるに違いない。二つに一つの場で、狙い通りに行くようにすることは力及ばぬことである。我々は生きる方が好きである。大かた好きの方に理屈を付けるはずである。もし狙いを外《はず》して生きたらば腰抜けである。この境目に危なさがある。狙いを外して死んだらば、犬死に、気違いであって恥にはならぬ。これが武道の確かなあり方である。毎朝毎夕、改めては死んで、常時死に身になっている時は、武道に自由自在となり、一生落ち度なく家職を仕果たすことができるのである。（佐藤正英校訂　定本葉隠〔全訳注〕）

この節文が、これまで「葉隠」のすべてを言い尽くした封建道徳であるかのように解釈されてきた。なかでも「武士道といふは、死ぬことと見付けたり」の一句は、人命を軽視した、死に急ぎの封建社会の「葉隠」武士道だと曲解されてきた。しかし、これらを一節、一句、深く読み込んで熟読《じゅくどく》玩味《がんみ》すれば、決して死を推奨し、美化する人命軽視の哲学ではないことは明らかである。三島由紀夫は「葉隠入門」にこの点について書いている。

「武士道といふは、死ぬことと見付けたり」という有名な一句以外に「葉隠」を呼んだことのない人は、いまだに、この本に忌《い》まわしいファナティック（筆者注＝狂信的）なイメージを持っている。しかし、その一句自体が、この本全体を象徴する逆説なのである。わたしはそこに、この本から生きる力を与えられる最大の理由を見いだした。これは自由を説いた書物なのである。これは情熱を説いた書物なのである。

三島は「葉隠」を〝逆説の本〟だと言った。「わたしにとって、ただ一冊の本『葉隠』」と言い切った三島は、『『葉隠』は、それが非常に流行し、かつ世間から必読の書のように強制されていた戦争時代が終わったあとで、かえってわたしの中で光を放ち出した。『葉隠』は本来そのような逆説的な本であるかもしれない」と著書「葉隠入門」の冒頭でも「逆説」を強調している。三島は深層では「葉隠」が誤解されることを歎き、悲しんでいたのだ。

「葉隠」こそ、わたしの文学の母胎である。わたしの「葉隠」に対する考えは、今もこれから多くを出ていない。むしろこれを書いた時に、初めて「葉隠」がわたしの中ではっきり固まり、以後は「葉隠」を生き、「葉隠」を実践することに、情熱を注ぎだしたといえるだろう。つまり、ますます深く「葉隠」にとりつかれることになったのである。

三島の言行を引き合いに出すと、彼の最期が割腹自決という形だっただけに新たな誤解を生むかもしれないが、戦《いくさ》のない時代に死に直面するのはどのような場合であろうか。現代においては国内紛争や国際テロとの戦いの緊張の中にある国民を除けば、極度に死を意識してコトに臨むケースは稀である。死との遭遇は、だれにでも必然的に訪れる老死、あるいは不治の病いによる死、不慮の事故死、思いもよらないトラブルや事件に巻き込まれての死、自然災害死、深い悩みの末の自死などさまざまである。なんとしても生き抜きたいと思いながらも、目的を達するために生死を分ける重大な局面に立たされたときであれば、「葉隠」はそのときの行動の純粋性と情熱の高さと力とを肯定しているのである。

「図に当たらぬは犬死などということは、上方風の打ち上がりたる武士道なるべし」と一刀両断にしている。図に当たると言うことは、「正しい目的のために正しく死ぬ」ということだろう。「葉隠」は、正しい目的というのは、死ぬ場合には決してわかるものではないという。だから、うまくいかなかった、失敗したからといって「犬死」などということはない。土壇場で、さあ、どちらを選ぶか、どの道を行くかと迷う。どうすれば成功するかなんてわかりっこないのだから、無二無三に突入するだけだ。武士の根本は死ぬことだから、生きるか死ぬかしかない場合は、さっさと死ぬ方を取ればよい。特になんということはない。頭が芯からしびれるような決断を、サラリとやってのけるというわけである。

「あなたの生き方に明快な答えを出してくれる本」とうたって平成20年（2008）に「下手な人生論より『葉隠』」という本（河出文庫刊）を出した人材育成コンサルタント本田有明《ほんだありあけ》（1952―）も「この一句をもって、『葉隠』は死を賛美している本だと早とちりしてはいけない」とクギをさし、「引用文をじっくり読み直そう。着目すべきは次の部分だ」と言っている。

「死を選べば覚悟が定まって、まっすぐに進むことができる」

常に死身《しにみ》になっていれば武士道に自由を得て、一生まちがいなく職務に励むことができる。武士道の本質は死にあるといいながら、「すぐに死ね」とはいっていない。生きるか死ぬかの場面に遭遇したら、その時は死を選べと諭しているのだ。生きるか死ぬかの場面とは、どういう状況だろうか。合戦に参じて、殊勲をあげるため真っ先に切り込んでゆく場面である。あるいは敵の襲撃から殿様を護るべく、体を張って戦う場面である。それこそが奉公人としての武士の職務にほかならないからだ。

「死を念頭において職務に励みなさい。そうすれば覚悟が定まって、よい仕事ができる。合戦においても死中に活を得られるだろう」―山本常朝が言おうとしたのは、こういうことであった。死を選ぶことによってこそ充実した生を獲得することができる、という逆説を、私たちはここに読み取らなければならない。

作家であり時代を評論してきた市民運動家森川哲郎《もりかわてつろう》（1923―1982）も、昭和53年（1978）

に日本文芸社から発刊した「誠の生き方を啓示する名言抄～葉隠入門」にその一句「死ぬことと見付けたり」を評論している。

どうしても成功の見込みはないと分かっている場合にも、正義を立てるためにやらなければならないと考えるときに、果たして何人が身を捧げるだろうか。このような場合に身を投じる者を常識人は「狂」と呼ぶだろう。しかしそうではない。正しく正邪の判断ができるものである。このような場合、躊躇なく正義につき、死の危険を冒しても突き進む。それを武士（男）というのだ。

ここでいう死は、形の上の死を意味した浅薄・皮相なものではない。山本常朝自身、殉死することなく生きのびて天寿を全うしているのである。要するに、大義のためなら常に名も命も他の一切も投げ捨てる心を養うことが肝要だ。これこそが武士だと説いているのである。『朝に死し、夕べに死し、常住死に切ることが肝要』という表現は、それ以外の何ものでもない。それが悲壮感に満ちていても、私心の死、売名の死であれば何にもならないのである。

佐賀県出身、日本大学文学部卒の歴史小説家松永義弘《まつながよしひろ》（１９２８―２０１６）は平成４年（１９９２）に「葉隠」（教育社）を書いた。松永は「独眼竜政宗」「柳生一族の陰謀」「人間宮本武蔵」「毛利元就《もうりもとなり》」など数多く歴史上の人物を描いている。惜しくも先年亡くなったが、出版の前年に葉隠研究会第６回総会に記念講演者として里帰りしている。松永は、当時、佐賀新聞社論説委員長で葉隠研究会の副会長だった河村健太郎の知友、旧制唐津中学の同期だった。その講演要旨は「葉隠研究」17号（１９９１年刊）

に18ページにわたって収録されている。

松永は昭和55年（1980）に原本現代訳「葉隠」上・中・下巻に上梓して、10年後には第5刷を数えている。講演要旨には、ふるさとの佐賀県が愛おしくてたまらないといった思いが随所に見られる。

上巻の冒頭「葉隠の世界」には、「死ぬことと見付けたり」を取り上げ、ビルとビルの間に張り渡した綱を渡った綱渡師のことを取り上げているが、これは講演でも披露した。

恐ろしくなかったかと聞かれて綱渡師は、

「こわかったですよ。渡る前、今日はやめようかと思ったくらいです」

「しかし、すでにロープは張られている。見物人は集まっている。それで目をつむってロープに足を乗せました」と答えていた。

それで飯を食っている者が、目をつむってというところが面白くて覚えていた。

「綱渡師というは、落ちることと見付けたり」

本当に目をつむっていたわけではあるまい。決心する刹那、目をつむったとしても、ロープに足をかけたときは、クワッと目をむいたことだろう。

落ちるのではないだろうか。死ぬのが嫌だったら、もうロープは見えなくなる。見えないロープは渡れない。落ちたら死ぬまでだ、と覚悟を決めたとき、ロープも頼りがいのある太いものに見えてくるのだ…。

「葉隠」のすごさ、今日の私たちを圧倒してくるのは、この先である。

「図にはずれて死にたらば、犬死、気違いなり。恥にはならず…」。

渡ろうか渡るまいか。確実に生きたいと思えば、綱渡りなどしないほうがいいにきまっている。しかし、綱渡師が綱渡りをやめたら、綱渡師でなくなる。ゆえに度胸を決めて渡らなければならない。不幸、途中で落ちて死んだとしても、それは失敗した不運な綱渡師であり、恥にはならない。だが渡ることをやめた綱渡師は、生き恥さらしの臆病者となるのである。

「葉隠」は聞書第十93節に言う。

「馬場美濃守が、敵に向かったとき、目の前がまっくらになるが、少し心をしずめると、おぼろ月夜ぐらいの明るさをとりもどすと言った」

聞書第一93節にも言う。

「役儀あぶなきと思うは、すくたれ（臆病）者なり。その事に備《そな》わりたる身なれば、その事にて仕損ずるは、定まりたることなり。外の事、私の事にて仕損ずるこそ、恥にてあるべし…」

「葉隠」の面白さは、常朝その人の建前と本音が、生々しく語られているところにある。「一にも修行、二にも修行、自慢がいちばんいけない」と言っているかと思うと、「武勇には大高慢であれ、一町行くあいだに七度嘘をつけ」などと言っている。

また、常朝の祖父中野《なかの》神右衛門《じんえもん》清明《きよあき》が言った「一代夜も寝ずにかせぐべし。そのときようやく人並みになるべし」というのを語って肯定したかと思えば、聞書第二85節を現代語訳で紹介すると、

「人間の一生は誠にわずかのことである。好いたことをして暮らすべきである。夢の間の世の中で、好かぬことばかりして苦を見て暮らすのは愚かなことである。このことは悪く聞いては害

になることだから、若い衆などへはついぞ語らぬ奥の手である。私は寝ることが好きである。今の境涯《きょうがい》（筆者注＝身の上）相応に、いよいよ禁足して寝て暮らそうと思う」とのことである。（佐藤正英・定本葉隠〔全訳注〕）

「葉隠」の武士道の中に「死」を捉《とら》えきった常朝。どうしてこれほどまでに口を極めて「常住死身」を説いたのか。彼が生きた時代背景をいま一度おさらいしてみる必要がある。

常朝の思想や意見は、時勢と無縁ではない。常朝が生まれた万治2年（1659）というのは、江戸文化も頽廃《たいはい》、爛熟《らんじゅく》を極め、湯女《ゆな》風呂（女性が垢すりや髪すきのサービスをした銭湯。飲食や音曲に加え売春をするようになったため、幕府はしばしば禁止令を発令した）が流行《はや》り、華やかに花火を打ち上げて興じるような市民文化が花咲き始めたころである。

元禄時代の世相はいよいよ華美艶麗《かびえんれい》になり、頽廃の度を増し、少なからず武士たちもその空気に染まっていった。常朝は元禄4年（1691）、第2代藩主鍋島光茂の御書物役となり、同9年には京都役となって、光茂のために古今集を学んだ。松尾芭蕉の「奥の細道」が出るなど文化に高度さもみられたが、反面、政治は乱れ、元禄14年（1701）には忠臣蔵の発端ともなる江戸城中での松の廊下刃傷事件があった。光茂の死去はその前年5月16日、69歳だった。常朝は失意のうちに出家、黒土原の山中に隠棲する。田代陣基との出会いがあり、7年を費やして「葉隠聞書」が終わり、3年後の享保4年（1719）10月10日に常朝が死んだ。この間、赤穂浪士の仇討ちがあり、近松門左衛門の「曽根崎心中」が発表され、江島生島《えじまいくしま》事件が起こり、享保の改革などがあり、時勢は大きく動いていた。

佐藤正英校訂「定本葉隠・全訳注」より聞書第一63節口語訳を取り上げる。

武士の身嗜《みだしな》みは常時討ち死にの覚悟から

50、60年前までの士《さむらい》は、毎朝行水し、月代《さかやき》を剃り、髪に香を留め、手足の爪を切って軽石ですり、酢漿草《かたばみ》で磨き、怠りなく身なりを嗜《たしな》み、とりわけ武具一通りは錆《さび》を付けず、ほこりを払い、磨き立てて召し置きました。身なりを特に嗜《たしな》ますことは、伊達《だて》のようでありますが、風流のためではありませぬ。今日討ち死に、討ち死にと必死の覚悟を極め、もし無嗜みで討ち死に致しますと、かねてからの不覚悟が露《あら》わとなり、敵に見限られ、汚らしいとされますので、老若ともに身なりを嗜み申したことでした。

面倒で時を費やし申すようですが、武士の仕事はこのようなことです。他に忙しいこと、時の要ることもありませぬ。常時討ち死にの心組みにはまり切り、とくと死身になり切って奉公も勤め、武篇《ぶへん》も致しますならば恥辱のあるはずがありませぬ。このようなことを夢にも気付かず、欲得・わがままばかりで日を送り、行き当たっては恥をかき、それも恥とも思わず、自分さえ快くありましたら何も構わぬなどと言って、放埒《ほうらつ》・無作法のふるまいになって行きましたことは返す返す残念な次第です。かねてからの必死の覚悟のない者は、定めし死に場がわるいと決まっています。また、かねてから必死と極めまして、どうして卑しいふるまいをするはずがあろうか。このあたりをよくよく工夫いたすべきことである。

また、30年来風儀（筆者注＝習わし、風習）が移り変わり、若い士《さむらい》どもが会ってする会話は、金銭の噂・損得の考え、家計差し支えの話・衣服の吟味・色欲の雑談ばかりで、このことがなければ一座も済まぬように聞いています。どうしようもない風俗になってきました。昔は、20歳、30歳位の者どもまでは、もとより心の内に卑しいことを持ち申しませんでしたので、言葉にも出し申さず、年輩の者がふと申し出しますと、粗相《そそう》のように感じ申しておりました。これは世の中が華美になり、家計の方ばかりを肝要なことと目を向けますためでありましょう。我が身に似合わぬ贅沢さえ致しませんでしたから、ともかくも済むものです。

また、今時の若い者の倹約心があるのを、「よい所帯持ち」などと褒めるのは浅ましいことです。倹約の心がある者は義理を欠く。義理なき者は腰抜けである。

武士は事の成るか成らないかを問わず、死地に赴かなければならないこともある。また、成功などは度外視して、たとえ不利と分かっていても、正義のために生死を賭けなければならないこともある。「死ぬことと見付けたり」は、その覚悟を平生より自分のものとしておくことが必要だといっている。死の心構えが十分であったと言えるような死こそが美しいのである。胸を据えてすすめばよいとの声が響く。

東洋の古い文化は、一般に死を透《す》かして生を見ていた傾向が濃い。そうしてなかんづく武士道にはその傾向が身についていた。武士道における死は、生の終わりであるとともにまた生の始めでもあった。「武士たらん者は元旦も朝から大晦日の夕べに至るまで日々夜々死を心にあつるを以て本意の第一とする」（大道寺友山「武道初心集」）といわれるように、武士道的「生」は常住不断の死において成立した。その意味で武士道とは要するに「葉隠」の次の一句に尽きるものと考える――「武士道といふは、死ぬことと見つけたり」。

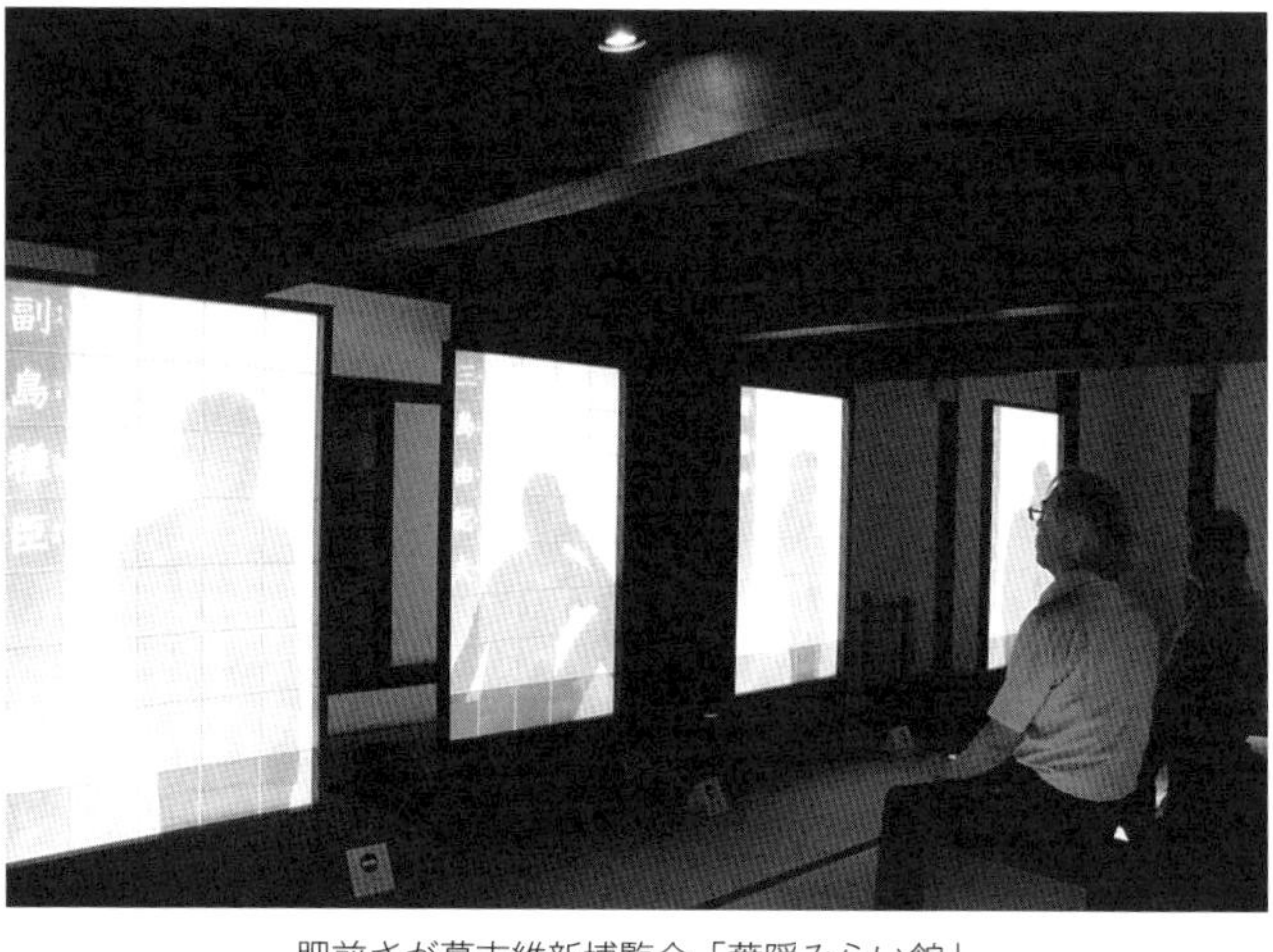

肥前さが幕末維新博覧会「葉隠みらい館」

葉隠研究会と会誌「葉隠研究」

葉隠研究会設立趣意書

「葉隠」は近世の佐賀が生んだ傑出した人間の書、思想の書であり、また道徳の書でもあります。その強烈な主張や明快な論理で読む者の魂を常に揺り動かします。18世紀初めに生まれて以来、今日に至るまで熱烈な愛読者が絶えませんでした。

しかし独自の個性を持つものの常として、たえず偏見を生み、誤解を招いてまいりました。純粋性を偏狭とされ、その禁欲的な主張を封建的と決めつけられ、生命軽視の代名詞のような扱いさえ受けてきました。

それでいながら「葉隠」は、いつの時代にも愛読者を持ち続けてきました。まことに不思議な魅力を秘めた書であります。それは「葉隠」が極度なまでに真剣に人間を見詰め、宗教に近いまでに人間形成を説いているからと思われます。清潔に明朗に、時に奥深く、時に具体的に、倦《う》むことなく人間のあり方を追求しているからであります。最近「葉隠」が改めて評価されつつあるのも、そのためと考えられます。

ところが、「葉隠」には、まだ数多くの未知のものがあります。その成立や時代背景、人物、周辺の歴史など調べるべきものはたくさん残されております。また、いまだに誤解を含んだ「葉隠」観は、日本のなかに色濃く残っております。残念でなりません。

「葉隠」を生んだ郷土の人間として、その本質や歴史を明らかにし、偏見や誤解を解き、「葉隠」の主張を正しく理解し、広く伝える事は、私どもの使命と信じます。ここに有志が集い、全国はもちろん、遠く海外にも呼びかけて、研究会を設立することといたしました。

会の事業として、会則を定め、各種の調査研究、研究誌の発行、定期的な研究会、座談会や講演会の開催、史跡の探訪などを行います。趣旨にご賛同の方はもちろん、これから「葉隠」をはじめて勉強をしてみたい方は、どなたでも入会できます。お誘い合わせのうえご入会、ご賛助くださいますようお願い申し上げます。

昭和六十一年三月七日

発起人　（五十音順）

歴史家	池田　史郎
佐賀県教育庁文化課課長補佐	尾形　善郎
佐賀県教育庁文化課指導主事	大園隆二郎
佐賀新聞社論説委員長	河村健太郎
元佐賀大学付属中教諭	北島　治慶
佐賀市教育委員会社会教育課長補佐	北原　学
佐賀県立図書館資料課長	栗原　耕吾
佐賀女子短期大学教授	古賀　秀男
佐賀県立博物館学芸課長	小宮　睦之

作家　滝口　康彦
郷土史家　福岡　博
㈱宮地印刷代表取締役　宮地　敏昭

佐賀鍋島藩が生んだ歴史遺産「葉隠」を、佐賀に育った者たちの手によって後世に伝えていこうとの心意気が結実して、昭和61年（１９８６）３月に「葉隠研究会」が設立された。５月発刊の同会研究誌「葉隠研究」創刊号を開くと、和紙に印刷された達筆の筆による「葉隠研究会設立趣意書」がはらりと落ちた。それが冒頭に掲げた昭和61年３月７日付の趣意書である。戦前、戦中は「必読の書」とまでに持ち上げられながら、敗戦の憂き目を見た後は、手のひらを返したように見向きもされなくなってしまった「葉隠」。佐賀鍋島藩の幕末維新期の存在感の大きさと維新政府にきら星のごとく輝くリーダーを輩出してきた郷土に誇りを持つ人たちにとって、「葉隠」を「戦犯図書」扱いされるのは耐え難いことであったに違いない。

設立総会は５月24日、佐賀県立図書館で開催された。先に紹介した12名の設立発起人のほか、さらに18名の顧問が名を連ねている。佐賀県知事香月《かつき》熊雄《くまお》、佐賀県商工会議所連合会会長香月《かつき》義人《よしと》、佐賀大学学長楠田《くすだ》久男《ひさお》、佐賀医科大学学長古川《ふるかわ》哲二《てつじ》、佐賀市長宮島《みやじま》剛《たけし》ら県内の要人はじめ県外からも佐賀出身の警視総監今泉《いまいずみ》正隆《まさたか》、さらには「葉隠」の著者でもある東京大学名誉教授古川《ふるかわ》哲史《てつし》、同相良《さがら》亨《とおる》、歴史家奈良本《ならもと》辰也《たつや》も顔ぶれの中にあった。

創刊号の目次の主なものは下記の通りである。

葉隠問答集　葉隠研究会発起人代表　古賀秀男
葉隠との出会いかれこれ　作家　滝口康彦
葉隠と親しむために　元佐賀大学付属中教諭　北島治慶
葉隠の名の由来について　佐賀大学講師　池田史郎
葉隠における倫理と美意識　文芸評論家　野島秀勝
試論・葉隠成立の時代背景について　佐賀新聞社論説委員長　河村健太郎
私と葉隠　逆境の時に読んで　主婦　山中順子
県立図書館所蔵　葉隠写本・文献・現代資料　佐賀県立図書館資料課長　栗原耕吾

時代を超越する人間形成書の探求

ここでは葉隠研究の創刊が、一つには「軍国主義に利用された葉隠を見直し、本当の葉隠を読み取ろう」との思いから始まったことでもあり、北島治慶《きたじまはるよし》の「葉隠と親しむために」の冒頭一部を紹介したい。

「葉隠」という名を知ったのは私が13、14歳のころ。そのころは日中戦争のまっただなかで、学校は軍事教練といって、銃や機関銃を握らされ、その撃ち方を教わるなど、それこそ毎日厳しい訓練を受けていました。国民の間には「欲しがりません勝つまでは」という言葉が流行し、戦争に勝つことのみを目標として大人も子どもも強くたくましくがんばっていました。

軍事教練の時はもとより、勉強の時も、掃除の時も、作業をするにも何につけても校長先生をはじめ先生方は「葉隠魂」「葉隠精神」をもってがんばれといわれたものです。ときには、「葉隠武士」「葉隠軍人」がいかに立派な武人であったかを讃えつつ、「武士道とは死ぬこととみつけたり」と大声でどなりながら何やら説明されていましたが、私にはその意味がよくわからず、「葉隠」とは厳しいもの、強いもの、勇ましいものなどの印象だけが残ったまま数十年の歳月を過ごしました。

今日、世界にもまれな平和国家、経済大国として世界の人々から注目されています。このようなとき「葉隠」を語り、葉隠の神髄に迫ってみようとすることは奇妙に見えるかもしれません。しかしそれは戦争中に「葉隠」の一部分のみを利用して、そのことのみが「葉隠」のすべてでもあるかのようにもてはやされたからだと思われます。「葉隠」にはそのような恐ろしいまでの気迫や強さを説いているところもありますが、それにもまして温かさ、慈しみ、人間の弱さなども満ち溢れています。だから人々の心を引きつけるものがあるのだろうと思われます。（後略）

それから5年。葉隠研究会が5周年を迎えた平成2年度の総会を5月26日に佐賀県立図書館講堂で開催しているが、記念講演の講師に歴史家奈良本辰也を迎えている。その講演要旨は「奈良本辰也　新渡戸稲造『武士道』と日本の名著『葉隠』」の項で紹介している。ここでは当時の副会長河村健太郎（佐賀新聞社論説委員長）が翌日の佐賀新聞に掲載した論説「5年目に入った葉隠研究会」の概略を部分抜粋で紹介し、当時の活動を見ておこう。

葉隠研究会が着実な活動を続けて5年目に入ったことを喜びたい。歴史家奈良本辰也氏が記念講演した。「心理は常に極端な言葉の中にある」と唱えたフランスの哲学者グールモンの思想から、「葉隠」に新しい角度からの照明を与えた人だ。総会ではいつも葉隠への創見（筆者注＝今までにない新しい見解）に満ちた人を、記念講演の講師に迎えている。

葉隠のストイシズムとキリスト教との共通性を提唱した上智大学の三輪公忠教授、岩波書店の「日本文学大系」に葉隠を解説（別項で紹介）した東大の相良亨教授、岩波文庫で和辻哲郎氏とともに葉隠を校訂した古川哲史氏、昨年は禅の権威である藤吉慈海氏を招いている。

「葉隠」という言葉が、いつ、だれによって使われ始め出したのかも、よくわかっていない。つまり葉隠の基礎的部分の研究は、未知の分野に属しているといえる。「葉隠研究」の執筆者の中には、その未知の分野に挑戦し、長年の研究の成果を発表し続けている人が多い。

創刊号から毎号、〝知られざる葉隠〟を紹介している。葉隠の口述者山本常朝の手稿「草庵雑談」を紹介したのをはじめ、葉隠説話の分類と出典を克明に調べている。他にも小宮睦之氏が「孝白本・葉隠」の紹介と現代語訳を、古賀会長が「葉隠問答集」をそれぞれ連載するなど、会員たちの愛情と情熱あふれる執筆が続けられている。

県内に800カ所はあるといわれる葉隠関係の遺跡、葉隠の中の特殊な用語などまだまだ研究すべき事業は数多い。河村は論説の最後に、発会時800人であった会員が、5年後には500人余に減少していることを嘆き、「こうした研究会活動にはやはり会員増大による運営費の確保が不可欠だ。葉隠研究会が運営基盤を確立し、ユニークな活動を続行することを心から期待したい」と結んでいた。

平成21年に山本常朝生誕350年を記念して国際シンポジウムを開催すると、翌22年（2010）は、黒土原の草庵「朝陽軒《ちょうようけん》」で山本常朝と田代陣基が出会ってから300年のメモリアルイヤーであった。「葉隠研究」も同年2月刊69号から「300年特集号」をスタートさせた。葉隠研究会の会長も初代会長古賀《こが》秀男《ひでお》から占部《うらべ》義弘《よしひろ》（いずれも故人）、さらに現会長中野《なかの》啓《あきら》へとタスキをつないだ。なかでも「葉隠300年」のこの7年間、葉隠国際シンポジウムの開催、「葉隠」の英訳、イタリア語訳を相次いで出版。「葉隠研究」は85号（平成30年8月刊）を重ね、研究会活動は揺るぎなく続いているものの会員数は減少の一途をたどっている。しかし、年2回の「葉隠研究」の発行はじめ総会記念講演会、シンポジウムの開催、葉隠を読む会、葉隠史跡探訪会などを開いている。

年会費は一般会員7千円、賛助会員1万円。「葉隠研究」は国立国会図書館、佐賀県立図書館、佐賀市立図書館、佐賀市立春日北公民館などに全号が揃っている。

2018年葉隠研究会総会

米国の医学博士・哲学博士、葉隠研究会名誉会員のステイシー・B・デイは熱心な葉隠研究家であり、平成22年（2010）の葉隠300年記念国際シンポジウムのあとにチェコ・プラハで「HAGAKURE」を出版した。また同25年には佐賀女子短期大学教授で葉隠研究会理事西山《にしやま》正広《まさひろ》は2年余をかけて「葉隠」初の英語版「HAGAKURE」を出版した。「校註葉隠」の中から約250話を抽出して武士の精神世界や死生観を伝えている。また、インターネットでは栗原荒野「校註葉隠」が西山によって全巻英訳で紹介されている。

会長中野はこれらの本を携えて、平成25年2月から「葉隠300年HAGAKURE海外キャンペーン」の旅を始めた。最初の訪問国はアメリカ。ニューヨーク郊外に住むステイシー・デイを訪ね、アメリカ陸軍士官学校、佐賀市の姉妹都市グレンズフォールズ市も訪問して佐賀県知事と佐賀市長の親書と「葉隠」を手渡した。シカゴからはレンタカーを駆ってデトロイトへ。その後カナダに入国、トロント大学へ。ロサンゼルスでは中西カリフォルニア佐賀県人会長夫妻の歓待を受けた。さらにレンタカーでロングビーチ、サンクレメンテ、アメリカ最南端のサンディエゴに行き、メキシコへの国境を超えた。17日間の北米ひとり旅は、レンタカーと荷物の盗難に遭うなどリスキーだったが、持ち前の豪胆さでびくともせず、鉄道5000キロ、レンタカー4000キロを走り抜けた。

以後、中野会長の〝「葉隠」を抱いて世界独り旅〟は連続して5年間続いた。ヨーロッパの国々からスカンジナビア半島の北欧諸国とポーランド、チェコ、バルト3国、スペイン、ポルトガルのイベリア半島、さらには南米に飛び、ついに平成29年（2017）にはカリブ海の真珠・キューバへ。ハバナ・ユニバーシティに「葉隠」を届ける目的も果たした。旅の最後はニュージーランドのオークランド大学訪問で締めくくり、日本国内へと移った。こうして世界各地の大学、市役所、図書館、教会、ホテル、観光案内所などに英語版20冊、「葉隠」入門編50冊を配布、「SAGAのHAGAKURE」をアピールしてきた。

この飽くなきHAGAKUREの旅日記は、「葉隠研究」第75号から第85号に毎号掲載でリポートしている。なぜか旅の先々で現地の美しい女性とのツーショット写真が多いのが気になるところだ。

平成17年（2005）12月発行「葉隠研究」第57号は、葉隠研究会創立20周年特集だった。そこには当時の葉隠研究会会長占部義弘が「歴史の重みを学ぶ20年」として、武家社会における鍋島藩の階級制度や下級武士の暮らしぶりなどを紹介し、「特に武士道というのは、『恥の文化』ではないでしょうか。命より恥をかくことを恐れ、恥をかかぬためには命をも捨てる武士も多く、恥の文化こそ武士道の中核を占めていたと思う」と論説している。

東京で盛んな葉隠研究活動も紹介している。葉隠研究会顧問 今泉《いまいずみ》 正隆《まさたか》は「80歳の私の至福は、葉隠フォーラムへの出席です」と前置きして、弁護士の東京佐賀県人会会長嘉村《かむら》 孝《たかし》が講師となって東京で毎月開くフォーラムを紹介している。平成10年から始めて首都圏会員が男女ほぼ同数の50人。「葉隠」をめぐるテーマで楽しく学び、語らい、懇親していると〝江戸葉隠塾〟をリポートしていた。

同じく葉隠研究会顧問で「葉隠」11巻現代語訳著者松永義弘《まつながよしひろ》も「20周年を迎えた今、葉隠研究誌56冊が私の書架に並んでおります。堂々たるものです。『葉隠』が偉大な書であるからでしょう。『葉隠』が研究会を持ち、研究会誌を発行して20年続いているのです。驚くではありませんか。情熱です。皆さんの。占部会長はじめスタッフの方々の努力の賜物です。会員諸氏の〝真摯な興味心〟もこの20年を支えております。日本文化の宝といえましょう」とお祝いのメッセージを寄せた。フォーラムは今日も続いている。

「葉隠研究」には創刊号から今日まで一貫して表紙に掲げている表題がある。「時代を超越する人間形成書の探求」。同誌をひとことで表現するコピーである。さらに、このコピーとセットで裏表紙には常に「初めて当てられる多角的証明―魅力の源泉・佐賀の国学」という文言を掲げている。江戸時代には「葉隠」から鍋島武士としての士道を学び、現代人は人間形成の道を学ぶということであろうか。ところが、この表現に疑問を呈されたことがあった。

「葉隠研究」37号（1999年2月）の編集後記に「この表紙にある文言『時代を超越する人間形成書の探求』について、東大の先生から疑問の声が出されていると教えてくださる方がありました。葉隠は人間形成の書なのかと。編集委員の間からは、この際、『武士道書』に変えようかとの意見も出ましたが、創刊以来の文言ですから、ここは広くみなさまのご意見をお聞きしてからということになりました。どうぞご意見をお寄せください」とある。

「葉隠研究」創刊号から第85号まで

「東大の先生から」といえば穏やかではない。なぜなら東大文学部倫理学科は、「葉隠」の研究が最も盛んな全国の大学研究室の中核でもあるので、些細な指摘のようでもあるが看過するわけにはいかなかった。その後の展開が、「葉隠」およびその研究の本質に迫る内容となっているので、ぜひ詳細を取り上げておきたい。

この編集後記にすぐに反応があった。翌号38号（同年6月）に詳しい。意見を寄せたのは東京大学大学院生吉田《よしだ》真樹《まさき》だった。東大教養学部を卒業し、当時は大学院で倫理学専門分野の研究を進めていた。現在は静岡県立大学准教授だが、先に佐藤《さとう》正英《まさひで》の校訂「定本葉隠・全註釈」を紹介した中に編集チームの全体統括役を務めていたのが吉田である。吉田は次のように述べている。

まず、東大倫理学教室の、特にわれわれ日本倫理思想史の人間のなかには、そのようなことを言う者はいないはずだと思われます。万が一いたとしても、それは彼（疑問の声を出した人物）の構想する全倫理学体系から出た発言であり、「葉隠」が彼の体系からはみ出す部分を持っている、あるいは彼の体系は「葉隠」を包摂しきれなかった、ということに過ぎないと考えるべきではないでしょうか。

「時代を超越する人間形成書の探求」という文言は「葉隠研究」の立場を鮮明に現したものです。すなわち「葉隠研究」は「葉隠」をどこまでも主体的に読む立場をとる、という宣言となっているのです。「葉隠」はかつては、むしろ「鍋島武士形成書」とでも呼ぶべきものだったのでしょう。「形成」とは「道」のことですから、「鍋島武士道書」と言っていいかもしれません。では今、現代のわれわれにとってそのような書物であった「葉隠」とは、一体何であるのか。武士でない現代人たるわれわれは、なぜ「葉隠」を読むのか。この問いへの答えが、「人間形成書」という言葉に示唆されているのです。

鍋島武士も現代のわれわれも「人間」である、「人間」であることが両者を貫く普通項である。この地点が、現代のわれわれが「葉隠」を捉える出発点である。以上のような重大な主張が、この「人間形成書」という文言に込められているのです。「葉隠」は「時代を超越」し、現代のわれわれの「葉隠」にならねばならないのです。

この「時代を超越する」という表現に注目すると、これまたよく考えられた言葉であることに気付きます。「時代」は「超越」するが、「地域」は「超越」しないとも解釈され得るからです。佐賀人が「葉隠」を大切に継承してきたことは周知の事実です。佐賀人が「葉隠」を大切なものと思い、現代に伝えてきているそのこと自体、稀有な、文字通り有り難いことです。

驚くべきことに「葉隠」は特殊性を維持しているからこそその普遍性を獲得しています。だからこそ他方者である私にとっても「葉隠」を読む意義があるのです。どちらの方向から「葉隠」を読むにせよ、目指すものは真実なのであり、まさに「人間性」という言葉は、こうした同じ志をもって「葉隠」を読んでいるということを私に実感させてくれる言葉なのです。

以上のような理由により、「葉隠」を「時代を超越する人間形成書」と規定するのは、現代佐賀人の立場からして至極当然であり、またそのような書物を「探求」することを通して、（他方者をも含みつつ）真実を目指す新たなあるべき間柄という意味を「現代のわれわれ」に与えて賦活《ふかつ》する事すら可能な、このすばらしい副題を変更する必要は全くない、と私は考えます。

この投稿は「葉隠研究会」存在と研究活動にも賛同してくれたものであり、編集部は疑義をさしはさむ余地はないとの確信を得ることができた。そこで「『葉隠』は近世が生んだ傑出した人間の書、思想の書であり、また道徳の書でもあります」と前置きして、「時代を超越した人間形成書の探求」と言う文言に対する疑義に対し、次のように答えている。

「葉隠」は、その強烈な主張や明快な論理で読む者の魂を常に揺り動かします。武士の世ではない現代において、海外からまでも注目されている「葉隠」は、読むほどに人間形成を説いている書だと思います。「葉隠」が「武士道の書」であれ「人間形成の書」であれ、時代と国境を超えて人々のお役に立つことは喜ばしいことです。

葉隠研究会の創立（１９８６）から32年、あのとき、創立の発起人として名を連ねた12名のうち８名は今は亡い。また、会員数も現在では３分の１までに減少した。佐賀の歴史的遺産であり、精神文化の宝ともいえる「葉隠」をどのように伝承していくのかの岐路に立たされている。葉隠研究会の第３代会長を務める中野啓は語る。

「現代は哲学不毛の時代です。古代ギリシャ哲学のプラトン、ソクラテスからアリストテレスの哲学を超えるということがないのです。わが国では総じて宗教も人々の心に真に深く根ざすに至らず、精神世界は乱れるにまかせ、政治も経済も価値基準を見失っているように思えます。江戸時代の武家社会を背景として生まれた古典哲学「葉隠」は、現代社会でも十分にその存在を主張するに値するものであり、人として失ってはならないはずのことなど、多くの学びを与えてくれます。思いも新たに『葉隠』からその精神を学び、広く伝えることが求められていると思います」という。

世界各地で「葉隠」を紹介してきた会長中野啓

インカの史跡・マチュピチュへ

文明・交流の要衝「トルコ」へ

キリスト教と「葉隠」

神父と僧侶の往復書簡

佐賀の地にあって、「葉隠」を日常の信仰の中に感じながら、祈りのうちに80歳で亡くなったカトリック教の神父がいた。アレグリーニ・アレグリーノ神父。２００６年4月3日、天に召された。２０１８年は仏教であれば13回忌に当たる。神父は「愛」を説き、接するあらゆる人たちとの間に「愛」を実践した神父であった。「葉隠」をキリスト教との関連で、あるいは対比で語るとしたら、この人を後回しにはできない。

１９２６年にイタリアのルッカ市に生まれ、ルッカ大神学校を卒業して、終戦間もない昭和26年（１９５１）に宣教師としてオランダの貨物船で横浜港に着いた。1年間、日本語を学ぶと山梨と東京のカトリック教会で司祭を務め、間もなくカトリック・ミラノ外国宣教会日本管区長となった。１９７３年に国学院大学神道学科を修了すると、佐賀県の多久カトリック教会の司祭に着任、多久カトリック幼稚園の園長も兼務した。47歳だった。昭和62年（１９８７）から佐賀カトリック教会司祭、特別養護老人ホーム「ロザリオの園」の指導司祭を務めた。

佐賀に住まいしてからは神道や仏教に対しても深い理解を持ち、信仰上の垣根を高くすることはなかった。「葉隠」についても深い関心を持ち、研究に熱心で葉隠研究会の催しにも熱心に参画した。トレードマークの白髪も見事で、温厚でいつも笑顔を絶やさず、きれいな日本語を身につけた神父であった。何よりもその徹底した受容と包容力は知る人の信頼と尊敬を集めた。

筆者は神父と浅からぬ縁を持つ。筆者が佐賀新聞社で文化部長になった平成4年（1992）の秋、「神父と僧侶の往復書簡」を企画した。毎週、交互に手紙（原稿）を書いていただき、文化面「こころ」のページに掲載する。神父はその数年前から面識のあった神父アレグリーニに依頼、僧侶は伊万里市の浄土真宗西念寺の若き住職井手《いで》恵《さとし》に白羽の矢を立てた。東京大学文学部卒、インド哲学科在学中は東大空手部で選手兼コーチを務め、「七帝大戦」で優勝の祝杯を上げたという強烈な個性を持つお坊さんだった。迷っていた井手住職も除夜の鐘を撞《つ》く前に決断し、翌年正月から連載がスタートした。

「心のシルクロード」と題する新連載企画。半年あるいは長くても一年かと思いつつ始めた往復書簡だったが、それはうれしい誤算だった。両者の意気投合、尽きることない話題、豊富すぎるほどの体験に裏打ちされた人間ドラマ、その磨かれた人生観と問題意識の高さから書簡の往復はとめどなく続いた。

往復書簡を書いたアレグリーニ神父と井手恵住職

読者からの反応もかつてないほどであった。2年後の3月末まで101回にもおよんだ。その上、連載は新段階へと発展し、井手住職の豊富な人脈の中から馳せ参じた県内外、海外で活躍中の33人もの執筆者が登場し、さらに2年4カ月にわたって「新・心のシルクロード」の旅は続いた。10数回も書き送ったカナダ在の作家桐島《きりしま》洋子《ようこ》や歌手加藤《かとう》登紀子《ときこ》もいた。このシリーズは2冊の本となった。

アレグリーニは書簡の中に「葉隠」を書いている。手紙の文面と思って読んでいただきたい。

さて、きょうは「葉隠」について私の感じることをちょっとだけ述べさせていただきます。私は小さいときから、家庭や教会や学校で「葉隠」の教訓と同じようなことを教えてもらったので、なんとなく「葉隠」に親しみを感じます。あちこちの公民館などで「人としての生き方」について講演するとき、私はよく「葉隠」を引用しますが、この間、ミサの説教の中でも「常住《じょうじゅう》死身《しにみ》になりて」（マルコ八章34）という言葉が私の唇から出てしまったのです。きっと「自分を捨てて」（聞書第一２節）というキリストの言葉をいつも聞いているキリスト信者たちにその「葉隠」の文句が通じたのでしょう。

「常住死身になりて居る時は、武道に自由を得、一生、落度なく、家職を仕果たすべきなり」と「葉隠」に書いてあります。「死身になる」ということは「欲に対して死ぬ」という意味だと思います。それは、目的ではなく、「武道に自由を得る」ための手段です。欲の奴隷の状態では、だれも武道を修めることはできないはずで、ことに「葉隠」が強調する慈悲の実践が絶対にできないと思います。それで、現代の子どもの教育においても、体の本能を人間らしく、抑え導くことを教えて、「死身」になるところから生じる心の自由と慈悲の実践から湧きいずる喜びを子どもに味わわせる必要があると思います。

なお、「葉隠」からは宗教心も学ぶ「夜陰《やいん》の閑談《かんだん》」には、人間はやかんのように冷めやすいものだと書いてあります。だから、神仏を考えて、四誓願をたて、その「四誓願を毎朝仏神に念じる」のです。「葉隠」はお祈りの重大さを強調していますが、「葉隠」のいう祈りは、まず「まこ

と」の道を祈るものであって、「血の涙」が出るほどの祈りです。（聞書第一59節）

やはり、私は「葉隠」が好きです。「葉隠」の言葉の背景に山本常朝という人間の人格を感じています。

翌週、井手は返信で「キリスト者と葉隠の精神に共通するものを見いだされることに、驚きすら覚えるほどです。私はユダヤの教えの骨格は神に選ばれた民という自覚と、メシア（救世主）を待ち望むことだと思っています。おそらく『葉隠』の教えのなかにも、殿様への無私の忠誠と自分たちの藩への強い誇りを教えたのだという知識しかありません。しかし、アレグリーニさんの言われるように『常住死身』になるとき、それをも超えた自由が得られるのでしょうか」と感慨を伝えている。

さらにあるときは、アレグリーニは「さて、浄土真宗の家に嫁いだ一人のキリスト者のご相談があったと書いてありましたが、おそらく先月の終わりに、一時間ぐらい電話で私と話してくださった方のことだろうと思います。（その女性は『心のシルクロード』の読者で、アレグリーニ、井手の双方に悩みの相談をしたようである）信仰の深い方で、教会と仏教徒である家族に挟まれて、悩んでおられるようですが、その家族の方々も井手さんに相談してくださったらいいなと、私は思います」と書いている。

「自分を捨てる」と「死身になる」

平成4年（1992）11月15日、葉隠研究会主催の「葉隠国際シンポジウム」が佐賀県立美術館で開かれた。アレグリーニをはじめ葉隠研究会会長古賀《こが》秀男《ひでお》、東京大学名誉教授で葉隠研究会顧問古川《ふるかわ》哲史《てつし》、

WHO（世界保健機関）センター教授・ニューヨーク医科大学教授で葉隠研究会会員のステイシー・B・デイ、九州大学名誉教授で佐賀県立病院好生館館長井口潔《いのくちきよし》の５人がパネラーであった。そのときの内容が葉隠研究会編「葉隠―東西文化の視点から」（九州大学出版会刊）に収録されている。シンポジウムでも「常住死身《じょうじゅうしにみ》」が一つの焦点となった。アレグリーニがキリスト教に触れて語っている。（以下、要約）

古賀　人間はあさましいもので、朝夕、自分さえよければという気持ちがしょっちゅう起こってくるでしょう。俺は、俺は、と。俺はこんなに偉いぞ。俺はこんなに物や金を持ってるぞ。こんなに権力を持ってるぞ。こんなに社会的地位を得ているぞ、とうぬぼれる。人を見下げるおごりの心が、本当の心豊かな世界の実現を阻んでいます。そのようなおごりの心を断ち切ることができれば、心から協力し合う世界、諸人一和、一味同心の世界がそこに実現されるのだ。毎朝毎夕死にきらないならば、その境地はつかむことができないよと、「葉隠」の中で、繰り返し繰り返し説かれているところに着目する必要があると私は思うのです。

アレグリーニ　いま私は一生懸命うなずいていました。「葉隠」の解釈になると、私は古賀先生の弟子ですから、考え方は大体同じですね。先生がおっしゃっているように、常朝は私たちがいつも死身にならなければならないと教えています。武士は死身になることができたら武道に自由を得ると言っています。心の自由ですね。それはただ武士として生きるためだけではなくて、本当に人間として生きるために必要ですね。死ぬということの目的は死ぬということではないのです。本当の人間として生きる、また確かめのために生きる。例えば「国のために生きる」「主君のために生きる」ですね。

キリストは「私に従ってきたい者は自分を捨てなさい」とおっしゃったのです。「自分を捨てる」と「死身になる」ということは同じだと思いますね。キリスト教で「自分を捨てなさい」というのは何か目的のために無我になりなさい、欲望にとらわれていれば、キリストに仕えることもできないのだ、ひとのために役立つような生き方をすることはできないのだということですね。だから自分を捨てなさい、死身になりなさいと「葉隠」もキリスト教も教えていると思います。

実際に死身になるためには、よく死のことを考えるのが役に立つと思いますね。自分があと1時間もしたら死ぬかもしれないと考えたら、何が大事なものか、よく理解することができると思います。自分の欲望に従うのは決して大事なものではない。自分の欲望を捨てて、例えばキリスト教信者ならキリストのために、神のために生きる、人のために生きると考えるんですね。

私は、実は小さいときから、このようなことを教えてもらったのです。毎晩やすむ前に、「今夜死ぬかもしれないということを考えなさい」と教えられていました。モーツアルトも、お父さんに送った手紙の中で、毎晩、死ぬかもしれないと考えていたそうです。しかし、モーツアルトは「それで私は陰気な生活をしているわけではない。かえって明るい生活ができる」と書いていました。

アレグリーニは生後1カ月で父を亡くし、そのとき母親は赤ちゃんを抱いて教会に行き、祭壇の前で次のように祈った。「この赤ちゃんには、もうお父さんがいません。この赤ちゃんを神様に捧げますので、どうぞ、神様ご自身がお父さんになって、いつも彼を守り、お導きください」。母親一人に育てられ、畑仕事をする間、オリーブの樹の下に寝かせてくれていた。母親は小学校を3年だけで卒業した人で、実生活に深い信仰を生かす心の明るい人だった。アレグリーニが22歳と4カ月でカトリック司祭となり、その半年後に「ミラノ外国宣教会」に入会したときには、母は亡くなっていた。

シンポジウムでの発言を次のように締めくくっている。

アレグリーニ　いまひとつ言います。それは「死」のことをまじめに考えるほど、心の自由を味わうことができるということです。ちょうど大学1年のとき、私のふるさとでドイツ軍とアメリカ軍が戦っていました。そのとき、大砲の弾が私の住んでいる家の側にもよく落ちたのです。私たちは家の中にいたのですが、大砲の弾がひとつ家に落ちたらもうそれで終わりだとよく分かっていたのです。ですからその時には確かに「死」のことを本気で考えていました。今でもよく覚えています。そのときこそ深い心の自由を味わっていたのです。今、そのときの私を考えたら羨ましく感じるぐらいです。結局、「葉隠」が教えるのはそういうことだと思います。そういうことが常朝の時代の人たちのためだけでなく、今の私たちのためにも非常に大事なことだと思います。

「貴となく賤となく、老となく少となく、悟りても死に、迷いても死す、さても死ぬことかな。我人、死ぬという事知らぬではなし。ここに奥の手あり。死ぬと知ってはいるが、皆人死に果ててから、我は終わりに死ぬ事のように覚えて、今時分にてはなしと思いて居るなり。はかなき事にてはなきや。何もかも益《やく》に立たず、夢の中のたはぶれなり。斯様《かよう》に思ひては油断してはならず。足元に来る事成るほどに、

随分精を出して早く仕舞《しま》う筈《はず》なり」（聞書第二55節）

「死を考えてこそ私たちは精一杯生きるようになる」──中世ヨーロッパに書かれた「デ・イミタチオネ・クリスティ（キリストにならいて）」にも、同じようなことを言っている。

自分の死の瞬間を、いつも心におき、毎日死のそなえをする人は幸せである。いつか誰かが死ぬのをみたら、あなたもそれと同じ道を歩かねばならないのだ、と考えよ。朝があれば、夕べは来ないと考えよ。夕べになれば、あくる朝はあると思うな。いつも備えを忘れるな。死がいつ来ても、備えができているように生活せよ。多くの人は不意の死に遭う。『人の子（キリストの意味）は思わぬ時にくる』からである。この最期の時がくれば、あなたは過去の生活について、今までと異なる考えを持つようになり、不熱心で、なおざりであったことを、くやむだろう。死のときにかくありたいと思うように、生きている間につとめるのは、なんと幸せな、懸命な人だろう（第一巻22章二の４節）

デ・イミタチオネ・クリスティを長崎で初めて日本語に訳したのは、天正13年（１５８５）に少年遣欧使節の一人としてヨーロッパに渡った原マルチノである。

鍋島藩にもあった「殉教」

「葉隠四誓願」の4番目の誓願に「大慈悲を起し人の為になるべき事」とある（夜陰の閑談）。また、聞書第一179節に

慈悲の目ににくしと思ふ人あらじ科《とが》のあるをば猶《なお》も哀《あわ》れめ

との歌が引用されているが、「常朝書置《じょうちょうかきおき》」「銭別《せんべつ》」にも出てくる。アレグリーニは「これは常朝の好きな歌の一つで、彼の信念を表していると思う。この歌を目にすると私にキリストの言葉を思い起こさせる」として、有名な一文を挙げた。

私の言葉を聞いているあなたがたに言っておく。敵を愛し、あなたがたを憎む者に親切にしなさい。悪口を言う者に祝福を祈り、あなたがたを侮辱する者のために祈りなさい。あなたの頬を打つ者には、もう一方の頬をも向けなさい。…（ルカによる福音書第六章27-36節より）

「葉隠研究」第9号（1989年3月刊）に、葉隠研究会理事北島治慶《きたじまはるよし》が同年1月の研究会例会で「キリスト教と葉隠―その精神的類似性について」と題して講演した要旨が収録されている。その一部を抜粋し紹介する。

キリスト教は宗教であり、「葉隠」は鍋島侍に武士としての心構えを説いた武士道の書であります。キリスト教はあくまでも神の義に対して、人間が日常生活でいかに対応していくかを教え

るもので、それが聖書であります。その背後にあるものは天地万物の造り主である神への感謝があり、その神が人間を救うためにこの世に生まれた方、すなわちイエス・キリストが自らの命を賭して教えているのが聖書であります。具体的には愛であり、ときには神の義に報いるために殉教（筆者注＝自己の信仰する宗教のためにその身命を犠牲にすること）という姿を取ることがあります。

鍋島藩では１６０７年から１６１２年にかけて、佐賀を中心に鹿島、浜、須古、武雄などキリスト教が最も盛んなところでしたが、１６１２年の禁教令により鍋島藩では心ならずも宣教師とともに主なキリシタンを長崎に追放し、１６１４年11月に５人、１６１６年に３人が有馬で殉教しています。当時この地方に長い間布教していたスペイン人のオルファネール神父はこの殉教を見聞しており、１６１９年にその殉教の様子について友人のスペインの劇作家ベーカに書簡を送りました。ベーカはこれに深い感動を覚え、１６２２年、「日本における信仰の勝利」と題してこれをスペインで発表しました。この作品が当時のスペイン宗教界に大きな感銘を与えたことは言うまでもありません。

キリスト教は神に対する「義」を全うすることで神の国すなわち天国へ入り、永遠の生命を得ることと教えています。ところが「葉隠」は天国とか極楽といったあの世のことなどは全く念頭にありません。この世だけです。聞書第二にある言葉を用いますと「ご譜代《ふだい》の 忝《かたじけ》なさ、有り難き御国たることは、気付くほど御恩は重くなり、斯様《かよう》に行き当たりてよりは浪人などは何げもなきことなり。この主従の契《ちぎ》りより外には何もいらぬことなり」と言うのです。鍋島侍としては微動だにせぬ決意を表したもので、「そのためにあの世で地獄に落ちようとも神罰に当たろうとも決して動ずることはない」と言い切っています。

キリスト教ではまず神の義を第一に強調しますが、葉隠は主君を拝めと説きます。葉隠の中に、「主をさえ大切に仕り候へば親も喜び仏神も納受あるべしと存じ候、此方は主を思うよりほかのことは知らず」

というのです。かく考えますと、キリスト教は神中心であり、葉隠は主君中心であります。そのキリスト教と葉隠の根本的な違いはあるものの、両者共感し得るものは共に義を重んじていることであります。


山本常朝が師と仰いだ石田一鼎《いしだいってい》は「要鑑抄《ようかんしょう》」のなかで「志を致さば何事か成らざらん。すなわち仏神の前において誓願を発し、士《さむらい》の本懐を達すべし」といっているように、神仏に誓願し、二人力となる功徳をすすめている。

キリスト教も誓願を立てる。特に、カトリック教の神父、修道士、修道女は皆、誓願を立てる。その請願で共通しているのは清貧、貞潔、従順である。清貧、それは生きるに必要最少限度のものしか持たず、必要とあれば自らの肉体すら他人のために捧げるということもある。戦時中、長崎で布教していたポーランド人のコルベ神父は、帰国後、アウシュヴィッツ収容所に送られた。ある日、若いポーランド兵士がガス室送りになったとき、悲嘆にくれた家族持ちのその兵士の身代わりを申し出て、ガス室へと向かった。

作家曽野綾子《そのあやこ》はコルベ神父の生涯を小説にした。佐賀市大和町にある「ロザリオの園」は「けがれなき聖母の騎士フランシスコ修道女会」という修道会が経営に当たっている。この会こそコルベ神父の聖徳を記念して創立された修道会である。教会堂の中には200号大のコルベ神父の絵が掲げられている。

また、この修道会の指導に当たっていたのがアレグリーニ神父だった。

キリスト教と「葉隠」には相違点もあるが、その思想、教えには多くの共通点が見られるということも分かっていただけると思う。

紳士道と武士道

「葉隠研究」第5号（1987年10月刊）には、上智大学教授三輪公忠《みわきみただ》（1929〜）の「英語文献にみる武士道・葉隠・サムライ」と題する講演録が掲載されている。三輪は長野県生まれ。上智大学を中退し、米国ジョージタウン大学卒、プリンストン大学大学院史学科で博士号を取得、近代日本史、近代国際関係史などの国際政治学者。講演録は15ページにもおよぶので、断片的ではあるが、「葉隠」や「武士道」に関する一部分だけを紹介したい。

私自身は日本近代の対外関係に研究関心があり、外交家に武士道というか葉隠的な姿勢が最も顕著に現れたのは、広田弘毅《ひろたこうき》（筆者注＝第32代総理大臣。極東軍事裁判で文官として唯一のA級戦犯の判決を受け死刑となった）の外交だと思っています。広田が福岡の玄洋社出身の柔道家であったことから〝自護体外交〟と呼んだことがあります。イギリスの外交官で柔道家だったトレバー・レゲット氏は、日本人の交渉スタイルの特徴を「捨身《すてみ》」ととらえ、イギリス紳士のそれを「均衡」としています。

三島由紀夫の死は、私に「『葉隠』と三島の死」という論文を書かせました。東京新聞の夕刊コラムにも取り上げられましたが、そこには「『葉隠』の思考のなかに、当時禁書だったはずのキリシタン書のエッセンスが流れ込んでいるかもしれない」という私の随筆の主題が紹介してありました。佐賀の河村健太郎さん（筆者注＝「葉隠一日一言」の著者、佐賀新聞論説委員長）は、葉隠とキリシタンとの関係を一切否定され、丸善のＰＲ誌「学燈《がくとう》」に「山本常朝の死生観は実に厳しくひたすらであった。だからキリスト教に匹敵する純粋さを内包することができた」と発表されました。

トレバー・レゲットの「紳士道と武士道」は、サイマル出版から１９７３年に日本語で初版が出ました。オックスフォード大学で学び、戦前、東京のイギリス大使館に赴任しました。彼はその時、大使館付きの日本の警察官から柔道を学び、講道館６段にもなりました。

レゲットによると、イギリス紳士の条件の一つは、「人生をスポーツとする考え方、厳しいルールのもとで真剣に取り組み、基本的な平衡感覚を常に維持し、相手を尊敬すること」だそうです。「この考え方は勝利ではなく成功を目標とする」と彼はいいます。この点に関して、常朝の考え方とイギリス紳士の条件は一致するかに見えます。常朝は、敵を倒すことよりも、主君のために死ぬことを重視していました。それは「勝利よりも成功」を目標とするイギリス紳士の姿勢に、ギリギリのところで重なり合うように見えます。

今日のアメリカにとって、ふたたび日本が神秘的になりつつあることを示しているともいえましょう。「サムライ」あるいは武士道、死狂いというようなキーワードで、幕末のころから日清・日露の戦争、南京虐殺、真珠湾を経て戦後の荒廃から今日の繁栄へと、不死鳥のように蘇り、しかも平和主義を掲げて人跡未踏の境地にさしかかっているような日本から学ぼうとする姿勢があるのです。

このときに当たって「葉隠」の伝統を汲む今日の日本人がなしうることは「平和憲法」という戦後日本人の「主君」のために死狂いするということにもなりえましょう。そして「平和」は普遍の価値であります。キリスト教思想の核心でもあります。

三輪の講演要旨の中からいくつかのセンテンスを抜粋したが、この講演が昭和62年（1987）当時のものであることを忘れてはならない。30年も以前のことである。当時、日本はバブル経済に酔っていた。不動産も株も高騰を続け、日経平均株価が最高値3万8957円を記録した。地価も東京山手線内側の土地価格でアメリカ全土が買えると言われたほどの狂奔ぶりだった。

なかでも最後の一節は胸に響く。日本は「平和主義を掲げて前人未到の境地」に至っていると見られていた。しかし、情勢は大きく変わった。浮き沈みは世の習いである。バブルが崩壊し、〝失われた10年〟から〝失われた20年〟へと低迷の時が流れた。この間に失われた国家資産、損失額は1500兆円とも2000兆円とも言われた。だが、日本人は決して不幸ではなかった。問題は、いや課題はここからである。三輪は国際政治学者としての視座から、〝平和憲法〟を戦後日本人の〝主君〟に見立てて、この主君を死狂いしていかに守り抜くか、その大切さを語っていた。この提言を決して「30年以前の話」と一蹴することなく、真剣に受け止め、実現に総力を挙げることが求められている。

仏教と「葉隠」

湛然和尚に仏法を学ぶ

山本常朝《やまもとじょうちょう》は20歳のとき、突然主君鍋島光茂《なべしまみつしげ》から「お役無用」を言い渡された。常朝は父山本神右衛門《やまもとじんえもん》重澄《しげずみ》から「曲者《くせもの》になれ」と言われて育った。9歳から光茂に側小僧として仕え、13歳で前髪を立てるように光茂に仰せつけられ、1年間引きこもった後、名も「市十《いちじゅう》」と改め、御小姓としてひたすら主君のために励んできた常朝だった。しかし、あまりにも突然の解雇に愕然とした様子が、聞書第二140節に読み取れる。「二十六時中も工夫修行にて骨を折り、紅涙《こうるい》までにはなく候へども、黄色などの涙は出で申し候程に候」。訳すれば「寝ても覚めても工夫修行に骨を折り、血の涙とまではいかなくても黄色の涙くらいは流すほどであった」とこのころの苦悩を語っている。

常朝は、かつて父重澄の師でもあった湛然梁重和尚《たんねんりょうじゅうおしょう》を松瀬（佐賀市大和町松瀬）の草深い華蔵庵《けぞうあん》に訪ねる。常朝はどれほど打ち砕かれていたことであろうか。いかにあるべきか、湛然から積極的に学び取ろうとした。常朝の熱意とひたむきな求道心を見て取った湛然は、正式な法統《ほうとう》の伝承者として「血脈《けちみゃく》」を授けた。さらには「下炬念誦《あこねんじゅ》」をも与えた。これは、生きながらわが身を焼く一種の儀式でいったんわが身を殺すことである。常朝はこの下炬念誦を自らすすんで受けることによって、それまでの古い人間から新しい人間に生まれ変わって再出発しようとしたようである。

湛然和尚の物語に「無念・無心とばかり教える故に落着せぬ也。無念というは正念《しょうねん》の事也」と仰せられ候。面白き事にて候。実教卿《さねのりきょう》も、「一呼吸の中に邪を含ぜぬ所が則ち道也」と仰せられ候。然ば道は一つ也。此の光りをまづ見付ける者も無きもの也。純一に成る事は功を積むまでは成るまじき事也。

（注）実教卿＝古今伝授の正統継承者で宗家三条西実教卿《さねのりきょう》

（聞書第一39節）

（訳）湛然和尚の話に、「無念・無心とばかり教えるから得心できぬのだ。無念というのは正念（筆者注＝心から仏を信じ、一心に念仏すること）のことである」と仰せられました。面白いことです。実教卿も「一呼吸のうちに邪を含まぬ所が則ち道である」と仰せられました。だから道は一つである。この光をまず見付ける者もないものである。純一なることは修練を積まなくてはできぬことである。（佐藤正英・ちくま学芸文庫定本葉隠）

常朝の仏法の師である鍋島家菩提寺11世住持湛然和尚は、もともと三河国の寺の住職だった。佐賀では鍋島家の菩提寺「高伝寺」（佐賀市）の住職が隠居することになり、後継の和尚に曹洞宗の名僧で武雄出身の月舟《げっしゅう》和尚を迎えたいと希望したが、愛知県西尾市にある板倉勝重《いたくらかつしげ》の菩提寺長圓寺の住職であったために、湛然を推薦してきた。

湛然が住持となる前までは、高伝寺には小姓もいて、酒などを取り扱うことも許されていた。しかし湛然は厳重に飲酒を禁止するなど寺内の風紀改善につとめた。その湛然がなぜに高伝寺を出て、大和町松瀬の華蔵庵《けぞうあん》に隠棲することになったかは、第1章の栗原荒野「葉隠の神髄」の「葉隠四哲」に紹介している。常朝の父の「重澄年譜」によると、重澄も湛然について学びを得たことから嫡男武弘の3男を湛然の弟子として、主君の菩提を弔わせた。忌日には高伝寺に寄進をし、花を絶やさなかった。湛然はこれに感心し、重澄に血脈《けちみゃく》（仏法を相承した系譜）を授けている。また重澄が常朝のことを頼んだことから常朝とも懇意であった。湛然は13年間、禁足蟄居《きんそくちっきょ》して過ごし、やがて亡くなる。その教えの一端を、今日、曹洞宗の僧籍を持つ皇學館大学教授菅野 覚明《かんの かくみょう》らによる新校訂・全訳注「葉隠」の聞書第六17節現代語訳から一部を引用して紹介しよう。

湛然和尚は平生の教えで、

「僧侶は慈悲を表にして、内にはあくまで勇気を蓄えておかなければ、仏道の成就にはならないものである。武士は勇気を表にして、内心では自分の腹が破れるほどの大慈悲心を持っていなければ、家業は立ちゆかないものである。したがって、僧侶は武士と付き合って勇気の手本を求め、武士は僧侶に頼って慈悲心を求めるものである。私は長年の間、諸方を修業し、高僧と出会ってきたが、仏道修行のためになったことは一つもなかった。だからどこにいても勇士とさえ聞けば必ず、途中のいかなる困難もいとわず訪ねていって、武士道の話を聞いたものであるぞ。これで仏道修行の助けになったことはたしかだと感じている」

「武士とは武具を携えていることによって、それを自身の力にして、敵陣に突っ込んで行くことができる。僧侶は数珠《じゅず》ひとつを携えて、槍や長刀の中に突っ込んでいかねばならないが、それは柔和な慈悲心だけで実現可能であろうか。大いなる勇気がなくては突っ込んで行くことはできない。その証拠に、盛大な仏法法会のとき、焼香をする和尚などが震えてしまったりすることがある。勇気がないためだ」と述べている。

「南無阿弥陀仏」の代わりに「殿様」

この節は、同じ3章の『『葉隠』の根本精神と『四誓願』』の項でも紹介している。東京教育大学大学院で倫理学専攻し筑波大学教授となった広神清《ひろかみきよし》（1918―）は、「葉隠研究」第8号（1988刊）に「葉隠と仏教」と題して寄稿している。

「葉隠」には仏教語がひんぱんに現れる。このことはこの書を読む者の等しく注意するところであろう。いまその中から目ぼしいものを拾ってみれば、まず序文に相当する「夜陰の閑談」に、「我らが一流の誓願」として次の4箇条を列挙し、それを「四誓願」と呼んでいる。

一、武士道においておくれ取り申すまじき事
一、主君の御用に立つべき事
一、親に孝行仕るべき事
一、大慈悲を起し人の為になるべき事

一方、仏教でいう「四弘誓願《しぐせいがん》」は菩薩の発起する4種の誓願であり、以下の通りである。

一、　衆生無辺誓願度　　たくさんの人が幸せになれるように勤める
一、　煩悩無数誓願断　　尽きることのない煩悩を無くす
一、　法門無尽誓願学　　壮大なお釈迦様の教えをすべて学ぶ
一、　仏道無上誓願成　　最上の悟りを得て仏様と同レベルに達する

その始まりの1項に「衆生無辺誓願度」とあるが、この言い換えが「葉隠四誓願」にある4項目の「大慈悲を起し人の為になるべき事」と相通じるものだという。「葉隠」が「四誓願」を「我らが一流の誓願」とするからには、これをもって葉隠武士道の基本的立場を闡明《せんめい》（筆者注＝はっきりしていなかった道理や意義を明らかにすること）したものであると受け取ってよいであろう。その基本的立脚点を仏教語を用いて表現したことが重要なのである。

念仏といえば、普通「南無阿弥陀仏」と唱えるのであるが、「葉隠」では、武士の場合は「殿様」と唱えればよく、それがそのまま信者の念仏と同じこととみなされる。「武士にとっての神仏は彼の主君以外には存在しない」ことになる。「成仏などは嘗《かつ》て願い申さず候。七生迄も鍋島侍に生まれ出で、国を治め申すべき覚悟、肝に染み罷《まか》り在《あ》る」（夜陰の閑談）「武士の彼岸は、あの世ではなくてこの世に実現されなくてはならない」のであって、このような「葉隠」の立場を、倫理学者古川哲史は「武士的仏道、あるいは仏道的武士道」と名づけられた。

夜陰の閑談に掲げた「四誓願」は、聞書の中にもしばしば現れる。

・四誓願に押し当て、私なく案ずる時、不思議の知恵も出づるなり（聞書第一４節）

・事に望んで先ずその事を差し置き、胸に四誓願を押し立て、私を除きて工夫いたさば、大はずれ在るべからず（同）

・火急の場にて、人に相談も成らざる時、分別の仕様は四誓願に押し当て見れば、其の儘《まま》わかるなり（聞書第一１０９節）

若い武士に仏道はもってのほか

「葉隠」は武士に念仏を勧めたり、仏教信心を説いたりしないだけでなく、常朝自身、出家した後もなお「今の拙者に似合わざる事に候へども、成仏などは嘗《かつ》て願い申さず候」と断言している。以下は菅野覚明・新校訂葉隠の現代語訳で取り上げる。

・近ごろの僧侶はみな、どうでもよいことを後生大事に抱いて、自身は柔和でいたがり、その結果、仏道を成就する者はいない。それどころか武士に仏の道を勧め、卑怯者に仕立て上げてしまうのは残念なことである。若年の武士などが仏教のことを聞くのは、もってのほか大間違いである。その訳はものの考え方が二つになるからである。脇目もふらず一方向を向いているのでなくては役に立たないものである。隠居して暇をもてあます老人の武士などは、日々の暇つ

ぶし仕事として仏の教えを聞くのもよい。(聞書第六17節)

・愚見集に書き付けたように、至極の方向とは、家老の座について主君にご意見することである。(中略)私欲から立身出世を望み、上に追従してまわる者を見かけることがあるが、これは小さな欲で、家老までのぞみを懸けることはできない者である。少しばかり魂の入った者は、それが利欲を離れることだと思って踏み込んだ奉公もせず、むしろ「徒然草」や「撰集抄」など好んで読むのだ。兼好、西行などは腰抜け、卑怯者である。武士の業がつとまらないので、腑抜けた風をもっともらしく仕立てたのである。侍たるものは、地獄の真っ只中にでも駆け入って、主君の御用に立たなければいけない、と言われた。(聞書第二139節)

ここでも辛辣な〝常朝節〟が出る。若い武士に仏道なんてもってのほかの僻事《ひがごと》、つまり心得違いのことだという。「一方向き」というのは、「主君の方だけに身も心も向けていなさい。目移りするようでは奉公できない」ということである。

本書2章の奈良本辰也の項で「武士道」の新渡戸稲造を紹介した。その「武士道」の書き出しにある。また、仏教が武士道に与えたものについても述べている。

「武士道は、日本の象徴である桜花に勝るとも劣らない、日本の土壌の固有の華である。それは今なお、私たちの心の中にあって、力と美を兼ね備えた生きた対象である。それは手に触れる姿や形はもたないが、道徳的雰囲気の香りを放ち、今も私たちを引きつけてやまない存在であることを十分に気付かせてくれる」

「仏教は武士道に、運命に対する安らかな信頼の感覚、不可避なものへの静かな服従、危険や災難を目前にしたときの禁欲的な平静さ、生への侮蔑、死への親近感などをもたらした。ある一流の剣術の師匠（柳生宗矩《やぎゅうむねのり》）は、ひとりの弟子が自分の技の極意を習い覚えてしまったのを見るや『私の指南はこれまで。あとは禅の教えに譲らねばならぬ』といった」

「忍恋」と「煙仲間」

恋愛論である。聞書第二33節「忍恋」を、口語文で紹介しよう。

恋の部《は》り《ま》の至極は忍恋《しのぶこい》なり。
恋死《こいし》なむ後《のち》の煙のそれと知れ終《つ》ひにもらさぬ中の思ひは

命あるうちに恋する思いを相手に打ち明けるならば、それは深い恋ではない。思い死にこそ、丈の高いこと限りない。たとえ相手から「私に思いがあるのではないか」と問われても、「全く思いもよらぬ」と言って、思い死にに極めるのが究極である。遠回りのことではない。このあいだこのことを語ったところ、同感する者がいたので、その者たちと「煙《けむり》仲間《なかま》」と申しました。このことは万《よろず》の心得に通じていよう。主従の間などはこの心で済むのだ。また、人目のつかぬところで己を磨くのが、そのまま公の場における振る舞いとなる。独りでいる暗がりで、賤しい挙動をせず、人目にはかからない胸の内で賤《いや》しいことを思わないように心がけていなければ、公の場ではきれいに見えない。にわかに嗜《たしな》んでは垢《あか》が見えるものだ。

恋しい胸の内を明かさぬままに死に至る。荼毘《だび》（火葬）に付され、立ち上《のぼ》った煙をみて初めて「ああ、あのお方は恋していたのだなあ」と思われる、そのような恋こそが究極であるというのだ。45年以前に発刊した「葉隠入門」に三島由紀夫は言う。

「葉隠」は、日本の古典文学の中で唯一理論的な恋愛論を展開した本といえるであろう。「葉隠」の恋愛は「忍恋」の一語に尽き、打ち明けた恋はすでに恋のたけが低く、もし本当の恋であるならば、一生打ちあけない恋が、もっともたけの高い恋であると断言している。

アメリカふうな恋愛技術では、恋は打ちあけ、要求し、獲得するものである。恋愛にエネルギーはけっして内にたわめられることがなく、外へ外へと向かって発散する。しかし、恋愛のボルテージは、発散した途端に減殺されるという逆説的な構造を持っている。

現代の若い人たちは、恋愛の機会も、性愛の機会も、かつての時代とは比べものにならぬほど豊富に恵まれている。しかし、同時に現代の若い人たちの心の中に潜むのは恋愛というものの死である。もし、心のなかに生まれた恋愛が一直線に進み、獲得され、その瞬間に死ぬという経過を何度もくり返していると、現代独特の恋愛不感症と情熱の死が起こることは目に見えている。若い人たちがいちばん恋愛の問題について矛盾に苦しんでいるのは、この点であるといっていい。

かつて、戦前の青年たちは器用に恋愛と肉欲を分けて暮らしていた。大学にはいると、先輩が女郎屋へ連れて行って肉欲の満足を教え、一方で自分の愛する女性には、手さえふれることをはばかった。

そのような形で近代日本の恋愛は、一方では淫売行為の犠牲の上に成り立ちながら、一方では古いピューリタニカルな恋愛伝統を保持していたのである。しかし、いったん恋愛の見地に立つと、男性にとっては別の場所に肉欲の満足の犠牲の対象がなければならない。それなしには真の恋愛は作り出せないというのが、男の悲劇的な生理構造である。

「葉隠」が考えている恋愛は、そのようななかば近代化された、使い分けのきく、要領のいい、融通のきく恋愛の保全策ではなかった。そこにはいつも死が裏づけとなっていた。恋のためには、死ななければならず、死が恋の緊張と純粋度を高めるという考えが「葉隠」の説いている理想的な恋愛である。

昭和時代の恋愛もので有名なのは、昭和27年から2年にわたって放送された菊田一夫原作のラジオドラマ「君の名は」である。東京大空襲下で出会った男女、こちらは恋する思いは互いに伝わったものの、なかなか会うことのできないすれ違いドラマだった。木曜日の夜8時からは銭湯の女湯が空っぽになったというういわくつきの作品。その後、昭和28年（１９５３）には岸惠子と佐田啓二主演の松竹映画にもなった。胸ときめくドラマの展開だったが、これさえも「葉隠」では「丈の低い」恋愛ということになる。

若い世代にとっての「君の名は」は、銭湯空っぽのメロドラマではない。平成28年（２０１６）に東宝が配給した劇場用のアニメーション映画「君の名は。」である。「シン・ゴジラ」との同時上映で興行収入が２５０億円を超え、「千と千尋の神隠し」「タイタニック」「アナと雪の女王」に次ぐ歴代4位という大ヒットだった。初代映画の同時上映も「ゴジラ」だったというのも奇しき縁である。

時代とともに恋愛事情は大きく変わったが、現代っ子とはいえ、恋心を抱くその胸の高鳴り、喜び、切なさに違いはあるまい。そう信じたい。

佐賀県神埼市千代田町の本派本願寺浄覚寺前住職貞包哲朗は、「葉隠研究」38号（1999年6月刊）に「『忍恋《しのぶこい》』所感—愛と慈悲について」を寄せている。
最初に1948年作のデビット・リーン監督の英国映画を紹介している。

イギリスの田舎に家庭を持つ主婦が近くの街に買い物に行き、駅の待合室で彼女の目に石炭の塵《ごみ》が入る。困っていると、独りの中年男性がすっと現れて「取ってあげます。私は医者です」という。まぶたをめくって塵をとると彼女の礼に軽くこたえて去っていく。

数日後、混んだレストランでぱったりと再会する。小さな町で何回か会ううちに二人はいつしか惹かれ合い、深く愛し合うようになる。見るからに「不倫」などとは縁遠いような、素朴で、家庭的で、心根のきれいな人たちである。観ている観客はハラハラし、一方では共感しながら恋の深まりを見ることになる。とうとうのっぴきならない関係にいこうとするときに幸か不幸か、邪魔が入る。

彼女は身を翻して、激しい雨の中を走る。邪魔が入る。モノクロの画面がとても美しく、プロコフィエフのピアノがそれを包む。

次に会ったとき、男性は海外に新しい職場が決まり、赴任するという。別れの日、駅の待合室で並んで椅子《いす》に座る二人の前に、夫人と同じ町の婦人が現れ、世間話を始める。汽車が来る。男は気づかれぬようにそっと彼女の肩に手を置いて、去っていく。夫人は大きく目を見開いて、列車の発車する音を全身で聞く。

映画の紹介も簡潔であったが、貞包はこの映画を幾度か見るうちに「恋の至極は忍恋である」という言葉が浮かんできたという。この言葉が関心を引くのは、「恋は忍ぶところに究極の境地がある」という逆説的な表現がそのように感じさせるのではないかといい、「理非を超えた純粋性、見返りを期待せぬ無償性が、人の心に響くのではあるまいか」ともいう。人はだれしも、これによく似た激しい恋愛感情を抱きながらも、ついに打ち明けることもなく、時が過ぎ去り、後年まで忘れ得ぬ初恋を胸の内にしまい込んでいる人は少なくないだろう。

「忍恋」は現代社会ではちょっと考えにくいようである。すっかり失《うしな》われたかにみえる「忍ぶ」という感覚が、かえって日本人が備えていた美徳に気づかせる。貞包は「これは男女の沙汰にとどまらず、万事の心得に通じること、『隠し奉公』ともいうように、表には表さぬ『こころに秘めたまこと』を尊び、外に表すよりも忍ぶことに、それ以上の充足感を持つことを示唆している」と解説している。

先の映画の、日本語タイトルは「逢引《あいび》き」という甘い題名だが、原名は「影の部分」という。事の経過では「葉隠」のそれとは全く違うようであるが、愛の別れが外からの要因ではなく、外のだれも知らないところで、二人だけでそっと終わらせてしまったのである。「これは忍恋に通ずるのではあるまいか。彼らが『忍ぶ』に至った、本当の『影の部分』は何か。そこには普通の愛よりももっと深い、より美しい何かが働いたと考えたい。仏教的な見方をすれば、ここに『愛と慈悲』が出てくるように思われる」との、貞包の洞察である。

「葉隠」ではさらに、「忍恋」と「主君への奉公」を一つの流れのものとして捉《とら》えている。現代人にはどうにもピンと響いてこないところだろう。聞書第二61節に「校註葉隠」編著者の栗原荒野は「君臣の間は忍恋のやうにあれ、奉公の大意は理非の外」のタイトルを付けている。

奉公人は、心入れ一つにてすむことなり…我は殿の一人《ひとり》被官《ひかん》なり、お懇《ねんご》ろにあらうも、御情《おなさけ》なくあらうも、御存《ごぞん》じなさるまいも、それには曾《かつ》て構はず、常住《じょうじゅう》御恩の忝《かたじけ》なき事骨髄《こつずい》に徹し、涙を流して大切に存じ奉るまでなり。これは易きことなり。これがならぬ生付《うまれつき》とてはあるまじ。又此《か》くの如く思ふまい事ではなし。されども斯様《かよう》の志の衆は稀《まれ》なるものなり。唯《ただ》心の内ばかりの事なり。長《た》け高き御被官なり。恋の心入《こころいれ》の様なる事なり。情けなくつらきほど、思ひを増すなり。適《たま》にも逢う時は、命も捨つる心になり、忍恋《しのぶこい》などこそよき手本なれ。一生言いだすこともなく、思い死にする心入れは深き事なり。…」

心の深層には「恋」と「奉公」の間に、そのような感情の共通性は認められるのかもしれない。現代人とはいえども、尊敬する社長あるいは指導者に対して、あるいは「どこまでもついていこう」との一種、恋心にも似た敬意と忠誠心を抱くかもしれないが、この後に続く文言にあるような恋焦がれるような思いにまで至れるかどうか。この節の後半を菅野覚明の「新校訂葉隠（全訳注）」より口語訳を読んでみたい。

奉公人は、心入れひとつあればそれで済むものだ。「自分は殿にとってただ一人の家来である。懇ろにしてくださろうと、ご非情であろうと、自分をご存じないままであろうと、それには一切かまうことなく、ご恩のありがたさを常に変わらず骨髄まで染みわたらせ、涙を流して殿を大切に思い申し上げるまでである」（との心入れをもつ）。これはたやすい事である。これが出来ない生まれつきの者などあるまい。このように思わないわけではあるまい。それでも、こうした志をもつ者はまれなのである。

これはひとえに、心の内だけのことである。それゆえに気高《けだか》いご奉公である。恋における心入れのようなものである。つれなく冷たくされるほど、思いを増すのである。ほんの偶然でも思いが通ったときは、それだけで命も捨てる心になる、忍恋なぞよい手本である。一生相手への思いを口に出すこともなく、思い焦がれて死ぬのだという心入れは、深いものである。また万が一騙《だま》されて情けをかけられることがあっても、当座はひとえに喜び、それが偽りであることがわかれば、なおいっそう思い入れを深くするのである。君臣の間柄は、このようなものである。奉公の根幹はこれで埒《らち》が明く。理非をこえたものである。

冒頭に挙げた「煙《けむり》仲間《なかま》」という言葉は、昔も外では聞かれなかったのではないかと思われる。このような単語は国語辞典にもない。

「煙仲間」という意味合いには、第1には「恋をするにも、相手に告白もせず、それで満足して思い死にして、そのまま煙となって消えていく」というものである。第2には、異性間の恋、あるいは同性間の横の恋ではなく「縦の恋」、すなわち主従の間の情義に殉ずる「陰のまこと」。第3として、横の関係ではあるが命を捨てて奉公に励む家中同士であってみれば、同じ枕に討ち死にして煙になる仲間であるから、かねがね仲良くしておこうではないかという同士的な集まり、といったようなことが思われる。第3でいう恋にも似た情感は、同性間の愛、すなわち「衆道《しゅどう》」のことを言ったようである。

「衆道」については「葉隠」の中にある。一般にはなかなか理解の及ばないところではあるが、「男色《だんしょく》の道」すなわち同性愛であろう。聞書第一182節には、衆道の元祖といわれる星野了哲《ほしのりょうてつ》には弟子も多かったが、そのうちの一人が江戸お供となって暇乞《いとまご》いに来た時の話がある。了哲がその者に「若衆（衆道において女役に相当する年少者）好きの極意は何か」と問われたところ、弟子は「好いて好かぬもの」といった。すると、了哲は「よくぞ極めた。そなたをその境地に至らしむために長年骨を折った」と喜んだという。

つまり「相手のために命を捨てるのが衆道の究極の理想。命を捨てなければ恥になる。しかし、そうなると主君に差し上げる命がない。それ故『好いて好かぬもの』と理解した」ということだった。戦乱の時代であろうか、武士たちの間には命をかけた衆道があったということだろう。第3の、命を捨てて奉公に励む男たちの間に、いつ死ぬとも知れぬ同士の「煙仲間」が生まれたのであろう。

戦後、「次郎物語」の作者としても有名な教育者であり作家の下村湖人《しもむらこじん》は青少年指導の一つとして「煙仲間運動《けむりなかまうんどう》」を提唱し、若者たちの間で継承されていた。次郎物語は、前述の「衆道」とは異なり、尊敬する先生とその教えを受ける少年次郎との師弟関係、そしてその家族をめぐる長編教養小説である。昭和16年（1941）から同29年（1954）まで戦中・戦後に刊行された5部からなる小説だが、湖人はそれが「葉隠」からヒントを得てのものであることを取り立てて説明していない。しかし、作品中には「葉隠」が登場し、さらには「煙仲間」ともいえる人間関係が描かれている。

幼いころに里子に出された次郎少年の成長過程を描いていくが、湖人も里子に出された過去があり、自伝的小説である。児童文学としても学校図書館に並ぶ。4本の映画、2本のテレビドラマにもなった佐賀県が舞台の名作である。第3部までは次郎の人格的な成長を描き、第4部からは佐賀出身の軍人が深く関与する五・一五事件、二・二六事件が起こる不穏な時代背景の中での精神的恋愛や社会性の広がりを展開していく。

佐賀で同人雑誌「城」を主宰し、「九州文学」同人でもあった作家田中《たなか》艸太郎《そうたろう》（本名寿義雄《すぎお》＝1923—1993）は、「葉隠研究」第10号（1989年7月刊）に「次郎物語と葉隠」と題する小論を寄せている。田中は佐賀県文化課長をはじめ九州陶磁文化館館長、佐賀女子短期大学教授を務めた地域文学の先鋒で、評論には「下村湖人論」もある。その小論の中から「葉隠」に関連するところを抜き出して紹介しよう。

「次郎物語」は「忍恋」（葉隠）の思想を底流とする小説であると、私はかねがね考えている。

下村湖人が「葉隠」と深く関わっていたことは、「次郎物語」を読めばおのずから明らかにされる。

「次郎物語」は第1部から第5部にいたる長編小説である。

入学式で講堂に入った次郎は、壁間に掲げられた「葉隠」の「四誓願」を初めて眼にする。この「次郎物語」で「葉隠」が現れるのはこの場面からである。

校長大垣洋輔は「葉隠四誓願」のひとつである「大慈悲を起こし人の為になるべき事」を引いて、5年生に対して慈悲の心を失うなかれと説いた。しかし、その5年生から次郎は生意気だといって殴られる。次郎の兄恭一と恭一の親友大沢は、5年生に睨まれている次郎を陰ながら守ることを話し合う。

そのようなある日、次郎は校庭の内側から外を通る乳母お浜とその娘お鶴が訪ねてきたのに会い話を交わす。その次郎をつかまえて、5年生の宮崎が、次郎が女と話していたと言って理不尽な言いがかりをする。勝ち気な次郎は、敢然と小刀を構えて宮崎と対決する。そこに、のちに次郎が最大の尊敬と親愛を寄せることになる朝倉先生が現れ、宮崎を厳しく批判する。そして、次郎にどんなに正しい行為でも、暴力はよくないと教える。

そして、朝倉先生は、次郎に「葉隠」の四誓願について話をする。朝倉先生から「葉隠」について教えられた次郎は、兄恭一の本棚に「葉隠」の抄本があるのを知って、それを読むのである。下村湖人は、次郎の生得《せいとく》の正義感は、葉隠の大慈悲の精神と結びついたものであることを、この物語の中で強調しているように思われる。

また、第3部で、朝倉先生は「みごとに死ぬ事によってのみ、人はみごとに生きる」と説き、これこそ「葉隠」の大慈悲の精神に外ならないと次郎に教える。

次郎は、朝倉先生の話を聞き「人に勝つ道は知らず、我に勝つ道を知りたい」という「葉隠」の中の剣道の達人の言葉を思い出した。2年生になった次郎は、文学に興味を覚え、和歌や詩をつくるようになり、校友会誌には発表した作品が多くの生徒に注目され、なかには次郎を天才視するものも出てきた。このあたりは内田夕闇《うちだゆうあん》という筆名で詩や短歌を書いた下村湖人の佐賀中学時代そのままを書いているといってよい。

第5部は、満洲事変後急速に高まったファシズム的思想によって、田澤義鋪《たざわよしはる》（筆者注＝わが国における青年団の生みの親。鹿島市出身）と湖人が青年団活動から退かざるを得なかった体験と、戦時下における教育的抵抗の記録である、と湖人は書いている。

下村湖人自身は、田澤義鋪に協力して塾風教育《じゅくふうきょういく》の場である青年団講習所の所長を退いたのち、「煙仲間運動」と称する地道な社会教育運動を続ける。全国各地に散在する教え子たちを歴訪して、やがて、敗北するであろう日本をどうして再建するかを語り合ったのである。

「煙仲間運動」は、「葉隠」の一節に触発された下村湖人独特の発想に基づいている。すなわち、「葉隠」の聞書第二に「寄り合ひ申す衆に申し候は、恋の至極は忍恋と見立て候、逢ひてからは恋の丈が低し、一生忍んで思い死にする事こそ恋の本意なれ。歌に、

恋死なん後の煙のそれと知れつひにもらさぬ中の思ひは

これこそ高き恋なれと申し候へば、感心の衆4、5人ありて、煙仲間と申され候」と書かれており、鍋島藩士はこの忍恋を忠義に移して主君に仕えたのである。

以上のような意味で、私は名作「次郎物語」は下村湖人の精神的自伝であると同時に、「葉隠」、特に忍恋の思想が色濃くにじみ出た作品であると考える。

「次郎物語」の第1、2、5部には「あとがき」がある。第5部の「あとがき」には、「戦争末期の次郎を第7部、終戦後数年たってからの次郎を第8部として描いてみたいと思っている」とあるのだが、下村は昭和30年（1955）に亡くなっており、未完に終わった。下村湖人は佐賀県神崎郡千歳村崎村（現神埼市千代田町崎村）の出身で、東京帝国大学卒業後は母校佐賀中学校はじめ鹿島中、唐津中校長を務めた。佐賀中学校時代から経済学者・社会学者高田保馬《たかだやすま》、中島哀浪《なかしまあいろう》、画家山口亮一《やまぐちりょういち》らと親交があっ

たというから、当然ながら葉隠研究家栗原《くりはら》荒野《あらの》との交流もあったに相違ない。著書には「論語物語」（1938年、大日本雄辯會講談社刊）、「煙仲間」（1943年、偕成社刊）もある。

■■ 愚見集と直茂公御壁書とビジネス ■■

「葉隠」には数々の教訓が盛られている。葉隠研究家栗原荒野《くりはらあらの》は編著「分類注釈 葉隠の神髄」で11巻1343節の中から741節を抜き出し、それを（1）四誓願編（2）一般修養編（3）実話逸事編（4）史跡伝説編—に類別している。たとえば「四誓願編」は①総論②武士道③忠節④孝行⑤慈悲—の項目に整理されている。その総論の中に、「葉隠」の〝総論〟ともいわれる「夜陰の閑談」があり、その節の終わりに「四誓願」がある。葉隠研究家の多くが、この四誓願こそが「葉隠」の根本精神であろうと認めているところだ。

「葉隠」は、300年余も以前に肥前佐賀藩の藩士であった山本常朝《やまもとじょうちょう》が、つれづれに語った話を田代陣基《たしろつらもと》が筆記・編集したものであるが、今日もなお読みつがれ、続々と出版され続けているのはなぜだろうかと思う。文学書でもなければ歴史書とも言えない。本著の中で「江戸の古典哲学」と表現はしたものの、果たして「哲学の書」と言い切っていいものだろうかとも思う。しかし、読み込むうちに、深みにはまるような妙な魅力を備えた書であることに気づく。全体に流れるストーリーもなければ11巻は脈絡もない。ぱらぱらとページを繰って、どこからでも読み始めることができ、当時の佐賀藩および他藩のできごとや藩主の心意気、幕府や全国諸藩のできごとを知る。武士たちの息遣いが聞こえてくるようだ。

常朝は数百年も後の子孫に言い聞かせようと思って語ったわけではなく、彼が生きていたその時代、その時の藩主や佐賀藩士に言いたい思いの丈を語っていたのである。３００年も後の子孫が「う～ん、なるほど」と感心して読んでくれたとしても、嬉しくもないだろう。

常朝の精神的支柱となっていたものは何であったろうか。戦国時代を生き抜いてきた祖父中野《なかの》神《じん》右衛門《えもん》清明《きよあき》、父山本神右衛門重澄《やまもとじんえもんしげずみ》の教えが根本にあり、藩祖鍋島直茂《なべしまなおしげ》、初代藩主勝茂《かつしげ》の功績、第2代藩主光茂《みつしげ》の存在も大きい。常朝は父重澄が70歳のときに生まれた子であり、父との死別は10歳のときだった。7歳のときから往復20キロもの小城の中野家菩提寺まで独りわらじ履きでの墓参を命じられることもあった。現代にあって、もしも小児にそのようなことを課したら、世間はなんと見るだろう。

しかし、常朝がいよいよ成人してから師と仰ぎ学んだのは、藩内きっての儒学者といわれた石田《いしだ》一鼎《いってい》、高伝寺11世住持の湛然梁重《たんねんりょうじゅう》和尚である。また、常朝の兄山本吉左衛門《きちざえもん》武弘《たけひろ》の嫡男、つまり常朝の甥《おい》ではあるが20歳年上の山本常治《やまもとつねはる》（１６３９―１６８７）だった。常治は着座、大目付の重職にあったが、自宅から火事を出して自殺した。それがもとで常朝も一時期、藩主光茂の御側役を外されることになった。常治は常朝をわが弟のように世話をやき、多くの教えを授けた。「名利を思う奉公人は奉公人にあらず。また名利を思わないのも奉公人にあらず」と古老の話なども教えた。

荒野の「葉隠の神髄」と「校註葉隠」には巻末付録として、常朝が養子吉三郎《きちさぶろう》（権之丞《ごんのじょう》常俊《つねとし》）に書き与えた「愚見集《ぐけんしゅう》」と「餞別《せんべつ》」「常朝書置」、また「直茂公《こう》御壁書《おかべがき》」、石田一鼎の「要鑑抄《ようかんしょう》」などがある。常朝にとって、これらが「葉隠」の口述の原点になっていることは確かだろう。まず、異色の歴史研究家青木《あおき》照夫《てるお》の編著「武士道の奥義」（２０１４年刊・ウェッジ社）も参照しながら要点を紹介したい。異色というのも同書の発刊時、長野県生まれの青木は、執筆のかたわら無加糖養蜂を営んでいたとある。

著書には「なぜいま武士道なのか」「葉隠の知恵」「性悪説の行動学」などがある。青木はそれまで現代語訳の対象とされなかった「直茂公御壁書」「愚見集」「山本重澄の言行」3点の現代語訳に取り組み、その底本には栗原荒野《くりはらあらの》の「校註葉隠」を用いている。

冒頭に「佐賀藩における家訓・教訓などを解説する。士農工商の時代の武士は指導者階級である。現代の社会においては幹部クラスということになる。いつの時代も指導者には厳しい倫理が求められる」と述べている。近年のわが国の指導者階級にとって、この「葉隠」の教訓はさぞかし耳が痛いのではないだろうか。政官界、財界、教育界、スポーツ界は虚偽、不正のオンパレードである。さらにセクハラ、パワハラ、ネグレクト（児童、障害者、高齢者などへの虐待）。なかでも幼児虐待など常軌を逸した悲劇が悲しい。倫理が壊れてしまってはいないか。

続けて言う。「長く読みつがれた古典にはそれなりの価値がある。それをよく学ぶことがよりよい生き方につながることを、この古典は教えている。いかに時代が変化しようとも、人間の生き方は不変である」と。なかでも青木が真っ先に挙げたのが、「直茂公御壁書」である。戦乱の世に龍造寺隆信に仕え、豊臣秀吉の顔色を覗い、島津征伐に従軍し、隆信やしたたかな義母である慶誾《けいぎん》を気遣いながら、龍造寺に代わって肥前の国政を任される。

さらに難事業は慶長・文禄年間の朝鮮への出兵である。以下は岩松要輔《いわまつようすけ》著「シリーズ【実像に迫る】鍋島直茂」（戎光祥出版）を参考とする。「（秀吉は）前線基地を肥前国上松浦の波多親《ちかし》の領地である名護屋に決定し、九州諸大名に名護屋城普請を命じた。文禄元年（1592）正月5日、9番からなる15万8000人余りの「唐入《からいり》」の軍編成が発表された。直茂は、加藤清正《かとうきよまさ》・相良長毎《さがらながつね》と第2番に属し、1万石に600人の軍役により、1万2000人の軍勢を整えた。このとき秀吉は、直茂を佐賀の領主として扱っている」とある。文禄5年、朝鮮出兵4年目の正月を迎えて、直茂は在陣諸将のなかで最年長の59歳、勝茂も嫡子として認められ、18歳で竹島に着陣していた。「慶長2年（1597）にふたたび朝鮮出兵するが、伏見で秀吉が死去し、遺言により5大老は日本軍の帰国を命じた。ここに直茂ら九州大名の朝鮮経営の夢は破れた」とある。関ヶ原3年後の戦いの後、徳川家康の世となる。

勝茂が豊臣の西軍に加担していたため切腹しようとするが、なだめられて黒田長政《くろだながまさ》らの仲介で家康に罪を謝っている。その代りに西軍の立花宗茂《たちばなむねしげ》討伐を命じられた。直茂・勝茂は16歳から60歳まで招集して3万余の軍勢で攻め、佐賀勢の勝利が見えたところで黒田如水《くろだじょすい》、清正らが仲介に入り、宗茂は城を明け渡した。これによって佐賀は安堵されたのである。直茂の一生はまさに戦乱に明け暮れ、龍造寺から鍋島への権勢の移譲に尽くす波乱に満ちたものだった。

こうして佐賀藩は「鍋島藩」とも呼ばれて、初代藩主勝茂に引き継がれた。文久3年（1863）江戸幕府調べの史料によると、全国各藩の初代藩主別石高ランキングをみるとトップは前田利家の加賀120万石、2位は島津家久の薩摩72万8000石、3位は伊達政宗の陸奥62万石。鍋島勝茂の鍋島藩は第10位35万7000石で大健闘である。これらは検地による公表石高であるが、佐賀鍋島藩のGDP、つまり藩内総生産はその実、もっと大きく、外様でも屈指の大名家であったと言われる。

その直茂が残した「御壁書」を青木照夫は〝珠玉の家訓〟としている。21項目と擬跋《ぎばつ》（あとがき）で成る。これらはすべて山本常朝の儒学の師石田一鼎《いしだいってい》の註釈と当時の文筆家として知られた恩田一均《おんだいっきん》の註釈で紹介されている。いくつか抽出して紹介をする。

《鍋島直茂公御壁書》

石田は初めに述べている。その一部である。「賢君直茂公の家訓21箇条は、世間一般の人々が用いる言葉によって、生き方の基本をお示しになっている。まことに生まれつきの強い志と賢明さからくる慈悲心のあらわれで、頑迷な民の心まで隔てなく発奮させるので、これこそ当藩士民の本当の宝と言っても過言ではない」

(1)利発は分別《ふんべつ》の花。花咲き実成らざる類《たぐい》多し

利発は分別の花である。花は咲くが実が生《な》らない類が多い

石田註　時の運命の盛衰は主君の心がけによることが多い。上司が行い、部下が見習うことは、光や音よりも速やかである。生活習慣が悪くなるのを、下が改めることはなかなかできない。そのため主君をお諌《いさ》めし家中に善行を勧めることは、家老の責務である。その真実の意味を説明すれば、主君とは域内の領民の生活を安堵させる役目を受け持つ人の棟梁《とうりょう》である、ということだ。お国のために命を捨ててあたることを、「その役目を勤める」という。家老やその他の家臣たちは、主君の支持を得て万事を全うすることに労苦を厭《いと》わないことを、正しい道（義）とする。この道を知らず、自己本位で悦楽にふけるため、自分勝手な風潮となり、「実が全て落ちて、花だけが栄える」と、「古今和歌集」の序に紀貫之が書いているのと等しいあり様である。

青木　日本語には誠に便利な「小利口」という言葉がある。つまり「こざかしい」ことをいう。これが「不善より出る利発」である。身近にはこういう者が必ずいる。もっと俗な言い方をすれば「提灯《ちょうちん》持ち」『お調子者』となる。さてもう一度身の回りを点検してみたらいかがか。

人はだれでも栄華を求める。なぜなら悦楽だからである。度が過ぎると人生に失敗する。宝くじに当たったものの多くが落伍者になるという。一時ぱっと花が咲くが、欲望に溺れ、一瞬の花火のように消えていく。それはなぜか。天道にそむくからである。天道とは勤勉を意味する。人は労働とともに栄える。その労働を厭《いと》うことが落伍者への道となる。

(5) 下輩《かはい》の言葉は助けて聞け。金は土中にある事分明《ぶんめい》

下々の言葉は庇《かば》い立てして聞け。金は土中に埋まっていることが明白だ

(10) 人間の一生は若きに極まる。一座の人にもあかされざる様に

人間の一生は若い時分の嗜《たしな》みで決まる。それゆえ周囲の人から嫌われないようにすべきである。

(21) 人は下ほど骨折り候事能く知るべし

上に立つ者は、下の者ほど苦労していることを、よく知っていなければならない

石田註　直茂公の金言は、みな立場が上の者の戒めとしてある。直茂公は自らを戒めて、家中の諸士が同じ心になるようにこれを守らせなさったのだ。まことに天地のような心である。直茂公は低い立場の者ほど骨が折れることを知って、心労のある高い立場の者ほど心遣いをしているので、上下が和順して、民の父母《ちちはは》となられた。

恩田註　直茂公の仁心は、実にこの一言をもってわかる。直茂公は、立場が低い者ほど骨が折れる事を知って、立場が高いものにいたっては、その心労を推し量りなさる。民の父母たる者とは、このようなものか。

擬跋

青木　書き物をそのまま信じることは愚かなことである。しかし、書き物からですら学ばないのはまた愚かなことである。「愚者は経験に学び、賢者は歴史に学ぶ」という言葉がある。自分が経験することは身近なことで小さなことである。しかし、学ぶには手っ取り早い。だが世の中はもっと広い。歴史は世界よりももっと広い。千年昔の事もわかる。それを日本では温故知新といった。「直茂公御壁書」はそれの見本のようなものである。

《　愚見集　》

愚見集は宝永5年（1708）、山本常朝《やまもとじょうちょう》が50歳の時に、養子吉三郎（後に権之丞常俊、妻のお竹は常朝の次女）のために、自ら記した「奉公の心得」である。ところが権之丞夫妻のほうが常朝より4

年も先に病《やまい》を得て江戸でこの世を去ってしまった。「葉隠」は常朝の口述を田代陣基が記録したものだが、「愚見集」は、常朝自身が記録したもので、直接、常朝の思想信条をうかがうことのできる貴重な資料である。しかも、書いたのが宝永5年というから、「葉隠」の口述が始まる2年前である。

青木は愚見集を〝白金の遺訓〟と言い「奉公というと、どこか古めかしく聞こえるが、勤務と読み替えれば立派に現代的である。主君を社長、奉公人をビジネスマンとすれば、そのまま今に当てはまる。古典を読むときは、それぞれ工夫することによって温故知新となるのではあるまいか」と語っている。

構成は左記の通りである。（　）内は項目数。

■奉公根本　①忠孝（10）②武勇（7）③慈悲（5）④智慧（5）

忠孝①奉公人は忠孝をつくすためだけに生まれたということを、よく知るべきである。忠孝といえば、忠と孝の二つのように思うが、主君に忠節をつくすのが、まさに親への孝行である。

②忠で大切なことは「諫言《かんげん》」に尽きる。忠は国が治まり、天下泰平であることの根本なので、なるほど諫言以外にない。

③名利を思う奉公人は奉公人ではない。また、名利を思わない奉公人は奉公人ではない。

④奉公人の立身の方法は「半畳敷で芝居を見物するようなものだ」と石田一鼎が言った。よく見えないからと焦ってはいけない。気長に根気強く自分の役目を勤めていると、見えるようになるものだ。

⑤奉公人の序列を見るに、主人の御為《おんため》だけを思い、自分を忘れている人は、最上の奉公人で

ある。

このように「忠孝」だけで10項目におよぶ。「武勇」は①武士は天下の守護人であり、非道を禁じ、義理にそむくものを攻め滅ぼし、忠節をつくす役人である―など。「慈悲」は②人間は一生何をするのかというと、他人のためによいようにするよりしかない。よい事は他人に譲り、他人の罪はこちらで受けるくらいの心を持つべきである③神の御心も、仏の御心も、慈悲の心よりしかない。天照大神のお歌に、「慈悲の目に憎しと思う人あらじ科(とが)のあるをばなほもあわれめ(慈悲の目に憎いと思う人はいないだろう。罪がある人をそれでもなお哀れみなさい)」―など。「智慧」は⑤暇があるときは、書物を見ることが、智慧を増すことにつながる。しかし書物も見方があるものだ。昔のこと、他人事とだけ思ってみては無益である。

■奉公枝葉　⑤風体(1)　⑥芸能(2)

■可慎(慎む)⑦飲酒(2)　⑧過言(1)　⑨遊興(1)

飲酒①淫乱・好色から天下・国家も滅び、下々まで悪いことが耐えない。まずもって病の原因であり、短命の元である。主従ともに病人になり、短命で、道は成就しないのだ。②酒は悪事の根源で、病もまた生じる。いつもおとなしい人は、深酒をすると取り乱し、失礼な悪口を言い、口論も生じ、心の奥の恥までも打ち明け、浅ましいものである。(中略)どのみち酔ったときは、早く寝るのがよいのだ。大切なことは、自分の酒量の限界をよく見きわめ…。

特に飲酒の項を詳しく取り上げたが、飲み過ぎがもたらす災いは昔も今も同じである。身につまされるテーマなので、よくよく自覚しておきたいと思う。常朝には男子がおらず、出家後に家督を存続させるため、婿養子を取ることを許され迎えたのが権之丞常俊である。「葉隠」では、常朝からさまざまな教えを受けていることがうかがえる。第3代綱茂に仕え、江戸で御留守御使者番を努めていたが38歳で病死した。愚見集は常朝の婿養子への期待を込めた「奉公の心得」テキストであった。

新渡戸稲造の英文「武士道」を和訳して紹介した奈良本辰也は著書「ビジネスマンの葉隠入門」（1994年刊・徳間文庫）の序文にズバリ本音を書き込んでいる。もう25年も前のことではあるが、今日も同じだ。

太平という時代は、人間の生き方を変えていく。この本（葉隠）が書かれた時期は、島原の乱も終わってどこにも硝煙の匂いはない。武士も刀や槍を取るより、算盤《そろばん》や筆を取って、一日中畳の上で過ごしている。

話といえば、女のことか、金銭関係のことしかない。「自分さえよければ、他のことはどうでもよい」というような投げやりな態度である。そして武士たるものが、男か女かわからないほどに軟弱になっているのだ。それは心だけではない、身体までがそうなっている。

常朝はこのようにも言っている。「今どきの奉公人を見ていると志が大変低いように思われる。まるでスリのような目つきだ。たいていの者は自分の欲得か、小利口か、少しは魂の座っている者でも、表向きの形容を整えているだけのようだ。云々」。この「今どきの奉公人」ということばを「今どきのサラリーマン」としたらどうだろう。まさに現代の一般的なサラリーマンをそのまま表現した言葉になるのではないか。

理屈ばかり多くなって、表面ばかりに気を取られた奉公人の生き方に対する常朝のことばなのだが、現代のビジネスマンにも全く同じことが言えるようだ。ただし、常朝にしても非難しているばかりではない。聞書第二28節には「今時分の者、無気力なのは無事故、何事かあれば骨々《ほねぼね》となる」と言っている。「下手な人生論より葉隠」（2008年刊・河出文化）の著者本田有明《ほんだありあけ》は、「当世風の軟弱な武士を嘆いた常朝が、ここでは弁護する側にまわっている」と28節を口語訳で紹介している。

「現代は戦いがなくて幸せだ、などという人がいるが、実に浅はかなことである。短い一生のうちに、ぜひ戦いというものを経験してみたいものだ。畳の上で死ぬのは苦しくて耐えられないし、武士としての本意でもない」

このような話をする人には、ひとこと言っておきたい。老人が話すのであれば黙って放って置いてもよいが、そばでしかるべき人が聞いているとすれば、黙っていては同意しているように取られるので、誤解されぬようこう言うべきだ。

「そうでもないと思います。現代の人が無気力であるのは、世の中が平和だからです。何か大きな出来事があれば、きっと骨を折って働くことでしょう。昔の人とそんなに変わるわけではありますまい。もし、変わったところがあるとしても、昔は昔、今は今です。世の中が衰退気味だからといって、現代人が劣っているという理由はありません」

周りの人の気持ちを推し量りながら、このようにいったらよい。時に応じてのひとことが大切なのである。

やはり常朝はただ者ではないと感服する。きっぱりと清々しい言葉だ。辛口の批判もするが、変わったのは時代であって、人間の中身ではないと信じている。現代人も自分が必要とされる状態、環境になれば立派に働くはずだというのだ。終戦直後に生まれた筆者も時として、およそ政治には無関心な若者を見るにつけため息を漏らすが、まんざら無関心とばかりとも言えないのではないか、思いを表現するすべがないだけなのではないかとも考える。やはり、「昔は昔、今は今」なのか。

本田も「人は齢をとるにつれて、世相や風俗だけでなく、一切合切《いっさいがっさい》ひっくるめて「昔のほうが良かった」と考えるようになる。自分がだんだん時代の背景に押しやられていく寂しさ、自分が時代の中軸をになって活動していた過去への郷愁などが、昔を賛美する気持ちを強める」という。

第4章

「葉隠」と栗原荒野

栗原荒野

■「葉隠」に生涯を捧げた男■

一本の棒のごとく生きる

「葉隠」の生まれ故郷・旧鍋島藩の佐賀から「葉隠聞書」11巻全編をいち早く編集し、全国に紹介したのは栗原荒野《くりはらあらの》だった。荒野はその名を「あれの」と称し、号を「あらの」といったが、普段は「あらの」を用いた。昭和10年（1935）に荒野が満を持して発刊した「分類注釈 葉隠の神髄」は、別名〝葉隠論語〟とも呼ばれて男子必読の書との評判を取り、版を重ねた。さらに同15年に刊行した「校註葉隠」の初版本はベストセラーとなって全国の書店の店頭を飾った。

そのような現象が生まれるには、それなりの時代背景があった。明治維新から間もなく維新政府のもとで廃藩置県が行われ、明治新政府の中枢には佐賀から大隈重信《おおくましげのぶ》、江藤新平《えとうしんぺい》、副島種臣《そえじまたねおみ》、大木喬任《おおきたかとう》が参議の席に着き、薩長土肥の勢力が絶大な地位を占めていた。明治14年には第1回帝国議会を明治23年に開設するとの詔勅が出され、同22年には大日本帝国憲法が発布されて立憲政治が始まった。欧米に追いつけ追い越せの気運とともに富国強兵が叫ばれていたころに、玄界灘に面した東松浦郡浜崎村（現唐津市浜玉町）の山深い農家に荒野は誕生した。明治19年（1886）3月である。

明治、大正、昭和へと時代は激変を続けた。日本は、日清・日露戦争で勝利をおさめ、列強の仲間入りを果たすと軍部が台頭し、大日本帝国は明治43年（1910）に韓国を併合する。昭和に入ると、五・

一五事件、二・二六事件が相次ぎ、盧溝橋《ろこうきょう》事件《じけん》から日中戦争が起こる。勢いづく日本を警戒する米欧列強からの圧力に一触即発の戦争モードとなり、大政翼賛会を創立させると一気に米英に宣戦布告、真珠湾攻撃から太平洋戦争に突入した。

陸軍将校を志す

荒野が生まれ育った浜玉町は、唐津湾に面した福岡県との県境の町である。十坊山や椿山、松浦佐用姫の伝説も残る鏡山などの山々に囲まれ、神功皇后が鮎を釣って武運を占ったという玉島川、流域に国史跡の谷口古墳や横田下古墳など多くの古墳が点在する横田川が流れる。この地域は『魏志倭人伝』の記述にある『末盧國《まつろこく》』であり、魏《ぎ》の使者が対馬から壱岐を経て最初に上陸した倭《わ》の地であった。西方には日本三大松原の一つ、白砂青松の「虹の松原」が、見事なグリーンベルトでゆるやかな弧を描いている。

少しばかりの畑地を耕作する貧農の家に長男として生まれ、その日が「伊勢講」だったというので、伊勢次郎《いせじろう》と名付けられた。尋常高等小学校のころから利発さが光り、さらに唐津城下にあった県立の中学校、のちの旧制唐津中に進学した。しかし、伊勢次郎は貧困の中にあって苦しい家計のやりくりに甘えているわけにはいかなかった。入学翌年の明治33年（1900）には、学費無料で全寮制の大阪陸軍地方幼年学校（熊本）に入学する。馬上の将校を見たことがあり、あこがれもあった。休暇で帰省するにも汽車賃が足りず、佐賀駅を過ぎると途中下車して、後は30キロもの道のりを歩いて郷里浜崎に戻ったこともあったという。日本が日清・日露戦争の時代である。制服に短剣を携えたりりしい姿は、村でも評判であった。

幼年学校は、幹部将校候補を養成するために設けられた陸軍の教育機関で、東京に中央幼年学校、仙台、名古屋、大阪、広島、熊本に地方幼年学校があった。13歳から16歳で入学して3年間を学び終えると、中央幼年学校（東京）に進んで2年、併せて5年を修了すると幹部将校への道を歩むことになる。

当時の荒野には立派な軍人になるという夢があった。荒野は17歳で地方幼年学校を修了すると、東京の中央幼年学校に進学した。ここまでくると幹部候補のエリートコースである。2級上には第2次世界大戦開戦時に軍人初の首相となった東條《とうじょう》英機《ひでき》、一級上には高知出身でのちに〝マレーの虎〟の異名で名を馳せたのちの陸軍大将山下《やました》奉文《ともゆき》がいた。

山下は日本軍が昭和16年12月8日のハワイ真珠湾攻撃に突入する約1時間50分前、第25軍司令官として指揮するマレー作戦でイギリス領コタバルへの上陸作戦を決行し、事実上の太平洋戦争の戦端を開いた人物である。余談になるが、山下の妻は佐賀出身の永山元彦陸軍少将の長女である。同じく皇道派であった佐賀出身の真崎《まさき》甚三郎《じんざぶろう》陸軍大将、宇都宮《うつのみや》太郎《たろう》陸軍大将らとともに「佐賀の左肩《さけん》（肩で風を切って歩く）党《とう》」と呼ばれたという。日本は日清戦争に勝利し、台湾を平定するとともに清国から得た賠償金（３億１０００万円は国家予算の2年分を超える）をもとに軍政を確立し、明治35年（１９０２）には日英同盟に調印する。

荒野は明治36年（１９０３）に中央幼年学校に進学はしたものの、勢いづく軍部に違和感を持っていた。勇猛果敢を求められる軍人養成学校で、痩身《そうしん》でおよそ屈強というには程遠い体格である。むしろ学究の徒と呼ぶにふさわしい荒野であった。読書好きで学業優秀ながら演習では後れを取りがちな荒野は、山下奉文らつわ者どもからは蔑《さげす》みの視線を浴びたようだ。

失意のうちに郷里へ

折しも荒野は病に侵され、入校1年後には退学を余儀なくされる。とても戦地におもむける健康状態ではなかった。大きく人生の舵を切った。日露戦争開戦から4カ月後のことであった。旅順《りょじゅん》開城、奉天《ほうてん》占領、日本海海戦に勝利し、アメリカ合衆国大統領セオドア・ルーズベルトの斡旋によって、日本とロシア帝国はポーツマス条約に調印する。ところが国内では戦勝したにもかかわらずロシアに賠償金を求めなかったことにたいしての不満が噴出し、暴動が頻発していた。ただし、ロシアから満州を治める利権の譲渡を受けて、日本はその後の大陸進出の足固めをする条件を整えていた。

荒野は中央幼年学校で、世界列強の干渉を肌で感じていた。日清戦争後はロシア、ドイツ、フランスの三国干渉があり、おびただしい犠牲を払って支配下に置いた遼東半島を清国に返還せざるを得なくなった。

在学中から荒野は同時代を生きたロシアの文豪トルストイに傾倒していた。「戦争と平和」「アンナ・カレーニナ」「復活」などの名著がある。なおも政治的、社会的にも大きな影響力を持つ思想家でもあり、非暴力主義者だった。トルストイの「非戦論」などを読み、平和反戦思想、非暴力主義に影響を受け、軍人への道をきっぱりと断念した。中央幼年学校を退学後、明治40年（1907）、21歳の荒野は東京明治学院神学部（現東京神学大学）に入学する。同学院は日本基督教団立の私立大学で三鷹市にある教団唯一のプロテスタントの神学教育機関であり、現在の明治学院大学とは異なる。ここでキリスト教思想家の内村鑑三《うちむらかんぞう》より教えを受け、キリスト教社会運動家の賀川豊彦《かがわとよひこ》や作家有島武郎《ありしまたけお》らとも親交を深めた。

明治学院の教会では、賛美歌「荒野の果てに」を歌うことが多かった。

荒野《あれの》の果てに　夕日は落ちて　妙《たえ》なる調べ　天《あめ》より響く
グロリア　イン　エクセルシス　デオ

心を揺さぶるこの賛美歌にひかされて、このときから伊勢次郎の名を捨て「荒野《あれの》」と改名した。「あらの」は号である。一時は牧師の道を歩むことも考えた荒野ではあったが、ここでも「キリスト教徒こそ救いが得られる」という教義にも同調できず、伝道者となることを放棄した。その時の深い悩みを内村鑑三に訴えた。内村からの返書が栗原家に保管されている。

「御理想御実行を務められること願上候。然し之を為すに多くの忍耐を要することを予《あらかじ》め御覚悟《ごかくご》有るか、又自身終に十字架に上げらるるの覚悟なくしては無抵抗主義を御実行致し兼ね候」

一九〇八年十月二三日

内村鑑三

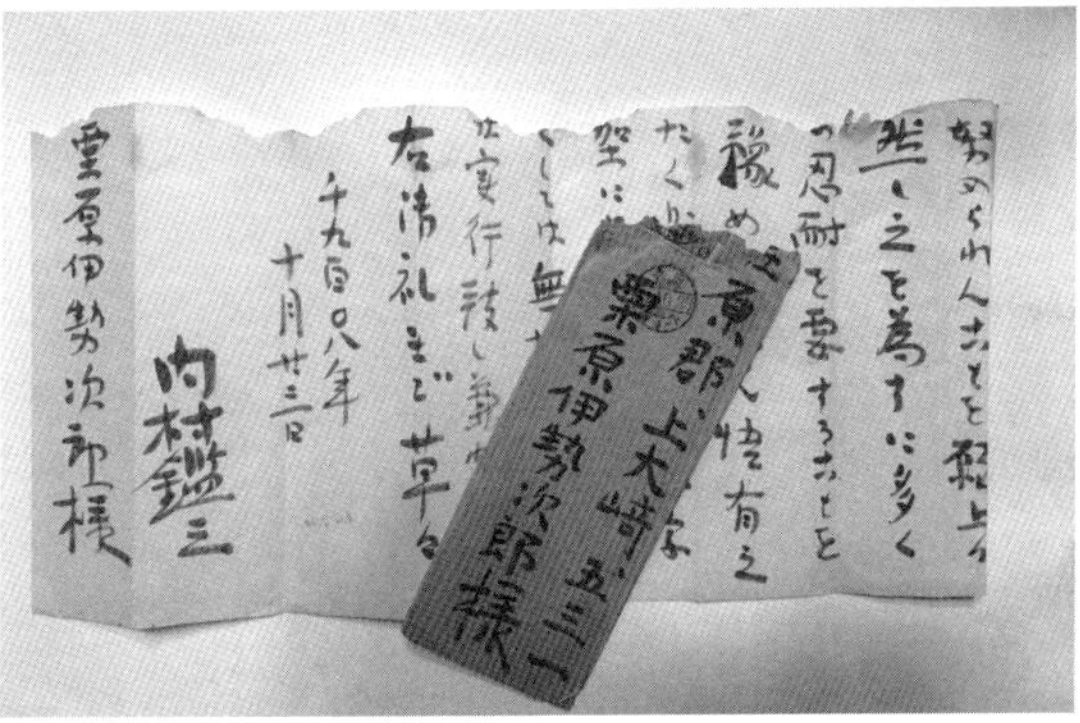

内村鑑三からの手紙

荒野は武力、暴力を否定し、トルストイのように非暴力主義、インド独立の父ガンジーのように無抵抗主義に生きる決意を内村に伝えていたのだ。内村は「栗原伊勢次郎」宛に手紙を書き送っている。

生前、荒野は「私の青春時代は迷いとつまずきの連続でした」と述懐していた。明治43年（1910）、東京明治学院を卒業すると失意のうちにふるさとの唐津に帰った。しばらく玄界灘に面した東松浦半島の有浦村（現玄海町）で代用教員をした後、ほどなく唐津日日新聞、さらに西海新聞の記者となる。間もなく佐賀毎日新聞創刊に際して編集主任に請われて佐賀市に転居、このころより郷土史研究にも取り組み始めた。

前列中央の実篤、その左の荒野と文学愛好青年グループ
（旧佐賀城の天守閣跡協和館の前庭で）

大正10年（1918）11月10日、栗原宅へ思いもよらぬ来訪者があった。色紙にカボチャなど野菜の絵などを描き、「仲良きことは美しき哉」「この道より我を生かす道はなし、この道を行く」などの名言を書いた人、武者小路実篤（1885―1976）である。小説家・詩人・劇作家・画家、加えて短期間ながら貴族院勅選議員にもなった人物。その名前からも分かるように公家の生まれだ。佐賀を訪れたのは38歳のときである。その3年前、争いごとのない理想郷の建設を掲げて宮崎県の寒村に「新しき村」を立ち上げている。

実篤がなぜに栗原荒野を訪ね来たのか、家族も聞かされていないが、どうやら「新しき村佐賀支部」の開設を目指す佐賀県内の文学愛好者グループが招待したようである。

ときすでに、宮崎の「新しき村」で農作業をしながら大阪毎日新聞に小説「友情」を連載するほど著名な小説家である。東京帝国大学哲学科を中退したあと、処女作品集『荒野』を出版している。その後、明治43年（1910年）には実篤が思想的なリーダーとなって志賀直哉、有島武郎らと文学雑誌『白樺』を創刊、白樺派と呼ばれた。文学青年らにとっては憧れの作家でもあったのだ。

明治18年（1885）5月生まれの実篤は、翌19年3月生まれの荒野とは同い年ということになる。しかも、荒野が東京明治学院に在学していたころ懇意であった有島武郎は共通の友であり、何より実篤の自費出版作品集が「荒野」であったという偶然、さらにはともに非戦論者トルストイに熱く傾倒していたのである。荒野は当時、佐賀毎日新聞の主筆を務めていたこともあって、「友情」作家の実篤には親近感を抱いてもいたのであろう。奇しくも翌年には「佐賀毎日」は、大阪毎日新聞佐賀通信部となり、その後、荒野は初代の佐賀支局長となるのである。

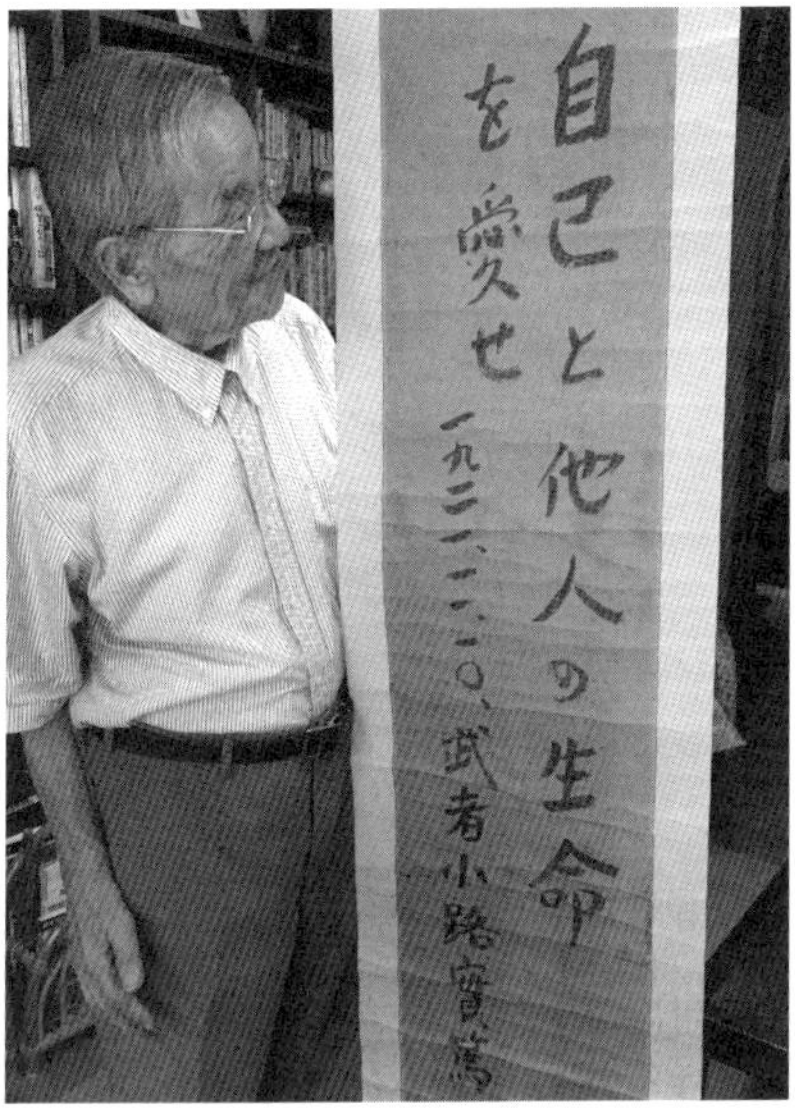

栗原家に残る実篤の書

「新しき村」の佐賀支部の創設は成らなかったが、栗原家には実篤と荒野と文学愛好青年グループが旧佐賀城天守閣跡・協和館の前庭で撮影した記念写真、「自己と他人の生命を愛せ」と書かれたお世辞にも達筆とは言えない実篤の書が表装されて大切に保存されている。トルストイアンであった実篤は、昭和11年（1922）に7カ月ほど欧州を旅しているが、その間に黄色人種として受けた差別の屈辱からか、太平洋戦争開戦後は反戦思想を捨て、協力する姿勢に転じていったという。

栗原耕吾はしみじみと写真を見ながら「武者小路さんが佐賀の地を踏まれたのはこのときだけ。自宅には父の手による『新しき村佐賀支部』の表札も残っています。私が生まれる前のことですが、父の実篤ファンぶりがうかがえます」と語る。


大正11年（1922）、荒野は短歌結社「火の国」（後の「ひのくに」）の同人となる。

北原白秋、若山牧水と並んで「九州の三歌人」と称された佐賀の中島哀浪《なかしまあいろう》はじめ高田保馬《たかだやすま》、高尾朝花《たかおちょうか》ら多くの歌友を得た。その一方では万葉集の研究に没入し、佐賀市多布施の自宅には万葉植物を植えては「万葉苑」と名付けるほどの熱心さだった。

荒野は、興味を覚えるとのめり込む性格だったのだろうが、見切りをつけるのも潔《いさぎよ》かった。昭和4年（1929）、肥前史談会での「鍋島論語葉隠全集」（中村郁一《なかむらいくいち》編著）の輪読会に参加した。初めての「葉隠」との出会いだった。佐賀市水ケ江の鍋島家別邸（旧佐賀市民会館跡地）にあった鍋島内庫所《なべしまないこしょ》の葉隠関係資料の調査に参加し、「葉隠」に没頭した。聞書の第一巻から順次読み込んで意見を交わす。いつしか西村謙三《にしむらけんぞう》、鶴清《つるきよし》らとともに荒野も輪読会の講師役を果たすようになっていた。昭和8年には毎日新聞の初代佐賀支局長に就任していたのだが、葉隠研究に専念したい思いと同時に佐賀県史編さん委員を委嘱されたこともあって昭和10年（1935）春には毎日新聞を辞め、いよいよ葉隠研究に没頭した。さまざまな写本や葉隠聞書校補など確かな文献を忠実に調査し、こつこつと確認をする。疑問が生じると納得ゆくまで調べ、決して妥協しないという信念を貫き通した。荒野には緻密な作業が性に合っていたようだ。

そして遂には同年1月、「分類注釈　葉隠の神髄」の発刊にこぎつけた。しかし、荒野は決して満足してはいなかった。なぜなら「葉隠聞書」全11巻1343節の中から741節を抜き出し、内容別に分類して注釈を加えたものだったからだ。一度火がついた研究心はとどまるところを知らず、その直後から、発刊したばかりの「葉隠の神髄」の校註に取り組み始めた。

校註とは、「校訂」し「註釈」すること。すなわち校訂は「古書などの本文を、他の伝本と比べ合わせ、手を入れて正すこと」、註釈は「古書などに『注』を入れて本文の意味を解き明かすこと」と広辞苑にある。真新しい「葉隠の神髄」一冊を校訂用に充てた。改めて細心の注意を払いながら読み込んでいくと、当然のことながら加筆修正は出てくる。誤植も発見される。びっしりと小さな付箋が貼られ、余白に赤ペンの書き込みが入っていく。新しかった黒褐色表紙の本は、5年にわたる校訂・校註が加わり、いつしかぼろぼろの古本のようになった。その一心不乱の加筆修正によって、常朝の口述がさらに深みを増し、昭和15年の「校註葉隠」の刊行へと結実していくのである。こうして葉隠の学術的価値を不動のものとした荒野は、戦後も「物語葉隠」「葉隠のこころ」など一般向けの著述を重ね、葉隠思想の普及に努めた。

荒野直筆による経歴概要（昭和41年現在筆記）が残されている。原稿用紙11枚に書かれているが、これにも欄外に多くの書き込みがあり、荒野らしい〝原稿〟である。まずは、とても形式的ではあり重複するところも多いが、改めて経歴を紹介する。すべてを原文通りに紹介（以下漢数字）するが、「業績」中の「万葉集研究」の項では、特に「不知火《しらぬひ》の研究」が論文として展開されており、経歴概要に収めるには長文に過ぎるため割愛する。

本籍地　佐賀市上多布施町二九八番地
現住所　佐賀市多布施四丁目三番六十四号
栗原　荒野　（号荒野＝あらの）
明治十九年三月十日　佐賀県東松浦郡浜崎村（浜玉町浜崎）字野田に生まれる
大正元年　佐賀市に移り、以来定住

学歴
明治三十二年三月　佐賀県東松浦郡浜崎村霓林尋常高等小学校卒業
三十二年四月　佐賀県立第三中学校（のちの県立唐津中学校）入学、
同三十三年中退
三十三年九月　大阪陸軍地方幼年学校入学、同三十六年七月卒業
三十六年九月　陸軍中央幼年学校本科入学、三十七年六月病いにより退学
四十年九月　東京明治学院神学部別科入学、四十三年五月同学院卒業

職歴
明治四十三年七月　唐津町の西海新聞（のちの唐津日日新聞）入社、編集長勤務となる
四十五年　同退社

四十五年七月　佐賀市の佐賀毎日新聞創刊と同時に入社、編集主任、主筆となる
大正　十一年十月　大阪毎日新聞社に入社、佐賀通信所主任、佐賀通信部主任となる
昭和　八年六月　大阪毎日新聞社佐賀支局設置と同時に支局長就任、
十年四月　同退社
十年五月　佐賀県史編纂事務取扱を嘱託され、同二十年六月解嘱
十三年　佐賀県師範学校教員嘱託、専攻科に葉隠並びに郷土精神文化史を講じる
十四年　文部省認定講師を嘱託され、佐賀・福岡高等学校正科で「葉隠」を講じる
四十一年四月　佐賀市文化財専門委員を委嘱され、現在に至る

業績

葉隠研究について

昭和四年以来、武士道書「葉隠」の研究に従事し、今はない田代陣基の原本に次ぐ良本といわれる写本「孝白本」を入手所蔵し、佐賀市鍋島家だけにある幾多の葉隠関係資料を筆写し、これらを参考として昭和十年「分類注釈　葉隠の神髄」（葉隠精神普及会刊）を、同十五年「校註葉隠」（東京・内外書房刊）を著述。両書とも戦前・戦中の出版で、解説に天皇中心、忠君愛国の国民道徳、戦争における必死敢闘精神を強調しているにもかかわらず、連合軍総司令部から明治憲法下の日本としては当然の国民思想であり、また武士道そのものは西洋の騎士道と同じく古今東西を通じる貴重な「人間の

道」であることを認められたとみえ、戦後、発売禁止にはならず、解説並びに注釈など正確な資料に基づいているために、今なお葉隠研究の底本として学会にも認識されている。

このほか昭和七年紀平正美《きひらまさみ》・河野省三《こうのしょうぞう》・鈴木大拙《すずきだいせつ》各博士ほか数名と共著で『葉隠講話』（東京有精堂刊）、同十七年『五雄藩皇国精神講義』（講演集―栗原は佐賀藩の葉隠を担当、山口県吉敷郡国民学校教員会発行）、同三十一年『物語葉隠』（東京・佐賀文画堂刊）、同四十一年『葉隠のこころ』（佐賀青年会議所刊）等の著述がある。

郷土史について

大正十五年佐賀県発行の『佐賀の栞』、同十三年佐賀市発行の『佐賀市水道誌』の単独執筆を委嘱され、昭和三十五年佐賀市教育委員会発行の『佐賀市の文化財』（昭和三十七年刊）の編集委員を委嘱された。その他新聞雑誌等に随時郷土史に関する記述を発表して今日に至っている。

昭和四十二年四月佐賀藩祖鍋島直茂《なべしまなおしげ》公三百五十年祭にあたり、佐嘉・松原神社の委嘱により『鍋島直茂公略伝』（両神社社務所刊）を著述した。また、戦前・戦中を通じ、全国各地の要請による葉隠講演において、葉隠精神の解明、普及に努め、戦後タブー時代もあったが、近年、葉隠講演を依頼されることが多く、これに応じている。

万葉集研究について

大正年間から独学で万葉集、特に九州万葉歌の研究に従い、歌誌『ひのくに』同人として、万葉集に関する一般研究や「九州万葉歌」等を連載し、万葉集研究会を主宰した。また東京帝国大学国文学研究室編集（編集者藤村作）雑誌『国語と国文学』大正十五年八月号に、「万葉集の枕詞『しらぬひ』について」と題する論文（37―50頁）を発表し、特に「白縫《しらぬひ》」と「不知火」との違いについて論述した。（論述概要省略）

表彰

昭和二十六年十一月三日　佐賀県教育委員会第一回表彰において、佐賀県史跡調査委員として県下における史跡の調査保存顕彰に尽瘁《じんすい》せる功により表彰を受ける

昭和　三十年十一月六日　財団法人社会教育協会創立三十周年記念日にあたり、葉隠精神の研究・普及による社会教育功労者として感謝状並びに記念品を受ける

昭和三十八年　五月三日　葉隠精神普及並び郷土史研究等文化面における県政功労者として佐賀県知事表彰を受ける

栄典

昭和42年春の生存者叙勲に際し、郷土史、特に葉隠の研究解明に従事し、多年にわたり著述・講演等による精神文化高揚の社会教育に貢献したという理由により、4月29日付をもって勲五等に叙し瑞宝章を授与された。これは葉隠が現代に生き、新日本建設に役立つ貴重な古典であることを、日本政府から公にかつ正式に認められたものと解し、恐縮感激に堪《た》えない次第である。

◇　◇

以上が荒野自身が記した履歴の紹介である。当然ながらその後の人生がある。さらに没年までの10年を生き、郷土史や万葉集などの研究執筆、「葉隠」に関する講演活動、「ひのくに」短歌会の活動に日々を過ごしている。郷土史研究、史跡調査、葉隠精神の研究と普及などで数々の表彰や功労賞を受けているが、特に印象深いのは勲五等瑞宝章を授与されて『葉隠』が日本政府から正式に認められ感激に堪えない」と素直に喜びを書き記していることである。経歴概要からは読み取れないが、戦前戦中はあれほどまでに歓迎された「葉隠」も、敗戦を境に手のひらを返したように〝戦犯図書〟の烙印《らくいん》を押された。たちどころに栗原家は無収入の憂き目を見ることになり、赤貧の日々を余儀なくされた。荒野は動じることなく淡々として葉隠研究を深めていた。明治、大正、昭和と波瀾《はらん》万丈《ばんじょう》の人生を歩み、260年前の山本常朝と田代陣基の合作「葉隠」を世に送り出した荒野は、昭和51年(1976)2月10日、静かに息を引き取った。行年89歳であった。

池田直知事、弔辞を奉じる

荒野の告別式は2月12日、佐賀市の与賀神社で厳《おごそ》かに営まれた。荒野の死去を惜しむ県民を代表して佐賀県知事池田《いけだ》直《すなお》が弔辞を奉呈した。その内容を読み返してみると—。

(前略) 先生が「葉隠」研究一途の生涯を送られたことは、すでに周知のとおりであります。鍋島藩の生んだ「葉隠」が類《たぐい》まれな武士道の書、求道の書としてどこを切っても鮮血のほとばしるような言辞にみちていることは、「葉隠」をひもとく者の等しく痛感するところであります。

わが国の「葉隠」研究は、和辻《わつじ》哲郎《てつろう》博士をはじめ数々の業績が今日まで積み重ねられており、戦時中は一時戦意高揚に利用される一面もありましたが、今日ではわが国の精神史において、近世武士の思想を代表する一典型として広く学界はもとより、一般の公認を得るに至っております。先生の葉隠に関する数々の業績は実に、このような葉隠研究の源流をなすものであり、先生の交翰な「校註葉隠」なくして、葉隠研究は進み得ないとさえ言われ、われわれは日ごろ古武士の如き先生のご容姿とともに、長く県人の誇りとしてきたところであります。

たまたま昨年、実に35年ぶりに先生の名著「校註葉隠」の復刻版が発行され、われわれは心からこの名著が再び洛陽《らくよう》の紙価を高らしめたことを喜んだのでありました。若き日の先生は、ロシアの文豪トルストイの人道主義に共鳴し、神学校に学ばれたと聞きますが、先生の葉隠研究の下地に人道主義的思想が流れていることは、先生の「校註葉隠」の永遠性を示す一証左であると信ずるものであります。

先生すでに病み、ここに89歳の長寿を終えられました。終生、野にあって「葉隠」11巻に生涯をかけられた古武士の如き先生の風格と温容に接する機会は再びありません。いまわれわれはここに、先生ご生前の温顔と大きな業績をしのび、心から哀悼の意を捧げるものであります。(後略)

荒野が逝って16年後の平成4年（1992）5月15日付朝日新聞文化欄の「つれづれ草紙」に、郷土の作家高尾《たかお》稔《みのる》（1925―2009）が「栗原翁の思い出」を寄稿している。高尾については、「ひのくに」短歌会の項でも紹介しているが、《ひのくに三羽ガラス》と称された中島哀浪《なかしまあいろう》、高尾《たかお》朝花《ちょうか》、荒野の中の朝花の長男であり、少年のころから荒野の晩年まで深い交友が続いていた。西日本新聞記者を経て、昭和13年から48年間続いて休刊していた「九州文学」を小説家劉寒吉《りゅうかんきち》（福岡県の小説家、1906―1986）から引き継いで、平成6年に復刊させて主宰した人物である。高尾の「荒野翁の思い出」を転載して紹介するが、その高尾もすでに今は亡い。

一本の棒のごとくに生きたりし明治の男いま一人なし　（草市　潤）

この歌は、昭和51年（1976）2月10日、老衰のため亡くなった「校註葉隠」の著者、栗原荒野翁の葬儀に参列した草市潤《くさいちじゅん》さん（筆者注＝歌人中島哀浪の長男で歌人、随筆家）が、帰りに私の家に立ち寄り、一気に書いたものである。

その日は弔辞を読んだ作家の劉寒吉氏や滝口康彦《たきぐちやすひこ》氏ら友人知人たちが立ち寄って、冷酒を酌み交わしながら、思い出話にひたった。感極まって即興的に作ったのが先の歌である。集まった人たちも共感し、今その色紙を私が保存している。

清貧の生活

荒野翁は亡くなる前年の4月、熊本の青潮社から「校註葉隠」を復刻出版した。そして翌5月31日、佐賀市でその出版記念会を催した。私が発起したのである。祝いもさることながら、一冊でも多くの人に読んでもらい、売れることを願っての所業であった。北九州の劉寒吉、熊本の荒木精之《あらきせいし》（小説家）の両氏をはじめ154人が参加、翁も嬉し涙を流して喜ばれ「稔さん、もういつ死んでもよかばい」と言われた。

昭和15年、この本は初出版され、当時のベストセラーとなった。そして戦後10年は人々から忘れ去られた。翁の清貧の生活が、終戦と共にはじまる。貯えもいつしか無くなり、自宅を切り売りした。まず玄関と居間。続いて座敷。そして寝室と板の間。戦前書斎として建て増した6畳と3畳の板の間に一家は移り住んだ。そしてそこで清貧に甘んじながら、再び、葉隠の校註が続く。

見逃せない夫人の協力

戦後30年間、佐賀県内を歩き回り、資料を集め「校註」の校註が続くのである。古文書に明るいテル夫人の協力も見逃してはならない。一度、私は晩年に見せてもらったが、初版本の「校註葉隠」の一冊をつぶし、それに新しい校註を朱筆で書き入れていく。原本よりも校註の文字が多く、どのページも真っ赤といってよかった。中央の大手出版社から再版の話があったが、注文が多過ぎていずれも不成立。そして2、3年通いつめた青潮社高野《たかの》和人《かずと》氏にも復刻を渋った。30年も研究し続けた労苦を思えば当然である。

私は高野氏の依頼で翁を口説くことになった。翁は私の亡父と親交があったので気安く話せる間柄だ。「先生、新編は後回しにして下さい。世間が待っています。まず復刻版を出しましょう。新編は必ずだれかが手掛けます」と強引に勧めた。「うむ、君がいうならしようがない。まかせよう」といってもらった。昭和49年の暮れごろと思う。私は翁の味方にならざるを得ず、高野氏と印税のことまでも協議し、私も（出版部数の）半分ぐらいは売ると公言したのである。

麻布張り表紙の豪華な復刻本の完成は、昭和15年の初版から35年ぶりの快挙であった。そして、売れた。いや、売った。私は半年で責任を果たすことが出来た。喜びと安堵からか、翌年2月、力尽きたように老衰のために亡くなられた。

葬儀の翌日、長男夫妻が私を訪ねてきた。そして翁の朱筆がいっぱい入った「校註葉隠」の初版原本を差し出され、父の形見分けですという。私は気色ばんで長男に言った。「これは貴重なものですから大切に保存してください」と言ってお返しした。葉隠一筋に50年間、「葉隠」に打ち込み、清貧の生涯を終えた翁。この人こそ葉隠武士ではなかったかと、巍然《ぎぜん》とした姿勢で書斎に座した面影が今も目に浮かんでくる。

初版本を手にする栗原耕吾

栗原荒野ファミリーヒストリー

戦時下の光と影

山本常朝《やまもとじょうちょう》が300年ほど前に語った口述の「葉隠」を旧鍋島藩の佐賀から世に出した栗原荒野《くりはらあらの》は、ジャーナリストの気概と文学者のソフトさを併せ持ちながらも、一徹で古武士の風格ただよう学者であった。対照的に県立図書館資料課長を務めた長男耕吾《こうご》は温和な表情が絶えない研究者タイプである。荒野は昭和51年（1976）2月10日に89歳で他界し、二人三脚で寄り添った妻テルはその後を10年を生きて、同61年（1986）5月3日に86歳で荒野のもとへ旅立った。現在、耕吾と妻頌子《しょうこ》は佐賀市多布施で穏やかな日々を過ごしている。

荒野の「葉隠」との出会いは、毎日新聞佐賀通信部主任の職にあった昭和初年のころである。当時、佐賀には肥前史談会という熱心な郷土史研究グループがあり、荒野も会員だった。定期的に輪読会が開かれ、昭和2年から月刊の研究会誌「肥前史談」の発行を始めた。その第1号に荒野は率先して「肥前史上における藤津郡」という記事を掲載している。輪読会では次第に「葉隠」も研究のテーブルに乗るようになった。

明治39年（1906）には、朝鮮京城（現ソウル）に在住する佐賀県出身の元教師中村郁一《なかむらいくいち》編著による「鍋島論語葉隠全集」が初の活字本として刊行されていた。時折、再版はされたものの、佐賀でさえも一般の目に触れるほどの普及とはならずに影をひそめていた。
荒野は次第に「葉隠」に惹かれていく。妻テルを伴い佐賀市水ケ江の旧鍋島家別邸内にあった鍋島家内庫所に通い、葉隠聞書の写本に目を通した。テルが古文書を読み解く能力に長《た》けていたことが幸いした。荒野は「葉隠」の分類注釈書の発刊を決意する。テルは聞書全11巻を荒野も読み取ることができるように原稿用紙にせっせと筆写した。借り受けた写本を広げ、二人は書斎で机に向き合って夜遅くまで筆写と原稿執筆に打ち込んだ。それは二人にとって夢のような至福の時間だった。

書斎の荒野とテル

荒野は、「葉隠」や万葉集の研究に没頭するあまり、家事・家計のやりくりなどは意に介さず、本を買い込み、ただひたすら読書と原稿執筆、講演活動に明け暮れた。昭和10年（1935）に荒野の「分類註釈 葉隠の神髄」が刊行され、次いで「校註葉隠」発刊が続くと、「栗原荒野」の名は全国に知られるところとなった。しかし、荒野は広く人づきあいを求めるでもなく、心を許した友と親交を深めることを大切にしていた。その荒野を支え続けた妻テルは、愚痴ひとつこぼさない内助の妻であった。

「武士道といふは、死ぬことと見付けたり」。武士道を説いた「葉隠」は、東條《とうじょう》英機《ひでき》陸軍大臣が示達《じたつ》した戦陣訓にもその武士道精神が引用され、戦前戦中は「軍人必読の書」ともいわれてベストセラーとなった。だが、無条件降伏の敗戦後は潮が引くように葉隠熱は冷めていった。「葉隠」は店頭から姿を消し、講演依頼もぱったりと途絶えた。暗く辛かった戦争の重圧から解放された国民の関心は、生活の再建と戦後復興であった。戦後の栗原家の台所はたちまち火の車となった。

明治19年（1886）3月10日、玄界灘に面した佐賀県東松浦郡浜崎村の貧農に生まれた少年伊勢《いせ》次郎《じろう》（荒野）。父栗原文蔵、母シツ。利発な伊勢次郎の才能を周りが放っておかず、熊本の陸軍地方幼年学校への進学という進路選択で将来に希望を託した。14歳だった。その後、東京の中央幼年学校に進学したが、病気がちになり、次第に職業軍人を目指すことに疑問を持つようになった。そこで転身して東京明治学院（現私立東京神学大学）神学部に学んだ。

明治41年（1908）11月に唐津の知人に書き送った手紙には、つまずき続きの当時の荒野の悩みが綴られていた。「父は50歳の坂を越えた老躯にむち打って、往復五里もの道のりをいとわず唐津でゴボウ売りをしてくれている。村人の嘲笑をも恥とせず、いまに見ていろ、倅《せがれ》の前に頭は上がらないようになるぞとの夢一念で辛苦をなめている。それにもかかわらず小生の（幼年学校退学の）変心に次ぐ廃学。母は毎月、唐津の妙見神社に願かけ参りをなされている。母は、優しい嫁にかしずかれ孫を抱いて老を楽しむことが唯一の望みである。小生は何としても月給取りにならねばならぬ。親の苦しみを何とも思わぬ不孝の子とばかり思われていると思うと、それが辛く悲しい」。

テルは明治32年（1899）7月5日、父佐々木維之吉、母シナの長女として兵庫県明石町で生まれた。15歳から美術に憧れて京都の画伯のもとで絵の具溶きから2年間の画学修業をした。その後、明石町を引き払って父の実家の福岡県糸島郡福吉の漁村へ移住した。佐々木家は漁家を束ねる網元だった。テルは17歳で福岡の筑紫女学校に入学、希望して日本文学を学ぶ。ところが佐々木家が台風禍がもとで破産の憂き目に遭う。

悪いことは重なるもので、大正8年（1919）春には同じく事業に行き詰まった佐賀県東松浦郡相知町の親戚から事業の残務処理を依頼されて一家は相知町へ移り、新聞販売店を営むことになった。両親が病気がちだったために、20歳を迎えたばかりのテルが家業の主任者になっての販売店だった。

短歌会での邂逅《かいこう》

テルは短歌を詠んでいた。大正11年（1922）7月、有田で短歌誌「火の国」の創刊号が発刊されるが、3年ほど前から短歌結社の創設準備に参画していた。佐賀には後に〝ひのくに三羽ガラス〟と称された歌詠みの男たちがいた。佐賀の中島哀郎《なかしまあいろう》、高尾《たかお》朝花《ちょうか》、それに栗原荒野である。このころ荒野は大阪毎日新聞佐賀通信所主任の記者だった。

大正9年（1920）春、20歳のテルの日記に「ハクモクレンが庭いっぱいに散りしきる。栗原荒野さんらにお会いする」とある。短歌会場だった。「火の国」創刊号に、未婚時代のテルが「佐々木輝子」の名で「潮かぜ」13首を発表している。23歳にしてすでに「火の国」きっての女流歌人だった。

はつ夏の砂のぬくみにまろび寝て摘めどあかなくひるがほの花

潮騒ははるかに遠し松の花黄なる粉にちり夕さりにけり

佐々木輝子の短歌作品は、「火の国」が創刊から6号で無期休刊となるまで52首を数え、昭和3年（1928）の7月号から「火乃久爾《ひのくに》」の誌名で復活すると翌年の16号まで37首に達している。終戦翌年の昭和21年（1946）には誌名が「ひのくに」に変わる。21歳のころの歌に「かよわき身」「癒ゆるなき身」などと表現した作品がある。18歳のころ肋膜炎を患ったこともあり、病気がちな乙女であったのだろう。新聞販売店の家業はつらく、それでも未婚の身ひとつで一家の生計を支えていたことがうかがえる。

人の世のきほへるなかに女手のわがなりわいはつかれはてたり

癒ゆる日はともかくもあれ父母の生命の限り生きたきぞわれは

荒野とテルは同じ東松浦郡内の浜玉町と相知町がふるさとである。当時、「火の国」の女流歌人として先端を走っていたテルが、謹厳実直を絵にしたような風貌の新聞記者荒野と相識ることになったのは、「火の国」が機縁となったことは紛れもない。

荒野はすでに妻帯者であった。だが、テルの胸中にはこのころから荒野に寄せる思いが芽生えていたようである。

荒野の妻カズヲはそのころ精神を病んでいた。病《やまい》による数々の悩ましい行動がみられ、荒野も深い悩みの中にあった。片時も気の抜けない新聞記者の仕事との板挟みにあって、妻の実家とも相談の上、やむなくひと回り以上も歳の離れたカズヲの妹スミコを栗原家の養女に迎えた。カズヲに対して何かと気遣いをしてくれるスミコを、荒野はわが実の娘のように慈しんだ。

大正12年（1923）春、カズヲが突然出奔する。「有島《ありしま》武郎《たけお》さんのお世話をしたい」。そのようなことを口走っていたことから、上京したことがわかった。有島は著名な小説家である。父は旧薩摩藩士で大蔵官僚であり、名家の長男である有島は、学習院大学中等部から札幌農学校に学び、米国ペンシルバニア州ハバフォード大学、ハーバード大学へ留学している。学習院では大正天皇の皇太子のころのご学友としてお相手し、農学校のころは「武士道」の著者新渡戸稲造宅から学校に通っていた。大正6年から7年にかけて小説「カインの末裔」や評論「愛は惜しみなく奪う」などの作品を相次いで発表、その名を馳せた。明治42年（1909）に陸軍少将の娘と結婚したが、7年後に妻を亡くしている。独身を通して3人の子を育てる。その長男がのちの俳優森雅之である。

荒野は東京明治学院在学中に内村鑑三や有島とも交友があった。カズヲがなぜ有島に夢中になったのか、栗原耕吾の誕生以前のできごとであり、生前、荒野も語らなかったことから今となっては真相はわからないが、筑摩書房発刊の有島武郎全集全15巻の中の14巻書簡集に有島が荒野とカズヲに宛てた書簡が見つかった。さらに昭和56年（1981）7月発行の北九州大学文学部の研究紀要第27号には未発表書簡2通として報告されている。

有島は、唐突にカズヲが東京麹町の有島邸を訪問したい旨伝えてきたので、知友荒野の妻でもあり、むげに突っぱねることもできず、いったん赤坂伝馬町の友人に頼んで旅館に受け入れてもらった。そこにカズヲ宛てに1通を出している。「直接ご面会申し上げるのは、貴女のためによくないと考えますので、一切避けたいと思いますから左様お含み置き下さるよう願います」というものであった。荒野はカズヲを連れ戻した。しかし、その後もカズヲは荒野の留守を見計らって上京している。その異常な精神状態を後で理解した有島は、荒野に対しても1通の書簡を送っている。栗原家が保存している封筒裏に大正12年4月11日夜とある。要点だけを紹介する。

「先日はたびたび尋ねてくださいましたのに、他出していて失礼しました。カズヲさまについては誠に意外なことでお気の毒と存じます。カズヲさまが、佐賀を出る時に有島と同棲するとまで言って、それをあなたが許され、上京も離婚も承諾なさったと仰るので、あなたに対して奇怪なという感じを持たずにいられませんでした。今はあなたからの手紙で一切が氷解し、失礼な憶測をしたことを恥じ入っております」という内容だった。

もうこれ以上書くこともないと思う。この当時の有島はカズヲに対応できるような状態ではなかったことが、その2ヵ月後の衝撃の事件でわかる。有島は婦人公論記者で美貌の人妻波多野秋子と知り合い恋に落ちた。当然ながら波多野の夫とのあいだに激しい確執が生じ、苦しみの中にあった。そしてついに、カズヲの一件からわずか2ヵ月後の6月9日、有島と波多野は軽井沢の別荘で首を吊って情死を遂げる。発見が梅雨時の1カ月後であったためにひどい遺体となっており、衝撃のニュースになった。

遠くて身近な有島の情死に荒野は深く傷ついた。カズヲの精神状態には一向に改善の兆しもなく、ついには家庭を持ちこたえることができず、大正15年（1926）4月には離婚に至った。ただし、荒野は妻を哀れと思い、直ちに長崎・島原の実家に戻すことをせずに、その後9年間、荒野のもとにとどめ置いた。

苦悩する荒野をみかねて何くれとなく手助けをしていたテルであった。離婚成立後に、荒野はテルを後添《のちぞ》えとして迎え入れた。テルが荒野に初会のころから想いを寄せていることを知らないわけではなかった。

変則の家庭生活が続いた。しかし、淡々として動じない荒野、信じて支えるテル。言葉にならない苦労の連続ではあったが、「いよいよの時、病床のカズヲさんは荒野と私に幾度も幾度も手を合わせ、拝む仕草を見せながら息を引き取られました」と、残されたテルの日記には、最期を迎えた時のカズヲのことが記されていた。その仕草が、テルの気持ちを少しばかり軽くしたようだった。荼毘に付し、葬儀を済ませると、遺骨は迎えにきた親族の胸に抱かれて夜汽車で島原の実家へ帰って行った。荒野をよく知る中島哀浪ら「ひのくに」の同人や心許した友人たちは、堂々と前妻を受け止め、迷うことなく「大慈悲」の心で対応した荒野とテルを称賛した。

自宅の庭で荒野とテル

荒野の葉隠研究が本格化した。テルを迎え入れて間もない昭和3年（１９２８）には佐賀市多布施の現在地に自宅を新築した。ほどなく長女道子、次女峰子が生まれ、そして昭和7年1月18日には長男耕吾が誕生している。浜玉町の年老いた両親にもひととき子らを抱いてもらうこともできた。しかし、世はまさに動乱のただ中にあった。前年には満洲事変

（柳条溝事件）が起こり、関東軍による満州国の建国、国内では五・一五事件、二・二六事件が相次ぎ、日中戦争へとなだれ込んでいった不穏な時代である。

荒野は社会を揺るがした二つの事件の間、昭和10年1月に念願の「分類注釈 葉隠の神髄」を発刊した。その直後、毎日新聞社では荒野への県外支局への人事異動の内示があったが、「佐賀を離れるつもりはありません」と断り、4月には退職届を出した。荒野はすでに次なる「校註葉隠」の発刊構想を練っていたのである。

「葉隠の神髄」の売れ行きが、予想を遥かに超えるものであった。家計に余裕が生まれたのもさることながら、テルにとっては結婚後の苦難の日々を耐え抜いた後の子育てに見つけた幸せの日々だった。

荒野が明治36年から東京の陸軍中央幼年学校に学んだことは先に述べたが、机を並べてともに学んだ親友の同級生藤江恵輔が陸軍大将となって昭和18年（１９４３）5月21日に佐賀市を訪れた。藤江は陸軍士官学校から陸軍大学校（大正３年）へ進学、花道を上り詰めて同年2月に陸軍大将に昇進したばかりだった。それからわずか3ヵ月後の来佐である。公式には翼賛会佐賀県支部が献納した戦闘機の命名式への出席であったが、前夜に佐賀入りすると、なにはさておいてもとすぐさま宿舎に荒野を招き入れた。その時の模様を西日本新聞は5月23日付で報じている。

藤江大将の宿舎佐賀市松本旅館に気楽などてら姿の初老が訪れ、副官の丁重な案内で藤江将軍の部屋に吸い込まれたが、その瞬間、藤江将軍と訪客の感激をみなぎらせた声が高く響いた。訪客は若き日、将軍と固い「士気の誓」を結んだ莫逆《ばくぎゃく》（筆者注=意気投合して極めて親密な）の友、今は郷里佐賀市で勤王精神の研究と著述に余生を送る葉隠研究の権威者栗原荒野氏である。（中略）藤江将軍は来佐に先立ち、知事その他との公式の会見を一切断り、ただ一途にこの友との一夕の回顧談を計画していたとのことである。

4時間にわたって酒を酌み交わし旧交を温めた。そのうえで翌日には「葉隠」研究家として名を馳せている荒野宅訪問を公式に組み入れて訪ね、テルにも挨拶したようである。

耕吾の小学6年の思い出

栗原耕吾は、少年の日のある出来事を克明に記憶している。戦時下である。昭和18年の晩春、神野小学校6年生だった。

陸軍大将藤江恵輔と栗原荒野

5月22日早朝、いつものように登校すると、自宅から校長室に連絡が入った。「佐賀の連隊から西部軍司令官の藤江恵輔陸軍大将が訪問されるので、すぐに家に帰ってきなさい」との母からの伝言である。藤江大将は父が昭和10年に発刊した「葉隠の神髄」を読んだに違いない。そうでなければ、陸軍大将がこんな田舎の父を訪ねてくるはずがない。第55連隊から自宅を訪問した陸軍中佐らの伝令によると、午前11時にはわが家を訪ね来て、父に接見するとのことらしい。

耕吾は複雑な思いで聞いた。南方戦線では日本軍が苦戦しているようだとのことは薄々知っていた。後年の戦記によると、前年のミッドウェー海戦で日本海軍は主力空母四隻を失って米軍に主導権を握られ、昭和18年2月、ガダルカナルを撤退していた。撤収の総員は陸軍9800人、海軍830人。すでに戦死8000人、餓死1万6000人であったと戦史に残る。ラバウル島まで退却した後、ついにはトラック島も失い、本土では「転戦」と報じられていたが、南方戦線の相次ぐ敗北により、太平洋を明け渡していた。当時は、日本軍の戦果ばかりが報じられていて、戦況の詳細を知る由もなかったが、どうやら敗走を続けているらしい報も伝わっていた。昭和18年4月18日、陣頭指揮に立つ連合艦隊司令長官山本五十六大将がラバウルの戦闘最前線に向かう途中、米戦闘機群に撃墜された。「長官死す」の報に国民は打ちひしがれた。

校長室に呼ばれた耕吾は「僕は帰りません」と言った。その訳を問いただした校長は、「今、生きている陸軍大将に会ってなんになりますか。僕は授業を受けます」と言った耕吾のひとことに驚き、感涙した。翌朝、運動場での全校朝礼で、校長から指名されて演壇に立った。校長は「わが校にはかくもすばらしい少年がいる。陸軍大将がご訪問されたというのに、栗原くんは授業を受け続けることを選んだ。このような児童がいることを誇りに思う」と褒めた。

当時のできごとを回想し、耕吾は「子どものころの忘れられないできごとですが、あの時は私もすごいことを言ったと思います。陸軍大将がわが家に来るということへの恐れもあったと思います。それにしてもあの時、褒めてくださった校長先生もたいしたものだと思いました」と語った。

葉隠とは貧乏することと見つけたり

戦後、栗原ファミリーは貧困のどん底に落ちた。そのころのことを記した一冊の本がある。荒野が昭和15年（1940）に刊行した「校註葉隠」の復刻版発刊（昭和50年4月）を手掛けた熊本市の青潮社社長高野和人が、西日本新聞の聞き書きシリーズに取り上げられた。「ある地方出版人の記録『歴史の旅へ』高野和人聞書」というタイトルで平成4年（1992）4月から8月までの92回の連載である。高野が20数年にわたり取り組んできた、九州に埋もれた史学者の軌跡に光を当てて世に送り出すという地道な出版事業を、同社記者城戸洋が聞き書きで紹介している。

校註葉隠の復刻出版祝賀会

出版ジャーナリストともいうべき高野の事業は熊本日日新聞社文化賞、サントリー地域文化賞、熊本県文化財功労賞、西日本文化賞など受賞している。聞き書きの連載記事が本になり、その真っ先に取り上げて高野が語り、紹介したのが「葉隠」の栗原荒野だった。高野が荒野について語ったくだりの要点だけを紹介したい。

今もって私は栗原氏の風貌を忘れることができません。世俗のことは少しも念頭になく、葉隠だけに打ち込んだ人生。純粋な生き方に感動を覚えました。名前のごとく「荒野」を一人行く、ものすごい精神力と信念を持った人でした。まるで古武士のような風格です。私はたびたび栗原氏の門をたたいて、昭和50年にやっと「校註葉隠」復刻の許可をいただきました。ちょうど三島由紀夫の「葉隠入門」がベストセラーになっていた時代です。

「校註葉隠」の原本を手にすると、「こんなに膨大なものか」とあらためて驚きました。原本は昭和15年、東京本郷の内外書房から出版されています。定価2円80銭。当時学校の先生の月給が30円ぐらい。戦前の本は高価でしたから、庶民にはなかなか手が出ませんでした。栗原本の価値は、栗原氏が生涯かけて各ページに付けられた詳細な注釈にあります。山本常朝が語った１３４３節の葉隠全文と関連史料が収録された１３００ページの大著です。

栗原家の苦労は終戦後にやってきます。戦前の軍国主義から一転して民主主義の世の中に変わり、葉隠研究者は軍国主義の亜流と世間が見たからです。学者肌で、世間を知らない栗原氏にとってつらい非難でした。赤貧洗うが如き生活が戦後の栗原家を待っていました。

葉隠研究家栗原荒野氏の思い出はつきません。「葉隠」は太平に慣れた浅薄な武士の生き方を糾弾し、時流に反抗した過激な著作です。肥前佐賀でなければ当然生まれなかった哲学でした。今も佐賀県人の魂の書が「葉隠」なのです。「葉隠」の系譜を受けついだ栗原氏もまた、葉隠に負けないくらい信念を曲げずに生きた「誇り高き人」でした。いつも凛とした雰囲気が栗原氏の身辺にただよっていました。米寿を超えておられましたが、葉隠研究に打ち込む精神の透明さを感じました。

子どもさんが成人されるまでの間、栗原家の生活はすさまじかったと聞きました。その日食べる米がない戦後の日々。見兼ねた友人が米をポケットに隠して奥さんのテルさんに渡しましたが、「飢え死にしてもよい」と栗原氏は世間に甘えることを拒まれました。

佐賀市多布施の家も相当大きかったのですが、生活苦のために部屋を切り売りされる。はじめ玄関、続きの小部屋、次には座敷と居間といった具合で、最後は3畳半の書斎だけが残ったと聞きます。

妻テルさんができた方でした。古文書「葉隠」の原文がテルさんには読めました。原本の筆写を手伝い、家計のために夫が書いた色紙を売って回ったのもテルさんでした。「だんなさまを助けざるを得ません」と言われ、嫁入り道具も着物もすべて手放されたとあとで聞きました。

「校註葉隠」の復刻出版は佐賀県民に歓迎されました。高尾稔氏が発起人で出版祝賀会が昭和50年5月に佐賀市で盛大に開催され、劉寒吉氏らが祝辞を述べられました。栗原氏は安心されたかのようにその翌年亡くなられて佐賀の土にかえられました。その著作は今も永遠の生命力と光を放っています。

そもそも筆者が本書の編さんを思い立ったきっかけは、荒野の長男で葉隠研究会理事栗原耕吾のひとことからだった。「私は小さいころからずっと父も父の仕事も嫌いでした。朝早くから書斎で調べものをしているか、書きものをしているか、あとは講演に出かけてしまいます。戦後の生活は悲惨でした。米びつが空になるような貧乏暮らしが長く、母が可哀想でならなかったのです」

耕吾は平成16年（2004）9月23、24日、NHKラジオ深夜便「こころの時代」に出演している。2夜連続45分番組のインタビューに応じている。テーマは「父の葉隠・私の葉隠」。収録されたカセットテープを再生すると〝栗原葉隠〟の誕生秘話なども見えてくる。
中村郁一《なかむらいくいち》編著の「鍋島論語葉隠全集」について、荒野は解説や表現の随所に疑問を持っていた。中村の写本の読み解き方には、独自の解釈により写本からやや飛躍したところが見られ、疑念を拭えないでいた。例えば写本には、

武士道といふは、死ぬことと見付けたり。二つ二つの場にて、早く死ぬ方に片付くばかりなり。

とあるところを、中村は、

武士道ということは、すなわち死ぬことと見付けたり。およそ二つ一つの場合に、早く死ぬかたに片付くばかりなり。

と翻訳しており、細心の注意を払って原文を大切にしたい一句の中に、余計な表現が加えられている。
聞書第一86節は「子の育て様《よう》」について述べている。原文はこうである。

武士の子供は育て様《よう》あるべき事なり。先ず、幼稚《ようち》の時より勇気を勧め、仮初《かりそ》めにもおどし、だます事などあるまじく候。幼少の時にても臆病《おくびょう》気《げ》これあるは一生の疵《きず》なり。親《おや》々不覚にして、雷鳴の時もおぢ氣《け》を付け、暗がりなどには参らぬ様に仕《し》なし、泣き止ますべきとて、恐ろしがることを申し聞かせ候は不覚のことなり。又幼少にて強く叱り候へば、入気《いりき》になるなり。又わるぐせ染み入らぬ様にすべし（後略）

ところが中村の「鍋島論語葉隠全集」では、

武士の育て様あるなり。先ず幼稚の時より勇気をすすめ、苟《いやしく》もおどし、だますことなどあるべからず。幼少の時にても、臆病の気あるは、一生の疵なり。親たるべきもののよく心得べきことなり。又幼少の時分に、いたく呵責《かしゃく》を加へ候へば、卑屈になるものなり。また悪しき習慣の染み入らぬ様にすべし。（後略）

このように理解し易さを思うあまりの翻訳であったり、省略している例が多く見られる。中村は全集の冒頭「例言」に「本書は徳川時代の初期に書かれたものであるから、なかなか今日ではとても読みにくいところもあるので、多少原文を修正した箇所もある」と断りを書き入れている。苦労の上の方便でもあったのだろう。

しかし、荒野は一日も早く「葉隠聞書」の写本をより忠実に注釈分類した本格的な「葉隠」を出版したいと考えていた。これは荒野の性分であろう。原文を直訳すると精確《せいかく》さは増すが、その分、難解なところが多くなる。従って荒野の「葉隠」には注釈の量がおびただしい。

荒野は鍋島家の協力を得て、テルとともに古文書を保管してある鍋島内庫所に通った。写本を借り受けることもあった。テルは孝白本11巻すべてを独りコツコツとペン書きで原稿用紙に書き取った。その原稿は製本されて残されている。30センチほどの厚さである。この気の遠くなるほどに膨大なテルの書写作業がなければ、恐らく荒野の「葉隠」も完成を見なかっただろう。「校註葉隠」1343節、本文と校註あわせて1100ページ余は、おおよそ本文700ページ、校註400ページほどの割合である。

注釈に加えて索引もつくった。これがまた大変で、2人はカード1枚1枚に索引を一つずつ書き入れて、机の上にきれいに並べる作業を飽くことなく続ける。これら関連資料を加えると、さらにページが増す。その書斎に幼い耕吾ら子どもが立ち入ると「近寄ったらいかん」と怒られた。その光景を見て荒野の朋友、歌人の中島哀浪が詠んだ。

聞き分けて子らも近寄らずなりしとう机の上のうず高き稿　（中島哀浪）

毎日新聞佐賀支局長を続けながら「葉隠」の原稿と格闘し、昭和10年1月には「分類注釈　葉隠の神髄」の発刊にこぎつけた。しかし、同書は聞書の約半分の741節をまとめるにとどまっており、荒野は発刊直後から新刊の1冊を修正、書き込み用に充て、誤植のチェックや収録できなかった残り半分の節の解読に取りかかっている。没頭すると寝食も忘れる打ち込みようで、同年4月に新聞社を辞めた。当然ながら途端に生活苦に陥った。

「戦後は講演依頼もなくなり、母は売れるものは何でも売り、手元には何一つ残らないまでに売り払って、私たちを守ってくれました。父は何も言わない人でした。父が書いた色紙を唐津の方までも足を伸ばして売ったりしていました。売るというより知人からの喜捨《きしゃ》（貧しい人にほどこしをする）だったと思います。ひところは母が栄養失調のために路中で倒れるのではと心配したくらいでした。それを見る私たちも辛かったのですが、肝心の母が貧しさに耐え、愚痴もこぼさず、むしろ荒野の仕事をせっせと手伝っていました。しかも少しも苦にする風でもなかったのです。私たち姉弟が幼いころは、母の強くて楽天的な姿が救いでしたし、潤いでした。私は本当にそのような母の姿が不思議でなりませんでした。

遊ぶものがない時、絵ごころのある母は、いろはかるたを作って遊んでくれました」と回想する耕吾。

耕吾は県立佐賀高校を卒業したが、2度にわたり結核療養や眼病治療のために、8年ほど後れて昭和33年（1958）、九州大学法学部に進学した。とはいうものの、簡単に進学できたわけではなかった。同級生たちは時すでに大学を卒業して社会人となっており、友の背中がずいぶん遠くに見えた。父は高齢で無職、母は病弱。耕吾のアルバイトでなんとか家計を支えている状態では、学費の捻出は不可能だった。「ぼくも人並みに大学に進みたい」との思いが去らず、悶々と悩むうちに、「日本育英会」の奨学金受給を決めた。それだけではどうにもならず、諦《あきら》めかけていたとき、武雄の「如蘭塾《じょらんじゅく》」に創設の時から助教師として勤務していた姉道子から同塾の「清香奨学金」のことを知らされ志願した。

如蘭塾は、鹿島出身の実業家野中忠太《のなかちゅうた》（1886―1951）が、中国東北部（旧満州）の子女を日本に留学させるために寄宿舎付きの学校、日満育英会如蘭塾を昭和17年に創設した。受け入れた第1期、2期併せて51人の子女も終戦でやむなく全員帰国となったが、戦後も育英事業は継続されていた。

育英資金が整い、幾度も夢に見ていた大学生活が始まった。できれば文学や歴史を学んでみたいとの希望もあったが、法学部を選択していた。耕吾にとっては、卒業すると安定した収入を得られる就職をして、一日も早く母を貧困から解放することが最優先だった。

福岡に下宿する金もなく、奨学金を頼みに4年間を列車通学で通した。そのころ佐賀―博多間の国鉄定期券は月額500円程度ではなかったかという。月額3000円の奨学金の支給日を母テルも心待ちにしていたことが、嬉しそうな顔の表情でわかった。奨学金の半分以上が生活費に消えた。荒野は黙々と本を読み、執筆し、万葉集の研究にも打ち込んで、書斎を出ることはなかった。そのころ、耕吾は「葉隠というは貧乏することと見付けたり」と狂句をつくったりもしたという。

長い長い貧困のトンネルを抜けたのは、耕吾が佐賀県庁の上級職に採用されたときだ。「ああ、これからは毎月の収入がある」。一番ほっとしたのは母テルであった。当時、上級職採用の職員は毎年数名であり、失態なくしっかりと勤めに励めば、課長、部長へと昇格していずれは幹部職員となる道が約束されていた。しかし、耕吾は一向に頓着《とんちゃく》しなかった。将来を見越しての人事なのか、いろいろな職場を次々に経験したが、耕吾は県立図書館を希望していた。そこは「葉隠」の写本はじめ郷土資料、歴史資料、文学書に囲まれて仕事ができる職場である。すでにサラリーマン社会の出世は望んでいなかった。同期および前後の上級職には部長、さらには副知事にまでも上り詰めた人もいる。

栗原家にとってのさらなる朗報は、耕吾が県庁に勤めて2年後、同じ職場の頌子《しょうこ》との結婚であった。同じ総務部で言葉を交わしたとき偶然にも二人は、福永武彦の「草の花」を愛読していることを知って意気投合した。縁は異なもの味なもの。決して上手を言うような耕吾ではないが、温和で優しい性格が、頌子のこころを射止めたのだった。働く嫁をもらった栗原家は数年前までは思いもしなかった経済的な安定を得た。

二人の孫も誕生して荒野とテルは心の平穏を得た。荒野は葉隠に加えて万葉集の研究にも熱が入り、庭には種々の植物を植えては「万葉苑」と名づけて自慢げであった。結婚から5年目に、その庭を潰《つぶ》して安普請《やすぶしん》ながら自宅を新築した。それは「老いた父が逝く時は、葬儀を玄関から出したい」という耕吾のたっての願いだった。

頌子が回顧する。「皆さんどなたも父のことを厳格でお堅いとおっしゃいますが、とても優しい人でしたよ。県庁職員の運動会で、お尻での風船割りがありましてね、私が1番になったらほんとに大喜びではしゃいでいらっしゃいました」

昭和51年に荒野が亡くなると、書斎に父の書き込みの入ったおびただしい本や史料だけが残った。貧乏の中で蔵書もほとんど売り払ったが、葉隠関係の本だけは手放さず、「葉隠」と心中した父親。それほどまでに父親をとりこにした「葉隠」とは一体何ものか。母親まで一緒になって一つの机で格闘してきた「葉隠」はそんなに魅力ある書物なのか。耕吾は少しずつ興味を持ち始め、あれほどまでに拒絶していた「葉隠」にいつしか惹かれていった。

葉隠研究77号（2014年刊）に地域文学研究者池田賢士郎が「近代の葉隠」と題して寄稿している。彼は元西日本新聞記者である。そこに荒野と妻テルとのある日の夫婦の模様を記事にしていた。興味深い一コマなので原文そのままに紹介しよう。この文を寄せた池田も平成30年1月に86歳で亡くなった。

私は一度だけだが氏（荒野）にお会いしていて、そのときの氏の容姿があまりに面白く、印象的でもあったため、それをぜひ書き加えておきたいと思う。私がお会いした用件は「村の暁」という氏の戯曲のことをしっかり聞いておきたいということで、葉隠のことではなかった。ふるさとの浜崎村野田（現唐津市浜玉町）の青年たちに頼まれて書いた作品で同地の阿弥陀堂で上演されていた。実は地元佐賀人の手になる戯曲の、戦前では唯一の貴重な上演であった。

私が氏をお訪ねしたのは、亡くなる少し前のことではなかったかと思われる。テル夫人に招じられて氏の部屋に入った私は、氏が炬燵《こたつ》に入って仰向きに眠っておられるのをみて困ってしまい、テル夫人に目をやると、笑いながら「いつもこうなんですよ」とのこと。そのときは冬ではなく、寒くはなかったはずだが、年をとるとこういうことになるのかなと思い、テル夫人の言葉「この人、あなたが直接質問しても駄目なんですよ。私の声にしか反応しないんですよ」に従い、私の言葉をテル夫人が氏に伝えるというやり方で質問を重ねたのだが、さほど大きくもないテル夫人の声がすると、睡眠中と思っていた氏がひょいと体を起こし、立て板に水の勢いで答えを口にし、答え終わると仰向きになるといった調子で、寝たり起きたりを繰り返されたのであった。

この間、目は閉じたままで、顔をこちらに向けられたことは一度もなく、なんとも奇妙な感じだったが、その記憶力には驚くべきものがあり、立て板に水の言葉は隅々まではっきりとしていて無駄がなかった。

念のため氏の答えを簡単に書き記すと、「村の暁」は、青年たちが手を取り合って「新しい村」の建設に立ち上がるという話だったこと。書き上げた作品は、明治学院の同窓だった加藤一夫の雑誌『心』に掲載したが、その原稿はもちろん、掲載誌も手元にはないことなど。後日、氏の答えに従い「村の暁」を探したが、『心』自体が発行所のあった神奈川県の図書館にも国立国会図書館にもなく、今もって幻の戯曲となっている。が、それはともかく、新聞で氏の死を知った瞬間思い浮かべたのは、氏をお訪ねしたときの、寝たり起きたりと、テル夫人との間の、絶妙ともいうべきそのかけあいであった。

「葉隠」一筋に生きた荒野を支え、困窮の中に一男二女を育てたテルは、荒野を看取ってから10年後、自らも佐賀市の自宅で家族に見守られながら静かに息を引き取った。「葉隠」の研究者・編著者を夫に選んだ二人三脚の生涯は、戦争に翻弄されながらの常人では味わえない誇りと苦難の人生であった。
テルの葬送に参列した「ひのくに」同人で佐賀市交通局長を務めた代居三郎《よすえさぶろう》は、「ひのくに」7月号に「栗原未亡人の死」と題して歌人としての「栗原輝子」の軌跡を語って賞賛し、次のような追悼記を掲載している。

昭和4年の17号以降に「佐々木輝子」の作品を見ないのは残念であった。毎日新聞の記者のかたわら「火の国」誌上に短歌作品や万葉雑感の論稿を発表していた夫荒野を扶け、子女の養育と家事に専念するため、歌作より遠ざかったのではないかと思われる。輝子の作品が初期の８９首に終わったとすれば、真に残念に思う。

「火の国」から北原白秋の「多磨」に移り、次いで木俣修《きまたおさむ》の「形成」で閨秀《けいしゅう》（筆者注＝学芸にすぐれた婦人）歌人として名を成した田中優紀子とは創刊当時の女流の双璧であっただけに、短歌と絶縁したと思えば、その才が惜しまれてならなかった。
大伴狭手彦《おおともさでひこ》と松浦佐用姫《まつらさよひめ》の悲恋物語を秘めた唐津の鏡山を、荒野と輝子は表と裏からそれぞれ眺めながら、少年少女時代を過ごしたことであろう。荒野が万葉集を研究し、輝子が若くして歌を詠んだことは、大伴旅人が《海原の沖ゆく船を帰れとか領巾《ひれ》振らしけむ松浦佐用姫《まつらさよひめ》》と詠んだ鏡山の存在を抜きにしては考えられないようだ。

「父も父の仕事も嫌い」と言っていた耕吾は、県庁勤めの仕上げ5年間は佐賀県立図書館資料課長だった。上級職採用であればだれもが目指す出世とは無縁を決め込んだ耕吾だったが、いい加減が許せない根っからの正直者、図書館業務の手を抜くことはなかった。いつしか荒野をとりこにした葉隠研究の一角に名を置くようになったのは、退職後、図書館資料課嘱託の身分を与えられてからのことだった。

昭和61年（１９８６）５月24日に葉隠研究会の創立総会が開かれたが、すでに亡き荒野に代わって発起人12名の中に耕吾の名があった。さらに研究会誌「葉隠研究」創刊号には耕吾による県立図書館蔵の葉隠写本・文献・現代資料６ページが掲載されていた。早くも耕吾の葉隠研究は順調な滑り出しを見せていた。それ以降、会誌は年３冊ないし２冊の発刊が続くが、耕吾の「葉隠写本の比較の試み」はじめ「大隈重信の葉隠観」「石田一鼎要鑑抄《ようかんしょう》」などさまざま意欲的な研究リポートが掲載され続けている。

秋田書店が平成５年（１９９３）７月に発行した歴史と旅・臨時増刊号「日本の歴史書１２０選」には、随筆・紀行編に栗原耕吾執筆の「葉隠」が収められ、地域の生活情報誌月刊ぷらざには３年36回にわたって「ものがたり葉隠」を連載した。また原稿の依頼や講演依頼も舞い込み、耕吾の葉隠研究歴も30年を超えた。平成30年（２０１８）も、月間２回発行される「夕刊佐賀」に「葉隠雑記」を連載している。すでに５００回を超えた。

下手くそな人生

佐賀の地方紙・夕刊新佐賀が、荒野没から一年半後に地域文化振興のために「栗原荒野賞」を創設した。新聞の題字は「夕刊佐賀」に変わったが、社名は昭和32年（１９５７）の創刊以来、「夕刊新佐賀新聞社」のままである。３代目の社長溝口教章《みぞぐちのりあき》は語る。「晩年の栗原荒野さんを佐賀市の名誉市民に推薦したのですが、実現しませんでした。そこでその遺徳を讃えて創刊20周年の昭和52年に『栗原荒野賞』

を創設しました。年に1度、文化学芸に功労のあった方に贈る賞ですが、先年は佐賀の郷土史家福岡博《ふくおかひろし》さん（故人）でした。このように葉隠の荒野さんは、いまもわたしたちの心の中に生き続けています」

同賞の創設のとき、求められて耕吾は「荒野の横顔」を記事にしている。その概略を紹介しょう。

告別式の折、弔辞や奏楽を聞きながら涙が出て仕方がなかったことを覚えている。父の死が悲しいということはともかく、多くの人に迷惑をかけ通し、頑固一徹さでわが道を行き尽くし往生した父に対し、さまざまな人々がその死を惜しみ、偲んでくださることに対する感謝の念など錯綜《さくそう》した気持ちのせいであったろうと思える。「幸せな爺さんだった」。遺族一同が一様に抱いた感慨である。

これと言った趣味もなく深夜まで書斎にこもって調べ物に打ち込んでいる姿がまず浮かんでくる。食事の時ですら、箸を持ったまま目をつむって考えこんだりして、孫から「爺ちゃん、食べながら居眠りしてはいかん」と叱られたりしていた。大した収入もないのに、多くの資料を集めたり、時間をかけて筆写に明け暮れたり、浮世の波風も知らぬ感じで、母の苦労は並大抵ではなかった。あるときは何巻もある高価な歴史書を注文して、さすがの母も書斎で父を問い詰めていた。

昭和初年、父は来日したトルストイの娘さんを訪ね、歌を詠んでいた。

おん父の教えに剣を捨てたりと語る我が手は握られにけり　（荒野）

その話をしてくれた夜、なぜか父の顔はひどく寂しげだった記憶がある。恐らくは「石もて追われる如く」に幼年学校を去った時や牧師への道にもなじめずさまよっていたあのころの苦悩を思い出したのであろう。いろいろと紆余曲折を経た父の人生だったらしいが、一貫してそれは「下手くそな人生」だったといえる。要領よくとまではいかなくても、もう少し上手に、柔軟に世に処してゆくことができたなら自分自身がもっと楽に過ごせたろうにと、つくづく思われてくる。

耕吾の妻頌子が晩年の姑《しゅうとめ》を語る。「私が栗原家に嫁いでからも、姑は何一つぜいたくしませんでした。そして『私がこの世に残した宝物は3人の子どもだけ』と言っておりました。ただ一度だけ長女道子に着物、次女峰子にスーツ、そして私にも羽織を買ってくれました。驚きました。長い間、収入は私たち夫婦二人の給料だけでしたし、爪に火をともす中からのタンス貯金だったのでしょうが、姑にとっては人生で後にも先にもただ一度っきりの高価な買い物でした。とてもいい形見になりました」

道子は、武雄の如蘭塾が終戦に伴い解放されると佐賀県立図書館に勤務、職場結婚をして佐賀市に住む。峰子は牧師と結婚して、佐世保市の教会に住む。ともに健在である。

栗原ファミリー夫婦2代の「葉隠人生」である。耕吾も80歳台半ばにさしかかり「葉隠」に関わって半世紀にもなろうとするが、父荒野の昭和初年から昭和51年の死去直前まで半世紀におよぶ執念の「葉隠」との格闘、校註に見る鬼気迫る研究執筆とは較べるべくもなく、遠く及ぶところでないことは、耕吾が一番良く知っている。それにしても、荒野を支え続けた妻テルの大きな力、包容力には驚嘆するばかりである。荒野とテルは佐賀市嘉瀬町の臨済宗南禅寺派冨泉院の神道管理墓地に仲良く眠る。

■■「ひのくに」短歌会と「葉隠」■■

柿もぐと木にのぼりたる日和なりはろばろとして背振山見ゆ　（中島哀浪）

大正11年（1922）7月1日に創刊された短歌集「火の国」は「ひのくに」の前身である。有田町で短歌を愛好する若者らとともに佐賀の中島哀浪《なかしまあいろう》（1883―1966）が創設した短歌結社「火の国」は、その後「ひのくに」短歌会として連綿と受け継がれ、今日に至っている。「ひのくに」といえば「哀浪」、「哀浪」といえば「ひのくに」である。

哀浪は明治から昭和まで佐賀で活躍した歌人であり、「葉隠」にも造詣が深く、栗原荒野《くりはらあらの》とは刎頸《ふんけい》の友であった。明治16年に生まれ、早稲田大学を中退、生まれ育った佐賀市久保泉を離れることなくふるさとを詠み続け、北原白秋《きたはらはくしゅう》、若山牧水《わかやまぼくすい》と並ぶ〝九州三大歌人〟と称された。1万を越す詠草・詩・随筆、50有余の校歌の作詞、特に郷土の名物きゃら柿の歌200首は「柿の歌人」と言われ、豊かな人情味あふれる独特の風韻は「哀浪調」として、日本歌壇にその名を残した。佐賀中学時代の同級で経済学者・社会学者高田保馬《たかだやすま》、佐賀画壇の統帥山口亮一《やまぐちりょういち》、一級下の「次郎物語」の作者下村湖人《しもむらこじん》らと文学グループを作り、中央歌誌に投稿を始めた。また白秋や牧水とは早稲田大学で同じ下宿に起居した。（久保泉町史跡等ガイドブック参照）

手元に昭和52年（1977）刊行の「ひのくに」新年号「創刊500号記念特別号」がある。表紙は佐賀市の画家金子《かねこ》剛《たかし》による水墨画に色を乗せた菊花である。巻頭グラビアには哀浪夫妻と歌碑、同人の集合記念写真数葉が編集されている。時すでに哀浪没後11年の特別号であり、誌名には「白縫《しらぬひ》」とある。なぜに「白縫」なのか。不思議に思い開くと、「ひのくに」代表中原《なかはら》勇夫《いさお》のあいさつも「白縫のことば」となっている。すると巻頭に万葉集よりの2首が掲げてあった。

白縫《しらぬひ》つくしの綿は身につけていまだは着ねど暖けく見ゆ　（沙彌満誓《さみまんせい》）

大王の遠の朝廷と白縫つくしの国に泣く子なす慕い来まして　（山上憶良）

（注）沙彌満誓は万葉歌人

「火の国創刊時の思い出」として有田の陶磁器商である大樽陶山堂社長杉本覚二《すぎもとかくじ》が寄せている。大正11年の正月、武雄市公会堂で佐賀県短歌大会が開かれて、県内各地の短歌会を一つにまとめて「火の国」を発行することになったこと、その後ようやく7月に創刊号の発刊にこぎつけたが、その巻頭に「憶良の歌を賛す」という木下《きのした》時雄《ときお》の7ページに及ぶ論文があったことが紹介されている。そこで表題「白縫」の疑問が解けた。

佐賀歌壇で激しい新聞紙上論争

「火の国」誕生直前の佐賀歌壇では大論争が巻き起こっていた。当時の歌壇には佐賀の「草の葉短歌会」、有田の「若き日の短歌会」、また佐賀には「夢の夜短歌会」、伊万里には「赤い花短歌会」がそれぞれ活動していた。そこに柳川の陶器商に生まれて有田工業図案絵画科卒業間もない「若き日短歌会」の20歳の松本昌夫が、大正9年末に佐賀日日新聞に「短歌漫語」を発表したのがコトの起こりだった。当時の佐賀歌壇で活躍する人物を列挙したのであろう。これに猛烈に反論したのが21歳の「草の葉短歌会」の大石花晨《おおいしかしん》だった。

大石は、かつての佐賀歌壇が中央歌壇や他の地方歌壇からも賞賛されるほどに目覚ましい活躍ぶりを見せていたことを述べ、それらの作歌者や指導者の実名を挙げて紹介した上で「さて現在はどうか。未曾有の沈滞《ちんたい》凋衰《ちょうすい》である。有力なる歌人は中央にばかり手を出している。佐賀歌壇を見向いてもくれない。痛恨極まる状態である。無関心ですましこんでいる。芸術的良心に欠け、愛郷心などという観念はこれっぱかしもない」と、佐賀新聞に3回も痛烈な批判文を連載した。これに対して竹本多津路《たけもとたつじ》なる歌人から、「反駁《はんばく》への反駁」として反論文の連載である。「佐賀県には『若き日の短歌会』を除いては、見るべき短歌会はひとつもない。わずか5、6人の出席で辛くも継続されている弱小極まる草の葉ごとき短歌会が、佐賀歌壇の中堅であるなどと大石氏は言われますするのだ」とやった。「夢の夜」は「若き日」の佐賀支部、「赤い花」は伊万里支部のような交流があったので、よほどの自信の裏打ちがあったのだろう。

佐賀日日、佐賀毎日、佐賀新聞の3紙を舞台にして、20歳前後の若い歌詠みたちの応酬は7回にも及んだと記録されている。記事中には実名も数々乱れ飛んだ。なんともまあ、威勢のよいことであった。

大荒れの佐賀歌壇の事態を憂慮して収拾に乗り出したのが、毎日新聞佐賀通信部編集長の栗原荒野だった。荒野の提唱により県内歌人の融和を目的とした短歌大会を大正10年秋に佐賀市で開催したのだ。

哀浪によくよく相談した上でのことであったろうと思われる。これがきっかけとなって、翌年には武雄市での佐賀県短歌大会開催、「火の国」短歌会の誕生へ展開したのだ。

では、名称がどうして「火の国」なのか。会発祥の地が有田であることから、陶窯の「火」から、あるいは肥前の「肥の国」からという話も出る。しかし、県歌人協会理事松本源治《まつもとげんじ》は、柳原白蓮《やなぎはらびゃくれん》の歌「わだつみの沖に火もゆる火のくにに吾あり誰ぞや思われ人は」から取ったと言う。

ひのくに3羽がらす

さて、この項で「ひのくに」短歌会を取り上げるのは、「葉隠研究家」である栗原荒野の佐賀における交友が、哀浪をはじめとする「ひのくに」同人を抜きには語れないほどに重要な位置を占めているからである。同人たちの間では、哀浪・荒野・朝花の3人を称して〝ひのくに3羽がらす〟と呼んだ。哀浪は昭和41年（１９６６）10月に83歳の生涯を終えた。荒野と妻テルとの馴れ初めも「ひのくに」が取り持つ縁である。そこで、まず「ひのくに」５００号記念特別号に特集された「ひのくにを創った人たち」の欄にある長男栗原耕吾《くりはらこうご》が寄せた「父、栗原荒野とひのくに」を紹介する。

夕庭に草むしりつつ諸手つき犬の真似して子と遊びたり　（荒野）

昭和４年（１９２９）１月号の「火乃久爾（ひのくに）」に掲載されている父の歌である。定かではないが「ひのくに」に父の歌が載っているのは、この号が最初のように思える。歌には門外漢の私の目にも決してうまいとは思われないが、後々、「葉隠」の研究に打ち込み、何かと気難しかった父にこんな茶目っ気もあったのかと家族を苦笑させる歌である。

　創刊以降の古い「ひのくに」をひもといてみて父の歌は意外に少なく、母テルの方がよほど熱心に投稿しているのが目につく。反面、万葉集論評などは当時から熱を入れていたようで、「創作」より「批評、考証」の方が得手であった父の側面がうかがえる。また、母の記憶や、数々の写真が証してくれる如く、短歌会出席や、哀浪先生ら同人との交友は生活の一部となり切っていたほど熱心なものであったらしい。

哀浪の歌碑の前でひのくに同人と共に
中列右から荒野、中島哀浪、太田耕人（俳人）、高尾朝花

　恐らく荒野は当時の歌会などでも口うるさく頑固に自説を主張して、哀浪先生はじめ高尾《たかお》朝花《ちょうか》、直塚《なおつか》淳《あつし》、立花《たちばな》保夫《やすお》など「ひのくに」創成期の皆さん方を辟易させていたのではあるまいか。

　後年、父が「ひのくに」の諸活動にご無沙汰するようになって久しいものがあるらしい。凝り性である故に郷土史の研究などに時間をとられ過ぎたことや、あるいは新しい感覚で詠まれる歌の台頭が、柔軟とは決して言えない頭には難解すぎてなじめなかったことも一因であるかもしれない。

　しかし、往年、「ひのくに」に抱いた情熱の余韻は最後まで消えることなく、「ひのくに」への愛着は老いの身の心の支えであったことは疑うべくもない。団らんの折の昔語りのなかにも「ひのくに」にまつわるものが多かった。

幼どちちんぽくらべて遊びしもここの川辺と言ひにけらずや　（中島哀浪）

大正14年（１９２５）、父の里に招かれた哀浪先生の一連の歌作の中のこの歌を相好くずして披露した父の顔がおかしみとともに思い出されてくる。

哀浪先生が亡くなられたとき…

黄泉の歌よみたまいつつやがて行くわれを待たさねその常つ世に　（栗原荒野）

と詠んだ父も、昭和51年（１９７６）２月、そのことば通り哀浪、保馬、朝花先生らのところへ逝ってしまった。

この折、告別式で中原先生が「ひのくに」を代表して弔歌を捧げてくださったのをはじめ、哀浪ご夫人、代居三郎《よすえさぶろう》先生など多くの「ひのくに」関係の方々からお悔やみのことばをいただき、誠に恐縮に堪えないところである。

哀浪朝花ついに荒野もみまかりてわがひのくにもさみしくなりぬ　（宮崎康平）

宮崎康平《みやざきこうへい》先生（筆者注＝日本に邪馬台国論争を巻き起こした古代史研究家）から電報でいただいた弔歌である。５００号記念という「ひのくに」の着実な歩みをみて「うれしかのう」とあの世で目を細めて語り合う三老人の姿が偲ばれてくる。

全国でも稀な息の長い短歌誌「ひのくに」

哀浪亡き後、昭和42年（１９６７）より「ひのくに」を主宰したのは中原勇夫《なかはらいさお》（１９０７―１９８１）である。京都帝国大学卒後、佐賀師範、佐賀大などの教授をつとめ、昭和50年（１９７５）に佐賀県歌人協会を設立、初代会長を務めた。中原は「ひのくに」創刊５００号記念特別号に「ひのくに」の生い立ちを紹介している。

誌齢55年となる短歌誌『ひのくに』は、はじめ有田町の同好有志の手によって生まれたもので、中島哀浪は客員のかたちであった。しかし当時すでに中央でかなり活動をしていた哀浪に間もなく引き継がれることになり、編集所も佐賀市の川久保に移された。しかしどうしたわけか、この同人誌は３カ月で廃刊となった。名実ともに哀浪が主宰となったのは昭和３年の復刊以来で、前記のグループもその傘下に入った。ここで結社らしい体裁となったのである。今日、九州ではこれほど長い歴史を持つ同人誌は稀で、全国でも数少ない。さらには哀浪の人柄にもふれている。そのあらましを抜粋して紹介する。

冒頭の「柿もぐと…」の歌は哀浪が、大正14年11月11日、若山牧水夫妻を迎えた福岡の歌会に出詠し、牧水選に入って褒められた感激の一作だと言う。哀浪42歳のときであった。

柿といえば、哀浪は昭和8年1月のアララギに「アララギと私」という小文をのせて、根岸派のことを言っている。その中に「柿連作8首」（大正2年10月号）を発表したとあり、以後2年ばかりの間に、数カ月にわたり斎藤茂吉《さいとうもきち》らと肩を並べて55首を発表している。伊藤左千夫《いとうさちお》、長塚《ながつか》節《たかし》、島木赤彦《しまきあかひこ》、岡麓《おかふもと》、古泉千樫《こいずみちかし》らとの交誼《こうぎ》はこの間になったもので、特に長塚節が重患のために九州大学の久保猪之吉に診療を受けていた際には、彼の欲しがる柿を郷土から持参して行き、臨終に間に合ったという一事は劇的な秘話である。2月という冬のさなかのことで、哀浪はその柿をさがすのにひどく苦心したという。次の作がある。

この宿と訪ねきにしか川久保の柿を風呂敷に包みて吾は　（中島哀浪）

哀浪家は代々鍋島藩の親族神代家の家老職であった。いまは佐賀市に編入されたが、生地久保泉の小高いところに菩提寺があって、筑紫平野が眺められる。郷土を愛し村夫子《そんぷうし》（村の学者）をもって任じた哀浪は、理らしい理に走らず、むしろそれを忌避して、生活の中に歌を、歌の中に生活を没入するという明け暮れだった。筑紫平野は蒲原有明《かんばらありあけ》、下村湖人《しもむらこじん》、宮地嘉六《みやちかろく》らを生んだけれど、田舎を自分の生活に密着させて離さず、純粋に文学と作家を契合《けいごう》させた点では哀浪にはるかに及ばない。俗に哀浪を若山牧水と北原白秋とあわせて「九州の三大歌人」という。だれが言いだしたか知らぬが、やはり妥当だと思う。文学人としての領域の広さからいえば、牧水や白秋に一歩譲る哀浪ではあるが、こと短歌人という一点に絞れば一歩もひけを取るものではなかろう、と評している。

話は大正11年の「火の国」創刊号に戻る。有田では深川欧花を中心に夢多き少年たちが「火の国」発刊という大事業に取り組んで、毎夜のように各家に集まっては、額を突き合わせ、夜のふけるのも忘れて議論の花を咲かせていたという。夏休みのある日、18歳で伊万里商業4年生の杉本は同級の香月あきらと二人で、はるばる佐賀の川久保郵便局に哀浪を訪ねた。「哀浪先生よりいただいた代表作『柿もぐと…』の短冊を、折れないようにと背中に挿して、草いきれの野道を、白いほこりにまみれながら歩いて帰った」と回想している。「柿の歌人」と言われ、日本歌壇にその名を残した哀浪。久保泉で生まれ育ち、佐賀を離れることなく、名物伽羅柿《きゃらがき》のふる里を人情味豊かに歌い続け、1万を超す短歌をこの世に残して、泉のほとり『坐泉堂』で静かに息を引き取った。

500号記念特別号には、創刊号の中から13首が紹介されているが、「柿」を歌った3首があった。

いつしかに朝日子裏の柿の木の南よりいづる真冬となれり　（中島哀浪）

柿の木の梢をめぐり月の輪の空にかかるゝは雨近からし　（直塚　淳）

板屋根をおほひ繁りし柿の木の梢まばらに空に立ちたり　（杉本覚二）

そこに佐々木輝子の歌を見つけた。後の栗原荒野の妻テルである。

故さとの筑紫の海のま青なる五月のひるを松の花散る　（佐々木輝子）

高尾朝花の長男で元西日本新聞記者の高尾《たかお》稔《みのる》（1925—2009）は、「ひのくに」を支えてきた同人たちを偲んで、特別号への寄稿の末尾を「歌人でもない私が、どうしてこうまで『ひのくに』という語感に親しみを抱いているのか不思議である。『ひのくに』もすでに60年の年輪を重ねる。この先、まだまだ続いて、百年祭をぜひやってほしいものだ。哀浪先生はじめ、亡くなった古い同人たちも、きっとそれを見守っているに違いない」と結んでいた。

500号記念特別号発行は昭和52年（1977）のその時、「ひのくに」は歌誌創刊から55年の歳月を重ねていた。時は流れて平成29年（2017）7月9日。佐賀市白山の佐賀商工ビルでは30人ほどの参加者で「ひのくに」の短歌鑑賞会が開かれた。「ひのくに」の活動は今日もなお健在である。この日は哀浪が妻まつとの生活を詠んだ短歌100首の中から選んだ30首を鑑賞、意見を交わした。埼玉から歌人の水城春房を迎え、「ひのくに」の前代表山野吾郎も千葉から駆けつけて司会役を果たした。

いそぎ来て書留のびらに印を押す妻はかまどの煙のにほひす　（中島哀浪）

山野は、「書留の中身はおそらく原稿料でしょう。哀浪の手に渡ると使ってしまうため、妻が慌てて受け取りに出たのでしょうね。哀浪は生活のあるがままを格好つけずに歌っています。皆さんの身の周りにも歌の材料はあふれていますよ」と解説した。笑いに包まれた和気あいあいの鑑賞会であった。

「ひのくに」創刊100年のその時がすぐそこまでやってきている。同年11月15日、佐賀市の「グランデはがくれ」では、歌誌創刊95周年の大会が開かれ、代表の江副壬曳子《みえこ》はじめ会員や関係者約130人が集い、「ひのくに」の伝統や歴史を振り返り、親交を深めてさらに熱心に活動を続けることを誓いあった。今日、佐賀県歌壇には季刊、月刊の短歌誌が6誌以上もあり、短歌会も同様の数だけ存在する。平成30年(2018)7月末発行の短歌誌「ひのくに」は記念すべき1000号達成し、会員への配送を済ませた。次はいよいよ2022年の創立100周年祭である。代表の江副は「ひのくに」の歴史の中のできごとの中から伝説の同人「戦場の歌人」を紹介してくれた。

昭和16年12月8日。日本人なら忘れることのできない大東亜戦争開戦の日である。佐賀県有田町の篠原高三《しのはらたかさぶ》には、ハワイ島真珠湾攻撃のこの日が戦死の日となった。日米開戦といえば真珠湾が語られるが、8日の早暁、日本陸軍は時間的には真珠湾攻撃より1時間50分前にはイギリス領のマレー半島(現在のマレーシア)でコタバルに上陸作戦を開始していた。篠原は、〝マレーの虎〟の異名を持つ陸軍中将山下奉文《やましたともゆき》(1885—1946)を司令官とするマレー作戦に従軍した。33歳で2度目の応召だった。大型の輸送艦船三隻がコタバルに向かい、篠原は三層階からなる淡路山丸《あわじさんまる》の船底階に詰め込まれていた。コタバルの浜が視界に入り、いよいよ敵前上陸作戦突入の緊張の時、突如飛来した英国軍機の猛攻に晒され、あえなく南海の水底に沈んだ。篠原は有田町立高等実業青年学校の教師で、短歌会「ひのくに」の会員だった。昭和16年の春、佐賀市の成章中学校教頭職への異動が発令されたが、ついに教壇に立つこともなく入隊した。篠原からは戦地で詠んだ短歌が幾首も送られてきた。それらは短歌誌に残っており、有田町歴史資料館に保存されている。その中から2首紹介する。

君ぞ召す召集状を戴きて奉公袋にしかとおさめたり

上海の激戦思へば我船は已に波頭をけりつつすすむ

「ひのくに」会員であり元毎日新聞佐賀支局長だった栗原荒野を介し、「戦場の歌人」として毎日新聞にも掲載された。栗原の友人の歌人中島哀浪は篠原の短歌の師でもあった。篠原戦死の報を知った哀浪の歌もある。

遠々と海を越えたるのみなりし君が無念を思ひ起こさん　（中島哀浪）

有田町に住む篠原の3女篠原充《みち》は婿養子を迎えて、小学校教師をしていた母と実家を守った。その母も90歳で他界した。「私が2歳の時の父の戦死で、全く記憶にありません。母は私を抱き、姉たちの手を引いて、上有田駅で父の出征を見送ったそうです」と母から伝え聞いた話を語る。4人姉妹で2人は早世し、充より3歳年長の次女晶子《あきこ》は嬉野市塩田町の寺に嫁いだ。「駅のプラットホームで日の丸の小旗を打ち振るたくさんの女生徒に見送られて出征していきました。優しい父でした。駅のホームで見送った後も涙して泣いておられた制服の女生徒さんたちの姿をかすかに記憶しています」と語る。毎朝の勤行、あえなく戦場に散った父の無念を思い、冥福を祈る日々を過ごしているという。

「葉隠」を著すに際して、筆者がなぜにこれほどまでに、佐賀地方において短歌が盛んであることを紹介したか、「ひのくに」の変遷にまでも深入りしたかである。山本常朝が近侍した第2代藩主鍋島《なべしま》光茂《みつしげ》は、徳川の江戸幕府が開かれてから54年後に藩主となり、太平の世の有力外様の殿様だった。戦乱の世を戦い抜いてきた祖父の初代藩主勝茂からは、短歌を詠むことを禁じられたが、藩主就任の直後に勝茂が急逝したことから次第に和歌のたしなみを深くし、「古今伝授」を得ることを宿望するまでにのめり込んでいた。

常朝は光茂の願いを叶えるために、京都の和歌の宗家三条西《さんじょうにし》実教卿《さねのりきょう》（古今伝授の正統継承者）に要請、5年にわたってこの取り次ぎに奔走し、光茂の病死間際の枕頭《ちんとう》に「古今伝授」を届けることができた。この間、常朝もまた歌人としての才を磨いていた。万葉集、古今和歌集の流れをくむ和歌や俳諧が佐賀の武家社会にも浸透していった。変転する時代の底流に日本の古典文化を愛する気風が脈々と受け継がれているのではないかと感じる。歌人中島哀浪を友とした栗原荒野は若いころから晩年に至るまで、「葉隠」とともに「万葉集」の研究、評論にも若いころから晩年に至るまで熱心に取り組み、自宅に「万葉苑」を造苑するほどであったし、妻テルも若いころから「ひのくに」で光を放つ歌人であった。

栗原荒野の盟友高田保馬

経済学・社会学の泰斗高田保馬

栗原荒野《くりはらあらの》が自他ともに認める盟友として人生をともにした経済学者、社会学者高田保馬《たかだやすま》は、「葉隠」に深い理解を示した人であった。高田は明治16年（1883）12月27日、佐賀県小城郡三日月村（現小城市三日月町）に生まれ、昭和47年（1972）2月2日に88歳で没している。荒野の長男栗原耕吾《くりはらこうご》は「父の数ある友人の中でも、心の友としていた人は確かに高田保馬さんです。これは間違いありません」と念を押した。耕吾は「葉隠研究」第33号（1997年刊）に「高田保馬博士と葉隠」を掲載している。そこには「今から80年も前に『葉隠』を評価する講演をした人物―それは、ほかならぬ佐賀県が生んだ経済学、社会学の泰斗高田保馬博士である」としている。その記述からすでに20年余が経過しており、高田が100年も以前、大正のはじめに「葉隠」の存在を熱く語っていたのである。

耕吾は「葉隠研究」への掲載の前年の平成8年（1996）2月2日付佐賀新聞読者ろんだん欄に「高田保馬博士と佐賀」と題する寄稿をしていた。そこにはまず高田の第2回顕彰会が郷里の三日月町で開かれ、地元ではこれを町文化事業の柱としていくことにしたと紹介していた。さらには耕吾が勤務していた佐賀県立図書館の郷土資料室で、佐賀郷友青年会の機関誌「佐賀」の大正4年2月号に「人物産地としての佐賀」と題する講演記録を見出し、その講師が高田博士であったことを紹介していた。

耕吾がまず初めに注目したのは、演題の中の「人物産地」ということばだった。平成8年といえば、佐賀県がジャパンエキスポ世界・焱の博覧会を開催し、有田を主会場に県民挙げて大いに盛り上がった年だった。有田や唐津の焼き物をテーマとしたユニークな博覧会だったが、そこに佐賀県は情報発信のキャッチコピーとして「人情産地・佐賀」を掲げていたのだ。

「今でこそ『人情産地』ということばが広まっているが、80年も前に『人物産地』というユニークな表現が使われていたとは驚きだ。しかも、これが佐賀県が生んだ経済学・社会学の泰斗高田保馬氏が京都大学講師（32歳）のとき、母校の旧制佐賀中学校での講演の演題なのである」と興奮ぎみに伝えている。当時の講演内容が、国内外で注目された高田の経済理論と合致するだけに、耕吾の「読者ろんだん」への寄稿文をそのままに転載する。


気鋭の講師高田は、後輩たちに次のような趣旨のことを講じている。「一国の発達は、これを組織する郷土の発達による。郷土は国家発展のために二物《にぶつ》を産出して国家に貢献する義務がある。一つはその土地特有の物産であり、もう一つは間断《かんだん》なく人材を産出し国家の支柱たらしむることである。では、わが佐賀県はどうか。産業の不振というほかなく人材についても残念ながら寒心（心配でならない）に堪えない。明治維新期には佐賀は全国有数の人物産地であったが、現在ではその賛辞に程遠い。しかし、人物産地・佐賀の名は過去の幻影であろうか。人物産出の基準は、郷土の自然と、そこに培われた精神的風土である。これにて照らせば、郷土佐賀の山水は豊かな生命力にあふれ、加えて、佐賀には「葉隠」の歴史がある。「葉隠」を思うたびに郷土に脈打つ血潮を賛美せざるを得ない。自然にも精神的土壌にも大いに恵まれた佐賀の地に生まれ育つ学徒諸君は、希望を持って奨励してほしい」

「葉隠」は昭和に入って、その存在や内容が全国に広まったものであり、大正初期に「葉隠」を人物形成の原動力とまで評価しているのが注目される。博士がこの翌年の大正5年から、不朽の大著「社会学原理」の執筆に没頭することを思うと、博士の頭に浮かんだ明治維新期の佐賀の人物像は「七賢人」などの政治家だけとは限らず、きら星のように輩出された学者群像も含まれ、これらの後に続こうとの気概を持って研究に励まれたことと思う。三日月町の高田博士顕彰事業は、期せずして郷土の人材賛美という、若き日の熱望にこたえるものとなった。

数年前、佐賀県多久市が生んだ電気工学の先駆者・志田林三郎《しだりんざぶろう》の顕彰運動が、佐賀大学の信田《しだ》教授らが中心となって展開され、志田博士の名はもとより多久の名も全国に広まった。今後、多久市や小城市三日月町のような、学界などの先駆者顕彰という文化おこし事業が、佐賀県発展の原動力の一つとして県内各地で推進されることを望みたい。

高田は旧制佐賀中学校から熊本の第五高等学校、京都帝国大学哲学科に進学、大学院に学んだ後は京都帝大法科大学の講師となった。以後、大正から昭和にかけて広島高等師範学校（広島大学）、東京商科大学（一橋大学）教授、さらには九州帝国大学、京都帝国大学、大阪大学経済学部教授、学部長を歴任した。昭和40年（1965）に龍谷大学教授を辞するまで43年にわたって学究の場に身を置いた。高田の輝かしい職歴、業績をみるとき、昭和21年（1946）12月に京都帝国大学経済学部の教職員適格審査委員会より「教職不適格者指定」を受け、翌年6月にも中央教職員適格審査委員会から同じく不適格者指定を受けていることに驚く。

高田には「経済自立論」「社会学原理」「勢力論」など数多くの著書があり、わが国に近代経済学を導入するとともに、精力的な研究と独創的な理論は学会の注目を集め世界にその名を知られた。社会学者であり経済学者でもあった高田は、人間が日常生活において取り持つ相互関係の量には定量があるとする「結合定量の法則」を主張した。

失業対策についても、ケインズ経済学的な「有効需要の創出政策」には批判的だった。すなわち、「失業や国の衰退は過度な消費が原因である。貧乏な生活が経済発展の基礎となる」として賃金の引き下げを主張、人口減少対策として都市階層に課税して農村に所得移転させる政策を主張していた。「いまは貧しさを受け入れることが生産費を抑え、日本製品の国際競争力につながる」とも主張した。「今は貧困に耐えることが経済発展への道」というのだが、終戦直後、日本が焦土の中から立ち上がろうとする、その時のことである。

しかし、これには反論が沸騰した。昭和21年、22年といえば「さあ、これから戦後復興に乗り出そう」とする時期ではなかったか。高田の理論は、貧困に耐える生活は道徳的であるとの意味に取れた。そのような時期に高田経済学は政府にとっては相容れない不都合な理論だったのか。れっきとした帝大教授に対しての「教職不適格」の審判はただごとではない。

高田は中学生のころから詩や歌を好んで作った。親友である栗原荒野とともに、旧制佐中の一級後輩で「次郎物語」の作者下村湖人とも文学的な交友があり、その影響を受けて後に詩人、歌人ともなった。京都帝大に入学すると、「高田君、そんなに歌詠みが好きなら」と同じ下宿の友人に勧められて、明治43年（1910）には与謝野鉄幹《よさのてっかん》・晶子《あきこ》主宰の「新詩社《しんししゃ》」に参加している。大正14年、高田は病のために故郷に帰り、荒野や同級生の歌人中島哀浪との交友が始まった。早稲田大学を中退して佐賀市川久保に戻った哀浪は、北原白秋《きたはらはくしゅう》、若山牧水《わかやまぼくすい》とともに九州の三大歌人とうたわれており、大いに影響を受けた。高田の著作は経済学、社会学に関するものが70冊を超すが、なかには歌集3冊も含まれている。「ふるさと」「洛北集《らくほくしゅう》」「望郷吟《ぼうきょうぎん》」である。詠んだ歌は5000首ともいわれる。故郷の村や人々や、家族を思い、人情味あふれる歌に彩られている。

小さきは小さきままに花咲きぬ野辺の小草の安けさを見よ　（大正5年）

父母《ちちはは》の国に来にけり天山の姿ぞうつる老《おい》のまなこに　（昭和29年）

高田の母クスの実家は武雄市若木だった。推定樹齢3000年の川古の大楠の里であり、母の名の由来もそこにあった。ふるさとの歌も多いが、武雄市や郷里小城市の小中学校校歌に高田の作詞が多い。また県立有田工業高、佐賀農業高、佐賀西高、佐賀北高もそうである。

「奇跡の逆転満塁ホームラン」で甲子園球場が興奮のるつぼと化した平成19年（2007）夏の佐賀北高野球部全国優勝。汗と涙の北高球児たちが声も高らかに歌った佐賀北高校歌こそが、高田保馬作詞の校歌であった。作曲は荒野とも親しかった佐賀出身の世界的ピアニスト豊増昇である。

脊振天山　並みよろひ
南有明　海の風

若き生命を　吹くところ
いらかは高し　北高校

明治の日本　動かしし
わが葉隠の　魂は
朝（あした）の風と　相競ひ
雄心空を　めぐり居む

西より寄せし　文明の
技術（たくみ）豊かに　身につけて
時代の試練　こえて来（こ）し
先進のあと　いざゆかむ

世界の相（すがた）　眼には見よ
平和声のみ　高くして
いくさたえざる　現実を
正すはたれの　力ぞや

メッセージ性に富む佐賀北高校歌は真夏の球場にこだました。

栗原耕吾　引き継いだ「葉隠」

なぜ「葉隠」は父を虜にしたか

栗原耕吾《くりはらこうご》は、「葉隠」の研究と執筆に全精力を傾ける父荒野《あらの》の姿を見続けてきたが、父の存命中は書斎の壁面いっぱいの書棚を埋め尽くす書籍に手を伸ばすことはなかった。しかし、書斎の主が亡くなって、夫の座布団に向かってぽつねんと独り座している母テルを見て、両親をこれほどまでに夢中にさせた「葉隠」とは何かと考え始めていた。

書斎の耕吾

江戸中期の古典「葉隠」が、現代も読みつがれているその魅力とは何か。「葉隠」が新たに出版されると、関心を寄せる読者層がしっかり存在していることの不思議さを感じる。なぜだろうか。いつの世にも、どのように生きていけばよいのかと思い悩む人は尽きるということがない。そのような時に、ふと手にした本に魅せられるということがある。「葉隠」は封建時代の武家社会の中に生まれた書であり、現代社会では及びもつかないような事例も数多い中に、キラリと光る「ものがたり」が見つかる。

「葉隠」をじっくり読み込んでいくと、「ふぅーん」「へぇー」「そうかぁー」に始まり、「なるほど」「そうだな」というのが増えてくる。自分に与えられた仕事をいかに成し遂げるか、人付き合いの大切さなどがとても細やかに描かれている。さまざまな事例や常朝のぶれることのない主張の数々。共鳴したり、首をかしげるところもあるが、最も大事なのは、人は「覚悟」を持って生きるということなのだろうと思い至る。

葉隠研究会理事の耕吾は、この40年間、「葉隠をやさしく読み解く」ための解説や資料紹介に力を注いできた。若いころ、病気を克服して九州大学に学び、上級職採用で佐賀県庁に勤務したが、出世を求めず、県立図書館の資料課長で退職した。少年期は「父も葉隠も大嫌い」と言っていた。物心つくころには、父荒野《あらの》はすでに『葉隠』で県内外にその名を知られる著名人だった。「家では書斎にこもるか、講演に出かけるか、世間の父親のようにふところで甘えられるような存在ではなく、家族サービスらしきものもありませんでした。米びつが底をつく苦しさにも本人は悠揚迫らぬ風で、母が可愛そうでならなかったのです」という。だから「葉隠」は嫌いだった。

昭和51年（1976）、「校註葉隠」の復刻刊行を確認した荒野は、老躯を燃焼させた「葉隠人生」の終焉を静かに迎えた。葬儀では現職知事の池田直《いけだすなお》や「ひのくに」短歌会代表の中原勇夫《なかはらいさお》、作家滝口《たきぐち》康彦《やすひこ》らが荒野の偉業をたたえ弔事を捧げた。89歳の葉隠研究家の死は各界各層から惜しまれた。耕吾は父の生きざまを回顧しながら、それほどまでに父を虜《とりこ》にした「葉隠」とは一体何なのか。戦後の貧困に耐えながらも愚痴もこぼさず「葉隠」の編集に協力した母を、そこまで耐えさせた「葉隠」は何物か。「葉隠」を通して昭和の精神世界に一つの足跡を残して父が去った後、耕吾もようやく父の業績を検証してみよう、「葉隠」を読んでみようという気持ちに変わった。それから10年、いつしか山本常朝《じょうちょう》の世界の理解者の一人になっており、昭和61年（1986）に葉隠研究会が設立されたとき、設立発起人12人のなかに名を連ねていた。

荒野が「葉隠」の編集で心血を注いだことといえば、「注釈」であろう。昭和10年（1935）、手初めに刊行した「分類注釈 葉隠の神髄」の注釈も並大抵のことではなかったが、続いて5年後に刊行した「校註葉隠」は「註」の数の多さに驚く。例えば、巻頭の1節（夜陰の閑談）のごときは、本文5ページに対して「註」が延々10ページにも及ぶのである。葉隠聞書11巻すべてを見ても「註」が約4割ほどを占めているのではないだろうか。荒野に続いた多くの「葉隠」の編者は異口同音に「校註葉隠があったればこそ…」と述べている。

ところが、この2冊をだれもがすらすらと読み、理解できるかといえばそうもいかない。筆者にしてもしっかりとした口語訳がなければ理解が及ばない。すると大方の人が根負けして、途中で投げ出すだろう。従って多くの研究家によって全訳注の「葉隠」が発刊されるようになった。

そこで耕吾は、「葉隠」を多くの一般読者に受け入れてもらえるように、楽しく、興味深く読むための解説に取り組んだ。

葉隠研究会の研究会誌「葉隠研究」は年2冊の刊行が続いている。耕吾は発起人の一員として、県立図書館蔵の葉隠写本や文献など「葉隠関係現代資料」を創刊号から第3号まで掲載した。第4号から父荒野の未発表遺稿「葉隠挿話集シリーズ」が第10号まで続き、その間は出稿を控えた。その後、「葉隠写本の比較の試み」シリーズ10回、「やさしい葉隠」シリーズ28回、「葉隠および葉隠の周辺」シリーズが第84号の50回を超えて続く。
さらには「葉隠」の中から興味深いテーマを取り上げて解説している。

・葉隠の人々
・大隈重信の葉隠観
・ある武人の茶道観
・常朝ゆかりの京都
・江藤新平と葉隠
・高田保馬博士と葉隠
・「陣基」か「陳基」か
・三好十郎と葉隠
・愚見集あとがきの謎
・長崎喧嘩の舞台を訪ねて
・石田一鼎要鑑抄
・勝茂寄進の銅鳥居
・中野清明、佐賀の危機を救う
・夜陰の閑談（全文）読み下し文
・「勘定者はすくたるるもの」の読まれ方
・大隈重信談　佐賀人の長所および短所

また、中央紙や地元の佐賀新聞、夕刊佐賀などにも求められては、「葉隠」や荒野についての原稿を書き、タウン情報誌などにも連載を手掛けた。中でも佐賀市の全家庭に届けられる「月刊ぷらざ」には、平成13年（２００１）４月から36回にわたり「ものがたり葉隠」を連載、市民の茶の間に届けた。「葉隠のあらまし」に始まり、「常朝と陣基の出会い」「常朝出家の背景」「佐賀藩の殉死の禁止」「龍造寺から鍋島へ」「猫化騒動の真相」というように続き、読者も待ちわびて読むようであった。

このように耕吾にとっては、現代の暮らしの中に「葉隠」を平易な表現で紹介する、いわゆる「葉隠初心者入門コース」の設《しつら》いである。荒野も『葉隠のこころ』や『物語葉隠』などの小冊子を出したものの、「葉隠をもっと分かりやすく」との思いを十分に果たせず、心残りの課題でもあった。耕吾の葉隠研究会創立時からのコツコツとした取り組みは、父の仕事の隙間を埋める作業でもあった。

耕吾と同じく「葉隠研究」に連載を続けているのが藤井楊子《ふじいようこ》（佐賀県三養基郡みやき町）の「葉隠は暮らしの中に生きている」である。掲載は平成元年（1989）の第9号に始まり、最新の平成30年（2018）8月刊の第85号は連載77回である。連載途中の平成15年には連載タイトルそのままの本を発刊している。藤井は「葉隠」の中の節文を引き、現代社会の暮らしの中のできごとに照らして合わせながら「葉隠」を語る。

日本の歴史書120選

「葉隠」の伝承に力を注いでいる耕吾は、秋田書店（東京都千代田区）の求めに応じて平成5年（1993）発行の歴史と旅・臨時増刊号「日本の歴史書120選」に「葉隠」を紹介した。当時、佐賀新聞1面コラム「有明抄」に論説委員長河村健太郎《かわむらけんたろう》は「葉隠という膨大な古典の解説文としては、最新にして的確なものといえる」と紹介している。

同誌は掲載した数多くの歴史書のなかでも、巻頭グラビアの1ページを「葉隠」に割き、三枚の写真を収めている。本書内の他の項と重複するところもあるが、ここに耕吾の「葉隠」紹介記事の全文を紹介する。

葉隠

多彩な武士達の人間模様を述べ、佐賀藩の葉隠士風を培った修養書

【成立課程】関ヶ原合戦からちょうど100年後の元禄13年（1700）に佐賀藩第2代藩主鍋島光茂《なべしまみつしげ》が薨去《こうきょ》した折、9歳の時から光茂の側近く仕えて、御書物役《ごしょもつやく》を勤め、特に光茂の晩年には京都役として光茂が和歌の宗家三条西《さんじょうにし》実教《さねのり》卿《きょう》から「古今伝授」を授受することに尽力した山本《やまもと》常《じょう》朝《ちょう》は、追腹《おいばら》を切って殉死するはずであった。しかし、光茂が幕府に先んじて寛文2年（1662）に殉死を禁じていたため、落髪出家して城北の山里、黒土原に隠棲した。

その10年後、光茂の右筆役であった田代《たしろ》陣基《つらもと》が常朝の草庵を訪れ、求道の志を述べて教えを請うた。時に常朝52歳、陣基33歳。それ以来、7ヵ年を費やして、常朝の談話を中心に、歴代藩主の略年譜その他説話類を加えて陣基が編集したのが「葉隠十一巻」で、表題を「葉隠聞書」とした写本もある。

このように「葉隠」は、鍋島藩の統制や藩士の思想の統一を図ろうとする藩主の命令によるものでもなく、また扉の裏に「此の始終十一巻、追《おっ》て火中すべし。只自分の後学に覚え居り候とて話のままに書き付け候へば…」とあることから、著述として広く流布するためでもなく、自己完成を期するための人間形成の書の性質を持つものと言えよう。常朝には「葉隠」のほかに、祖父清明《きよあき》、父重澄《しげずみ》及び自己の3代の詳細な「年譜」や養子に与えた教訓「愚見《ぐけん》集《しゅう》」などの著作があり、また多数の和歌を残した文人でもあった。

当時の佐賀藩は、戦国時代の肥前の名門龍造寺《りゅうぞうじ》氏から政権が名実ともに鍋島氏へ移り、その体制が確立して程無かった。興味本位の「鍋島猫騒動」の先入観も手伝って、龍造寺氏の武将鍋島直茂《なべしまなおしげ》が主家を乗っ取ったかのような説もあるが、史実はそれを否定している。「5州2島（筑前から対馬まで）の太守《たいしゅ》」と呼ばれた龍造寺隆信《りゅうぞうじたかのぶ》が島原で有馬・島津軍と戦い敗死した後、嫡子政家《まさいえ》は病弱で隠居し、隆信の遺言もあって親戚でもある直茂が国政を預かった。政家の子高房《たかふさ》は、祖父の遺領を継ぐ願望を示したものの、既に政権は、行政面、人格識見面ともに徳川家康の信任厚い鍋島直茂《なべしまなおしげ》・勝茂《かつしげ》父子に移り、慶長18年（1613）幕府は勝茂に肥前国35万7000石を安堵する朱印状を交付している。もともと、家柄や家名よりも肥前一国の安泰が大事だとの見地から「龍造寺、鍋島は一体」という考えがあって、政権移転後も、龍造寺の血統を継ぐ各家が鍋島の親類筋として特別の待遇を受け、佐賀城内の配置でも中心部を龍造寺の各家が占めていることなどから実証できる。

「葉隠」に「龍造寺の領地が、鍋島の領地になり候いわれ」とあるのも、「両家は一体」の趣旨のことを指しているのであり、「剛忠様《こうちゅう》（竜造寺家兼）の後仁心、御武勇」などと称え、龍造寺の逸話を幾つも述べている。

常朝の目には、この円滑平穏な政権交替をはじめ、鍋島創業期のさまざまな困難の克服はひとえに直茂・勝茂の識見、力量によるものと映ったらしく「御上にも、日峰《にっぽう》様（直茂）泰盛院《たいせいいん》様（勝茂）のご苦労を思《おぼ》し召《め》し知られ」とか「（この2人の）御仕置、ご指南、上にも下にも守り候時は諸人落ち着き、手強く物静かに治まり申すことに候」と述べている。

一方、勝茂の孫の第2代藩主光茂《みつしげ》は江戸育ちのいわば戦後派の大名で藩政の上では文治主義政策を打ち出したが、常朝はこれを非難して「新儀工《たくみ》し損《そこな》いにて候」などと評し、世禄制の実施についても「幼少にて家督相立てられ候に付いて奉公に励みなし」と反対している。全巻を通じて、直茂・勝茂の言行が際立って多く、常朝の理想とするものが藩政創立期への回帰であったことがうかがえるし、「葉隠」口述の骨子もここにあるといえよう。

『葉隠』は殿様絶対主義で盲目的服従を強調している」との説があるが、「至極の忠節は主を諫《いさ》め国を治める事、家老になるのもその為」と述べ、常朝自身が後の6代藩主宗茂《むねしげ》に「天下国家は御一人様のにて御座《ござ》なく、万民安穏に御座候御仕置きを遊ばされ」に始まる長文の諫言《かんげん》（常朝書置と呼ばれる）を呈上するなど、徒《いたずら》に殿に盲従するの姿勢を示しているのではない。

また、「葉隠」の一節に「釈迦も孔子も楠木も信玄も龍造寺、鍋島に仕えたことはなく当家の家風に合わない」とか「他所の学問無用に候」とかの文言があることから〝葉隠は排他的で偏狭〟と決め付ける説もあるが、「国学得心の上にては」とあることから、自分の藩のことも知らずに徒《いたずら》に他を崇《あが》める軽佻《けいちょう》浮薄《ふはく》を戒めたまでのことで、その背景には今山の陣（豊後大友の大軍を直茂が奇襲で破り、主家滅亡の危機を救った戦《いくさ》）や、隆信の敗死、関ケ原合戦後のお家お取り潰しの危機などの藩の草創期の苦労も知らず「金銀の噂、損得の考へ、衣裳の吟味、色欲の雑談ばかりにて」日々を過ごす武士達を自覚させたいとの心情が、思わず強い言葉となって表れたに過ぎない。その証拠に、「聞書第十」では、信玄など鍋島藩以外の武将、藩士等から学ぶべき逸話を多く収録している。

武士道書には不似合いの感じのする「はがくれ」という渋味のある名の由来は、「全ての人の為になるは我が仕事と知られざる様に主君へは蔭の奉公が真なり」とあるように、秘められた情熱を重んじる常朝の思想に加え、木の葉がくれの草庵での樹陰の聞書という周囲の環境を汲んで名付けられたものと見られよう。常朝はまた「恋の至極は忍恋と見立て候」と言っているが、「蔭の奉公」と「忍恋」共に相通ずる常朝の心奥《しんおう》の思いを示すものである。

「葉隠」は文体にも特徴があり、たとえば有名な「武士道といふは、死ぬことと見付けたり」の語にしても、すぐ後に「常住死身になりて居る時は、一生落ち度なく家職を仕果たす」とあることが示す如く「生きる覚悟」を言っているのである。このように、まず逆説的に言い切って、後で反面のことを述べる――という独特の表現が随所に見られる。

【構成と概略】まず総論的な「夜陰《やいん》の閑談《かんだん》」を掲げ、「聞書第一」以下「第十一」まで1300余の項目を並べている。常朝談話を年月順に記録したのではなく、内容を按配して編集した陣基の苦心の跡がみえる。その配列は、「聞書第一」及び「第二」が教訓、「第三」が藩祖直茂の言行、「第四」が初代藩主勝茂及び世嗣忠直《ただなお》の言行、「第五」が2代藩主光茂及び3代藩主綱茂の言行他、「第六」はお国古来の事ども、「第七」から「第九」までが佐賀藩士の言行、「第十」は他藩の人々の言行であり、「第十一」は補遺として成り立っている。

「夜陰の閑談」では、「葉隠」口述の動機がうかがえるほか、左の四誓願が述べてある。

一、武士道に於ておくれ取り申すまじき事

一、主君の御用に立つべき事

一、親に孝行仕るべき事

一、大慈悲を起こし人のためになるべき事

このうち前三条は、当時佐賀藩随一の儒学者石田一鼎《いしだいってい》の「要鑑抄《ようかんしょう》」に掲げてある誓願と趣旨が同じである。経史に通じ神儒仏の学を極め、思想、境遇ともに山鹿素行《やまがそこう》に似通うところのあった一鼎の門には、来りて学ぶ者多く、若き日の常朝もその薫陶を受けている。最後の一条「大慈悲を起こし…」は、常朝が仏道の教えを受けた湛然和尚《たんねんおしょう》の影響でつけ加えたものである。

湛然は「武士は、勇気を表に内には腹の破るる程大慈悲を持たざれば家業立たざるものなり」と『武勇と慈悲は両面一体』の信念に徹した傑僧で、『葉隠』全巻に慈悲の心を注入した人物といえる。常朝と陣基に一鼎、湛然を加えて「葉隠の四哲」と称する。

夜陰の閑談、「聞書第一」及び「第二」は、常朝の語りを陣基が筆録した部分と明白に思える内容で、「第三」以降は常朝の話の他、他の人に尋ねたことや説話・史話等―これらの事例により常朝の教訓は理解が深められるとして陣基がまとめあげたもの―という構成である。

【原文引用】恋の部《はま》りの至極は忍恋也。「恋死なん後の煙にそれと知れついにもらさぬ中の思ひは」かくの如き也。命の内にそれと知らするは深き恋にあらず、思い死の長の高き事限りなし。たとえ、向うより「斯様にてはなきか」と問われても「全く思ひもよらず」と云て、唯思い死に極むるが至極なり。回り遠き事にてはなく候や。此の前語り候へば請合う者共ありしが、其の仲間を煙仲間と申し候也。此

の事、万の心得にわたるべし。主従の間など此の心にて済むなり。又人の蔭にて嗜むが即ち公界なり。独り居る暗がりにて、いやしき挙動をなさず、人の目にかからぬ胸の内にいやしき事を思はぬ様に心がけねば、公界《くがい》にて奇麗に見えず、俄《にわ》かに嗜《たしな》みては、垢《あか》が見ゆるもの也。

（聞書第二33節）

【現代語訳】恋の悟りの極みは忍恋である。「恋慕ったまま死んだ私の身を焼く煙をみて、最後まで明かさなかった私の胸の思いを知ってほしい」。それがこの歌の心である。命ある間に恋を打ち明けるのは深い恋ではない。思い焦《こ》がれて死ぬ恋がこの上ないものである。たとえ思う人から「こうではありませんか」と問われても「全く思いもよらぬこと」といって、ただ思い慕って死ぬのが恋の極みである。恋とは回りくどいものだ。この前、この話をした時に賛同者たちがいて、お互いを煙仲間《けむりなかま》ということになった。このことは、すべて心得に通うものである。主従の間など、特にこの心で済む。また、人の見ていない所で慎むことが、そのまま公の場所での慎みにつながる。一人で暗がりにいる時もいやしいことをせず、いやしいことを考えないように心掛けなければ、公の場所で奇麗に見えない。急に慎むのでは、ぼろが出るものである。

【研究の参考】「葉隠」は武士道の書として「思想史」の文献に位置づけられようが、内容は元亀《げんき》・天正《てんしょう》の昔から元禄《げんろく》・正徳《しょうとく》の当時に及び、近世史を学ぶ上で、当時の制度、武士の生活などを知る貴重な記録が数多く含まれ、幅広い分野の研究資料として利用されている。また、多彩な武士達の人間模様は、小説や随想の格好の題材ともなっている。

「原本」は未発見で、写本が全十一巻揃《そろい》のものが15種、その他未揃のものが30種程確認されており、大半が佐賀県立図書館に所蔵されている。

「葉隠」全文の活字刊本は、岩波文庫（古川《ふるかわ》哲史《てつし》・岩波書店）、日本思想大系（相良《さがら》亨《とおる》・岩波書店）、江戸史料叢書（城島《じょうじま》正祥《まさよし》・人物往来社）、校註葉隠（栗原荒野・青潮社）があり、特に「校註葉隠」は詳しい注や索引のある大冊である。全文の現代語訳として、日本の名著（奈良本《ならもと》辰也《たつや》・中央公論社）、現代訳新書（松永義弘《まつながよしひろ》・教育社）がある。解説書類は、葉隠入門（三島《みしま》由紀夫《ゆきお》）など単行本が約60点、雑誌登載の論文等は200点を超している。

なお、ウィリアム・S・ウィルソン（William・S・Wilson）の英訳本「The book of the Samurai」のほか、在日の神父ルイジ・ソレッタ（Luigi Soletta）によるイタリア語訳もある。葉隠研究会の研究誌に文献の総目録が掲載されている。

◇　◇

これは耕吾が25年も前に書いた葉隠解説である。そのころの日本は、皇太子のご成婚、国連平和維持活動（PKO）法の成立、細川護熙《ほそかわもりひろ》連立内閣から自民・社会・新党さきがけ連立による村山富市内閣への転換と社会が大きく動いていた。社会の揺らぎはあっても、「葉隠」は日本人の精神世界に不動のものとして存在していた。当時、葉隠研究会の副会長でもあった河村が新聞紙上で「最新にして的確なもの」と評したように、この簡潔な解説によって「葉隠」がいかなる書であるかが、歴史研究に関心を寄せる全国の読者に向けて発信できたことだろう。耕吾は「『葉隠』は熟読玩味しなければ、誤解を招きやすい表現が多い。文体の特徴として、まず逆説的に言い切って後で反面のことを述べるという独特の表現法が随所に見られる」と忠告している。

ここで佐賀が生んだ現代の偉人を紹介する。昭和9年、佐賀市大和町に生まれ、九州大学法学部を卒業すると長崎県庁に1年9カ月勤めた後、厚生省に入省してトップの事務次官に登りつめ、さらに内閣官房副長官の大役を8年7カ月にわたって務めて5人の総理を支えた古川貞二郎《ふるかわていじろう》である。大学も学部も耕吾と同窓で2歳年下。村山連立内閣の平成7年1月に阪神淡路大震災が発生、その1カ月後に内閣官房副長官の任に就いた。すると地下鉄サリン事件、国松孝次《くにまつたかじ》警察庁長官狙撃事件、全日空機の函館ハイジャック事件などの大事件が相次ぎ、危機管理体制整備に忙殺される洗礼を浴びた。爾来、橋本龍太郎、小渕恵三、森喜朗、小泉純一郎総理と合わせて5つの内閣を支え続けたのである。

日本の政治の中枢にあって、多忙を極める日々をすごした古川の気持ちを支えた座右の銘が、「葉隠」の「一念一念と重ねて一生なり」だった。「道は必ず開ける」を信条として波乱万丈の政治の道を歩み続けた古川の精神の支柱だったのだろう。

端的《たんてき》只今の一念より外これなく候。一念一念と重ねて一生なり。此処《ここ》に覚え付き候へば外に忙しき事もなく、求むることもなし。此処の一念を守りて暮らすまでなり。（中略）この一念に極《きわま》り候事を、よくよく合点《がてん》候へば、事少なくなるなり。この一念に忠節備《そなわ》り候なりと。

（聞書第二17節）

古川は平成17年（2005）に自著「霞が関半生記～5人の総理を支えて」を佐賀新聞社から発刊した。国民の目にふれることのなかった霞が関の官僚の実像を語った本である。同書の帯にある。

9月11日、自宅で夜10時から記者懇を始めたばかりの時だった。台所の隅でラジオを聞いていた妻が「アメリカで何かあったみたいよ」と耳打ちした。テレビをつけると、2機目の飛行機がビルに突っ込むシーンが流れた。米中枢同時多発テロだ。14、15人の記者がみんな総立ちで官邸にすっ飛んでいった。私自身も直ちに危機管理センターに駆けつけた。…（第6話記者懇より）

平成13年（2001）のことである。そこには書かれていないが、この日、9月11日は奇しくも古川67歳の誕生日だった。本人も忘れるほどに気の抜けない政務に明け暮れていたのだろう。歴史に残る村山談話の閣議決定をはじめ5代の内閣を通じて全力で取り組んだ沖縄問題、橋本内閣での沖縄の普天間基地返還合意、九州・沖縄サミットの開催、森内閣での中央省庁再編、大胆な小泉改革など戦いの日々に身を置いていた。「僕が官邸でかかわったことの中で、また45年におよぶ公務員生活の中で最も大きな出来事は昭和天皇の崩御です。そして首席内閣参事官として昭和から平成へと時代の移り変わりに伴う一連の仕事でした」と半生記に書いている。

「本当に『一念一念と重ねて一生なり』とはよくいったものです。時代は違いますが『葉隠』の中には、はっとさせられるような珠玉の教えがあります。難事に立ち向かうたび、僕の気力を支えてくれたように思います」という。現在は社会福祉法人恩賜財団の会長を務める一方で、揺れ動く国際政治の中での日本の行く末を思い、各方面からの相談に応える日々を送っている。「葉隠」に言う「常住死身」の人生である。

田代陣基によって筆録・編集された「葉隠」の原本は今日に至るまで発見されていない。原本がないということは、田代陣基が常朝の「火中にすべし」との言いつけを、最後は従ったのであろうか。しかし写本は多数残った。「決して他に見せてはならぬ」との約束であったにしろ、筆写を許したのであれば、常朝の厳命を守ったことにはならない。7年に及ぶ聞き書きの成果を、後世に残すことなく火中に投じることは、さすがに陣基にとっては耐え難い命令であったろう。各種の写本が残され、後年、中村郁一《なかむらいくいち》や栗原荒野らによる注釈活字本が出版されたことにより、後に続く著述者が今日に至るまでさまざまな角度から「葉隠」に切り込み、分け入って論説している。

耕吾は平成16年（2004）9月23日・24日の2夜連続でNHKラジオ深夜便に出演、「父の葉隠、私の葉隠」と題してインタビューに応じていた。「葉隠」が戦時において軍部の思惑により戦意高揚のために利用されたことについては、荒野も耕吾も本意ではなかった。だが荒野が昭和42年（1967）春の生存者叙勲で勲五等瑞宝章を受章したときには、これを素直に喜んだ。開かれた祝賀会の謝辞で荒野は「葉隠が現代に生き、新日本建設に役立つ貴重な古典であることを、日本政府から公にかつ正式に認められたものと解し、恐縮感激に堪《た》えない」と述べていた。このことに関して耕吾は「父は喜びから『政府から公かつ正式に認められた』とまで解釈していたようですが、叙勲の推薦文にもあるように、父の『葉隠』や佐賀県文化財の調査研究・出版などの業績を評価いただいたもので、政府が葉隠を認めたというのは父だけの考えでしょう」と語っている。ここに父子の微妙な相違をみる。

インタビューに答えていた。「父が亡くなった後に、それまでだれも手を付けなかった写本の比較をはじめ『葉隠』の研究や紹介に私が関わり続けていることを、天上の父と母はどのように見ていましょうか。『ほう、耕吾が葉隠をやりよるばい』と驚き、目を細めているかもしれませんね」

第5章

「葉隠」の周辺

歌舞伎にもなった鍋島の猫化騒動

「火中すべし」と「漫草《みだりぐさ》」

「葉隠」は不思議な魅力を備えた江戸古文書である。葉隠聞書の口述者山本常朝《やまもとじょうちょう》は筆録した田代陣基《たしろつらもと》に「此の始終十一巻追《おっ》て火中すべし」と言いつけていた。いずれこの書はすべて火中に投じてもらいたいと言っていたのだ。しかし、「葉隠」は残った。〝鍋島論語〟との異名をもらい、多くの武士道書の中でも鮮血のほとばしるような書として注目されるとともに、現代社会にまでも多くの示唆を与える書として異彩を放ってきた。焼かれることなく残され、書写され、語り継がれて300年の「葉隠」である。

日本は明治維新から150年目を迎えているが、佐賀鍋島藩は維新の原動力として「薩長土肥」の重要な一角を担った。「葉隠精神」は時代を大きく転換させるエネルギーの源《みなもと》になっていたのだろうか。佐賀県は平成30年（2018）3月17日から翌年1月14日まで「肥前さが幕末維新博覧会」を開催している。「その時、佐賀は世界を見ていた。そして今、佐賀は未来を見ている」とうたっている。

司馬遼太郎が、自著「アームストロング砲」の冒頭を「幕末、佐賀藩ほどモダンな藩はない。軍隊の制度も兵器も、ほとんど西欧の2流国並みに整備されていたし、その工業能力も、アジアでもっともすぐれた『国』であったことはたしかである」と書き出しているように、佐賀藩の西洋科学技術は他に比類なきものであった。そうした佐賀の進取の気性に富む精神風土を育んだのは、藩士の間で密かに読み継がれてきた「葉隠」ではなかったか。

「火中に投じてもらいたい」と言ったのは、果たして常朝だったのか、と疑問を呈する研究者がいる。ひょっとしたら陣基が言った言葉ではなかったかというのだ。筆者はこれまで違和感なく常朝が指示していたと考えてきた。しかし異論もあるのだ。

筆者は平成29年秋口から「葉隠」の出版を目標にパソコンのキーボードを打ち始めた。陣基は延宝《えんぽう》6年（1678）に生まれ、寛延《かんえん》元年（1748）4月5日に71歳で没している。つまり、ことし平成30年は陣基没270年に当たる。墓は佐賀市田代2丁目の瑞龍寺にある。

「葉隠」はその序章ともいえる「夜陰の閑談」に始まり、長編の幕を開けるのだが、巻頭にあるのが、なんとも気になる「追て火中すべし」である。それにもう一つ続いて登場するのが別本でありながらも挿入された「漫草《みだりぐさ》」である。なかなか読めないタイトルだが、まるで詩を奏でるような美しい散文だ。これもまた文面、体裁からすれば筆録者田代陣基が書いたに違いないと思うのだが、これまた「いやこれは陣基に名を借りて実際は常朝が書いた」と主張する研究者がいる。

平成30年元旦の夜明け前、筆者は龍造寺家と鍋島家を祀る佐賀市の佐嘉神社と松原神社に初詣、執筆が円滑に進むようにとお祈りした。明治から平成の今日に至るまでおびただしい葉隠本が発刊され続けている。これらの本や文献をひたすら読み込むことに重点を置きながら、少しずつ書き進めたが、なんと巻頭のこの2つの課題でつまずき、あたふたしている始末である。そこで、「火中すべし」と「漫草」を取り上げてみたいと思う。

追《おっ》て火中《かちゅう》すべし

此の始終十一巻、追て火中すべし。世上の批判、諸士の邪正推量風俗等まで、只自分の後學に覺《おぼえ》居り候とて、話のままに書附け候へば、他見の末々にては遺恨悪事も出づべく候間、堅く火中仕るべき由、御申し候なり。（孝白本）

「分類注釈　葉隠の神髄」「校註葉隠」などの編著者栗原荒野《くりはらあらの》は、数ある写本の中から鍋島候爵家所蔵（鍋島報效会《ほうこうかい》所蔵）の「山本本《やまもとぼん》」と栗原所蔵（佐賀県立博物館寄託）の「孝白本《こうはくぼん》」を底本とし、その他45種もの写本を参照に著作を重ねて「葉隠」を世に出した。「葉隠の神髄」（１９３５年10月刊）解説中の「葉隠研究の沿革」で取り上げているが、そこには次のように「山本本」を紹介している。

此の始終十一巻は追て火中すべし。世上の批判、諸士の邪正、風俗等にて、只自分の後學に被覺居候を噺《はなし》の儘《まま》に書付候得ば、他見の末にては遺恨悪事にも可成候間、堅火中可仕由、返々御申候也。（山本本）

「諸士の毀誉褒貶《きよほうへん》など、常朝が自分の後學に覚えていたものを、談話の儘《まま》に陣基が筆記したもので、他見の末、人の遺恨を買うような事があってはいけないから、絶対に焼き捨ててしまうようにと常朝が申された」というのである。この一文、写本によって異なっている。

「風俗等にて」（山本本・濱野本）

「風俗等まで」（孝白本）
「風説等にて」（松本校合本・陶山本）
「被覺居候を」（山本本・濱野本）
「覺居候とて」（孝白本）
「覺居候を」　（松本校合本／陶山本）

このように微妙に異なっている。いずれも「御申候也」とあるから、「常朝が申された」ということを、陣基が書き置いたのには間違いない。すなわち門外不出、他見無用の秘書であったのだ。荒野は以上のように解説して、常朝が「火中すべし」と言ったと結論づけている。

葉隠研究会初代会長も常朝説

また葉隠研究会が平成5年（1993）に発行した「葉隠～東西文化の視点から」に、この「火中すべし」を取り上げた初代葉隠研究会会長古賀《こが》秀男《ひでお》も、佐賀県立図書館蔵の写本の中から「五常本」を取り上げ、原文と意訳とを記し、「火中すべし」のところは「この全部で11巻は、遠からず焼き捨ててしまいなさい」とし、終りの部分も「必ず焼き捨ててしまうようにと常朝様は私に何回も念を押して仰せられました」と訳している。古賀は東京帝大文学部卒後、佐賀県立図書館長、同博物館初代館長、佐賀女子短期大学教授などを歴任、葉隠研究会の初代会長を務めた葉隠研究者である。なおも続けて次のように記しているので転載したい。

このように常朝から何回も注意を受けていたにも拘らず、田代陣基はなぜこの聞書を言われた通りに焼き捨てないで、ほかの人に見せることにしたのであろうか。このことについては、いろいろと考えられるが、私は陣基がこれを焼き捨てるには忍びなかったからであろうと思っている。いや、忍びないどころか、「この中には常朝様のいのちがこもっている。常朝様が、時には『涙落ち声ふるひ、しばしは話しもなり申さず候』（聞書第二77節）というほどにして話して下さった大切な内容とその深い憂いの心を何としても後の人々に伝え、佐賀藩士風の衰退をぜひとも食いとめなければならない。これが私に課せられた大事な使命である。もちろん、常朝様のご注意のように、この内容が一般に漏れて人々を傷つけたり、よろしくないことが起こらないようにじゅうぶん注意しながら伝えたならば、常朝様もお許しなされるに違いなかろう」とさえ感じていたであろうと思っている。

そこで陣基は、常朝から注意されていた内容を予《あらかじ》め別に書いておき、この人にこそと心ゆるした人に聞書を写させるために貸し渡す時にこれも一緒に渡して、「実はこの11巻については、ここに書いておいたように、常朝様から何回も注意されているので、この取扱についてはじゅうぶんに注意するように」と念を押したのであろうと偲《しの》んでいる。

かくして、「葉隠」は幕末に至るまで、佐賀藩内および佐賀藩関係の心ある上下の侍達の間で一人からまた一人へと密かに転写されてゆき、やがて明治時代となり世の中も変わり、その内容が印刷されて全国に広く紹介されるようになって、今日私達の誰もが「葉隠」を手にすることができるようになった。あらためて往時の田代陣基の思慮深い勇気ある措置に深く感謝する次第である。

菅野は「陣基説」を主張

「陣基が常朝からの注意書きを別に書いておいて、貸し与えるときにそれを一緒に渡したのではないか」との推理も加えているので、「陣基も念押しをした」というところがやや微妙である。

平成29年10月、ちくま学芸文庫から日本倫理思想史の権威で東京大学名誉教授の佐藤正英《さとうまさひで》（1936―）が「定本葉隠〔全訳注〕」上巻を刊行した。中巻も11月、下巻も12月と続けて出している。「葉隠」の全11巻全節を原文、注、口語訳で収録・編集した初の文庫本である。佐藤は聞書第一最後の202節の後に続けて「葉隠聞書一終」として「この始終11巻追て火中すべし」を置いている。その口語訳では「…他見の末には遺恨・悪事にもなるに違いありませんので、堅く火中にいたせとのことをくれぐれも申されました」としており、こちらも「常朝さまが申されました」と解釈している。なぜに、「葉隠」の冒頭ではなく、聞書第一終に「火中にすべし」を書き込むことにしたのかは不明である。

さて、佐藤の門下で同じく東京大学名誉教授・曹洞宗僧侶の菅野覚明《かんのかくみょう》（1956―）は、『『火中にすべし』は陣基が言ったものだ」と主張している。菅野は、佐藤の「定本葉隠」よりひと月早く9月に講談社学術文庫から「新校訂・全訳注葉隠（上）」を刊行した。「葉隠」の原文をそのまま翻刻した本文、注、さらに現代語訳、付録、解説とで構成されており、葉隠図書としては原文翻刻では初の全節編集本と言ってよい。中巻も翌年5月には発刊され、下巻も程なく出版されよう。「追て火中すべし」についての《原文》《現代語訳》《注》をそのまま紹介したい。

此始終《しじゅう》十一巻ハ追而火中《かちゅう》すべし。世上之批判、諸士之邪正、推量、風説等ニて、只自分之後学ニ被覚居候を、噺《はなし》の侭ニ書付候得《そうらえ》は、他見《たけん》之末ニてハ遺恨、悪事にも可成候間、堅《かたく》火中可仕由、返々御申候也。

（訳）「この聞書全十一巻は直ちに燃やしてしまわなければならない。その内容は、いまの世の中への批評、武士達の善し悪しについて、推量や世間の噂のたぐいであって、ただ常朝殿がご自分の後のもの学びのために憶えておられたのを話されたた、その話のままに私、陣基が書きつけたので、他の人が見るようなことになれば、行く行くはひとの恨みを買ったり、好ましくない事態（処罰、喧嘩など）を招くかもしれないから、必ず燃やすように」ということ、陣基殿は返すがえす仰った。

（注）「此始終十一巻は追って火中すべし」の文は、餅木本では聞書第一と聞書第二との間にある。この文の語り手、すなわち「返々御申候也」の主語が誰であるかについては、2通りの解釈がありうる。ひとつは山本常朝が、聞き手の田代陣基に「申」したとする解、もうひとつは、田代陣基がだれかに本文を書写させた際、その書写した人物に対して「申」したとする解である。ここでは「被覚居」（おぼえおられ）が敬語表現であることをふまえて、後者の解によって訳出した。

上記のような理由で菅野は「陣基が、書写をした人物に対して言った」と主張している。果たしてどちらを良しとしたものか、にわかに結論を出せるものではないが、筆者は聞書十一まで「葉隠」全巻の展開からすれば、「常朝が申した」の解釈がより自然なのではないかとの思いが強い。

菅野は昭和54年（1979）東京大学文学部倫理学科卒、平成17年に同大学人文社会系研究科教授、同25年皇學館《こうがくかん》大学文学部神道学科教授、同28年東大名誉教授。平成13年には著書「神道の逆襲」でサントリー学芸賞を受賞している。神道、武士道などに関する著書も数多く、倫理思想分野における泰斗である。佐藤の本とともに現代における葉隠本の決定版ともいえるもので、「ついにこのような本が出たか」の感がある。

菅野は平成18年（2006）刊行の奈良本辰也《ならもとたつや》・駒敏郎《こまとしお》訳の「葉隠」Ⅰ、Ⅱの巻頭に「『葉隠』の凄み」と題する15ページにおよぶ論文を寄せている。その文脈は「葉隠」の思想、いや常朝の鍋島侍魂を徹底究明した言葉で表現されている。その一部を紹介する。

「武士とは、何よりまず戦闘者である。四六時中、いついかなる瞬間に斬り殺されてもそれが当然であるような生を生きている者、それが武士である。近代の軍人とちがって、武士には根本的に戦時と平時の区別はない。武士にとっては、合戦で切り合うのも、ささいな争論で刀を抜き合せるのも、同じ一つの武士の仕業である。武士は、いつどこででも刀を抜き、いつどこででも斬り殺される。だから武士は、寝ているときも、風呂に入っているときも、身辺から武器を手放さない。敵とにらみ合う前線から、ただ一騎前に出て槍を付ける。堅固な敵城《てきじょう》に、真っ先に躍《おど》り込む。あるいは、役儀上の責任を取って直ちに腹を切る。『我一人』とは、端的に、一人死地へ突入する行為においてこそ、他の武士たちと同列の『がたひし』した状態から抜け出して、明らかにこの己れがかけがえのない『我也』の姿を立ちあらわす。『我』の何たるかは、『死狂ひ』においてこそ証《しょう》される。この苛烈な思想こそが、『葉隠』の言わば根本哲学なのであった」

「葉隠」の根本哲学を捉えきった研究者たちの、異なる解釈と主張を「底本とした写本の違いによるものだろう」と片付けてしまうことなく、研究を続けることが望まれる。田代陣基の直筆による原本は田代家にもない。鍋島家や山本家にもない。大正2年ごろまでは陣基8世の田代《たしろ》新《あらた》が所有していたとも聞くが、その後、所在は転々として判然としない。燃やしてしまってほしいとの注意書きまである秘書であり、旧藩時代も公然と用いられたこともなく、藩校弘道館でもこれを教科書とした形跡も見られない。ただし、鍋島侍の経典として武士の家々に秘蔵され、幕末時代には「葉隠読書会」などが催されたこともあり、それが系統的に伝わったといわれる。

漫草《みだりぐさ》

いにしへ、義を取りて死に殉《したが》ふ事、情に感じて志のせむればなり。今、なんぞ、是を禁《とど》めて操《みさお》をくじけるや。夫《そ》れ、義士は國の幹《みき》なり。世々、これを失はば、嗣君《しくん》何にかよらん。なぐさまぬ世に、しばし、君を助けたらんは、三世の義士ならん。これ、その禁《とど》むる所にして、ながく、此の事のとどまれりし所なり。ここにまた、禁をとれば志《こころざし》みたず。とらざれば、禁に害す。両端に一つの道を行き、ただ、そのほどの身を、方袍圓頂《はうはうえんちやう》にまかせて、在るともなく、なきにはあらぬ影法師《かげぼふし》、わけ入る跡は雲うづみ、千丈雪を凌《しの》ぎて、松寒き夢、さむる間のかりねの庵《いほ》、かばかりにかまへしは誰《たれ》ぞや。常朝居士なり。居士はこの道の人にて、いとどたふとくぞ覺えける。岩がねつたひ、小笹わけて、尋ねまうでのぼりしは、彌生《やよい》のはじめつかたなり。

　　しら雲や只今花にたづね合ひ

とふ人もなく、浮世を去る事もろこしの吉野とも覺えぬると、発句《ほっく》などもありし。四時《じ》の行きかひも物にたぐへて、しるしのみとぞ。

　　世は花かこのごろおもき筧《かけひ》なり

（注）筧＝節を抜いた竹や中心部をくり抜いた木を架設して水を通す樋（とい）

所しづかなれば身閑《しずか》なり。身より心のしづかなるにぞ、松樹《しょうじゅ》槿花《きんくわ》のさかひも、思ひつづけ侍（はべ）るなり。

（注）槿花＝むくげの花

濡れてほす間《あい》に落ちたる椿かな
呵々《かか》
松《しょう》盟《めい》軒《けん》主《しゅ》（田代陣基）

この「漫草」は、「校註葉隠」より採った。これまで世に出た葉隠本には、巻頭に「漫草」を置いている本は少なくないが、数ある写本の中には見られない。ただ鍋島侯爵家所蔵の「葉隠校補」や「常朝詠草」と題する写本にのみ見られるという。また後年これを口語文に訳した書も久しく目にしなかった。この「葉隠」の巻頭に置かれたこの〝エッセイ〟は、文末に陣基の号である「松盟軒主」とあることからも3代藩主綱茂の右筆役であった田代陣基の手によるものであり、流れるような詩文には不必要な語一つなく、けだし名文である。

陣基は突然、主君より右筆の役を解かれた。解任の理由もよくわからないままに途方に暮れ、生きる意欲を失うほどに思いつめたのであろうか。「かくなる上は、黒土原の常朝先生をお訪ねして身の処し方をお尋ねしてみよう」と思い至り、夜道を急いだ。「漫草」は、陣基が失意のうちにようやく草庵にたどり着いたときの心情を描写している。

「漫草」の口語訳を試みた葉隠の書は少ない。解釈は難解である。「葉隠研究」第9号、10号（1989年刊）井上文二《いのうえふみつぐ》の寄稿「葉隠の一句」、さらには第12号（1990年刊）木下喜作《きのしたきさく》の寄稿「『葉隠』説話の分類とその出典」（下）の中に解説があった。さらに水野《みずの》聡《さとる》訳「現代語全文完訳・葉隠」（20

06年・能文社刊）の中に口語訳を見出した。水野はもとリクルート（株）のコピーライターであったが、後に独立して能文社を設立、マーケティングプロデューサー、古典翻訳家として宮本武蔵《みやもとむさし》や世阿弥《ぜあみ》などに関する著書がある。水野の完訳葉隠の「漫草」を紹介する。

古来より、人は義によって死に従う。これは情に感じ、衷心に責められるゆえである。さればなにゆえ今、これをとどめ操を挫《くじ》くのであろうか。そもそも義士こそ国の根幹である。代々この者を失うなら、主君は誰を頼みとすればよいのだ。なぐさめのない世に、しばし君を助ける者、これすなわち三世の義士である。されば、これをとどめんと、永くこの死を戒《いまし》めたのであろうか。ここの禁に従えば 志《こころざし》 満たされず、禁を破れば掟《おきて》に背く。この二つの道をひとつにし、つかず離れず、頭を丸め身を黒衣《こくい》に包み、あるかなきか影法師のごとき人がゆく。分け入る跡には雲うず高く、千丈の雪をも凌ぎつつ、松風寒い夜の夢、破れるほどの仮寝の庵に、かく構えるはどなたであろうか。常朝居士なり。居士こそ、この道を知る尊い方である。岩の根伝い、小笹を分けて、居士を訪ね登ったのは、弥生初めのころであった。

白雲や　只今花に　尋ね合い

訪《と》う人とてなく、浮世を遠く隔てること、吉野のごとし発句《ほっく》などもあろうか。四季の移り変わりも物の気配でそれと知るばかり。

世は花か　このごろおもき筧なり

ところがしずかであれば、身も静かなり。身よりもさらに心が閑かゆえ、松樹槿花の儚《はかな》さも思いいたされるのである。

濡れてほす　間に落ちたる椿かな

呵々

口語で表現してしまうと、どうしても原文の美が損なわれるようである。陣基は失意のうちに常朝を訪ねたというが、井上文二《いのうえふみつぐ》は「まず、陣基が藪から棒に常朝を訪ねたとはどうしても考えにくい。一文を起こし、丁重に使いを立てたと見るべきでしょう。それに対し、常朝は彼の来訪を快諾したに違いありません。出会いのときの常朝の句にある『浮世から何里あらうか山櫻』の上五七の中には『よくぞここまで来てくれた』との喜びの表現がある」と説明している。井上は神埼市千代田町出身、京都大学文学部で古典文学を学んだ佐賀県立高校の教師だった。

常朝が出家してから10年を経た春3月は、陽暦でいえば山桜も咲く4月上旬である。常朝は主君第2代藩主光茂の死去に際し、光茂が寛文《かんぶん》元年（1661）定めた追腹禁止令によって主君の後を追うことができなかった。殉死こそできないものの、家臣たちには何らかの形で忠誠を示してもらいたかった。しかし、「すくたれ、腰ぬけ、欲深もの、我為ばかり思ふ、きたなき人」が多いことを嘆き、以来、常朝は出家して黒土原の草庵にこもり、光茂の菩提を弔う僧となった。「葉隠」の中に「数年胸悪くして暮らし候由」（聞書第一13節）とあるように、常朝が苦しみと戦いながら暮らしていた胸の内を察していた陣基は『白雲や唯今花に尋ね合ひ』と詠んでいる。

「花に始まり、花に終わる、互いの人格の触れ合い（まこと）の中から、ふたりの間に永遠の時間が生まれたのではあるまいか」と井上は記している。

木下喜作は「常朝の作」と主張

このような2人の出合い、状況からして、「漫草」を書いたのは陣基に間違いあるまいと思うのだが、前出の木下喜作《きのしたきさく》は3つの理由を挙げて「山本常朝の作と見るべきであろう」と主張した。木下は大正元年（1912）佐賀市生まれ、旧制佐賀中学、佐賀高校、東京大学卒後、台湾銀行、福岡銀行などに勤め、佐賀銀行嘱託勤務のころ栗原荒野に「葉隠」の教えを受けた。木下の常朝説の理由は、

理由（1）漫草が葉隠写本に含まれず、全く別のルートで伝世した

理由（2）文章が第3者が知りがたい常朝の心理をよくうつしている

理由（3）常朝直系の子孫に伝わる書類に「漫草は田代へ遣わした」意味の注記があること

木下は、このほかにも理由を補足し、また理由（3）の証明資料となる原文書を示したうえで、「以上の諸点から漫草を常朝が自分を客観視して筆をとり、陣基に書き与えた戯文と私は考える。この点、読者、研究者の自由な批判と反論を受けたい」としていた。28年前のことである。

これに反証したのが元佐賀県立図書館近世資料編集室長、佐賀市文化財保護審議会委員、葉隠研究会理事の大園隆二郎《おおぞのりゅうじろう》であった。22年後の平成24年5月27日、佐賀市で開かれた葉隠研究会総会の記念講演

に立ち、『たづねつく』か『たづねあひ』か〜常朝と陣基に出合いの謎」を演題として講演、その中で「わたくしは『漫草』は従来通り陣基の著作と考えている」ときっぱりと語っている。その詳細は「葉隠研究」第73号（2012年）に収録されている。

その中に「出合いをしるす『漫草』」として、「常朝の話を聞いて陣基が筆録をしたという事実は正しいことだが、これを「葉隠」自身から窺うことはかなり難しい」と指摘している。つまり、「葉隠」のなかにまず田代陣基の名前が全く出てこないことを理由に挙げている。確かに、冒頭と聞書第二の末尾に常朝と詠み合った俳句が出てくるばかりである。

さらには4種の書写本（山本傳左衛門常亮＝常朝の子孫＝所蔵御書物其外書附類、千枝乃落葉、常朝詠草、葉隠聞書校補）を示し、陣基の俳号「期酔」の句「白雲や只今花に尋ね合ひ」が「たつねあひ」となっているのは葉隠聞書校補のみであること。他の3つは「たつねつく」となっていること。従って「漫草」の中の句は「たつねつく」であった可能性が高いとしたうえで、後年、陣基が「葉隠」を編集する際に、「漫草」の「白雲や・・」の一句を用いたが、そのとき末尾の「たつねつく」を「たつね合ひ」に修正して編集したことになる、というのが大園氏の主張である。「葉隠研究」の講演録での大園氏の検証はもっと詳しくなされている。

その上で、木下の理由3つに反証しているが、中でも理由（2）については「常朝が自分のことを『居士はこの道の人にて、いとどたふとく（尊く）ぞ覚えける』と、戯れに書いたとしても、自分で自分のことを尊いとは言わないのではないかと思う」と述べている。

なかなか難しい解釈のぶつかり合いである。筆者は両者の主張を考えるとき、大園の解釈に軍配を上げたいと思う。筆録者の陣基が常朝と出合った後に、常朝が出家、隠棲するに至った深い心情を聴き取り、そのときの感慨を綴ったものと自然に受け止めるほうに理があると思う。また、常朝が第3者的な視座から、自らの思いをさも陣基が書いたように見せて、陣基に書き与えたとの作為を想像することには同調できないというのが率直な意見である。

さてもさても葉隠研究者や読者の視点、解釈を惑わす、一筋縄ではいかないのが「葉隠」である。三島由紀夫は「葉隠」を「逆説の書」と言った。「武士道といふは、死ぬ事と見付けたり」という有名な一句以外に「葉隠」をよく読んだことのない人は、この本に忌まわしいファナティック（狂言的な、熱狂的な）イメージを持っている。だが「葉隠」は自由を説いた書物である。情熱を説いた書物である。行動と知恵と決意が自ずと逆説を生んでゆく、類のない不思議な道徳書（葉隠入門より）とも言っている。三島に限らず多くの葉隠研究家の見方が一致するところである。栗原荒野は「熟読味読せずして『葉隠』を誤解、批判をするは早計」という。

さて、最後に聞書から二つの話を紹介する。じっくり味読してみよう。

「武士道は死狂いなり。一人の殺害を数十人して仕かぬるもの」と、直茂公仰せられ候。本氣にては大業はならず、気違ひになりて死狂ひするまでなり。又武士道に於いて分別出来れば、早後るるなり。忠も孝も入らず、武道においては死狂ひなり。この内に忠孝は自ずから籠るべし」（聞書第一 114節）

人間の一生は、誠にわずかの事なり。好いた事をして暮らすべきなり。夢の間の世の中に、好かぬ事ばかりして、苦を見て暮らすは愚かなることなり。此の事は、わろく聞いては害になる事故《ことゆえ》、若き衆な

どに終《つい》に語らぬ奥の手なり。我は寝ることが好きなり。今の境界相應《きょうがいそうおう》に、彌々《いよいよ》禁足して、寝て暮らすべしと思ふとなり。

（聞書第二85節）

「武士道といふは、死ぬ事と見付けたり」と言い、「武士道は死狂いなり」との藩祖直茂の言を借りて「本気ぐらいではダメだ。気違いになって死狂いの奮戦をしなければならない」と言ったかと思えば、「好きでもないことをして、苦しい目に遭うのは馬鹿げている。好きなことをして暮せばいいのだ。わたしは寝て暮らすよ」と言い放って平気だ。こうした聞書内の矛盾や逆説にも常朝は躊躇しない。「武士道においておくれ取り申すまじき事」を第一に、「大慈悲を起し人の為になるべき事」で四誓願を締めくくる葉隠精神のしなやかさとしたたかさを見るのである。

「葉隠」に対する誤解

「葉隠」を精読せずして、「真価」を語るなかれ

「葉隠」の本を書く人は、まずは聞書11巻の全節を収録して細かく「註」を加えている昭和15年（1940）刊の栗原荒野《くりはらあらの》編著「校註葉隠《こうちゅうはがくれ》」を傍らに置くだろう。復刻版は優に本文だけでも1100ページを超える分厚い本である。またそれより5年前に発刊している「分類注釈 葉隠の神髄」を手にし、先人の残した多くの著書、文献を読み込むだろう。「葉隠」を開くと冒頭には総論または緒論ともいえる「夜陰《やいん》の閑談《かんだん》」があり、それに続く聞書第一3節には、広く知られた「葉隠」のキーワード「武士道といふは、死ぬことと見付けたり」がある。「校註葉隠」では「夜陰の閑談」を1節として組み入れているために、「死ぬことと見付けたり」は3節となっているが、近刊の「葉隠」多くは、「夜陰の閑談」を「序章」扱いとしており、「死ぬことと見付けたり」は2節となっている。この一句によって「葉隠」ほど誤解された書はない。

本はそこに書かれていることがありのままに解釈されるとしたら、さほど誤解されるものではない。もし書中に著者の主張があれば、それに対する不同意、反論は当然あり得る。それは誤解とはいわない。「誤解」は執筆者の本意が正確に理解されずに曲解された場合に起きるものである。

江戸の宝永から享保年間に至る7年間（1710―1716）に山本常朝の口述するところを田代陣

基が筆録したものを「葉隠」というが、その写本の全文を忠実に活字本にした栗原荒野編著「校註葉隠」を読み進めていくと、それはいかにも読者に対して「あなたはきっと誤解するでしょう。無理もない。それを承知で書いているのだから」という常朝と陣基の声が聞こえてくるようだ。しかも、続けて「よく読んでみてください。すぐにそれは誤解だと氷解するでしょう」と言う声も響いているのだ。

「葉隠」の理解に関して誤解を招いてきたできごとといえば、〝佐賀の7賢人〟の筆頭にも挙げられる内閣総理大臣大隈重信《おおくましげのぶ》が、その言行録「大隈伯昔日譚《おおくまはくせきじつたん》」の中で「葉隠」を「奇異なる書」「奇妙なる経典」と批判していたことが甚大であった。明治28年（1895）に発行されており、後年は大隈も「葉隠」の価値を容認するように変わっていくが、その詳細は次の項「大隈重信と『葉隠』」で述べたい。

誤解例（1）「葉隠」は人命軽視、戦争讃美、戦意高揚の書？

「葉隠」の中の誤解の最たるものは、戦前戦中に国民や兵士を奮い立たせるために戦争礼賛、戦意高揚のための「格好のテキスト」として「葉隠」が利用されたことである。「武士道といふは、死ぬことと見付けたり」という辛辣《しんらつ》な一句を前面に掲げた「葉隠」に、「これだ！」と軍部が飛びついたのだ。

明治から大正にかけて刊行した中村郁一《なかむらいくいち》編著「鍋島論語葉隠全集」の巻頭には国民的英雄の元帥海軍大将東郷平八郎《とうごうへいはちろう》や陸軍大将乃木希典《のぎまれすけ》ら軍人の揮毫《きごう》、昭和10年刊行の栗原荒野編著「分類注釈　葉隠の神髄」にも元帥陸軍大将武藤信義《むとうのぶよし》の揮毫を掲載していた。世界の列強を敵に回し、背水の陣を敷き、国威を懸け戦った太平洋戦争では、死を恐れぬ兵士へと心魂《しんこん》を鍛え上げるための〝劇薬〟として使われた。「葉隠の神髄」も、ときの佐賀県知事や徴古館（佐賀藩主鍋島家の博物・資料館）館長から寄せられた序文によって非常時日本の奮起を促す軍事色に染められていたことは否定できない。

しかし、編著者である荒野本人の執筆による「はしがき」や解説の中にはそうした表現はひとことも見られない。戦国時代を勇猛果敢に戦い、生き抜いてきた鍋島家の武士道精神を語って編さんした「葉隠」から、「常住坐臥《じょうじゅうざが》、死身になって戦場に臨む士魂」を描いた部分を抜き出し、昭和の戦士を発奮させるよう時代が求めたのだ。また、そのとき「葉隠」を手にした多くの人が、戦意高揚のエンジンとなってくれるように望んだともいえよう。

満州事変以来、急に有名になった「葉隠」は、戦争専有の書のように誤解されたためか、太平洋戦争終結と同時に「葉隠」を口にする者もほとんどいなくなった。しかし、戦後初の新年を迎えた昭和21年の年頭に、ある新聞社の記者が栗原荒野宅を訪ねて「葉隠はなにも戦争ばかりのものではないでしょう。今こそ文化的な日本再建に大いに役立つ精神だと思うのですがどうですか」と聞いてきたそうだ。これには荒野も、さすがに言論機関の知性は確かなものだと感心して「全くその通りです」と即座に答えたという。

「葉隠」が軍国主義を支える精神的支柱のひとつとして利用されたことは否定できないとされるが、荒野は「私は講演ではいつも葉隠の3つの柱として諸人一和《しょにんいちわ》、純一無雑《じゅんいつむざつ》、堅忍持久《けんにんじきゅう》を忘れてはならないと説いてきた。『校註葉隠』が軍部に利用されたというのは間違いだ。昭和18年、ある出版社が、1冊20銭という安直な葉隠の解説書を出し、それを三井、三菱などの銀行が何万冊も買い上げて出征兵士に贈った。それが軍国主義と結び付けられたもので、真の葉隠は原典をじっくりと読まないとダメだ」と語った。

昭和29年は、朝鮮戦争がようやく休戦とはなったが、国内では防衛庁設置法や自衛隊法が成立した。

荒野はさらに「ときの鍋島直紹《なべしまなおつぐ》知事は前年の大災害（28年大水害）では不眠不休で復興に大活躍され、文化面の啓発にも努めて精力的な活躍ぶりであった。葉隠魂の塊《かたまり》といった感じだった。伝統300年の殿様の血統を継ぐ鍋島さんが、口に『葉隠』をいわないのがゆかしいのである」と語った。次に荒野は世論の第2の誤解について書いている。

このごろ内外の情勢が再軍備必至の情勢となったためか、「また葉隠の時代が来ますね」というあいさつをよく聞かされる。これは認識不足な言葉で、葉隠の教えるところは深く広く、戦争放棄や再軍備などに関係はないのであって、葉隠の神髄と全貌は広い意味での「真剣に、仲よく、頑張れ」の標語に尽きる。そうだとすれば再軍備しようとしまいと、この精神気性は新しい日本再建にはなくてはならぬ国民の背骨ではあるまいか。日露戦争のころ、ルーズベルト米大統領が、金子堅太郎さんに日本の武士道を礼賛し、子女教養の手本とさせたことは有名な話で、その武士道の粋ともいうべき「葉隠」の本質は、古今に通ずる世界的な生きた人間道である。「葉隠」ほど強くやさしい両面の心理を切実に説いたものは少ない。生かじりすれば渋くてノドを通らないが、時代の光に照らし風を通して、よくよく味わうならば、とてもやわらかな、うまい味がするはずである。ことし干柿は不作だけれど、生きている「葉隠」の干柿は今こそ本当に味わわるるべきだと思う。

誤解例（2）　釈迦も孔子も楠木も信玄も当家の家風には合わぬ？

「葉隠の神髄に」取り上げられた「誤解」とは、「葉隠」の本文に関するものである。先ずは冒頭の「夜陰の閑談」のなかに、いかにも誤解を招きそうな一文がある。

釈迦《しゃか》も孔子《こうし》も楠木《くすのき》も信玄《しんげん》も、終《つい》に龍造寺《りゅうぞうじ》鍋島《なべしま》に被官《ひかん》懸《か》けられ候儀これなく候へば、当家の家風に叶い申さざる事に候（聞書第一１節・夜陰の閑談）

（訳）釈迦も孔子も楠木正成《くすのきまさしげ》公も武田《たけだ》信玄《しんげん》公もなるほど優れた聖人や武将であろう。しかしながら、その人たちは一度も龍造寺、鍋島の家には仕えたことはないのであるから、当家の家風に合うとは言えないだろう。

いかにもこのように解釈されそうな内容をストレートに書いてしまった。この部分だけを引き出して語り、伝えれば、「偏狭《へんきょう》なり。なんと鍋島侍の思い上がったことよ。不届き千万」と誤解を生んでしまうに違いない。無理もない。しかし、同文の前後をしかと読まなければならない。前文と後文を口語で平易に注釈している奈良本《ならもと》辰也《たつや》著「日本の名著葉隠」から抽出してみよう。

（前文）鍋島藩のご家来であるからには、先ずわが藩の歴史や伝統について知る必要があろう。このごろはわが藩の歴史や伝統を学ぶことが欠けているようである。その主旨は、主家の成り立ちを知り、御先祖に当たられる方々のご苦労、ご慈悲があって、お家の長い繁栄がもたらされたということを十分に理解することである。

龍造寺兼家《りゅうぞうじかねいえ》公は仁慈に恵まれた方で武勇の道にもすぐれ鍋島清久《なべしまきよひさ》公は善根の深い方でこれ又仁慈のこころも厚く、その後龍造寺隆信《りゅうぞうじたかのぶ》公・鍋島直茂《なべしまなおしげ》公という方々が跡をついで、そのお力によりお家はますます栄えて、今日に至るまで他家にも勝る立派な家柄となったのである。ところがいまの人々は、このようなことをすっかり忘れてしまって、よその仏を尊ぶことばかりに夢中になっているのは、全く理解のできないことである。

――釈迦も孔子も楠木も信玄も……

(後文) 平時であろうと戦陣のときであろうと、つねに御先祖のことを崇め奉り、その教訓をよくよく学べば、身分の高い者も、低い者もその勤めは十分に果たせるものである。それぞれの流派では、それぞれの家元をもっとも大切にしている。当家のご家来ならば、わざわざ他国の学問に心を奪われることもあるまい。藩の歴史や伝統を十分に知ったうえでのことならば、他の学問も慰みとして聞いてもよかろう。よくよく深く理解するならば、わが藩の歴史や伝統の知識で間に合わないということは一つもないはずだ。

前後の文章をよく読めば、誤解されることはないはずである。荒野が主張するところを述べると、「よその仏を尊ぶ前に、まずわれを知り、われに還れ」と言っている。意味深長な名文であって、言わんとするところを強調したに過ぎない。楠木、信玄を並べて挙げたのはともに軍学兵術に長じた人物であるから引用したものと思われる。いずれにしても「尊敬するに及ばぬ」という意味ではない。もちろんそのような文字もない。むしろ他の節では釈迦や孔子の教えを学び、楠木正成《くすのきまさしげ》のことを讃えている。

例えば「聞書第一159節」にある。「楠木正成兵庫記《ひょうごき》のなかに『降参といふことは、謀《はかりごと》にても君（主君）のためにても武士のせざることなり』とあり。忠臣はかくの如くあるべき事なり」と書かれていることを紹介している。これは楠木正成の賛美であろう。このように「葉隠」の特長として注目すべきは、いろんな人物の実話や逸話を参考として挙げているが、佐賀藩士のことは悪い例を挙げても、他国の例はことごとく善行美談のみを紹介して、他山の石としていることである。排他する心はないのだ。

誤解例（3） 鍋島侍は短気・粗暴・非社交的・非協調的？

「葉隠の神髄」の中で栗原荒野は、佐賀県民性の短所として「短期粗暴で喧嘩早く、非社交的で協調性に乏しく、実業軽視の風がある」などと言われ、しかもそれが「葉隠思想の一面の弊害である」との見方があるようだが、これも誤解であるとしている。さらに「指摘されるような欠点は、封建思想の通用性としての弊害であり、概して大藩の地に多い一般的な短所である。もしこの弊害が『葉隠』の影響であるとするならば、それは『葉隠』を精読しなかったために起こった弊害である。『葉隠』にはむしろ欠点とみられるような点について、具体的な事例を挙げながら強く戒めている」と憤慨している。「分類注釈 葉隠の神髄」に次のような節文を紹介している。

人を先に立て、争ふ心なく、礼儀を乱さず、へり下りて、我が為の悪しくても人の為によきようにすれば、いつも初参会のようにて仲悪しくなることなし。婚礼も作法も別の道なし。終《おわり》を慎むこと始《はじめ》の如くならば不和の儀あるべからざるなり。

（聞書第一・一般修養篇）

「諸人《しょにん》一和して天道《てんどう》に任せておれば心安きなり。一和せぬは大義を整えても忠義にあらず。朋輩《ほうばい》と仲悪しく、かりそめの出会《であい》にも顔出し悪しく、すね言のみ云ふは胸量狭き愚痴より出づるなり、自然の時の事を思うて、心に叶わぬ事はありとも、出会ふ度毎に会釈よく他事なく、幾度にても飽かぬように心掛けて取合ふべし」

（聞書第一　１６４節・四誓願篇）

人間の要《よう》は実《じつ》ひとつなり。士農工商、出家社家、老若男女おしなべて実一つにてすむなり。これを得と落ち着けば、別に忙しきこともなく、千変万化にも騒がぬなり。

（愚見《ぐけん》集《しゅう》）

招請に逢わば、さてもよき客振りかなと思わるる様にせぬは客にてはなし。いづれ、その座のすべを前方より服して行くが大事なり。酒などの事が第一なり。立ちしほが入ったものなり。飽かれもせず、早くも帰らざる様にありたきなり。

（聞書第一・一般修養篇）

口語訳がなくても解釈いただけると思う。このように一人前の人として、武士としてのあるべき姿を山ほども説いている。人との接し方、失礼のない態度など節文は聞書第一、第二を主として「葉隠」の中には数多い。人との接し方、付き合い方、俗な表現をすれば「箸の上げ下ろし」とも言えるようなことまで、わが子に言い聞かせるように講釈しているのである。武家社会にあっては、言葉ひとつ、態度ひとつで、刀を抜きあうことにもなりかねないことを決して忘れてはならないのだ。刀はいったん抜いてしまうと引っ込みがつかない。武士の名誉がかかることにもなる。

そのような事態を避けるためにも、噛《か》んで含めるように教訓を示している。「葉隠」を熟読玩味して実際に励行するならば、そこに短気・粗暴・非社交的・非協調的などという欠点の生じようがない。酒の飲み方についても、懇切丁寧に、幾度となく諭され、訪問接客についても主人と客の心得が適切に説かれている。『葉隠』の諸説は、言辞は詭激《きげき》（言行が度をこえて激しいこと）なところもあるが、その全体の主旨はすこぶる穏健妥当で常に中庸《ちゅうよう》の道を脱していないのが特色である」と荒野も記している。

初対面の人との会話で、自分の出身が佐賀県であることを告げると、「ああ、『葉隠』の佐賀ですね」という返事が返ってくることがある。「葉隠」を知らない若い世代は別として、一般には「佐賀といえば葉隠、葉隠と聞けば佐賀」と連想されるように定着しているようだ。その語感のなかに、先に挙げたような県民性をイメージしたニュアンスを感じたことは2度や3度のことではなかったような気がする。

誤解例（4）　鍋島直茂が龍造寺家を乗っ取った？

「鍋島家が乗っ取った」と短絡的な見方をするのは誤解である。また「葉隠」は龍造寺氏の領地を引き継いだ鍋島氏が、佐賀藩の思想の統一を図り、権勢を維持するためにつくった藩定教科書のようなものだと見るのも誤りである。栗原荒野は「何の根拠もない独断的な曲解である」ときっぱりと否定している。大隈重信公が「大隈伯昔日譚《おおくまはくせきじつたん》」の中で、「葉隠」は佐賀藩士必読の経典であったと言っているのも誤りであるとしている。この点については、次項の「大隈重信と『葉隠』」で述べる。

天正2年（1584）、自分の勢力範囲である島原半島を龍造寺一党に侵された薩摩の島津義久《しまづよしひさ》は、有馬氏と謀り征討に乗り出す。この経緯は本著第6章に、童門冬二が歴史資料に基づいてノンフィクション風に描いた「鍋島直茂《なべしまなおしげ》葉隠の名将」に紹介している。ここでは龍造寺家がなぜに鍋島家の手に渡ったのかを、童門の「小説山本常朝」から紹介する。


鍋島家は、もともとはこの地方を支配していた龍造寺家の家老である。しかし、勝茂の父鍋島直茂は、龍造寺家でも一目を置く実力者だった。直茂は特に豊臣秀吉に愛され、「いっそのこと、おまえが龍造寺に代わったらどうだ？」

などという冗談を言われた。秀吉の九州征伐や、朝鮮出兵は、龍造寺家出陣という名目ではあったが、実質的にはほとんど鍋島直茂が職責を果たした。そのため、秀吉は、

「龍造寺家の跡継ぎが成人するまでは、おまえが龍造寺の領地を預かれ」

と、実質的な支配権を与えた。龍造寺家では鍋島を警戒し、いままでもずいぶんと手を打ってきた。とくに龍造寺隆信《りゅうぞうじたかのぶ》の母親慶誾尼《けいぎんに》は、「鍋島直茂を今のままにしておくと、やがては龍造寺家を乗っ取るに違いない。それには息子の隆信と鍋島直茂を義兄弟にして、固い家族の絆を結ばせよう。そうすれば、鍋島直茂も隆信に対して謀反を起こすことはあるまい」

と考え、直茂の父がたまたま妻をなくしたので、その後妻に入った。これは恐るべき決断である。主人の妻が、部下の後妻になったのだ。そうまでして、この母親は龍造寺家を守り抜きたかった。

しかし、直茂と義兄弟であった隆信が戦死すると、その後を継いだ政家は凡庸で龍造寺家を支

えきれなかった。もうだれがみても、

「龍造寺は滅びた。後は鍋島直茂が支配している」

と思った。

隆信の息子龍造寺政家《りゅうぞうじまさいえ》は、こういう状況の中で改めて鍋島直茂に誓いを立てさせた。それは「自分の子高房《たかふさ》が、15歳になった時は、政権を龍造寺に返す」という内容である。

このことを条件に、龍造寺政家は鍋島直茂に龍造寺家領の支配権を譲った。

ところが、高房が15歳になっても直茂は約束を守らなかった、というより守れなかった。周囲の事情が鍋島直茂に対する期待が大きく、もはやだれも龍造寺家や高房を相手にしていなかったのである。

佐賀県多久市の小説家滝口康彦の作品に、「鍋島猫化け騒動」を発想させ、龍造寺から鍋島への政権交替を題材とした「落日の鷹」がある。藩運営の権限委譲の中で龍造寺隆信の孫高房やその子伯庵《はくあん》の苦悩を描写している。栄光の座から転落していく者に温かい目を向ける滝口の優しさの中から生み出されたものだろう。そこに生じる史実と小説との微妙なニュアンスの違いは許容の範囲と見てよいのだろう。

誤解例（5）「葉隠」の名称は西行の歌から取った？

昭和29年（1954）の佐賀新聞元日付紙面に栗原荒野が執筆した記事「九州随想」が掲載されてい

た。共同通信が企画して九州各紙に配信したものである。その中に、「葉隠」に対する誤解についてふれた一文があった。歌人らしい短歌からの書き出しである。

うましもの佐賀干柿は葉がくれに渋《しぶ》をたたえて生《な》りし木の実ぞ

毎月行われる佐嘉神社の献詠会に出詠した荒野の歌。年産16万連、3500万円にのぼる佐賀名産の干柿が昨年はどうしたことか春からオバナとメバナの調子がくるって全くの不作だった。それはそれとして、佐賀伝統の精神文化の粋である「葉隠」の名は、葉ガクシという干柿用の渋柿から出たとか、西行法師の、

はがくれに散りとどまれる花のみぞしのびし人にあふここちする

という歌からとったといわれているが、実はそうではなく、忠誠一途で文学的素養もあった御側役の山本神右衛門常朝《やまもとじんえもんじょうちょう》が殿様の死去にあって出家隠棲した北山黒土原の草庵に、これも蕉門風の俳人で右筆役を務めていた藩士田代又左衛門陣基《たしろまたざえもんつらもと》が、当時非職の身を幸いに常朝を訪ね、宝永7年の春から享保元年の秋まで足掛7年の間に、草庵の木の葉隠れに聴聞した話を11巻の書物に書き上げて「葉隠聞書」と名づけたもので、こうした環境と「陰の誠が本当の誠だ」という滅私奉公、売名排除の心境から本の名にしたために、その書物の中の教訓や実話にみなぎった強烈な、そしてまた優雅な鍋島武士本来の精神をさして〝葉隠〟と言い伝えられてきたのである。

誤解例（6）「葉隠」は「狂気の書」「奇異なる書」？

佐賀藩士をことごとく同じ型に入れ、進取の気性《きしょう》を失わせている鍋島の経典「葉隠」は「奇異なる書」であると言ったのが、明治15年（1882）に立憲改進党をつくって党首になり、東京専門学校（のちの早稲田大学）を創立したほかならぬ大隈重信であったために、「大隈の葉隠嫌い」の噂が広がってしまった。大隈は明治31年（1898）には板垣退助とともに再び政党内閣をつくり内閣総理大臣になったのだが、その時もまだ「葉隠」は世間の目に触れることはなかった。中村郁一著の活字本発刊以前のことでもあり、まだ東京ではだれも「葉隠」を読んだ人などいなかった。明治28年に「大隈伯昔日譚《おおくまはくせきじつたん》」が発行され、大隈が「葉隠」を批判し、嫌っていることが明らかになった。前年から日清戦争のただ中にあり、アヘン戦争後のイギリス、ロシアにも目配りをしていた日本だった。

そのように世界が大きく変貌しているときに、「佐賀藩武士道の聖典『葉隠』が何だというのだ」といった苛立ちや情けなさがあったのではないかと想像する。大隈52歳のころのことである。その後、「葉隠」が活字本となって容易に目に触れるようになると、大隈の葉隠観がガラリと変わってくる。栗原荒野も後に語っているが「要するに批判を口にした当時の大隈侯も葉隠を熟読してはいなかったようだ。『葉隠』を批判的に語る人は、うわべだけ読んで判断する傾向があった」と残念そうだった。

宮内庁東宮大夫《とうぐうだいぶ》を務めた菅野弘夫《かんのひろお》（1923―2009）が「葉隠研究」第32号（1997年刊）に随想を寄せている。ずばり「誤解された葉隠」がタイトルであった。「終戦から30年近くも経った昭和

49年（1974）にフィリピンのルバング島から小野田寛郎《おのだひろお》元少尉（1922─2014）が帰還したとき、世界中の人がその強固な精神力に感嘆した」という書き出しの随想に引き込まれた。

小野田の救出の手がかりをつくったのは、千葉の冒険家の青年鈴木紀夫《すずきのりお》（1949─1986）だった。ヒッチハイクでアジア各国を巡り、中近東・ヨーロッパ・アフリカ大陸などを旅したバックパッカーの冒険家である。37歳のときヒマラヤ・ダウラギリ峰で遭難し、翌年死亡が確認されている。その鈴木が単身、ルバング島に入り、テントを張って小野田さんと接触したのが昭和49年（1974）2月20日夜のことだった。鈴木は小野田に1冊の文庫本を渡した。小野田はズボンのポケットに突っ込んだ。一夜明けて、小野田は「今更読んでもはじまらないから」と言って鈴木に本を返したという。以下は随想の転載である。

以上は、当時の新聞が報じた小さな記事であったから、さして人目を引かなかったが、私は少なからぬ興味を覚えた。

鈴木さんが渡した本が「葉隠」だったからである。鈴木さんは、なぜ、他の本でなく「葉隠」を選んだのであろうか。小野田さんは、なぜ読まないで直ぐに返したのか。ご当人たちに聞いたわけではないから、以下は全くの当て推量に過ぎないが、鈴木さんは「葉隠精神」の具現者として、この本を小野田さんに捧《ささ》げ、小野田さんはいったん受け取ったものの「葉隠なら分かっている」と、翌日返したのではなかろうか。

とすると、小野田さんも鈴木さんも「葉隠」を半分しか理解していなかったことになる。二人だけではない。世の多くの人は「葉隠」と聞けば、一つのイメージを抱いてしまう。わたし自身も戦争中に読んだ「武士道といふは、死ぬことと見付けたり」という、あまりにも有名な一句のために、つい最近まで「葉隠」を狂信的な武勇の書とのみ思い込んでいたのである。（中略）「葉隠」が世に現れたのは、明治も晩年になってからである。爾後《じご》、大正・昭和前期にかけて、わが国の軍国主義的色彩が濃くなるとともに、一躍時代の寵児《ちょうじ》となった。しかし、それは「葉隠」にとってまことに不幸なことであった。「武士道といふは、死ぬことと見付けたり」ばかりが活字となったからである。

果たして「葉隠」は狂信的な勇気のみを教える学問なのであろうか。「葉隠」を一貫して流れる士道精神というべきものは、「葉隠」の序章である「夜陰の閑談」で述べられているが、そこには「武士道においておくれ取り申すまじき事」と並んで「大慈悲を起こし人の為になるべき事」が説かれている。

また、別の章には、勇気だけの武士は本当の武士ではない。勇気を表し、内心には腹の破れるほどの慈悲の心をもって、初めて本当の武士ということができる、と教えている。これらを読めば、「葉隠」は決して勇気のみを万能とした学問ではなく、むしろ慈悲の心をより高しとしたものであることが、おのずから明らかであろう。「葉隠」の教える「他人のために」――この命題こそ、時と処《ところ》をとわず、われわれ人間社会の最高の倫理ではなかろうか。

これほどまでに余すところなく「葉隠」を語っていただけたら幸せである。宮内庁東宮大夫（皇太子のご家族を担当する東宮職の長）という重責を担っていた菅野がどうしてこれほどまで「葉隠」を深く理解していたのか。福島出身で東京大学を出て自治省入りしているが、この随想については葉隠研究会の初代会長古賀秀男《こがひでお》が掲載を依頼していた。その紹介によると、菅野は若いころに佐賀県厚生部長、総務部長を経験しており、佐賀在任のときに「葉隠」に接し学んでいた。この随想は総理府人事局長のときのものだった。

◇　◇

日本は武力に代わる精神美を

戦後復興この時期、栗原荒野の世相を哭《こく》（大声をあげて泣きさけぶ）する目は厳しい。少年のころエリート軍人を養成する陸軍地方幼年学校（熊本）、中央幼年学校（東京）で学び、在学半ばからトルストイの非暴力主義に傾倒し、神学校に転じて内村鑑三《うちむらかんぞう》にも師事したが、どれにも納得できずに最終的に新聞記者の道を選んだ七転八倒《しちてんばっとう》の人生の中で「葉隠」に出会った荒野。終戦から間もない昭和23年（1948）の朝日新聞1月13日付「新春放談」に次のように寄せている稿は老練なジャーナリストのペンであった。

新日本建設の条件が増産第一にあることは言うまでもないが、道義の維持高揚がこれに伴わねばならぬこともまた絶対に必要である。物質の面と精神の面とは、つねに同時並行でなければならぬ、背に腹はかえにくいには違いないが、かえられぬことはないはずだ。それをかえられぬというのが常識になって、現在、極度の道義のすたれ方に対して、当たり前のこととみなすような無神経さはいったいどうしたことか。「風光の美」「芸術の美」に加えて「人間の心の美」が認められるようにならなければうそである。

恒久平和確立のために戦争放棄を宣した日本が、将来独立国として敵国の信用と尊敬を勝ち得るためには武力にかわる精神美が発揮されねばならぬ。ではどうして道義は保たれるか。〝背に腹はかえられぬ〟の安易な常識を捨てて、破廉恥《はれんち》を憎む精神を高めることが第一である。この恥を知り節を尊び義を重んずる「葉隠」の精神を見直して、いわゆる道義葉隠を民主的に現在に活《かつ》現《げん》(筆者注＝事実をいきいきと目に見えるようにあらわす)したいものだ。

道義と平和とは表裏一体である。「葉隠」は独りよがりを戒めて、人に好かれる人間になれと教え、諸人一和を説いて、たとえば主人はどんなに長座《ちょうざ》をする客人をも名残つきぬようにもてなし、客人は長座もせず早帰りもせず、さてもよき客振りかなと思われるようであれといっている。このコツが大切だ。

終戦直後の荒野の生の声である。「何はさておいても大切に守らなければならない『日本人の心の美』が壊れているではないか。これからは『武力に代わる精神美』を発揮しなければならないというのに」。「葉隠」が戦前戦中にさんざん「悪用」されたことに悔いを残す荒野の叫びが、肉声となって聞こえてくるようだ。

筆者は昭和45年（1970）4月に佐賀新聞社に入社し、荒野没年まで6年間をともに佐賀の地で過ごしていたのである。駆け出し記者で県内支社を転々としていたとはいえ、一面識もないままであったことが悔やまれてならない。

さて、戦後73年を経た今日、日本は風光の美、芸術の美に負けない「心の美」を備えているだろうか。また、日本国は独立国としての武力に代わる精神美を発揮しているだろうか。あのときの敵国であった米、英、仏、中、露の信用と尊敬を勝ち得ているだろうか。戦後70年余を経てもなおアジアの近隣諸国との摩擦を解消できずに苦悩するこの国の指導者やそれに喝采を送る人たちには、「大慈悲」を起こし諸国との和平が実現できるよう「葉隠の神髄」が放つ光を浴びてほしいと思う。

大隈重信と「葉隠」

独り歩きを始めた大隈の「葉隠批判」

佐賀が生んだ稀代の大政治家大隈重信《おおくましげのぶ》は、同じ佐賀から生まれた「葉隠」を嫌い、生涯にわたり批判していたといわれる。だが、それは違う。よくよく検証すると「大隈の葉隠嫌い」と言い切ってしまうのは早計である。大隈の葉隠観については多くの歴史家、評論家が取り上げているが、なぜそこに「葉隠批判」が登場するのか、その出所ははっきりしている。立憲改進党党報局が明治28年（1895）に発行した万朝報《よろずちょうほう》記者円成寺清《えんじょうじきよし》著「大隈伯昔日譚《おおくまはくせきじつたん》」の中に、大隈が佐賀の藩校弘道館時代を顧みるくだりで、「葉隠」を「奇異なる書」と言ったとして次のように記述しているからだ。

余が初めて学に就きたる時代における佐賀藩の学制は、専ら頑固窮屈なる朱子学を奉ぜせしめ、いたく他の学派を排斥したり、またその窮屈に加味するに佐賀藩特有の一種の武士道、書名を「葉隠」と称し、凡《およ》そ二百年前に作られたる奇異なるものにして、其の要旨は、武士なるものは唯一死をもって佐賀藩の為に尽くすべしと言うにあり。

若いころの大隈は、「窮屈な朱子学に加え、『葉隠』がいたずらに鍋島至上主義を強調して佐賀藩士たちを鋳型にはめ込んでしまい、青雲の志を束縛した」と考えていたようである。昔日譚には当時の回顧が活字となっていた。その後は、藩校弘道館《こうどうかん》での教育を経験した大隈の葉隠観として、いろいろな本に引用され、紹介されたのは当然の成り行きであった。大隈の伝記類でも、この昔日譚の葉隠観だけが繰り返し紹介されており、「佐賀藩の総合研究」などのお固い学術書のほか、中村尚美《なかむらなおみ》著「大隈重信」（人物叢書）、渡部幾次郎《わたなべいくじろう》著「大隈重信」の評伝類、作家椎葉英治《しいばえいじ》や三好徹《みよしとおる》らによる伝記に至るまで、「昔日譚」で批判した部分だけがいつも引用されている。どうやら大隈の「葉隠批判」が独り歩きを始めたようである。

「葉隠研究」第37号（1999年刊）には「大隈重信の『葉隠』批判の背景を探る」を特集している。そのまえがきに編集者は司馬遼太郎《しばりょうたろう》が「歴史と小説」（集英社文庫収録）に書いた「日本史の中で暮らして思うこと」という随筆を紹介している。その中に「この気違い勉強」という小題で、佐賀藩の文教政策（藩校・弘道館の教育）にからめて大隈重信と「葉隠」が語られている。

大隈は弘道館に学んでいるが、その教育を「一藩の人物をことごとく同一の鋳型に入れたために、倜儻不羈《てきたうふき》（独立していて束縛されない）の気性《きしょう》をうしなわせたり」と回顧しているという（大隈伯昔日譚）。なかなか刺激的な言葉である。次のような一文もある。

> 大隈重信は、「葉隠」についても歯がみするようにして罵《ののし》っている。「葉隠」は佐賀藩武士道の聖典で、これを重信に言わせると、「今よりおよそ二百年前につくられた、じつに奇異な書物で、その要旨は武士はただ一死をもって佐賀藩のために尽くすべしとある。この広い天地に、佐賀藩より尊く重いものはないというのである。その開巻にはこういう。釈迦も孔子も楠木正成も武田

信玄も鍋島家に奉公したことのない人々だから崇敬するに足りぬ。そう書かれている。この一事をみても此の書物がどんなものかわかるだろう」

ということなのである。大隈重信のような性格の人物にとってこの教育がいかに辛かったかは、この昔日譚ののろい詰めたような語気にも察することができる。いい大人が、むかしを回顧するのにここまで激越な口調になるのは、この抑圧がよほどのものであったにちがいない。

司馬遼太郎がこのような表現の随想を書いていたとは意外でもあった。それにしても佐賀藩の文教政策を「気違い勉強」と形容したり、「昔日譚ののろい詰めたような語気」との表現にはいささか驚きを禁じ得ない。本書の歴史家奈良本《ならもと》辰也《たつや》の「葉隠」に関する項では、司馬と奈良本の対談を紹介しているが、「葉隠」についてもソフトな表現に終始していたからである。

さて、「葉隠研究」第37号の特集には次の3人が登場している。いずれも記事の一部紹介である。

・古藤《ことう》浩《ひろし》

（県教育長、出納長。著書に「古賀穀堂《こがこくどう》と佐賀藩政改革」「開国前夜の佐賀藩」）

副島種臣《そえじまたねおみ》、江藤新平《えとうしんぺい》、久米邦武《くめくにたけ》らの資料からすれば、明治維新において薩摩、長州に比べて佐賀藩が出遅れた原因は、『葉隠』にも一端ありと見ており、大隈と同じように『葉隠』の総論というべき巻頭の一節、いわば鍋島第一主義に対する批判である。資料が十分とはいえないが、大隈の葉隠観は、新しい時代の幕開けを告げた幕末維新期の、日本の内外に目を向けていた一部の佐賀藩士（とりわけ枝吉神陽を中心とする尊皇派の義祭同盟に参加した若者たち）に共通した葉隠観であったと思われる。

「葉隠」は幕末までの150年間にわたって佐賀藩士の間で読み継がれたが、時代の変化によっては見方も違ってきたのである。特に、寛永18年（1641）の鎖国以来唯一の開港地長崎の警備を福岡黒田藩と一年交替で担当してきた佐賀藩にとって、開国を迫るロシア、アメリカの日本接近で、いよいよ長崎警備の重要性が高まり、また、長崎が西洋文明吸収の窓口として時代の脚光を浴びるにつれて藩政の課題、方向も変わらざるをえなかった。このような時代の流れが葉隠観を変えたのである。古賀穀堂や大隈重信らの葉隠批判は、こうした背景で理解すべきだと思う。

・**村岡安廣**《むらおかやすひろ》（菓子舗・村岡総本舗社長、佐賀県女性と生涯学習財団理事長）

一徹純粋な佐賀人気質は、「通ったあとには草もはえん」ほどの徹底ぶりであることは、つとに知られています。郷土の菓子として知られる「白玉饅頭《しらたままんじゅう》」や「けいらん」も、お米のおいしさを徹底的に追求し、そのおいしさを数百年あるいは千年以上も守り伝えた結果であると言われています。その時代、その時代において本質を把握し、その本質を徹底させる佐賀の風土は、「葉隠」の時代においても、大隈の時代においても、その特長は変化していないと思われます。大隈とともに時代を生きたと推察される久米邦武の足跡からも、同様のことが考えられるのですが、200年もの時空の違いは埋めようがなかったのではないでしょうか。

200年もの時間を経過した「葉隠」は、大隈にとっては厄介者であったかもしれませんが、

「おくれとり申すまじき事」で表現される中枢部は、いつの時代においても主流たるべき名言であると確信し、自分自身の座右《ざゆう》の銘《めい》としていこうと常に感じているところです。

・**長野《ながの》　暹《すすむ》**（経済学者、佐賀大学名誉教授、九州国際大学教授）

大隈重信は葉隠を批判していますが、新しい時代を創りだそうとする折に葉隠的思考では対処できないとするのは、至極当然のことでもあります。また大隈は、佐賀の閉鎖性を葉隠との関係で指摘していますが、閉鎖性は、農村にも武士身分の者が多数居住し、いわゆる兵農分離が徹底していなかった佐賀藩の体制に由来するとみなせます。

明治政府の重鎮として活躍した大隈重信は、明治4年には新貨条例を出し、現在の円・銭・厘の通貨体制を整え、同6年には地租改正を行って租税を金納制に転換させ、また、憲法草案では立憲君主的な内容のものをまとめ、それがもとで明治政府から明治14年に追放されました。大隈のこのような動きからしますと、葉隠を批判することはあれ、それを全面的に認める立場でないことは明らかです。

「葉隠」の忠義観は、当時においても一般化できるものではなく、極端な考え方であり、近世社会の一定の合理性と秩序を持った社会では妥当性を持つものではありませんでした。「近代社会」の形成を目指す大隈の立場からしますと、近世社会の批判が根底にあり、それは近世社会でも受け入れられない葉隠批判ということでは、二重の批判ということになりましょう。

以上3者の「葉隠批判」のポイントを紹介したが、いずれも説得力があり、大隈が生きた幕末維新期であれば、「葉隠」を抵抗なく受け入れることにはならなかったであろうことはうなずける。黒土原の草庵で山本常朝と田代陣基により生まれた「葉隠」から「大隈伯昔日譚」までは180年もの時の流れがあり、「葉隠」の主柱を成す「御家と国学第一主義」「主君への奉公」などは当時の藩体制維持の根幹であったことは周知のとおりである。しかし、「葉隠」に盛られている武士道の精神や倫理は時代の変化にも流されることなく、光を放ち続けているのである。

次に、葉隠研究の第一人者で岩波書店「葉隠」（1940刊）の編著者古川哲史（1912―2011）は、その「葉隠」のはしがきの中に大隈重信を登場させている。

「葉隠」は、どこを切っても鮮血のほとばしるような本だと言える。しかしまた、そうであればあるだけに、血気にはやり過ぎた本だとの印象を与えないでもない。佐賀出身の偉材であり、世人からは葉隠主義の権化のようにも目される大隈重信侯すら、『葉隠』を『奇異なる書』『奇妙なる経典』などと呼び、あたかも佐賀藩における因循《いんじゅん》姑息《こそく》にして強情窮屈な弊風（悪い風俗または風習）の源泉の如くに見做《みな》しているほどであるから、われわれがそういう印象を受けたとしても、何ら無理はないわけである（大隈伯昔日譚参照）

「葉隠に対する誤解」と嘆く荒野

確かに、「大隈伯昔日譚」に読む限り、このときの大隈は「葉隠」に対して奇異なる、奇妙なる書との見方をしていた。大隈が幕末維新期の立役者の一人であることからその言動が与える影響の大きさからして、「奇妙なる経典」のひとことが「葉隠」に対する大きな誤解を生んだことを、佐賀の葉隠研究家栗原《くりはら》荒野《あらの》は嘆いている。昭和41年（1966）発行の自著「葉隠のこころ」のなかの「葉隠に対する誤解」の項で、荒野は多くの誤解を打ち消す主張を展開している。

先ずは、葉隠成立の事情に関する歴史的見方の誤解であるという。「葉隠」という書は、龍造寺氏から領地を受け継いだ鍋島氏の権勢を維持するために、思想の統一を図り、士道精神の確立を必要とするところから、鍋島に都合のよいような、一種の藩定教科書を作ったのが「葉隠」であると解釈された点。これは、何の根拠もない曲解であるという。大隈が「昔日譚」に「葉隠は一藩の士必読の経典であった」と言っているのも誤りであるときっぱりと否定している。

次に、「葉隠」が独りよがりの自尊心が強く他国や他人を排斥する頑迷《がんめい》固陋《ころう》な教えであるとの批判を浴びたことにも荒野は反論している。「偉大な政治家、経世家である大隈重信侯をはじめ軍人、司法官、教育家、実業家などの間にも一般通念としてこのように誤認されていたかに見える。どうやら若いころの大隈さんは『葉隠』を熟読してはおられなかったようだ。帝国海軍の先輩で日清戦役当時の軍令部長であった中牟田《なかむた》倉之助《くらのすけ》海軍中将は早くから革新思想をいだいて『葉隠』の固陋さを嫌い、一巻をだに読まなかったと語ったことが、歴史学者で東京帝国大学名誉教授中村孝也《なかむらこうや》の著書『中牟田倉之助伝』に子爵実話として書かれている。真崎《まさき》

大隈重信侯（佐賀市大隈重信記念館提供）

甚三郎《じんざぶろう》陸軍大将もかつて『わしは葉隠を読んでおらんもんのう』とわたくしに話されたことがある」と語っている。

つまり、「葉隠」の表層だけを捉え、熟読玩味することもなく、批判を行うのはたとえ天下の偉人といえども成すべきことではないとしているのだ。

「序文」を書き、講演で葉隠礼賛

大隈は内閣総理大臣であった大正5年（1916）11月、中村郁一が明治39年に発刊した抄録本「葉隠」の内容をさらに充実させて「鍋島論語葉隠全集」を刊行した際に、その巻頭に「序文」を贈っている。一時は厳しく批判していた葉隠についての誤解を解こうと務めたようである。佐賀県立図書館の資料課長だった葉隠研究会理事栗原耕吾は平成2年（1990）の佐賀新聞「読者ろんだん」に「『大隈の反葉隠』は早計」と題する寄稿をしている。早計であるとする根拠は、やはり「序文」の存在だ。

大隈侯が内閣総理大臣のとき、中村氏の葉隠全集に寄せた長文の序文がある。葉隠に反感を持つなら序文など寄せるはずもなく、またこの出版や普及に侯自ら非常に尽力したことを発行者が記している。

侯は、この序文のなかに「…精神上の学問に時代はない。本著の要諦《ようてい》は国民性を『経《けい》』とし、外来文明を『緯《い》』として共同化を勉《つと》むるに存《あ》る。この『葉隠』のもたらす教訓は、これを現代に施して顕著なる効果の有るべきを確信する」と記している。

さらに一例として、大正9年、佐賀郷友青年会大会で「葉隠」を取り上げた侯の講演の一部を挙げてみる。

葉隠といえば時代に違うもののごとく思うも決して然《しか》らず。千有余年前の聖賢の格言も釈迦、プラトン、キリストの語は今日もなお不変にして、千古に確然として存在す。諸君はかくて我が同郷に於いて実に偉き先輩を有し、その精神、その言葉は「葉隠」となって今日に残されることとなった。而してその「葉隠」の精神を概括すれば四誓願に帰するのである。

一、大慈悲を起し人のためになるべき事

いまだかって日本においてかくの如く雄大崇高なる理想を言い表せし者はなく、実に常朝先生をもって嚆矢《こうし》（筆者注＝ものごとの始まり。起源）となす。人の為になるということは人類のためになるという意味にして、慈悲心はすなわち孔子の仁義、キリストの愛の心に合致し、利己心を捨てて社会共存のために働くことである。封建時代の偏狭なる心を一般に有せし時に、かかる偉大なる言を表せしは千古の格言として尊ぶべきである。

二、主君の御用に立つべき事

三、親に孝行仕るべき事

四、武士道において後れとり申すまじき事

余の行動は、80年来この語に乗っ取りてやってきている。鍋島武士は後れを取らぬと覚悟して励んできた。この格言は我らの先輩常朝先生の格言であって、日本のみならず、世界に誇るべきものである。国際連盟においてもこの理想をもって行えば後れを取ることはない。互いに己を捨てて人のために勉むれば、平和は自《おの》ずから来る。この言葉を反復して己を捨てて人のために働き、同時に後れを取らぬように注意し、日本国民がこぞって奮励し実現に努力すれば…。

講演は滔滔《とうとう》と続くのであるが、なんとも明快な「葉隠礼賛《らいさん》」の言葉であった。これを見る限り、「大隈の葉隠嫌い」とか「反葉隠の生涯」などと言えるものではない。大隈の葉隠観も「奇異なる書」であったり「生涯のっとってきた信条の書」であったり矛盾しているようであるが、是は是、非は非として、感じたままをおおらかに言明する大隈のスケールの大きな人物像をあらためて感じさせるものである。

「葉隠」ができた時代環境を描かねばならない

古川哲史も大隈を弁護している。大隈の前段の「葉隠」批判について「大隈侯の言は、精神史家の立場から発せられたものではなかった。候はただ、明治維新の前夜における新知識・新思想へのやみがたき渇望が、伝統的権威の下にむやみに圧伏《あっぷく》さるる状況を眼前に見、身にも親しく体験し、ために佐賀藩が新日本建設事業において華々しい役割を演じ得まいとするのを慨《がい》するのあまり、葉隠主義を伝統的権威に一挙に重ねてしまっただけであった」との弁護である。

つまり、大隈は、日本国がまさに新時代への一歩を踏み出そうとするときに、佐賀藩が改革の前面に出てこないことに憤慨し、それは「葉隠」の伝統的権威のなせる業であろうと考えたのではないかというのだ。その上で、古川は「なるほど葉隠主義は伝統的権威の多くの要素となっていたかもしれない。しかし、それは『葉隠』そのもののせいではなかった。伝統的権威に変容してからは奇異や奇妙になったかもしれない思想も、それ以前のもとのままの姿においてはごく当たり前な思想にすぎなかったのである」と説いている。

なおも古川は続ける。「葉隠には『気違ひ』『死狂い』『曲者』という類の穏やかでない文字が、しきりに出てくるのは事実である。葉隠の著者は『我に狂氣を与へよ』と叫んだあのドイツの狂哲学者の向こうを張りえる唯一の日本人でありえるかもしれない。そういう思想家の思想が、どうして当たり前な思想と呼ばれ得るのであろうか。この種明かしをするには、まずこの本ができた時代環境を描き出さねばならぬ」という。

「葉隠」ができる100年ほど以前の慶長の末、藩祖鍋島直茂は2、3日行方をくらまし、ひとり城の角櫓にあがって人通りを眺め、往来の人々が上瞼《うわまぶた》を打ち下し地べたを見て俯《うつむ》いて歩む様《さま》を見て、重臣鍋島《なべしま》安《あ》藝《き》守《かみ》茂賢《しげまさ》に、「肥前の槍先に弱みがついた」と憮然として語ったことがあった。

（聞書第三46節）

50、60年以前まではまだ良かった。その頃までの武士は、今日討死、今日討死と必至の覚悟を極め、死後に恥を残さぬように懈怠《けたい》なく身元を嗜《たしな》み、武具一通り錆《さび》をつけず、埃《ほこり》を払い磨きたてて置くことを心得ていた

（聞書第一64節）

しかるに50年以来というものは、男の脈は女の脈と同じものになり、しばり首でも切った者はすくなく、まして介錯などといへば断りの言い勝ちを利口者、魂の入った者などといふ時代になった

30年以前風紀が変わって、若者どもが寄り合ってはなしていることはすべて金銀の噂、損得の考へ内緒事の話、衣装の吟味、色慾の雑談ばかりで、このことがないと一座がしらけるといふ風である

（聞書第一37節）

（聞書第一64節）

以上の4節は口語に訳さずともよく理解できるよう節文から抜粋した内容である。元和《げんな》元年（1615）大坂夏の陣に豊臣家は滅び、天下の権は名実ともに徳川家の掌中に落ちる。徳川家が天下を取ると、いよいよ戦のない天下泰平の時代を迎える。武士たちには戦場に臨むような張り詰めた緊張感はなく、まして「葉隠」が編まれた時代にはすでに、「肥前の槍先が1寸5分折れていた」というように、100年の平和に甘やかされた後であるから、およそ見当はつくというものである。

藩祖直茂や初代藩主勝茂の軍功を記憶に留めている者がいなくなった。つまり鍋島家の骨を知らない者がはびこっていた。武士の町人化、女性化、余所《よそ》風化である。余所風化は「江戸風化」と言いかえてもよいであろう。お国風の軽蔑と都会風へ屈従は、いずれの国のいずれの時代にも免れない病かもしれないが、江戸期の地方各藩は特にそれが甚だしかった。

国柄を大事にしてきた鍋島藩ですら、ひどい〝都会病〟に悩まされていたのである。元禄から享保の時代環境の中に生まれた「葉隠」に、それがいかに慨嘆すべきものに映じたか。それは「葉隠」そのものが語って余さない。「葉隠」の中には出ていないが、常朝の句に

みな人は江戸に行くらん秋の暮

がある。「葉隠」成立の由来を説いて千萬言《せんまんげん》に及ぼうとも、恐らくこの一句以上に出ることは不可能であろうと思われる。

古川は以上のように説明した上で、「これらが、一見、過激に見える『葉隠』の思想を、わたくしが当たり前な思想とみなす所以の種明かしである。このような時代環境に据えてみれば、この書は最早何ら『奇異なる書』でも『奇妙なる経典』でもあり得ないはずである。それを『奇異なる書』『奇妙なる経典』にしてしまうのは、本の罪でなく、読む後人《こうじん》の罪である」と見事に言い切っている。

大隈の一生は終始一貫、葉隠主義

葉隠研究会理事、佐賀文化財保護審議会委員の大園隆二郎《おおそのりゅうじろう》は、平成17年（2005）に西日本新聞社刊の西日本人物誌シリーズ（18）「大隈重信」を執筆した。そのなかに「葉隠の精神風土」の項がある。

八太郎（大隈）は佐賀藩独特の精神を象徴する「葉隠」の風土の中で育った。「葉隠」が培った風土とはどのようなものであったろうか。地元の葉隠研究に生涯を捧げた栗原荒野氏は「葉隠」の三大特質として「真剣に・仲よく・頑張れ」を挙げ、この独立した3つの標語が一つに溶け合うところにその精髄があると捉えた。また、これが子どもに具現化されると「うそいわぬ、よくばらぬ、へこたれぬ」になるとした。いとも平凡なところに一見奇異なる書ともいわれる「葉隠」

の本質を見たのである。

後年、八太郎と同じく佐賀藩出身の西久保弘道《にしくぼひろみち》（福島県知事・警視総監・東京市長など歴任）は、「八太郎の一生を通覧すると、終始一貫、葉隠主義に基づいて活動したように思われる」と言っている。

「老侯（大隈）は自分がよいと思ったことは、直ちにこれを口にし、また直ちにこれを行うというやり方であったが、これは葉隠からきているようであった。…すなわち老侯は少しも自分ということを顧みずいやしくも先見の明ありと信ずることなら一日も早くこれを行うに勉《つと》められた。これを一身の利害から言ったならば、なるほど損に相違ないけれども、しかしこれを日本の上から見るならば、実にそれが幸いなのである。…侯のこの勇往敢為《ゆうおうかんい》（筆者注＝勇気を持って正しいことをやり抜くこと）の精神はひとり前述の一、二例にとどまらぬ、数え来たれば、徹頭徹尾ことごとく左様である。（大観—大隈侯哀悼号）」

西久保は、「葉隠」はその文字通りの形式を守って弊害に陥るものもあるが、大隈はその精神をつかんで、その弊害の反対を行ったと見ていた。この同郷の西久保の言葉は、大隈の生涯を見渡すとき、確かにうなずけるものがある。（以下は校註葉隠より節文の一部抽出）

・大高慢にて、我は日本無双《にっぽんむそう》の勇士と思わねば、武勇を顕す事は成り難し。（聞書第一48節）

・大難大変に逢うても動転せぬといふは、まだしきなり（まだまだである）。大変逢うては歓喜踊躍《かんぎようやく》して勇み進むべきなり。（聞書第一116節）

・七息思案《しちいきしあん》（七回息をするうちに考えて決定せよ）…分別も久しくすればねまる、…万事しだるきこと

（ぐずぐずやること）十に七つ悪し。（聞書第一122節）

・武士は当座の一言が大事なり。只一言にて武勇現るるなり。（聞書第一142節）

・何事も成らぬといふ事なし。一念起ると、天地をも思ひほがすものなり。成らぬといふ事なし。人がかひなき故、思い立ち得ぬなり。（聞書第一144節）

・勝ちといふは味方に勝つことなり。味方に勝つといふは、我に勝つことなり。我に勝つといふは、気を以《もっ》て體《たい》に勝つことなり。（聞書第七1節）

など、少しく「葉隠」を繙《ひもと》けば、大隈の生涯の説明に使いたくなるような警句・箴言《しんげん》に出くわす。そこには佐賀藩人に共通するような気風・気質が脈打っている。

大園はここまでの記述でも、大隈が「葉隠」を批判していただけではないことを語っている。大隈は維新政府内で頭角を現していくが、常に大高慢を信条とし、難局にも歓喜勇躍、テキパキと決断し、雄弁にして成らぬものはなしとの信念を貫き、群雄割拠する政界を勝ち抜いていったその姿は「葉隠武士」を彷彿とさせるものではなかったか。

NHK職員からドキュメンタリー作家に転じた渡辺房男《わたなべふさお》著による小説・大隈重信「円を創った男」は、まさに大隈が鍋島侍魂を遺憾なく発揮して維新政治の頂点に駆け登っていく中で、世界経済に対応できる通貨体制を整えていく大隈を描いている。渡辺が最終章の「その後の大隈重信」と「あとがき」の中で述べていることを一部抜粋して紹介しておこう。

明治4年（1871）5月10日、大隈が維新以来全精力を注いできた「新貨条例」が正式に布告された。2ヵ月後の7月14日、〝第2の維新〟といわれる「廃藩置県」の詔書が出る。同じ日、一度参議の職を離れていた大隈は、木戸孝允の推挙により再び参議に就任する。この時、大隈は33歳である。雄藩佐賀の出身とはいえ、幕府打倒の直接的行動に参加しなかった大隈が、政府中央でこのように確固たる地位を占めることになったのは、財政家として他の追随を許さぬ高い評価を与えられた証左である。

明治4年と同6年に参議となった12人の中に佐賀藩からは4人がいる。4年組は西郷隆盛、木戸孝允《きどたかよし》、板垣退助《いたがきたいすけ》、そして佐賀の大隈である。6年組には佐賀の江藤新平《えとうしんぺい》、大木喬任《おおきたかとう》、副島種臣《そえじまたねおみ》であり、他に大久保利通《おおくぼとしみち》、後藤象二郎《ごとうしょうじろう》、伊藤博文《いとうひろふみ》、勝安房《かつあわ》(海舟)らがいた。

人の一生には、その才能が最も輝いて手腕を発揮し、またそれを活かす時と場に恵まれた一時期が必ずあるものだ。大隈の生涯を見つめた時、その思いが確かなものとなって立ち現れる。大隈は、天保9年(1838)に生まれて、大正11年(1922)に亡くなるまで、幕末維新、明治、大正と長きにわたり大物政治家として重要な位置を占めた。時として政敵からの攻撃と懐柔の狭間で弄《もてあそ》ばれたことはあったとしても、政治、財政、教育など幅広い分野で日本の舵取りをした傑物のひとりである。彼の満29歳から33歳のその時期こそ、日本という国の土台が貨幣制度と財政面でようやくでき上がり、先進欧米諸国から明治政府が認知された時だ。

大隈は、その時まで蘭学と英学に親しんだ佐賀藩の尊皇派の一藩士に過ぎなかったが、開港地長崎で維新の激動を浴びたという、場所と時を生かした。そして、わずか3年余りの間に、明治政府の中枢に躍り出て大蔵省を率い、「円」を基本とする統一幣制を創りあげたのである。

明治6年（1873）、征韓論争が起こる。征韓派は西郷、板垣、江藤、副島らであったが、大隈はその政争の中で木戸、大久保、伊藤らの非征韓派に身をおいていた。論争に敗れて佐賀に戻ろうとする江藤新平を自宅に招いて一晩説得した大隈。しかし、江藤は反政府の気運に満ちた佐賀に戻り、翌年挙兵する。「佐賀の乱」である。渡辺房男は次のように評論している。

尊皇派の志士として先輩であり、なおまた維新政府参議の職を同じくした江藤が、政府軍との戦いに敗れ、斬首されたことは大隈にとって痛恨の極みであったろう。佐賀における大隈と江藤の評価は、鹿児島における大久保と西郷のそれとよく似通っている。いずれの地でも江藤と西郷への同情心が根強く残っており、非征韓派で政府中枢に留まった大隈の姿は、西郷に西南戦争を起こさせて死に追いやった大久保の〝非情さ〟に重ね合わされているのだ。だが、それはあまりに大隈にとって酷である。あの折、江藤に同調しなかった大隈の判断は決して間違っていなかったのではないか。

戦争と「葉隠」

いさぎよく散りて果てなむ春の日にわれは敷島の大和さくら子

この短歌は、昭和20年（1945）4月、22歳で戦死した神風特攻隊、海軍少尉岡部平一《おかべへいいち》の辞世の句である。アイバン・モリスというイギリス生まれの日本研究の学者が、「高貴なる敗北─日本史の悲劇の英雄たち」という著書を昭和50年（1975）に出版している。モリスはコロンビア大学の教授だが、丸山眞男《まるやままさお》（1914─1996）の名著「現代日本の思想と行動」のかなりの難解な日本語を平明な英語訳として出版し、欧米における日本研究に大きく貢献した日本の古典に精通した学者である。日本では、完全に成功した者は英雄視されることはなく、誠を貫いて挫折した丈夫（一人前の男子、ますらお）こそが、その誠ゆえに英雄として崇《あが》められるという主題を追求した著書。その著書にあるのが冒頭の歌である。

アメリカの兵士には「馬鹿爆弾」（バカボム）とあだ名された特攻機に乗って出撃した青年たちの行為について「至誠が生み出す高貴な勇姿と、孤独な生命を難事に賭ける英雄の伝統に親しみがないなら、だれがこんな愚行が現実に存在したのだということを信じ得ようか」と問いかけている。当時、アメリカ兵士が知っていたわずかな日本語には、「バンザイ」「ハラキリ」「バカ」があったという。

戦後民主主義のオピニオンリーダーとして発言を行い、大きな影響を与え続けた東京大学名誉教授の丸山は、誤解されがちな日本軍の勇気を、「葉隠武士道」のキーワードによって位置づけ、われわれの先輩たちを、英雄として、高貴なる敗北という「日本の英雄像」の伝統の末尾に位置付けたのだった。葉隠聞書第十一134節「必死の観念は一日仕切り、毎朝心身をしずめ懈怠《けたい》なく死ぬこと」は、モリスが「恐れおののくべき死の瞬間にいかに直面すべきか」を雄弁に語るものとして引用していた。口語訳で紹介すると次のような内容である。

（訳）必死の観念は一日限りで成すべきである。毎朝心身を静め、弓、鉄砲、槍、太刀先にてずたずたになり、大波に打ち取られ、大火の中に飛び入り、雷電に打ちひしがれ、大地震にて揺りこまれ、数千丈のほき（崖《がけ》）に飛び込み、病死、頓死《とんし》などの死期の心を観念し、朝ごとに懈怠《けたい》（たるみ）なく死んでおくべきである。古老が曰く「軒を出れば死人の仲間入り、門を出《い》づれば敵に会う」と。これは用心のことではない。前もって死んでおくことなのである。

回天《かいてん》特攻隊員（回天＝太平洋戦争で海軍が開発した人間魚雷。日本軍初の特攻兵器）の手記には「19歳の春である。『純な清らかなまま死ねること、人々が惜しんでくれるうちに死ねることこそ武士の真の道だ』という言葉を思い返していた。そうだ、いま武士の道を進んでいるのだ。……土浦での教官藤村サダヲ大尉の言葉がいま私の胸をいっぱいにしていた。『死を目前にして顔をそむけるな。死ぬか生きるかわからぬとき、つねに死を選ぶ方がよいにきまっている……』」とあった。

第2次世界大戦後半には悲惨な作戦が相次いだ。昭和19年（1944）、インド東北の辺境で繰り広げられたインパール作戦は戦死将兵3万人、傷病兵4万人ともいわれる。この作戦の司令官が佐賀市出身の陸軍中将牟田口廉也《むたぐちれんや》であった。牟田口は「日本軍は神兵だ。泣き言を言ってくるとは何事だ。弾がなくなったら手で殴れ。手がなくなったら足で蹴《け》れ。足がなくなったら歯で噛みついていけ！」と訓示したという。（「責任なき戦場インパール」角川書店）。「葉隠」に次のような一節がある。

大木《おほき》前兵部《ぜんひょうぶ》勇気勸めの事　兵部組中《くみちゅう》参會の時、諸用濟みてよりの話に「若き衆は随分心掛け、勇気を御嗜《たしな》み候へ。勇気は心さへ附くれば成る事にて候。刀を打ち折られれば手にて仕合ひ、手を切り落とさるれば肩節《かたぶし》にてほぐり倒し、肩切離さるれば、口にて、首の十や十五は、喰い切り申すべく候。」

（聞書第七40節）

怯惰《きょうだ》の姿だけは見せたくない

前節の現代語訳は不要だと思う。山本常朝《やまもとじょうちょう》が「武士道といふは、死ぬことと見付けたり」と喝破《かっぱ》した「葉隠」が、これこそが「武士道書」だと位置づけられた。知識的な軍人は争ってこれを読んだ。「葉隠」は太平な江戸中期の武士たちに「武士たる者は、武道を心懸《こころがく》べき事」と叱咤した。「死」を身近な存在として捉えていた戦国時代の武士の生きざまを語り、その凄まじい覚悟を強調した。「死」に対峙することは、まさに大東亜戦争と戦国時代は同じであった。こうして「葉隠」のテーマである「死」は、職業軍人、学徒動員将校の精神的バックボーンにもなった。

敵陣へ突撃する時、または敵艦隊向けて出撃する時の心情は、「男として戦友に怯懦《きょうだ》（臆病でいくじのないこと）の姿だけは見せたくない」、「戦友だけ死なすわけにはいかない」というもので、古来から男を戦場で行動に駆り立てるのは、このことだけであったと思われる。しかし、戦場に至るまでの間、逃げ出したくなる己を鼓舞し、納得させるものが必要であった。それが一つには『葉隠』であった。

「葉隠」のいう「死ぬこと」を覚悟する観念的な修行は難しい。死が身近にあってこそ、「葉隠」は説得力があり歓迎された。旧佐賀郡西与賀村出身で太平洋戦争のエース・パイロットといわれた坂井《さかい》三郎《さぶろう》は、64機（公認撃墜数は28機とも）もの敵機を撃墜したという。坂井の「大空のサムライ」という著書があり、翻訳されて世界中で読まれた。「葉隠」を愛読した坂井は、著書の中で「死ぬことと見付けたり」の文言は、決して死に急ぐことを勧めたものではないと語っている。敵機と幾度も空中戦を交えた体験は、まさに戦国武士そのものというべきであろう。坂井は数度、死にかけたがそのつど帰還を果たした。

しかし若き特攻隊員達の運命は、過酷であった。死を見すえ、「死ぬこと」を覚悟して出撃して行って戻ることはなかった。国のためでも、天皇のためでもないと思う。自分の死が、戦局を挽回するなどといった妄想もなかったであろう。ただ怯懦な姿を見せたくないだけのために死に赴いたと思う。

「葉隠」は、毎朝わが身を死地に追いやることで「生」をたたえ、生きるものを慈しむ姿勢をあらわし、一分の隙もない奉公をすることができるとした。だが、それは現実の武士の姿ではなく、理想論であると思う。死を美化し勧めるものでは決してない。語った山本常朝自身が天寿を全うしているのである。

「高貴なる日本の紳士」を見た

「葉隠研究」第5号（1987刊）に当時の上智大学教授三輪公忠《みわきみただ》（国際政治学）の講演要旨が収録されている。すでに「キリスト教と葉隠」の項でも取り上げたが、演題は「英語文献に見る武士道・葉隠・サムライ」である。そのなかで三輪は「戦争と武士道」についても語った。

欧米人の武士道・サムライ観についての興味深い話である。一口で言えば「讃歎嫌悪《さんたんけんお》」の両極の間にあったという。例を挙げると、イギリス領事として神戸に在勤していたリーズデール卿は、切腹の儀式に証人として立ち会った経験を持つ。備前岡山藩の藩士10数人が条約国の外交官を襲撃したとの罪状で、責任者の瀧善三郎《たきぜんざぶろう》という藩士が明治天皇から切腹を仰せつかったというものだった。

リーズデールは、この男振りも美しい32歳の剣士が、すべての罪を一身に負って堂々と死につくさまを、介錯《かいしゃく》についた若武者のこととともに讃美の目を持って記述している。彼は、このように刑死してゆく日本人の武士のことを「高貴なる日本の紳士」（ノーブル・ジャパニーズ・ジェントルマン）と呼んだ。当時、イギリス人貴族が使った「ジェントルマン」という呼称は、男子に対する最高の賛辞だった。日露戦争にも日本武士道の名声を高めるエピソードがあったと紹介している。

乃木希典《のぎまれすけ》、東郷平八郎《とうごうへいはちろう》が、敗残の敵将兵に対してとった態度（筆者注＝ロシア捕虜の名誉を傷つけないよう配慮し、手厚く待遇した）が特に有名です。乃木大将が、明治天皇に殉死した時、その追腹に対して、批判の声も結構ありましたが、人々はそこに気高い武士道の伝統を見て感銘を受け、同時に一つの時代が終わったことを実感したといいます。その明治天皇は、日露戦争のときの盟邦、イギリス国王エドワード七世からガーター勲章を贈られました。ガーター勲章は、もともと異国のキリスト教信徒の国王にだけ贈呈されていたものですから、武士道の国日本の元首にこの勲章が送られたことの象徴的意義は、はなはだ大きかったといえましょう。

日本武士道の立場を世界に向けて最も雄弁に代弁し続けたのは、新渡戸稲造の「武士道・日本の魂」でした。これは1899年という日付をもってニューヨークで出版されました。日露戦争中、日本の駐米大使からこの本を贈られたアメリカ大統領セオドア・ルーズベルトは、一読して大感激し、早速、何部か取り寄せ、閣僚、友人らに配ったのです。日本がなぜロシアを打ち負かしつつあるか、これを読めば分かるというコメントをつけて一読を勧めたのでした。

しかし、その後の日本の戦争は、いつも模範生のようにゆくという訳にはいきませんでした。最悪の状況が、満州事変とともに起きました。日本の侵略主義的な様相は、第1次大戦中、中国に突きつけた「二十一ヶ条」の要求とかシベリア出兵などで明らかになってきました。こうなれば新渡戸の「武士道」もきれいごとに見えるようになってきました。

真珠湾攻撃と原爆投下

昭和7年（1932）2月22日、「肉弾三勇士」という事件が起こりました。これは一種のでっちあげの英雄美談でありますが、決死の任務を自ら進んで爆弾をおび、敵の鉄条網に突入して粉砕に成功するとともに倒れたが、死に臨み、「天皇陛下万歳」を叫んだと伝えられました。この事件2日後には、東活キネマは「忠烈！肉弾三勇士」として映画化を決定、他の映画社も続々とこれに習い、3月末までには日本全国津々浦々の常設館など全部で4728館が「三勇士」ものをみせて大入りだったのです。そして日米戦争開始直後から国民学校の国語読本にも、この美談は採用されたのでした。この美談の内容は、「葉隠」の中心的主題である「死に狂い」に当たります。この思想こそ、神風特攻隊の青年士官の死への旅立ちを支えたものでした。

アメリカ人は、真珠湾攻撃を受けたとき、日本人のだまし討ちに遭ったと考えました。それまでの日本のことは、文明開化の仮面を付けた野蛮人と考えていましたが、今や日本人は、厚顔にもその仮面すら脱ぎ捨てて、挑戦してきたと考えたのでした。かつて日露戦争の当時、新渡戸の英文で書かれた「武士道・日本の魂」は、アメリカ大統領にとって日本の優秀性を説明するものでした。しかし、太平洋戦争中、幾度か使われた特攻隊を目撃してからは、同じ本はトルーマン大統領に一つの決断を迫ったといわれています。その決断が原爆の投下になったと言います。つまり目的に向かっては「死狂い」する日本人にはこれしかない。何10万、何100万という厖大《ぼうだい》なアメリカ将兵の生命が犠牲にされるだろうという理論でした。

三輪はさらに講演の中で、戦後を語っている。抜粋して紹介する。

原爆は、日中戦争以来の日本の残虐行為への報復であったという説もあります。この「報復」の均衡とでもいうべきライトモチーフ（筆者注＝芸術作品の基調をなす思想）を持ったデイビット・バーガミニの著書「天皇の陰謀」は、1971年ちょうど天皇皇后の訪欧にタイミングを合わせて、ロンドンご到着の日にイギリス版は出版されています。それは、ペリー提督の強引な外交交渉の結果、開国を強いられたことを国家的屈辱と感じた孝明天皇の意思が天皇家で代々引き継がれ、ついに真珠湾攻撃になったというものでした。

ともかく原爆投下で、日米間には貸し借りもない均衡状態がはじめて生まれたとバーガミニは考えました。しかし、その均衡は長くは続かず、アメリカ側の落度によって、すでに覆されてしまいました。東京軍事裁判などで、人道に対する罪など、適当な事後法で、何人もの日本人を有罪と断罪し死刑に処してしまいました。この法律を同じように適用して、ベトナム戦争のときのアメリカ側のウェストモアランド将軍のような人を有罪とし、処刑しない限り、均衡は回復しないというものです。

東京裁判すなわち極東国際軍事裁判（1946年5月～1948年11月）で日本の指導者25名が有罪判決を受け、東條英機ら7名が死刑となった。日本政府と国会は昭和27年（1952）に発効した「日本国との平和条約」によりこの判決に「異議を申し立てる立場にない」としている。しかし、いまでも釈然としない国民は多い。

筆者も釈然としない1人である。確かに、大東亜戦争の口火を切った軍部や国家指導者には戦争責任はあるだろう。米英に戦いを宣した天皇もなぜ思いとどまらせなかったのかとの責任を問われるのだろう。それと同時に熱心に戦争を支えていたのは多くの国民でもあった。ただ、ここで釈然としないというのは、東京裁判の違法性を思うからである。犯罪を裁く法が公布される以前に行われた行為を犯罪として判決するのは、「事後法」によって裁くのは国際法に反するという「禁止原則」があるからである。

しかし、東京裁判では「事後法の違法・無効」についての論争もあったが、①日本は確かに侵略行為をした＝各種条約違反②日本は戦犯の厳重処罰を定めたポツダム宣言を受け入れた③国際法またはコモン・ロー（一般的慣習法の意味。17世紀にイギリスの「権利の請願」の基本理念となった法思想）では必ずしも事後法禁止ではない—など5項目を挙げて裁判の正統性を主張した判事が多く、インドの裁判官パールだけが最後まで違法性を主張した。この一点が「釈然としない」理由である。

1912年に発効したヘーグ陸戦条約43条「国家の権力が事実上、占領者の手に移ったとしても、占領者は絶対的な支障のないかぎり、占領地の現行法律を尊重すべし」がある。日本は無条件降伏を受け入れてポツダム宣言に調印したが、宣言受諾によって国家としての主権を喪失したわけではない。無条件降伏するのは日本国政府ではなく軍隊であり、日本国の主権は本州、北海道、九州、四国並びに吾等（連合国）の決定する諸小島に局限されるとしている。

解釈や主張の相違はあるだろうが、そもそも戦争が罪悪であり、犯罪であることを国民がよくよく認識しておくことだ。

マッカーサーと昭和天皇

戦争と武士道に関するエピソードをもう一つ。連合軍最高司令官ダグラス・マッカーサーにまつわる話である。

昭和20年（1945）8月30日、マッカーサーはサングラスを掛け、コーンパイプを咥《くわ》えてタラップを降り、神奈川県厚木飛行場に第1歩をしるした。マッカーサーの「回想記」によると、日本占領のため単身丸腰で厚木飛行場に着陸することに幕僚らが反対した。関東平野だけでもまだ日本軍22個師団、30万人以上の優秀な戦闘部隊がいるのに、何の護衛もなく乗り込むのはバクチだと危険視しての進言だった。しかし、マッカーサーは意に介さなかった。当時、元帥の軍事秘書官をつとめていたホイットニーGHQ民政局長の次のような印象記を書き加えている。

われわれは木立すれすれの高度で飛行場を旋回した。（中略）狙えば高射砲が外れることはあり得ない。貪欲な戦場の怪物、死は無数の戦場でマッカーサーを見逃したあげく、結局、おしまいに彼を殺してしまうのだろうか。私は息をのんだ。全世界が息をのんだに違いない。しかし、いつものようにマッカーサーは正しかった。彼は東洋を知り、日本人の基本的な性格をあまりにもよく知っていたから、そのようなバクチを打つはずがなかった。彼は日本が国家的にもっている、あの「武士道」と呼ばれる伝統的な騎士道の精神を知り、また信じていた。

翌月の9月27日に昭和天皇はアメリカ大使館公邸にマッカーサーを訪ね、接見した。マッカーサーは、それまでの敗戦国の国主がそうであったように、天皇も命乞いに来るのであろうと考えていた。天皇は通訳1名だけを従えて入室すると、直立不動のままの国際儀礼のあいさつのあと、次のように述べた。

「日本国天皇はこの私であります。戦争に関する一切の責任はこの私にあります。私の命令によってすべてが行なわれました。日本には一人の戦犯もおりません。私はいかなる極刑に処されても、いつでも応ずる覚悟があります。しかしながら、罪なき8000万の国民が住むに家なく着るに衣なく、食べるに食なき姿は、まさに深憂に耐えないものがあります。温かき閣下のご配慮をもちまして、国民たちの衣食住の点のみにご高配を賜りますように」

以上のような内容だったといわれる。マッカーサーは驚いた。自らの命と引き換えに、自国民を救おうとした国王など、世界の歴史上、聞いたこともなかったからだ。いすから立ち上がると、天皇の前に直立不動の姿勢をとった。マッカーサーはこの時の感動を、『回想記』に記している。「私は大きい感動にゆすぶられた。この勇気に満ちた態度に、私の骨の髄までもゆり動かされた。私はその瞬間、私の眼前にいる天皇が、日本における最高の紳士であると思った」

天皇は、命じて作らせておいた皇室の数ある御物《ぎょぶつ》一覧を示し、「すべてを貴国にお渡しするので、国民に食料の援助を願いたい」と願った。マッカーサーもまた「武士」であった。一切の見返りを受けることなく、食料の緊急支援を本国に打電させた。

真偽の程は定かでないが、マッカーサーは天皇がたばこを召されるということを事前に知っていたことから、たばこをすすめて火を点けようとすると、天皇の指が震えていたという。天皇もまた国の命運をかけた接見で極度の緊張の中にあったのだ。その後も心を許しあった二人の会談は11回にも及び、昭和天皇なくしての以後7年におよぶ盤石な占領政策はあり得なかったであろう。

常に死に身になって大事に臨む。「葉隠」は戦前戦中、軍人には広く読まれていた本であり、昭和天皇も読まれたであろうことは想像に難くない。天皇にとってマッカーサーとの「世紀の会見」には「大慈悲を起し人（国民）の為になるべき事」「常住死身になりている時は、武道に自由を得、一生落度なく、家職を仕果たすべき也」との「葉隠」の一節を胸に刻んで臨まれたのではなかったか。

「葉隠」をどのように読むか。戦争に利用され、死をも恐れず戦場に臨む勇気と覚悟を兵士に与えるという苦い役割を果たした。「葉隠」を現代に読むとしたら、「葉隠」の神髄を誤りなく読み取るように熟読することだろう。「葉隠」は戦《いくさ》をよしとして戦争を賛美する書ではない。武士としての、人間としての心構え、精神を説いた書である。

サッカースタジアムのスタンドをブルーのユニフォームで埋め尽くすサッカー日本代表は「SAMURAI BLUE《サムライブルー》」である。野球世界ランキングで首位をキープする野球日本代表は「侍ジャパン」だ。そこにも闘うサムライたちがいる。

鍋島の猫化け騒動

歌舞伎で2話上演

若い人ならいざ知らず、お年寄りに「佐賀県から何を連想しますか」と聞いてみると、「葉隠」「佐賀牛」ならまだしも、いまだに「猫化け騒動」と答える人が少なからずいる。「猫」はいまではペットブームの主役である。２０１７年度の犬猫飼育実態調査では猫９５２万6千頭、犬８９２万頭との報告だった。どうやら、数年前まで2位に甘んじてきた猫が頂点に立ったようである。空前の猫ブームはなんだろうか。「生活に癒し・安らぎが欲しかったから」という飼育理由が最も多い。漱石の「吾輩は猫である」に登場するように、猫は人間をさり気なく観察している。哲学者のようにすました表情でするりと身を翻して逃げるかと思えば、尾を震わせて擦り寄ってくる。ミステリアスである。世の中、老若男女を問わず単身者が増えている。寂しさを忘れさせてくれる可愛いペット。猫は犬のように吠えたりしない、散歩を日課にしなくても飼える、というのも人気上昇の要因かもしれない。

第5代将軍徳川綱吉《とくがわつなよし》は貞享《じょうきょう》4年（１６８７）に「生類憐れみの令」を出した将軍として知られ、「犬《いぬ》公方《くぼう》」と呼ばれた。世継徳松を亡くした綱吉が、「いきものの殺生を禁じて特に犬を愛護すれば嗣子を授かる」との真言僧隆光《りゅうこう》の助言を入れて出した禁令だった。〝お犬様〟が江戸市中を闊歩する。悪評の憐れみの令であった。山本常朝《やまもとじょうちょう》も同時代を生きていた。しかし、綱吉が亡くなると次第に禁令も解けた。

時代は変わって嘉永6年（1853）、鍋島の猫化け騒動の芝居「花瑳峨猫又雙子《はなのさがねこまたぞうし》」が江戸の中座《ちゅうざ》でかかった。中座は、初代中村勘三郎が興した歌舞伎江戸3座の筆頭である。米使ペリーが浦賀に来航した年だった。「太平の眠りを覚ます上喜撰《じょうきせん》たった四杯で夜も眠れず」という狂歌も生まれたように、高級宇治茶「上喜撰四杯」は、「蒸気船四隻」をもじったもので、幕府も江戸の街も上を下への大騒ぎであった。中座の芝居には「佐賀鍋島藩の名誉を傷つけるもの」として、上演が禁止された。

幕府も佐賀藩の機嫌を損ねるようなことがあってはならない時期だった。7月、ペリーが黒船でやってきて開港を迫った。幕府は回答を引き伸ばして、いったん引き揚げさせたが、大慌てで8月には佐賀藩に大砲50門を注文した。当時、鉄製大砲を注文できる藩はほかにはなかったのだ。禁止された中座の「猫化け騒動」歌舞伎。大名が登場するお家騒動の演目で、しかも化け猫とか幽霊などが出てくるおどろおどろしい芝居ともなると、江戸市民はほっとけない。ぜひ観たい。およそ10年後の元治元年（1864）には、またもや「百猫傳手綱染分《ひゃくびょうでんたづなのそめわけ》」と演目を変えて上演されている。

猫化け騒動は2話ある。一つは、尾の先が二つに別れた「二尾の黒猫」が殿様を襲って苦しめるが、家臣たちがあの手この手でその怪猫を退治するというストーリーである。後世まで残る猫化け話の原型となっていくもので、時代は享保14年（1729）第4代藩主鍋島吉茂《なべしまよししげ》のころである。

もう一つは、佐賀鍋島藩が誕生したころの騒動を題材にしたものである。囲碁の争いから第2代藩主鍋島光茂《なべしまみつしげ》に殺害された龍造寺の御曹司が、愛猫を通して復讐するという話だ。変幻自在の化け猫の出没で佐賀城内の人たちが右往左往する。龍造寺の者にとっての痛快譚である。こちらも鍋島の家臣の必殺剣で退治され、めでたしめでたしとなるのではあるが、由緒ある龍造寺の権力が、家来の鍋島へ移行していく中に生まれた怪談である。

猫化け騒動はむろん史実ではない。龍造寺の当主や一族の家臣たちが表立って鍋島家に反抗したという事実もない。しかし、龍造寺隆信《りゅうぞうじたかのぶ》の死後、家老の鍋島直茂《なべしまなおしげ》に権力を絡め取られていくのを悔し涙で従わざるを得なかった家臣もいたことから、猫化け騒動にみられるような恩讐《おんしゅう》がまったくなかったとはいえないだろう。

領国支配権を直茂に

秋田書店が平成3年（1991）に出版した「臨時増刊歴史と旅」は、全国300藩の中から特選した25藩の歴史を特集している。佐賀藩は歴史小説家光武敏郎《みつたけとしろう》が担当している。光武には「江籐の首を晒せ・実録佐賀の乱」「天狗党が行く」などの著書がある。表題に、武士道とは死ぬこととみつけたり、とする苛烈な藩典「葉隠」を生む風土「佐賀藩」とうたっている。

慶長12年（1607）3月3日、龍造寺家の江戸屋敷で、若い当主高房《たかふさ》の自殺未遂事件が発生した。高房は妻に告白した。「『家来の臣』となって天下に恥を晒《さら》すよりも、死んで怨みを泉下《せんか》に報ぜん」。夫の心情を察した妻は、「ならばまず初めにわたくしを」と両手を合わせた。そこで高房は先に妻女を刺殺した。しかし、自らは自殺を果たせなかった。それから半年後、無念のうちに22歳の若さで死んだ。直接の原因は、毒魚をたらふく食べ、乗馬大会に無理に出場して吐血した挙げ句とか、ひどい痢病の果てとか、さまざま伝えられる。慶長12年9月のことだった。

高房の死から一月もたたないうちに、父政家もわが子の後を追うように他界する。政家は、常々、鍋島直茂を頼りとしていたが、息子の不慮の死で自分を失った彼は、直茂を怨みつつ逝ったとされる。60歳であった。この一連の事件が、のちに猫化けの怪談を生む母胎にもなったといわれる。光武の記録を参照にその後の龍造寺、鍋島両家のせめぎあいを小説風に見ていこう。

高房が自殺未遂事件を起こしたと知るや、直茂は政家に〝おうらみ状〟なるものを書き送っていた。「なぜに家来の臣などと言ってわたしをお怨みなさるのか。とんでもないことだ」と逆に怨みを突きつけたのである。

龍造寺と鍋島の軋轢《あつれき》はこれより20数年前の龍造寺隆信の討ち死にに端を発していた。島津・有馬連合軍と雌雄を決した島原の戦いでは、隆信の有力な家臣鍋島直茂との間で、戦略上の確執があった。無謀を押しとどめようとする直茂の制止を聞かず、隆信は大将の面子《めんつ》にこだわって出撃して死んだ。56歳だった。46歳の直茂は、隆信の二の舞いだけはすまいと心に誓った。武力至上主義は取らないということだった。

このころの両家の駆け引きが、その後の政権移譲に深く関係してくるので、つぶさにみておく必要がある。隆信死後、直茂は筑後柳河城に引きこもってしまう。表立った動きをすべきではないと判断したのだ。龍造寺家の大黒柱がなりを潜めて困ったのが、33歳の当主政家とその一門だった。戦国大名としての龍造寺家の領国体制を安堵するには、隆信の右腕であった直茂の力に頼るほかはなかったのだ。

機は熟したと見て直茂は、佐賀の東方、蓮池まで出てくる。佐賀本城とは指呼《しこ》の間である。たちまち200名を超す忠誠を誓う起請文《きしょうもん》が舞い込んだ。土豪たちの大半だった。

直茂が蓮池城の修築を手掛けると、今度は「直茂謀反」の黒い噂が広がった。この風説のもとは、どうやら隆信の次男が養子となっている江上家の城原《じょうばる》衆であった。直茂はまたも城の奥に引きこもってしまった。それで、またまた慌てた政家は、今度は天正12年6月15日付の「和睦甲冑共二信生《のぶなり》（直茂）可為下知次第」という、政治体制を示した重要な意味を持つ「書」を直茂に認めた。すなわち、「これよりは平和時であろうと戦時であろうとも直茂の下知次第」ということで、領国政治の直茂への一任であった。さらには、天正14年（１５８６）４月、〝御家裁判《おいえさいばん》〟という領国支配権を取り付けた。これも直茂が自ら求めたものではない。

この御家裁判の権限は、政家一人の判断ではなく、龍造寺の一門や重臣らの合意の上で押し進められたものだった。天下の政治情勢がそうさせたのだ。秀吉が関白となり、さらには太政大臣となって、九州を平定、全国統一に向かっていた。今や、龍造寺家を護るには鍋島直茂の力がなんとしても必要であった。先代隆信の全盛期には〝五州の太守〟と呼ばれるほどの領土を領有していたが、天正14年段階での領国は肥前7郡と西筑後の一部にまで激減していた、東の大友、南の島津の動きが活発だったのだ。

直茂は外征を慎んだ。本領さえ堅持しておれば近い将来なんとかなると読んでいた。秀吉が九州入りを果たした。龍造寺政家が肥前の7郡を安堵され、公儀が政家を龍造寺家の当主の名のもとに佐賀の大名と認知し、龍造寺《りゅうぞうじ》佐賀藩は西九州最大の藩となって息を吹き返したのだった。それに比して、直茂は養父《やぶ》郡《ぐん》半分と高来《たかく》郡《ぐん》の神代《くましろ》領（島原半島）を与えられただけで、翌年には長崎代官に任命された。

政家はそれでよしとしていたわけではなかった。直茂の恩を知る政家は、直茂への国政委任を改めて打ち出した。だが、直茂は公儀をはばかって拒否した。そこで、直茂の取り扱いについて、小早川《こばやかわ》隆景《たかかげ》を仲介に秀吉への決済を仰いだ。天正18年に秀吉からの回答が来た。藩主は5歳の龍造寺藤八郎（高房）

で、政家は隠居、軍役も免除された。直茂と長男勝茂の知行高をあわせると、龍造寺父子のそれを上回った。

直茂、名実ともに大名に

龍造寺佐賀藩は、名目上の大名は藤八郎で、直茂が事実上の大名となった。豊臣中央政権は、改めて直茂の〝御家裁判〟を認めた。しかし、直茂は以後も佐賀藩の藩主を名乗ることをしなかった。このあと、文禄元年（1592）の文禄の役、慶長2年（1597）の慶長の役と朝鮮出兵があり、勝茂が秀吉の養女を嫁に迎えるなどして、直茂の地位は内外ともに不動のものとなっていく。龍造寺一門や重臣たちの勝茂に対する起請文を見た直茂は「老後の安堵、この上なく候」と喜んだ。龍造寺・鍋島では権力争いで血を見ることもなく、ようやく手に入れた大名の座ではあったが、それもあっけなく音を立てて崩れ去る。秀吉の死と慶長5年（1600）9月の関ケ原の戦いである。

初代藩主鍋島勝茂が大坂方に味方して敗れたのである。佐賀にいた直茂は、この一大事、未曾有の大危機をどう乗り切るべきか、生き残りをかけて知謀の将の本領を発揮した。徳川家康に忠誠を誓わなければ、コトは収まらないのである。忠誠の証に、筑後《ちくご》柳河《やながわ》の立花宗茂《たちばなむねしげ》を攻める条件で、西軍についた罪が許されることになった。電光石火、鍋島父子は加藤《かとう》清正《きよまさ》らの援軍を得て翌月には柳河城を攻め落とした。年が明けると直茂父子は出府して家康に忠誠と奉公を誓った。

直茂はさらに手を打った。慶長8年（1603）に家康が征夷大将軍となり、江戸幕府を開く。すかさず勝茂を家康の元に、藤八郎をのちに第2代将軍となる秀忠の元に出仕させた。直茂の贖罪心《しょくざいしん》からとった行為で、ひたすら家康に恭順の意を表したのだ。家康も応えて、直茂の行為を歓び、勝茂を従四位に叙し、龍造寺藤八郎は高房と改名させた。

改名を機に高房は龍造寺家の家督相続を確かなものとするために手を打ち始めた。だが、直茂はじめ佐賀にいる龍造寺一門でさえも反応を示さなかった。龍造寺一門と重臣たちは、改めて直茂父子に起請文を提出した。すでに高房は勢力を復興するだけの力量も人望もなかったのだ。その上、勝茂は家康の肝いりで再婚した。相手は家康の養女であり、鍋島家と徳川家の絆はより強固なものとなった。

そのような中での高房の自殺未遂事件だった。これにはさすがの直茂も怒り心頭に発した。隆信の戦死の後、龍造寺家の存続のためにいかに骨身を惜しまず尽くしてきたか述べ、にも関わらず「家臣の臣」などと言いつのって私をお責めになるのかと、怨みの書状（おうらみ状）を父政家に送っている。このあと龍造寺家再興の道も断たれ、高房が非業の死を遂げたこともあって政家も苦悶のうちに病死した。ここに龍造寺本家は断絶した。ただし、諫早、多久、須古には龍造寺三家が健在であった。幕府は三家の代表を呼んで意見を聞いた。いずれも直茂を推すに異論はないが、ただし73歳の高齢でもあり、28歳の勝茂を藩主として龍造寺の遺領を護るべきだと進言した。これには直茂も了承した。後に直茂を佐賀鍋島藩の「藩祖」と称し、勝茂を「初代藩主」としたのもこのためである。

直茂は龍造寺隆信のように武力で権力の座を奪うようなことをしなかったが、藩主になる意欲を持っていなかったかというとそうではない。直茂は好機の到来するのを待ち、流れを読み、自らの意志で覇権を呼び込んだのだ。形としては禅譲であった。そのために龍造寺の遺臣は健在であり、鍋島の世となっても時折、龍造寺の遺風が顔をのぞかせたり、猫化け騒動のような芝居が登場したりもするのであった。

忠臣蔵と長崎喧嘩

泉岳寺で腹切らぬが落ち度

聞書第一のところに赤穂浪士《あこうろうし》の仇討《あだうち》と佐賀藩の長崎喧嘩《ながさきけんか》の話が出てくる。仇討の舞台の違いこそあれ、全国の話題をさらった「忠臣蔵《ちゅうしんぐら》」と山本常朝が仇討ちの理想形であるとした「長崎喧嘩」とを対比させながら、「武士道」の貫き方というものを考えてみたい。

浅野殿浪人夜討《ようち》も、泉岳寺にて腹切らぬが越度《おちど》也。又主《しゅ》を討たせて敵《かたき》を討事延々《うつことのびのび》也。若し其中《そのうち》に吉良殿病死の時は残念千萬也。上方衆《かみがた》は智慧かしこき故褒めらるる仕様は上手なれども、長崎喧嘩のように無分別にする事はならぬ也。（聞書第一55節）

（訳）浅野殿の旧臣の浪人たちの夜討ちも、仇討ち後、泉岳寺ですぐに切腹しなかったのが落度（原文は越度）である。また、主君を討たれながら、敵を討つことが延び延びになった。もしそうしているうちに敵の吉良殿が病死などしてしまったら、限りない悔いが残ることになる。上方衆は知恵づいて賢いので、褒められるやり方は上手だが、わが藩の長崎喧嘩のように無分別にし返すことはできない。

「忠臣蔵」で有名な赤穂《あこう》事件は、元禄14年（1701）3月14日、赤穂《あこう》藩《はん》主浅野《あさの》内匠《たくみ》頭《のかみ》長矩《ながのり》が江戸城松の廊下で高家《こうけ》筆頭の吉良《きら》上野介《こうずけのすけ》に斬りつけるという刃傷《にんじょう》沙汰《ざた》を起こし、切腹に処せられるという事件であった。春になると江戸城では朝廷の勅使を迎えて丁重に接待するという一大行事があり、当日は勅使ご接待最終日の大事な一日だった。その朝の刃傷騒動であり、5代将軍綱吉は激怒し、浅野内匠頭は即日切腹、播州赤穂浅野家は改易《かいえき》、赤穂城も幕府に明け渡すよう命じた。殿中での刃傷は、どのような理由があろうとも切腹と決められていた。それを承知の上での刃傷であり、浅野内匠頭には吉良に対してどのような遺恨があったのか、史料は十分ではないというが、江戸の城下はおろか国中がびっくり仰天するできごとだった。吉良は小《ちい》さ刀《がたな》（武士が登城の際に携行した小刀）で振り向きざまに眉を切られたが、刀は抜かなかったために評議の結果、「喧嘩」とみなされず、喧嘩両成敗の対象にもならなかった。

赤穂藩の家臣は浪人となり、筆頭家老大石内蔵助良雄ら47人の家臣は仇討ちを誓い、周到な準備のうえで翌年12月に吉良邸に討ち入り、吉良の首級をあげて主君の無念を晴らした。赤穂義士の仇討ちに江戸市民は喝采を送った。江戸では歌舞伎『仮名手本忠臣蔵』にもなり、赤穂浪士の人気は高まるばかりであった。浅野内匠頭はなぜに堪忍袋の緒が切れて刃傷におよんだのか。芝居になると、ご接待役として経験浅い浅野を指導する立場にあった吉良が、浅野に求めた賄賂を拒否されたために、ことごとく嫌がらせをしたなどのドラマ仕立てになった。しかし、真偽は明らかではない。浅野は菩提寺の泉岳寺に埋葬され、仇討ちを果たした四十七士も大名4家藩邸預りの後、元禄16年2月切腹となった。主君とともに泉岳寺に祀られている。切腹した浪士は46人ともいわれる。

方法めぐり仇討ち論争

奈良本辰也著「日本の名著『葉隠』」に赤穂浪士の仇討ちが語られている。仇討ちについては、儒学者たちのあいだでも多くの議論がかわされていた。幕府の教学を司《つかさど》る儒学者林大学頭信篤《はやしだいがくのかみのぶあつ》は、この浪士たちの仇討ちを「義」と見た。これに異を唱えたのは儒学者荻生徂徠《おぎゅうそらい》である。彼は法とか道徳というものは、天然自然に備わっているものではなく、聖人が作ったものと考えていた。従って、法を犯したものは当然に処罰されるべきであるとした。

山本常朝《やまもとじょうちょう》は、そのような議論に対してはあまり論じたくはないという態度を取っていた。赤穂事件の発生は、佐賀藩で第2代藩主鍋島光茂が死去し、直ちに常朝が出家して黒土原の草庵に隠遁した翌年のことである。その後、赤穂義士たちの人気が次第に高まっていることに義憤を感じていたのであろう。そのような武士に対して常朝は「上方の人間は小利口《こりこう》だから、世間から褒められるようなことをするのは上手である」と皮肉っている。さらに、仇討ちそのものは林大学のいうように「義」と見るけれども、成功させようと考えて、緻密に計画を立ててやるような行動ではだめだ。武士である以上、事の成否は別として、すぐに仇を討つのが本道である。問題は、その結果にあるのではなくて、その行為自体に意味があるというのであった。「吉良上野介が病死でもすれば、結局、彼らは何もしなかったということになるではないか。菩提寺泉岳寺で主君の墓前に仇討ちの報告をしたのであれば、その場ですぐさま切腹するべきであった」というのだ。その上で、佐賀藩の「長崎喧嘩」を引き合いに出していた。

常朝のいう仇討とは、すぐその場に駆けつけ、たとえ敵が何千人であろうとも斬って斬って斬りまくり、そして運がなければ死ぬまでであった。「知恵も業《わざ》も何も要らない」。ただ一筋に死に物狂いになって突き進めば、それでよいというのである。彼は、仇討の理想として「長崎喧嘩」をあげている。

さて、現代に生きるわれわれは常朝と大石内蔵助のどちらをよしとするだろうか。おそらく、かなり多数が大石を支持するのかもしれない。「準備、戦略もなく闇雲《やみくも》に突進して目的を達することができなかったら、元《もと》の木阿弥《もくあみ》ではないか」と言うだろう。このところが常朝あるいは「葉隠」理解のポイントであろう。そのような理屈は要らないというのだ。江戸市民が、全国が「さあ、赤穂浪士はどう出るか」と固唾《かたず》を呑んで見守っているのに、いたずらに時を過ごすうちに「もしも吉良上野介が病気で死ぬようなことがあれば、赤穂浪士は臆病者、不忠の臣とあきれ、罵《ののし》られることになる」と常朝は冷ややかだ。

「葉隠研究」10周年記念特集第28号（1995刊）に、佐賀出身で八王子市在住の中村仁《なかむらじん》が「葉隠と四十七士」と題して寄稿している。中村は60歳半ばから「葉隠」の原文をパソコンに打ち込みながら研究を始め、著書に「葉隠ドットコム」がある。その中に、別名〝深堀騒動〟ともいわれる「長崎喧嘩」を取り上げている。元禄13年12月の事件発生というから吉良邸討ち入りの2年前のできごとである。

明治維新政府で外務卿を務めた佐賀藩士副島種臣は「大石内蔵助らの義挙は深堀騒動によって発奮を与えられたものである」と話したとあるが、佐賀県多久市出身の江戸後期の儒学者草場佩《くさばはい》川《せん》も同様のことを言っている。さらに、大石良雄《おおいしよしお》は長崎喧嘩に注意を払い、元禄15年5月、寺坂《てらさか》吉右衛門《きちえもん》とともに佐賀に来て調査したらしい。直接に聞けず、寺坂をして、島流しされた城島を尋ねさせ面談したという。（ただし、これは又聞きであるとしています）

山岡鉄舟《やまおかてっしゅう》（幕末から明治時代の政治家、思想家。伊万里県県令）は、「赤穂四十七士が模範として仰がるるのは、47人が節操堅固でよく盟約を守り、始終一貫したところにある。その他はひとつとして範とすべきものはない」と言っている。

「無分別」こそが武士の生きる道

さて、「長崎喧嘩」である。

長崎にあった佐賀鍋島藩の深堀屋敷に勤める2人の侍と、長崎町年寄《まちどしより》高木彦衛門の中間《ちゅうげん》惣内《そうない》が、長崎の街中で出会い、雪解《ゆきげ》のとばしりが惣内にかかったというのが原因で口論となり、惣内が傍若無人《ぼうじゃくぶじん》に悪罵《あくば》したので、2人が惣内をしたたかに打ち据えた。このため、高木方の家来10人余りが深堀屋敷に押し寄せ、大格闘の末、ついに鍋島方の2人を袋叩きにし、刀まで奪って引き揚げたのである。ここから騒動が大きくなっていく。この項は奈良本辰也著「葉隠」の中の「美と狂の思想」から抜粋する。

無念の侍2人は深堀三右衛門《ふかほりさんえもん》と志波原武右衛門《しばはらたけえもん》で、すぐにそこから4里ほど離れた藩領まで使いを走らせ、刀を取り寄せ、仕返しをしようとした。事の次第を聞いた三右衛門の子の嘉右衛門(16歳)と武右衛門の下男が、すぐに飛んできて、合わせて4人がその夜のうちに高木の屋敷を襲い、さらに駆けつけた同勢8人の者と夜が明けて門が開くのを待ちかねて切り込み、主人の彦衛門はじめ多くの家来を討ち取った。火の用心をしたうえで深堀三右衛門はその場で切腹、志波原武右衛門も脱ぎ捨てていた羽織を着て門外に出て、近くの橋の上で口上を述べ切腹した。この一件、江戸に聞こえ、10人は切腹、事後に駆けつけた9人は遠流《おんる》となった。

事の始まりは、泥水がかかったとか、かからなかったとかの些細《ささい》な事であり、そのために12人もの者が腹を切らなければならないというのは、理屈では考えられない間尺に合わないことである。常朝も、これを「無分別《むぶんべつ》」と呼んでいるが、しかし、そのような「無分別」こそが、武士の生きる道だと彼は断言するのだ。

常朝と同時代に生きた室鳩巣《むろきゅうそう》（江戸中期の儒学者）は、その著「駿台雑話《すんだいざつわ》」の中で「武は、人を殺したり、領土を奪ったりすることで、手荒いのが道理である。そこで、儒教でいう仁とは正反対のように思えるけれども、仁から出発しないと真の武にはならない」というようなことを言っていた。ここでは、真の武とは何かということが問われ、それが仁に根ざしていなければならないと言うのである。儒教的な倫理とか道徳とかを屈折して出てくる武士の道というべきであろう。

しかし、常朝は、その屈折を邪魔なものとして考える。「中道は究極の境地であろうが、武士道においては、普段の場合でも他人より先を行く気持ちがなくてはならない」というのだ。この言葉は、明らかに「中庸《ちゅうよう》は徳の至れるものなり」という儒教道徳を意識し、それに武士の生き方を対置している。では、彼のこのような確信はどこから来たのであろうか。

常朝が20歳のころに教えを受けて、その血脈相伝《けちみゃくそうでん》までも許されたという湛然《たんねん》和尚の禅によるものだと思う。そうした禅の影響は、いろいろな形で現れているが、例えば、「まさに現在の一瞬に徹する以外にはない。一瞬、一瞬と積み重ねて一生となるのだ」というような言葉や、鉄牛《てつぎゅう》和尚（江戸前期の黄檗宗《おうばくしゅう》の禅僧）の言葉として語っている「仏法は、ただ分別心を取り除くだけのことで、ほかに何事もない」というような話のなかにそれが指摘できるであろう。

「倫理」を学問として学び、探求するということの意味を考えさせられる。「中道」や「中庸」が、儒教的な倫理や道徳を極める努力の彼方に立ち現れるものであるとしたら、それと対置させて一瞬に生きる道を選ぶのが「武」ということか。現代を生きる者には、常朝のいう「屈折を邪魔なものと考える」ということはとても難しいことのように思われ、同時に、そこに「葉隠」の精神の神髄を垣間見るようにも思える。

「葉隠」の中の女性

女子は幼少より貞心を

「葉隠」のほとんどは男の世界である。封建時代の武家社会の諸々を書き綴った書物であるが、女性についての扱いの軽さに驚く。戦後社会に生まれ育ち、男女平等を違和感なく受け止めてきたわれわれの世代が不思議に思うのも無理もない。龍造寺や鍋島の系図にしても、女性は「女」とだけ書かれているものが多い。栗原荒野編著の「校註葉隠」の巻末系図は「女（お仙）」というように藩主の娘には名前を入れている。娘たちは重臣や支藩の当主などに嫁いでいるので、その名を留めている。それ以外は高い地位にある武将の妻女であっても「女」で片付けられているようである。そこまで軽々しく扱わなくてもよいものをと思ったものだ。

山本常朝《やまもとじょうちょう》の父山本神右衛門重澄《やまもとじんえもんしげずみ》は戦場で活躍した勇将であるが、その重澄が「娘の子は育てぬがよい」「女の手跡《しゅせき》（書く文字）は親許に遣《や》る味噌乞文《こいぶみ》が書ける位の埒《らち》が明けばよい」「女子は貞心を第一に教へよ」と言っていたと「葉隠」にある。佐藤正英・ちくま学芸文庫・定本葉隠で紹介する。

前神右衛門申され候は、「娘の子は育てぬがよし。名字に疵《きず》をつけ、親に耻《はじ》をかかする事あり。頭子《かしらご》

などは格別、其の外は捨て申すべし」となり。

（聞書第二１１６節）

（訳）前神右衛門が申しましたのは「娘の子は育てぬのがよい。名字に傷を付け、親に恥をかかせることがある。最年長の子などはまた別、その他は捨て申せ」とのことである。

山本前の神右衛門申され候は、「女の手跡《しゅせき》よく、草紙《そうし》など見るものは密懐《みっかい》いたし候。味噌乞《こ》い文とて、親の所に味噌乞いに遣《つか》わす分の埒《らち》明けば、手跡は入らぬものなり」

（聞書第十一１２８節）

（訳）山本前神右衛門（重澄）が申されました。「女で字がよく、草紙を見る者は密会いたします。味噌乞い文として親の所へ味噌乞いに遣《や》る程度（の文）がどうにかなれば、字などは要らぬものである」と。

男子の育て様、先ず勇気をすすめ、幼稚の時より親を主君に准じ、不断の時宜《じぎ》・作法・給仕・口上・堪忍《かんにん》・道歩みなどまで仕習ひ候様致すべし。（中略）女子は幼少より貞心《ていしん》を教へ、男と六尺間より内に居合はせず、眼を見合はせず、手次に物を取らず、物見寺参りなど仕らすまじく候。家内にてはきびしく申付け、難儀いたしたるが、在り付き候てより退屈これなく候。

（聞書第十一１６３節）

（訳）男子の育て方は、先ず勇気を勧め、幼い時から親を主君になぞらえ、普段の辞儀（おじぎ）・作法・給仕・口上・堪忍・道歩きなどまで習い込みますように致さねばならない。（中略）

女子は幼少から第一に貞心（みさおの堅い心）を教え、男と六尺間より内に居合わせず、眼を見合わせず、手から手へ次物を取らず、物見・寺参りなど致されてはなりませぬ。家内できびしく申し付け、苦労いたした女は夫婦になりましてからも挫けることがありません。

山本重澄ばかりの言行なので、すべてがそうだとは言い切れないが、これほどまでに男女格差を平然と語られると違和感どころではない。封建制度下での女性への「常識」は、今日の「非常識」である。しかし、これは武家の心得を極端に指し示したものであろう。武士の家庭といえども日常においては、娘をも厳しく慈しみ育てたことであろうと想像する。

三島由紀夫は著書「葉隠入門」で、「『葉隠』の女性に対する意見ははなはだ貧弱である。『女は第一に、夫を主君の如く存ずべき事なり』（聞書第一）と言っている。『葉隠』がいろいろな点で、ギリシャ、ことにスパルタの哲学に似ているのは、ギリシャにおいては、妻はかまどの神を守って、あくまで家の中にいて、育児と家事に専念し、夫を尊敬することだけ求められた時代であった」と言っている。

「葉隠研究」にはしばしば「葉隠」の中に登場する女性を取り上げた原稿が寄せられている。近年では第81号（２０１６刊）に元西日本新聞記者で地域文学研究者の池田賢士郎による「『葉隠』の女性」が16ページにわたっている。そこには、女性たちの扱いはたいへん軽く、それは「葉隠」に登場する女性の数にも表れているとしている。池田の編著「校註四書 葉隠索引」（葦書房）から引き出すと、男の１６４４人に対して女は２０１人。男の8分の1に満たないという。

男性では初代藩主勝茂が２２４回、次いで第2代藩主光茂２１４回、3番目が藩祖直茂の１４３回。これに対して女性で最も多いのは勝茂の後室高源院で21回、次いで直茂の後室陽泰院12回。あとは7回、

6回、5回と続くが女性201人の中で、2回以上登場するのは28人だけで、あとは全て1回のみという。

さてここでは「葉隠」に登場する女性のベスト3を挙げてみたい。先ずは龍造寺隆信の生母である慶《けい》誾尼《ぎんに》であろう。次に藩祖直茂の後室陽泰院《ようたいいん》、3人目は初代藩主勝茂の後室高源院《こうげんいん》である。

「葉隠」第16号（1991）に「麦の芽短歌会」の主宰者豊増幸子《とよますさちこ》の「葉隠の女性達」と題する講演要旨が掲載されている。豊増は初めに次のように述べている。

山本常朝が第2代藩主鍋島光茂に仕えたころは、徳川幕府も定着し、鍋島藩も安定した時であった。「葉隠」は武士道精神を追究した書物とされている。それに相違ないが、女性のことを記した章が実に多い。当時はすでに徳川幕府が階級制度を定め、諸法度をつくり、女性は無視され、圧迫を受ける立場にあった。私が「肥前おんな風土記」を取材する時も、藩主の夫人でさえ法名以外は解らない場合が多かった。そんな時、栗原荒野先生の「校註葉隠」をひもといてみると、実に婦人の事を記した項の多いのに驚いた。むさぼり読み、多くの人物像を得ることができた。

「死生決すべし」の一言が戦勝へ

豊増の「葉隠」の中の女性の取り扱いについてはむしろ好意的であった。講演要旨を参照しながら慶誾尼を紹介する。

慶誾尼は、龍造寺胤和《りゅうぞうじたねかず》の娘として生まれ、本家村中龍造寺の姫として育ち、大永６年（１５２６）に水ケ江龍造寺周家《りゅうぞうじちかいえ》と結婚し、隆信《たかのぶ》が生まれた。隆信は7歳のとき母から離れ、佐賀市鬼丸町の宝珠院に預けられ円月と号していた。ところが周家が神埼祇園原の戦で戦死したため、隆信を還俗《げんぞく》させて龍造寺家を継がせた。慶誾は尼《あま》となって龍造寺の行く末を隆信に託す。政治的な手腕を備えた女性だった。成人した隆信は勇猛果敢であるが、沈着さに懸けるところがあり、亡夫の姉の子である鍋島直茂を補佐役として起用した。ところが直茂の才覚が隆信を凌ぐことを見て取ると、慶誾尼は還俗して先年義姉が亡くなって独り身でいる直茂の父鍋島清房《なべしまきよふさ》のもとに押しかけ女房となる。つまり夫の家臣の女房となって、強引に隆信と直茂を義兄弟にしてしまったのである。清房に心を寄せていたようでもあるが、したたかな策略家であった。

室町幕府のころ、将軍足利義輝《あしかがよしてる》から肥前守護の任命を受けていた豊後の大友宗麟《おおともそうりん》は、徐々に勢力を伸ばしつつあった佐賀の龍造寺が目ざわりだった。元亀元年（１５７０）に大友が佐賀の龍造寺を攻めた「今山《いまやま》合戦」では、慶誾尼が大役を果たしている。佐賀県の小城郷土史研究会会長岩松要輔《いわまつようすけ》著「シリーズ「実像に迫る」鍋島直茂」（戎光祥出版・２０１６年刊）には、合戦の経緯が記されている。慶誾61歳のときである。

元亀元年３月、大友宗麟はふたたび出勢し、８万あまりの軍勢で龍造寺の佐賀城を囲む。直茂は兄信房らと城内東の大手に陣を取り、たびたび出陣して高尾口（佐賀市）で戦った。一方、宗麟は勝敗を一気に決しようと、弟親貞《ちかさだ》に３万余りの軍勢を付けて出陣させた。８月18日、親貞は軍を佐賀北方の今山（佐賀市）に移し、20日を期して佐賀城へ総攻撃をかけようとした。ところが直茂は、19日の夜に600余りの軍勢で今山を奇襲し、親貞を討って豊後勢を敗退させた。直茂の提案によるこの夜襲が佐賀城内で決するには、慶誾の強い助言があり、そのため隆信は納得し、直茂の出陣となったという。

戦国史研究の権威で静岡大学名誉教授の小和田哲男《おわだてつお》は、「今山合戦」を注目し、「日本の50合戦史」の一つに挙げているという。佐賀市の歴史研究家大石経世《おおいしつねよ》は「葉隠研究」第56号、73号に「死生決すべし」として、合戦の詳細と慶誾尼の一言が合戦を大勝利に導いたと説いている。「今山合戦」では大友3万の軍勢、それに従う肥前、筑前、筑後など併せて5万の大軍が佐賀に攻め入って佐賀北部大願寺の今山に陣を敷き、それに対する龍造寺軍は、わずか5千のみ。夏も盛りの8月18日、大友軍は、勝負あったも同然とたかをくくり総攻撃を前に鎧兜《よろいかぶと》も脱ぎ捨てて酒盛りで酔いつぶれていた。軍議で直茂が夜討ちを主張するが決まらずにいる所に、慶誾尼が突如現れ「死生決すべし」と夜討ちを支持し、意気消沈していた兵を叱咤して動かした。「今山合戦」は直茂の初陣であった。

大石は「戦国武将の妻として夫を支え、子を守り、家名存続のために知恵を尽くしてきた女傑としては、北条政子、日野富子、巴御前などいたが、軍議の模様をよく聞き、状況を把握し、決断力まで備えた女性の典型は慶誾尼だ。この戦乱は『九州の桶狭間の戦い』とも言えよう」と語っている。

塩イワシの焼きっぷりで見初められ

鍋島の「女」を挙げるとしたら、この人を欠かせない。藩祖直茂夫人の陽泰院《ようたいいん》である。山本常朝が賢夫人として褒め上げている女性。石井兵部《ひょうぶ》大輔《たいふ》常延《つねのぶ》の娘で彦鶴《ひこつる》といい、一度は結婚していたが、夫が戦死したため実家に戻っていた。元亀元年（1570）、29歳で3歳年長の直茂と再婚した。なんと、この年は龍造寺・鍋島家にとっては存亡をかけた「今山合戦」のその時である。迎える直茂も再婚である。前妻は直茂と再婚して一女をもうけていたのに、大友宗麟の軍勢が佐賀を攻めた時、父高木肥前守が大友に内応《ないおう》（ひそかに敵に通ずること）したために離縁されていた。

　直茂がなぜ陽泰院を妻に望んだかがふるっている。ある時、隆信の軍が石井家で休息して昼食を取ることになった。大勢の兵士でてんやわんや、塩イワシを焼いても間に合わずにいたところが、のれんを分けて現れた彦鶴が大かまどから熾火《おきび》を掻き出し広げて藁《わら》を敷き、籠《かご》から塩イワシをぶちまけ、大団扇で仰いでたちまち焼き上げてしまった。のれんの影からそれを見ていた直茂がぞっこん惚れ込んで「あのような働きをする女を妻にしたい」と言った。ある夜、直茂が佐賀郡本庄村の彦鶴の屋敷に「お通いなされ」とあるが、夜這《よば》いであったろう。盗人《ぬすびと》と間違えられ、逃げ出し堀を飛び越えるところを彦鶴に切りつけられて足の裏に少し傷を受けてしまったという笑い話もある。（聞書第三42節）

　この話には、後日談ならぬ翌日談があるという。「夜這い」は後年まで習俗の一つのように残っていたようだが、数々の合戦でも負傷らしきことのなかった直茂は、足裏とはいえ傷を受けてしまって口惜しかったのか、翌日、彦鶴に文を送っている。「不覚にも傷を負うてしまった。次はこそこそせずに表の木戸から参るゆえ、そのおつもりで」という文面だったかどうかは定かでないが、それを見た彦鶴は「まあ、昨夜の盗人は鍋島の殿だったのね。ウフフッ」と笑ったとか。そんなこんなで陽泰院の誕生である。

　当時は「後妻打」（うわなりうち）という風習があった。妻を離別した男が1ヵ月以内に後妻を迎えた場合は、先妻が多くの女性を集めて後妻に殴り込みをかけ、後妻も女性を集めてこれを迎え討つというものである。遺恨の討ち入りでもなく、ゲームみたいなものである。頃合いを見計らって仲人が仲裁に入るという愉快な風習である。武器は箒《ほうき》や鍋蓋、すりこぎといった家事用具と決まっていた。ところが陽泰院があまりに丁寧な応対をするものだから、前妻側はすっかり気をそがれてしまってすごすごと引き揚げたという。

直茂と陽泰院の夫婦仲の良さは評判であった。ある凍てつくような寒夜、直茂夫妻が火燵でよもやま話で団欒していて、「この寒夜に難儀しているのはだれであろうか」との話から、牢屋にいる罪人ではないかという結論になり、深夜に粥をつくりふるまったという話は有名である。この話、すでに他の項で紹介済みである。

藩主臨終の枕頭《ちんとう》で見事なお別れ

初代藩主鍋島勝茂夫人高源院《こうげんいん》は賢夫人の誉れ高い女性である。幼名を於茶々《おちゃちゃ》といい、徳川家康の養女として慶長10年（1605）5月、京都伏見の鍋島屋敷で勝茂と結婚、勝茂26歳、於茶々18歳であった。勝茂は再婚で、前妻は豊臣秀吉の養女だったが20歳で亡くなった。高源院はすぐお国入りして18年間を佐賀で住み、その後は江戸に住んだ。とても夫婦仲は睦まじく、10人もの子女をもうけている。第2代藩主光茂の父忠直《ただなお》、蓮池藩祖直澄《なおずみ》、三養基郡白石邑主直弘《なおひろ》、鹿島藩主直朝《なおとも》らは皆実子である。娘たちもそれぞれ名家に嫁ぎ、鍋島家の揺るぎない礎は高源院の実子によって固められたと言ってよい。高源院で有名な話は、勝茂を臨終の床に看取ったときのことである。聞書第四79節を菅野覚明《かんのかくみょう》の新校訂「葉隠」の現代語訳で紹介する。

（訳）（勝茂公の）ご気分が差し迫った状況となったので、高源院様が（この世の）お暇《いとま》乞いにおいでになり、枕元に近寄られて「さてもめでたきご臨終でございます。ご一生の間落ち度なく、戦《いくさ》でのお働きあり、国家をお固めになり、ご子孫はあまたお持ちで、家督も譲られ、齢《よわい》80に及んで（一生を）成就されるとは、比類なきご最期でございます。この上は少しも思い残されることはありますまい。ただ今をもってお暇させていただきます」と、声高く仰せになった。お側にはお長《ちょう》様（勝茂6女）がいらしたが、涙をお流しになったのを奥方様ははたと睨まれ、「いかに女だからといって、物の道理をわきまえず、末期《まつご》の親になみだをお見せして良いものか」と荒々しく引き立て、奥へお入りになったとのこと。

夫を叱咤し、敵打に行く女性
花山院路子画

実に見事な賢夫人ぶりであった。高源院は勝茂の死後4年にして江戸麻布の屋敷で74歳で世を去った。墓所は佐賀市の高伝寺にある。

この他、「葉隠」にさまざまユニークな女性が登場する。揺れる第2代藩主の世嗣《よつぎ》問題を乗り切って見事に藩主光茂を誕生させた小倉女、島原の戦で戦死した執行越前守夫人の際立つ内助の功、隆信の養女となって波多三河守後室となり悲運の道をたどる秀の前なども紹介したいところではある。前段で紹介した豊増幸子の講演は葉隠研究会総会主催であろうが、最後を次のように締めくくっている。

「葉隠」には意外に女性のことが多く描かれている。慶誾尼や陽泰院のように誇り高い女性、秀の前のように悲運ながらも婦道をまっとうする女性、夫の敵討ちにゆき返り討ちになる女性などそれぞれの女性の生き方に教えられるものがあり、それらの女性像の全てに常朝の篤《あつ》い理解と愛情が感じられる。こうして一見無表情の奥に、熱い情熱と知性を育み続けた肥前の女性たち、それは「葉隠」の精神そのものである。こうして明治維新の新しい日本を支える多くの人々を送り出し得たのも、葉隠精神に培われた女性たちに負うところが大きいのである。

第6章

「葉隠」を小説と漫画で読む

©リイド社協力

滝口康彦と「葉隠」
童門冬二の「小説山本常朝」
河村健太郎の「素顔の葉隠」と「一日一言」
隆慶一郎の「死ぬことと見つけたり」
安部龍太郎の「葉隠物語」
井沢元彦の「葉隠三百年の陰謀」
漫画で読む「葉隠」
・赤塚不二夫
・黒鉄ヒロシ
・ジョージ秋山
・安部龍太郎と藤原芳秀

滝口康彦と「葉隠」

直木賞候補に6回

佐賀県には「葉隠」とは切っても切れない深い縁でむすばれた作家がいた。多久市に住み、そこから数々の時代小説を発表し続けた滝口《たきぐち》康彦《やすひこ》である。本名は原口康彦。封建社会の不条理を描いた作品で6回も直木賞候補となった。大正13年（1924）に長崎県佐世保市に生まれ、昭和8年（1933）に多久市に移り住んで、炭鉱で働きながら、ラジオドラマの台本や小説を手がけ、同33年（1958）に「高柳父子《たかやなぎふし》」で初めて直木賞候補となった。

その後、「かげろう記」「霧の底から」「仲秋十五日」「日向延岡のぼり猿」「主家滅ぶべし」を合わせて候補作6編である。山口県下関市には古川《ふるかわ》薫《かおる》（1925―2018）、福岡市には白石《しらいし》一郎《いちろう》（1931―2004）と同じ時代小説家がおり、この3人が〝西国三人衆〟ともいわれたが、滝口だけが直木賞を受賞していない。昭和33年にはサンデー毎日大衆文芸賞を受賞した。

滝口の「異聞《いぶん》浪人《ろうにん》記《き》」を元に橋本《はしもと》忍《しのぶ》が脚本、小林《こばやし》正樹《まさき》演出・監督、仲代《なかだい》達矢《たつや》主演によって昭和37年（1962）の松竹映画「切腹」が生まれた。同年度のキネマ旬報ベストテンの第3位となり、仲代は主演男優賞を受賞、さらには翌年の第16回カンヌ国際映画祭で審査員特別賞、第13回毎日映画コンクールでは日本映画大賞・音楽賞・美術賞・録音賞を受賞した。ブルーリボン賞では橋本が脚本賞を受賞した。

一貫して社会派映画を監督してきた小林が初めて演出した時代劇映画である。この映画が、昭和41年（1966）4月封切りとなった三島由紀夫《みしまゆきお》の自主製作映画「憂国《ゆうこく》」に大きな影響を与えたことは間違いない。しかし、小林の制作意図とは逆に、外国の映画評はその残酷性を古典的な悲劇美として高評したと報じている。

愛刀「関孫六《せきのまごろく》」をわが腹に突き立てて「憂国」そのままに割腹自決した三島由紀夫。その思想背景に「葉隠」があったとして脚光を浴びた。「武士道は死狂い」という「葉隠」の中にある文言からすれば、葉隠は「狂気の書」とも「奇異なる書」「行動の書」とも評された。しかし、滝口は「どれも一面だけしかとらえていない」といった。それが滝口の一つの葉隠観である。武士も弱さを持った人間であり、潔い姿ばかりではないはずだというのだ。滝口が昭和49年（1974）9月28日付の佐賀新聞に寄稿している。

わたしは、これまで葉隠を小説の材料源として読むことにしてきた。従って11巻の聞書のうち、佐賀藩士の言行を集めた聞書第七～第九がとりわけ興味深い。創作意欲をそそる話がいくらもあり、多彩な人間模様がなまなましく展開されている。それも見事な生きざまを示した話ばかりとは限らない。見苦しく取り乱し人間の弱さをさらけ出した話もしばしば見出すことができる。（中略）武士の典型というべき逸話の場合にも、私の心の目には、いさぎよさのかげに秘められている人間のうめき声が聞こえてくる。そのとき、胸のなかで、ひとつの小説が発酵し始める。これが、わたしの佐賀の古典「葉隠」の読み方なのである。

さすがに作家滝口の「葉隠」を見る視点は、多くの「葉隠」ファンとは異なる。一般には「葉隠」の総論的な「夜陰の閑談」、聞書第一、第二に登場するさまざまな「教訓」、第三〜第五の藩祖、藩主の言行などが人気の上位を占めるのだが、佐賀藩士の言行が興味深いとするところは、渋い選択である。〝滝口小説〟が生み出される発想の深層は何だろうか。

滝口の青年時代に着目してみると、思考の背景、その片鱗が見えてくる。終戦前年の昭和19年（1944）、当時20歳の滝口は山口県の防府海軍通信学校で訓練の日々を過ごした。厳しい訓練というより、暴力が支配する理不尽とも思える訓練が日常だった。歯向かうことも逃げることもできなかった。「同期生同士での殴り合いを強要されるのが一番辛かった」と語っていた。

復員後、佐賀県多久市の炭鉱に就職、坑外《こうがい》でのさまざまな修繕業務に従事した。真面目に働いたが3年後、理由もなく突然に解雇を通告された。あとで、親族に共産党員がいたということで、無関係にも

「滝口康彦の世界展」で滝口とスエノ夫人
写真・大塚清吾

関わらずレッドパージの対象にされたことがわかった。心に深い傷を負った。「曲がったことが大嫌いな人でした。敗戦を境に誇りを捨ててしまった教育者や指導者、その組織への不信がぬぐえなかったようです」とは妻スエノの談である。しだいに権力への反骨精神は小柄な体躯にみなぎるようになり、作品にも投影されている。

平成11年（1999）5月、佐賀市立図書館では開館3年目の記念企画として「滝口康彦の世界展」が開かれ、75歳の滝口は病身を押して夫人とともに来館した。付き添った郷土史家福岡《ふくおか》博《ひろし》が車椅子を勧めたら「チャーガツカ（恥ずかしい）」とポツンとひとこと言って笑ったという。同展を企画した鹿島市出身の写真家大塚《おおつか》清吾《せいご》は、松竹写真

部のころに新橋演舞場で上演されていた滝口の作品を撮影、その迫力ある写真を展示していた。

葉隠をヒントに多くの作品を生む

時代小説は200編を超える。「武士道の厳しい桎梏《しっこく》（手かせと足かせ）の下で敗れ去った武士たちの憤激と慟哭《どうこく》を写して心を打つ時代小説が多い。『葉隠』からヒントを得た『葉隠無残』や『鍋島藩聞書』『その心知らず』『龍造寺の娘』などの作品もその例といえます」と福岡博は語り、直木賞作家白石一郎は「滝口さんの初期の代表作『異聞浪人記』を再読すると、その完成度の高さに驚かされ、『やっぱりこの人は天才だ』と思ってしまう。中年期の代表作と言える『仲秋十五日』についても同じ感想を抱く」と展示会のパンフレットに寄せていた。

「葉隠」にヒントを得ながら、滝口の物語が展開していくのだが、原本である「葉隠」の一文はただ出来事をサラリと記述しているだけに過ぎない。例えば作品「貞女の櫛《くし》」では、「葉隠」にある原文は「主人の妻に密通を仕掛けてきた使用人を、物置にだまして閉じ込め、主人に切らせた」というだけの貞女物語だが、滝口は「ここには使用人の心理も、使用人を切らせた女房の心の内も全く触れていない、当時、仕える主人の妻に言い寄るには、命がけの覚悟があったはず。女房にもそれなりのすきがあったのでは？」として、使用人の妹なども登場させ原文の何倍もの小説にしている。

昭和61年（1986）5月、佐賀に葉隠研究会が創立された。滝口は発起人12人衆の中に名を連ねており、副会長になっている。同じく発起人となった栗原耕吾《くりはらこうご》も滝口小説のファンであるが、「滝口さんには新聞連載などの長編小説が多い。『鍋島猫化騒動』の原因となった龍造寺から鍋島への政権交替を題材とした『落日の鷹』がありますが、龍造寺高房（隆信の孫）やその子伯庵《はくあん》という弱者に温かい目を向ける立場が貫かれています。滝口さんは外見は温厚柔和そのものの人ですが、内に秘めた強靭な意思は相当なもので、それは作品では一連の『武家もの』に表れています。ご自身が『この士風の厳しさ、激しさ、男らしさは、わたしの胸を揺さぶってやまない』と仰っているのです」と語った。

時代物を得意とする滝口は、発想の源泉に「葉隠」の存在が大きいことから葉隠研究会の活動にはできる限り参画して〝恩返し〟をしなければなるまいとの思いが強かったようだ。まず、研究会のスタートをしっかりとアピールする研究会誌「葉隠研究」の創刊号は、相当に気合の入った編集となっている。発起人たちが分担執筆しており、その巻頭寄稿を滝口の「葉隠との出会いかれこれ～歴史作家の書斎に並ぶ『葉隠』たち」が飾っている。

この後第2号には「作家の目で見た『葉隠』」、第3号に「聞書四、勝茂公『口宣《くぜん》』」、第5号に「こぼれ酒～葉隠の一節が小説になるまで」、第7号に「父と母と」とたて続けに投稿している。「作家の目で見た『葉隠』」の中にこんな一文があった。

ご承知のように、「葉隠」は戦時中、軍部によってきわめて悪用されました。もっとも「葉隠」自体に、悪用されやすいところがあるのも事実です。戦後は戦後で、「葉隠」を悪用する者が出てまいりました。張本人はほかならぬわたしでして、「葉隠」を読むと、鍋島武士のうめき声が聞こえる、そのうめき声を心の耳で聞き取った時、ひとつの小説のテーマが生まれるなどと称して「葉隠」を勝手に解釈し、「葉隠」をネタにいくつもの小説を書いております。といっても30歳を過ぎたばかりのころから、「武士は悲しい存在である。武士ほど哀れなものはない。武士も人間である」というテーマで、せっせと小説を書いていますので、「葉隠」を読むにしても、ほかの人とはやはり異なった読み方をするのはやむを得ません。
私は、ペン一本で生活するようになって、すでに30年前後の歳月を重ねましたが、そのうち16、7年はペン1本で生存していただけ、残る13、4年がなんとか生活したというに値しましょう。30年におよぶペン1本の暮らしの中で、私が「葉隠」をネタにして稼いだのは、生活費1年分くらいと思います。

なんともあけすけで率直な告白である。この後の本文中で「葉隠」のなにものかを滝口風に語り、最後を次のように締めくくっている。

「葉隠」の特徴はいたるところに矛盾があること。光茂が幕府の殉死禁止に先がけて、佐賀藩内で殉死禁止したことをたたえる一方、殉死が禁止されてから、忠義の士が少なくなったと嘆いています。また謙譲のゆかしさを説く半面、武士は大高慢であれと断定する。しかし、「葉隠」の全体像を把握すれば、その矛盾のおもしろさも理解できましょう。ただ、そのためには、深い読み方をしなければなりません。わたしなど、読み返し読み返ししてはおりますが、小説のネタ探しを目的としておりますので、「葉隠」を象に例えれば、鼻の先をつかんでいる程度です。

「こぼれ酒」は昭和44年1月1日佐賀新聞特選小説、「父と母と」は昭和53年1月3日佐賀新聞新春特選小説として発表したもので、いずれも400字詰原稿用紙13枚前後の短編である。滝口は両作品ともに岩波文庫「葉隠」(上中下3巻、和辻哲郎・古川哲史校訂)を参考に小説化したと紹介している。「父と母と」の解説の最後にこう述べているのが心に残る。

武士も人間であるという視点で、武士道ではなく、武家社会を書きつづけてきたわたしは、あり得る、あり得たと信じます。武士のしつけが厳しかったこと、そのしつけを、すべての者が見事に実行し得たかは別の問題です。

私事にわたりますが、わたしの家内には、4人の兄があり、戦時中、4人とも海軍でした。そのうち長兄は兵曹長で、「足柄」「飛竜」に乗り組んだあと、クエゼリン島で戦死しています。家内の母は男勝りの女傑として評判でした。その母が長兄戦死の公報を受けたときのことを、家内がはっきり覚えています。人前では毅然としていた母が、夜になってどれほど嘆き悲しんだか、同じ例はわたし自身もいくつも知っています。それから戦国の余風が強く残っていた寛永のころでも、この作品のようなことはあり得たとわたしは思うのです。

物語の創作時に際しては、資料を探しに地元の図書館によく足を運んだ。家では普段から和服姿。一度創作に没頭すると家族の者は近づけず、家の廊下を往復しながら思案を重ねた。孤高の文士にふさわしい姿だった。栗原耕吾はさらに滝口を評する。「作家であると同時に、国語学者でもありました。有名作家の時代小説に、実在しない架空の藩が登場したり、荒唐《こうとう》無稽《むけい》な剣法やありえないようなスーパー剣士が活躍したりする『作り話』が多いのですが、滝口さんには無縁です。史実尊重の姿勢は特に長編に顕著です」と語り、「葉隠」をはじめとする歴史資料から生まれた小説を次のように紹介した。

隣藩の黒田藩での家老栗山大膳の謀反劇である有名な「黒田騒動」の全体像や本質を知るのに、歴史評論や人物伝を読むより滝口さんの「主家滅ぶべし」を読むほうが手っ取り早く実態像が掴《つか》めます。もちろん、当時の人物の言動などが語られたりしているのは、小説である以上、滝口さんの主観も加わり仕方ないでしょうが、大筋は史実に忠実に沿って書いてあります。柳川の立花宗茂を扱った「乱離の風」、豊後ものと言える「悪名の旗」、唐津の小笠原長行《おがさわらながみち》の伝記「流離の譜」があり、特に、鍋島猫化騒動話にまでなった龍造寺から鍋島への政権交替の実話は、当然滝口さんも興味津々、龍造寺の血を引く鍋島直茂の娘婿多久安順《たくやすとし》を主役にして、「落日の鷹」という長編が書かれました。非業の死を遂げる隆信の孫高房やその子伯庵という弱者への思いやりがたっぷりと窺えて、史実に基づくとはいえ、滝口さんらしさで貫かれています。鍋島ものとして他に、隆信の母であり、後に直茂の継母ともなった慶誾尼《けいぎんに》を扱った「朽ち葉の記」があり、そのまま郷土史料ともなり得る内容です。数多い短編でもバックボーンとしてこのような執筆姿勢を貫いており滝口文学の特徴と言えましょう。

文芸評論家磯貝勝太郎《いそがいかつたろう》は、滝口の「葉隠無残」（講談社文庫）の解説のなかで、「武士の道を説きながら、しかも、優しさ、もののあわれを説くあたり、武士道のうちで最も人間味のある書は『葉隠』であるといえよう。滝口康彦はこの特色を踏まえて、人間味の多い武士の人間像をあざやかに描出している」と書いている。円熟期を迎えつつあった昭和58年（1983）秋。心臓病に倒れた。脳梗塞《のうこうそく》も発症し、筆を持てなくなった。武士にとっての刀を永久に奪われ、「西国三人衆」と呼ばれて、ライバルだった古川、白石一郎が相次ぎ直木賞を受賞するのを眺めるしかなかった。

滝口康彦

平成16年（２００４）６月９日、多久市の自宅で亡くなった。80歳だった。滝口と特に親しかった直木賞作家古川薫は「私と滝口さんと白石さんは３人で10数年間、21回も直木賞候補になって取れないので〝西国三人衆〟とからかわれていた。その後、白石さんと私はとったが、滝口さんは病気でリタイアされほんとうに残念。しかし、いい作品を残されただけ、作家としては幸せな人だと思う」とコメントしていた。その古川も平成30年（２０１８）５月５日に亡くなった。「西国三人衆」も今では黄泉路《よみじ》に古川を迎えて小説談義に花を咲かせているのではないか。

滝口が初めて直木賞候補作家となったころに生まれた長男原口郁《はらぐちいく》哉《や》は、今では九州労働金庫佐賀県本部長を務めている。多くの試練を乗り越えた「反骨の作家」を父として育ってきた原口は、ふるさとの多久市役所職員となったが、後に自治労佐賀県本部委員長、佐賀県平和運動センター議長、連合佐賀の会長代行などを務め、県労働界の先頭に立ってきた。父親譲りの反骨精神がその道を選ばせたのだろう。

童門冬二の「小説山本常朝」

鍋島直茂　葉隠の名将

隆信は、まわりでいつも直茂の評判が高いことに嫉妬していた。

やがて腹を立て直茂に、

「南を守れ」

といって、筑後の柳河城主を命じた。いわば、

「敬《けい》（敬遠）して遠ざける」

という、現在の左遷人事である。

やがて、九州の南端の島津義久が、九州全土制圧の野望を持った。軍を北上させ、次々と地侍や豪族を討ち取った。風にそよぐ葦のような地侍や豪族たちは、たちまちその勢いの中に呑み込まれた。敵対するのは、豊後（大分）の大友氏と、龍造寺氏だけになった。九州は、この3者によって分割された。隆信も近隣の国々を侵し、一時期は〝五州二島の太守〟といわれた。領地を奪われ、島原半島だけを残されたキリシタン大名有馬晴信はこれを恨み、北上する島津軍の先手になった。隆信は、

『有馬め、けしからん、懲らしめてやる！」

といって出陣した。このとき、

「そんなことをなさると、みすみす敵の術中に陥るようなもの、おやめください」

身を挺して反対したのが、鍋島直茂である。直茂を憎んでいた隆信は、

「またしてもでしゃばる気か、さがれ！」

と怒鳴りつけ、言うことをきかなかった。慶誾尼《けいぎんに》は痛ましそうに直茂の顔を見た。慶誾尼もこの出陣には反対だったからである。しかし、隆信はあえて出陣した。そして天正12年（1584）3月24日、島原の沖田畷《なわて》まですすみ、勢いあまって泥田の中に馬を乗り入れてしまった。これを見た島津・有馬連合軍が、一斉に討ってかかった。泥田の中でもがく馬の上で、血眼になって血路を開こうとした隆信はついに首を取られた。55歳だった。


童門冬二《どうもんふゆじ》（1927―）は71歳のときに「小説山本常朝〜『葉隠』の武士道を生きた男」（致知《ちち》出版社）を書き、その後も「鍋島直茂　葉隠の名将」（実業之日本社）、「葉隠の人生訓」（PHP研究所）、「小説葉隠」（同）とたて続けに葉隠小説を発表してきた。冒頭の小説の一場面は「鍋島直茂　葉隠の名将」（実業之日本社）の中の「島原の戦い」であり、龍造寺隆信が不覚を取る場面である。この戦い以降、龍造寺氏から鍋島氏に権勢が移行していくことになるが、歴史家による史実を尊重しながらノンフィクションを仕上げていく。

童門は海軍少年飛行兵の特攻隊に入隊の経験を持つが、17歳で終戦を迎えた。特攻隊から戻った少年に対する世間の目は冷たかった。特攻の生き残りというのである。童門少年は傷つき荒れた。そんな時、

生と死の間で揺れた童門の心の傷を癒したのが太宰治の小説だった。小説に見る太宰の純粋さ、優しさに童門は心酔した。東京都に入庁。美濃部都政の3期12年、知事のスピーチライターや秘書課長、広報室課長、政策室長などを務め、知事退任とともに退職すると、1979年から作家活動に専念している。それまでにもさまざま著作はあるが、都庁勤務の経験を通して同年に『『小説都庁』太田久行』（主婦と生活社）を出し、以後、歴史上の人物を描いた作品は多彩である。作家専念から20年、ようやく「小説山本常朝『葉隠』の武士道を生きた男」（1998致知出版社刊）で「葉隠」にたどり着く。

本の帯には「野は遺賢《いけん》だらけ〜不遇をかこつサラリーマン諸氏に捧げる讃歌として読む『葉隠』」とあった。「遺賢」とは「官に用いられず、民間に埋もれている有能な人物」と広辞苑にある。本は2部構成で第1部は「小説山本常朝」でタイトルそのままだが、第2部は「処世訓としての葉隠」である。「葉隠」には現代を生きるサラリーマンたちへの数々のアドバイスが散りばめられている。それら処世訓を、常朝や鍋島家のお殿さまや人物の逸話を引き合いにしながら「どんな嫌な奴からも学ぶ」とか「ボトムアップを重んじる」「老人の古い話をよく聞く」などと綴っている。このように童門は歴史上の人物の機知に富むエピソードを紹介して、読者をうならせるのがうまい。2話を紹介しよう。

カッコよさより中身が大切

山本常朝の時代になると、武士の気風も次第に柔らかくなっていた。大名には、参勤交代という、1年おきの江戸勤務が義務付けられている。そして、江戸城に出勤する。このときに、供をたくさん連れてきらびやかな行列をつくることが、はやり始めた。

大名の中には、故郷から連れてきた武士が田舎くさくて野暮ったいので、「江戸で、見栄えのいい臨時の武士を雇って供にしよう」などと考え出す者もいた。江戸の人たちも、この大名行列を見物するのが楽しみになった。こもごも批評した。

「どこどこのお大名の行列は立派だ」とか「どこどこの大名行列はみすぼらしい」などと、噂しあうのである。

あるとき、鍋島光茂の3女でお春という娘が、江戸に出てきてそっと大名行列見物をした。若い娘なので、かっこいい武士たちが供をする大名行列には目を輝かせ胸を躍らせた。

ところがその中に、ひどくみすぼらしい行列があった。

「どこのお大名ですか?」とわきの者に聞くと、

「お父上の行列です」といわれた。お春は恥ずかしくて真っ赤になった。

そこで、光茂が屋敷に戻ってくると、なじるようにいった。

「お父上の行列が、あまりにもみすぼらしいので、わたくしははずかしいおもいをいたしました。なぜ、ほかのお大名のように、かっこいいお供をそろえないのですか?」

これをきくと光茂は、厳しい表情をしてこういった。

「お前の言う通り、いまのほかの大名たちは、ただ行列を華やかにしようとして、なんの縁もゆかりもない臨時の武士たちを供にしている。ああいう武士たちは、ただ1日の賃金をもらって供をしているだけだから、いざというときには何の働きもしない。ただ損得だけで動く連中だ。

そこへいくと、私の供は全部故郷からつれてきた忠義一途の武士たちだ。何かあったときには、彼らが私の前に立ちはだかって、最後まで私を守り抜く。そういう忠義の士が、野暮ったいからといってばかにしてはならない。わたしはこれからも、あの連中を供にして江戸城へ行くつもりだ。おまえも心得ちがいをしないで、少しは正しいものの見方を学びなさい」

お春は、父上の厳しい言葉に恥じ入ったという。このことを漏れきいた佐賀藩の武士たちは感動した。鍋島光茂の家臣思いは、このようにいつも本物であった。

山本常朝が「このお殿さまがなくなられたときは、ぜひ追腹《おいばら》を切りたい」と考えたのも無理はなかった。

暗い過去を乗り越える努力をする

童門は、いままで「葉隠」という本をテキストに、佐賀藩鍋島家のトップ・ミドル・ロウ(ヒラ藩士)の生きざまを、現代サラリーマンにおきかえていろいろなエピソードを書いてきた。その多くは部下思いのトップやリーダーの話だった。しかし現実の鍋島家は、必ずしもこういう温かい、美しいエピソードだけで存立していたわけではない。もっとドロドロした暗い事情があった。最後にそのことを書いておく。

今日の企業に例えると、佐賀藩鍋島家は豊臣秀吉という大オーナーの干渉によって成立した大名家だ。鍋島家はもともとは龍造寺という大名の家老だった。九州平定にやってきた秀吉が、そのときの龍造寺家の当主(社長)と家老(重役)である鍋島(直茂という人物)をみくらべて、

「この地域は鍋島が治めたほうがうまくいくのではないかな」といった。つまり暗に、「鍋島に社長のポストをゆずれ」ということだった。

龍造寺の当主はしぶしぶ秀吉の言葉に従った。しかし当主は、「自分の息子が成人したら、社長(藩主)のポストを返して」と密約した。しかし、直茂は返さなかった。そのために当主とその息子のうらみが、有名な〝佐賀の猫化け騒動〟の話に発展していく。

「葉隠」という本のエピソード全体に一種の暗さ、屈折感が漂っているのは、こういう佐賀藩鍋島家の成立事情が大きく反映している。世間では「家老の鍋島が主家を乗っ取った」と噂した。

鍋島直茂、勝茂、光茂と3代にわたるトップの部下思いと「葉隠」の作者である山本常朝・田代陣基の「佐賀武士の忠誠心」のエピソードは、この暗いいきさつの正当化だ。

噂に対し、

「いや、そうじゃない、鍋島藩の藩祖直茂様も初代藩主勝茂様もみな立派だった」

ということを、ことさら強調したのではないだろうか。そして、

「その立派なトップに、部下もみんな心服していた」

ということが〝葉がくれ精神〟だといえる。いってみれば主人の家を乗っ取ったうしろめたさを、美話や佳話で消去しようとしたのだ。

「葉隠」は幕末の佐賀藩士大隈重信が「古い」といって否定した。しかしわたしは、こういう屈折した成立事情を持つ鍋島企業で、ノタうちながら前向きの努力を続けた〝葉がくれ武士〟たちが好きだ。そういうサラリーマンが現在もあちこちにたくさんいるからである。

「小説山本常朝」は平成10年の初版から4年後に学陽書房から文庫本になった。このとき、童門は当時の佐賀県知事井本勇《いもといさむ》（1926－2018）に初版本に添えて作品解説を依頼する書簡を送っていた。

「つきましては、知事さんに解説文をお願いできないか、という希望がございます。小生の作品解説はあまりお気になさらず、知事さんの『私の葉隠』でけっこうでございます。ご激務の最中にとんだお願いで申し訳ございません」

◇　◇

平成14年（2002）の井本はまさに多忙の中にあった。知事3期12年の最終年度半ばであり、4選をめざすか、引退するかの判断を迫られてもいた上、秋には皇族をお迎えしての全国育樹祭開催が迫っていた。「童門さんのご希望に応えきれませんでした。心残りですね」と回顧する井本は、翌年春に知事を引退した。従って、筆者の手にある童門の「小説山本常朝」には巻末の解説はない。

その元知事井本勇は平成30年（2018）4月23日、急逝した。92歳ながら佐賀市の私立中高一貫校「佐賀清和学園」の理事長を務めていた。県庁職員からの叩き上げで知事まで登り詰めた井本と童門冬二は親しく心通わす仲だった。東京都知事に仕えた経験を持つ90歳の童門にとって、〝兄貴分〟のような井本との付き合いだった。井本宅の仏前には童門からの弔花があった。27日には佐賀市でしめやかに葬儀が営まれたが、当日の佐賀新聞には童門の追悼文が掲載されていた。「葉隠」も登場するその前半部分を紹介する。

井本元知事との初対面はある雑誌でのインタビューだった。はじめる前に井本さんは知事室から周囲に声をかけて「手の空いている職員は私の部屋においで。（インタビューに答えるから）私のナマの考えが聞けるよ」と告げた。ナマの声ではない、考えだといわれた。職員にとっては〝雲の上の存在〟の場合もあるだろうから、これは両者にとっていいコミュニケーション成立の場になる。私は井本さんの温かい人柄を感じた。

この時「葉隠」の話もした。かえりがけに「私の葉隠です」といって、御自身で「葉隠」の中から引いてまとめた冊子をくださった。私は〝井本葉隠〟と名づけて大事にしている。以後、何回か同じような仕事でお目にかかった。「いま何をお書きですか」ときかれたので、「鍋島直茂（佐賀藩の藩祖）です」と答えると、そうですかとうなずいた井本さんは、数日後に「佐賀近世史料」や「佐賀県史」などの史料をドサッと送ってくださった。現在も目の前の書棚に並んでいる。県の「吉野ヶ里大使」を頼まれたので快諾し、今も続いている。（中略）

佐賀県の人物を扱うことが多いのでよく取材に行くが、必ず目には見えない井本さんが同行してくださるような気がする。これからもそうだろう。丹精で礼儀正しく、人柄の温かい井本さんは、私にとっていつも〝優しい存在〟なのだ。仕事を離れ「人間井本」としていつも私の心の中におられる。決して亡くなってはいない。生者が記憶している限り、死者も必ず生きているのだ。井本さん、これからもよろしくご指導を。

「外」の視点で改革進めよ

2008年の佐賀新聞文化面の記事スクラップの中にも童門へのインタビュー記事を見つけた。部分抜粋しながら紹介する。

古い体制を壊し、新しい価値観を作り、それを維持するための体制を整備する。危機の時代のリーダーに求められるのは、そんな真の改革ができることだ。日本の歴史をみても、名君といわれるのは、人柄が優れているだけではなく、みなそうした改革を断行した人間だ。

江戸中期の米沢藩主・上杉鷹山《うえすぎようざん》は、破綻寸前だった藩政を立て直した。鷹山と言うと倹約の印象が強いかもしれないが、彼が行なった改革はこうだ。士農工商の身分制度を壊し、武士に農地の開墾や織物の製造などの新事業、作物や製品を売るための商業に携わらせた。鷹山が手本にしたのは徳川吉宗の享保の改革だった。吉宗が改革を断行し、財政危機を乗り越えられたのは、将軍である前に紀州藩主であったことが大きい。地方行政の経験があったからこそ、国政でも手腕を発揮することができた。現代でいえば、米国で州知事経験者が大統領になるケースが多いのも、そうした理由によるのかもしれない。自治体の首長を経験した首相が日本ではほとんどいないのは、どこかいびつではないか。

幕末に備中松山藩の藩政改革を行なったことで知られる陽明学者山田方谷《やまだほうこく》は、「それ善く天下の事を制する者は、事の外に立ちて事の内に屈せず」と言っている。「事」、つまり目先の問題があっても、その「内」に巻き込まれてしまっては、良い政治はできない。いったんは事の「外」

に立ち、離れた視点から問題を見なくてはならない、ということだ。これこそ危機の時代の宰相がもつべき心構えだと思う。「外」の視点がなければ、大きな制作、ビジョンを作ることはできない。

東京都庁時代に秘書課長、政策室長などで鍛えられた行政経験者の鋭い視点を感じさせる発言である。

■■ 河村健太郎の「素顔の葉隠」と「一日一言」 ■■

《素顔の葉隠》

葉隠のふるさとである佐賀で「佐賀新聞の健さん」と言えば、知らない人はいなかった。河村健太郎《かわむらけんたろう》は佐賀新聞の論説委員長を16年間務め、1面コラム「有明抄」の名物コラムニストであった。歯に衣着《きぬ》せぬ河村のペンは生き生きと躍動し、大いに読者を惹きつけた。

昭和3年（1928）、山口県徳山市に生まれ、唐津東高、長崎大経済学部を卒業、佐賀新聞社では文化部長、報道部長、営業局長、編集局長、論説委員長を務め、退職後は郷土雑誌「月刊佐賀文化」を創刊するなどフリージャーナリストとして活動を続けた。またテニスでは国体出場の常連選手としても活躍、県テニス協会会長も務めた。月刊佐賀文化を第8号まで刊行したところで病に倒れ、平成9年12月8日に69歳で没した。

新聞記者であり、小説家でもあった。河村の作品「大きな手」は直木賞候補となって最後まで五木寛之と賞を競い、「おたまじゃくしは蛙の子」でも同賞候補となった。「栄光我を去りゆく」では第2回西日本芸術奨励賞を受賞した。

その河村が郷土の文化遺産である「葉隠」に手を染めたのは、昭和53年4月から4年8カ月、55回にわたり佐賀新聞紙上に連載した「素顔の葉隠」である。大正14年生まれの三島由紀夫が《文壇の鬼才》

山本常朝と田代陣基の初会
デザイナー勝田宏の挿絵

として脚光を浴び、昭和42年9月に光文社から「葉隠入門」を刊行した。それから11年が経過していたが、河村にしてみれば3歳年上の三島に、佐賀発の「葉隠」で先を越されたのには複雑な思いがあったようである。

戦後、「戦犯図書」のような扱いを受けて焼かれ、姿を消していた「葉隠」。敗戦から10年余の空白を埋めるかのようにいち早く葉隠復刊に踏み込んだのは栗原荒野の「物語葉隠」（昭和31年刊）であり、「葉隠のこころ」（昭和41年刊）だった。しかし、「葉隠」が放つ真の光を全国にあまねく拡散したのは三島の「葉隠入門」であったと言っても過言ではない。「武士道というは死ぬことと見つけたり」の一文は見知っていたとしても、佐賀県人といえども「葉隠」には馴染み薄であった。しかし、ようやく「葉隠聞書」に筆記された深い倫理が一部の人たちの間で理解されようとしていた。

「素顔の葉隠」は新聞紙面の3分の1ほどのスペースを占め、カラーの挿絵は佐賀市在住のグラフィックデザイナー勝田宏が担当した。県内購読率5割に近い地元紙である。連載が始まり、毎月1回のペースながら回を重ねるごとに話題を呼び、心待ちにする読者が増えていった。連載開始のころは編集局長の重職にあり、3年後に論説委員長になると毎週5日の1面コラム「有明抄」に追われながらの葉隠研究と「素顔の葉隠」執筆である。

「葉隠」と陶磁器

連載は山本常朝の祖父である中野神右衛門清明《なかのじんえもんきよあき》が、慶長19年（1614）に伊万里代官に任じられたところから開幕する。後年、「陶磁のアリタ」として世界に名を馳せる有田で白磁が創製されるのは、清明着任から2年後のことである。李参平《りさんぺい》という陶工ら朝鮮陶工団が多久から移住してきて白磁の製造を始める。晴明が4年後に急死すると、父重澄《しげずみ》がその職を引き継ぐことになり、後に有田皿山代官となって活躍、69歳で隠居するときには知行437石5斗の大身にのし上がっていた。この翌年、常朝が生まれる。なんと、連載の7回までは有田焼の成立とからめながらの展開であり、以降は山本常朝の生涯がドラマ仕立てで紹介されていく。

連載の第1回「素顔の葉隠」は、「皿山無情」のタイトルで始まる。日本の陶磁器発祥の地として佐賀県と長崎県にまたがる地域を「肥前皿山地区」と言った。なかでも「アリタ」「イマリ」は世界に向けて日本磁器の代名詞のように語られる。「素顔の葉隠」の書き出しで、河村は「佐賀に住むということは、日本人にとってかなりぜいたくなことかもしれない」と表現している。「佐賀が生んだ特異な古典である『葉隠』の快いばかりのストイシズム（禁欲主義）をたっぷりと味わえるし、日本陶磁の原産地である有田の焼き物を、文字通り手にとって鑑賞することもできる。このような豪奢な精神を存分に享受できる土地は、日本にそうたくさんはあるまい」と自慢するのである。

余談になるが、平成29年7月に野村総合研究所が発表した「国内100都市成長可能性ランキング」の「都市の暮らしやすさ」部門の第1位に佐賀市が輝いたことからすれば、案外、住みよさやぜいたくの基準などというものは、そんなところかもしれない。

「葉隠と有田の陶磁器は、佐賀を代表するものとして互いに個別に語られてきたが、両者が無関係だったかというと、そうではない。むしろ非常な関連性を持っている」という。「葉隠」の口述者山本常朝は、祖父中野神右衛門晴明と父山本神右衛門重澄を武勇の人として随所に紹介している。清明は、島原敗戦で後の鍋島藩の藩祖となる直茂が自決しようとした時に、直言をして思いとどまらせた活躍が後々まで語られ、重澄もまた島原の乱での勇戦の士であった。

引導を拒否、鍋島侍で生きる

葉隠研究会は、「素顔の葉隠」の連載55回を、研究会誌「葉隠研究」50号（平成15年8月）から55号（平成17年3月）に一挙転載している。常朝は享保4年（1719）10月10日夕べ、佐賀郡大和町久池井小川の大小隈《だいしょうぐま》の小庵にて死す。行年61歳。臨終の床にあって、死期を悟った常朝は2首の和歌を詠んだ。後の1首が常朝辞世の和歌と言われている。

虫の音のよわりはてぬるとばかりをかねてはよそに聞きて過ぎしが

葬儀では導師が死者に法語を与え、迷界から悟りの道へ導くことを『引導（いんどう）』を渡すという。河村は「現在、葉隠について最も精力的に、かつ精細に研究を続けておられるのは佐賀女子短大教授古賀秀男氏である」と紹介し、古賀の研究の中の「（常朝の）遺言により引導無し」を紹介している。

常朝は引導を渡されて成仏することを拒んだ。七生、鍋島侍として奉公するためには、侍一人間でいなくてはならぬ。成仏などはしてはおれないというのである。仮に肉体は死に失われようとも、魂は侍として永遠に生きていきたい、という常朝の意志であった。ために引導を拒んだ。古賀氏のこの指摘は、数多くの葉隠解説の中でも、新しく出された卓見である。付言すれば、したがって、山本常朝には正式の墓というものはない。分骨がそれぞれの寺庵に納められているだけである。その訳も、引導を拒否したのと同じと考えてよい。面白いことに、山本常朝の意思は「葉隠」という書物のなかで今も生きている。

最終の55回は「あとがき」としており、河村は「この連載は山本常朝の素顔に迫ることであった」と書いている。「葉隠」については数々の本が刊行されているが、確かに常朝の全生涯をまとめたものはなかった。口述者常朝と筆録者田代陣基の紹介は断片的であり、多くの虚飾が感じられた。現代にあっては、神格化された常朝、武士道の権化であるかのように語られる常朝をよしとしない。「これではつまらない。神が語る葉隠にはついていけない。第一、葉隠そのものの値打ちがなくなる。山本常朝という男が、私たちと同じ人間であり、俗臭を持ち、人間としてあらゆる苦悩を抱き、なおかつ、265年後の今日まで思想的影響を及ぼす語録を残した、そこのところが偉大なのである。300年後も読み続けられるであろう、佐賀の唯一の古典というべきである」とも述べている。

《葉隠一日一言》

河村はいよいよ「葉隠」の本体にチャレンジする。「葉隠一日一言」。平成7年（1995）1月9日

河村健太郎著「葉隠一日一言」

から佐賀新聞紙上に連日「一言」の連載を始めた。掲載休みの日曜日と休刊日もあるので、「365言」の連載を終えたのは翌8年4月10日だった。記事には、デザイナー成富《なりどみ》鮎子《あゆこ》がユニークなカットを添えた。成富は、郷土史に〝治水利水の神様〟としても異彩を放つ鍋島藩きっての武将成富兵庫茂安の子孫にあたるので、これも縁である。

連載を終えると、同8年（1996）8月に佐賀新聞社から「葉隠一日一言」を刊行した。この本は「葉隠」の中から抜粋して365話。本に編纂するときは1月1日を始めとした。元日の「修行においては、これまで成就ということはなし。成就と思うところ、そのまままみちにそむくなり」に始まり、大晦日は「人間一生、まことにわずかのことなり。すいたことをして過ごすべきなり」で締めくくっている。毎回、河村の軽妙にして示唆に富む解説がついた。佐賀県民といえどもまだまだ馴染みの薄い「葉隠」だが、少しづつ身近に感じ始めた読者も多かった。では元日と大晦日の解説を紹介しよう。

【1月1日】

修行においては、これまで成就ということはなし。成就と思うところ、そのまままみちにそむくなり

（聞書第一139節）

人間は神ではないから、完成はありえない。完成を志すが完成を思うことは神を瀆《けが》す。―これは明治時代に翻訳された西欧のアフォリズム（箴言《しんげん》）みたいだが、実はおよそ３００年前に、目立たぬ佐賀の男が、思索と実践のあげくにたどりついた結論なのである。なんと全世界の人々に通用する言葉ではないか。

男の身分は低かったが、ひたすら人間形成、自己完成に努めた。徳川時代初期には、貴賤貧富を問わず人間の完成、日本人のあり方の美学を、真摯に追求した侍《さむらい》群がいた。彼らは黙々と生き、死んでいった。多くの侍は言葉どころか名前さえ残さなかった。7年間、金立山の山ろくで中低音で語り続けた言葉が、しかしそんな侍群の存在を実証している。男の言葉が残ったのは奇蹟的な偶然である。

西欧に心酔するノーベル文学賞の大江健三郎氏に「上品な人間を」といわれるまでもない。日本人の美学の原型を求める高貴な精神が、草深い佐賀に確固として存在したのである。現代ではどうか。

【12月31日】

人間一生、まことにわずかのことなり。すいたことをして過ごすべきなり

（聞書第二85節）

最も好きな言葉の一つ。これが冒頭にあれば、「葉隠」の印象はかなり異なり、戦争中に悪用されることもなかっただろう。「夢の間の世の中、すかぬ事ばかりして、苦を見て暮らすはおろ

かなることなり」

こう言われると、「あれ？」と思う人は当然出てくる。あんなに「修行」と言い続けたくせに。これは常朝お得意のレトリック（誇張、比喩、極論、反語、逆説）のひとつである。手を替え品を替えて表現する。

当時、逆説という言葉はなかったが、常朝は逆説のもたらす危険は、十分承知していた。だから続けて「この事は悪しく聞いては害になることゆえ、若き衆などへついに語らぬ奥の手なり」。表現者山本常朝の面目躍如ではないか。

「死ぬことと見つけたり」の有名な言葉の末尾は「(こんなに考えておれば) 一生落ち度なく家職を仕果すべきなり」である。徹底的な「死ぬ」決意が自由の悟りを生む。あとは好きなように生きればよい。「死ぬことと見つけたり」を逆説と読むこともできる。

今年が去り、来年が来る。

河村らしい「締めの一言」である。新聞の1面コラムも締めの一言がキリリと決まっていた。河村はこの本の出版翌年に他界した。

作家松永義弘《まつながよしひろ》は、河村が主宰していた月刊「佐賀文化」第5号（平成8年10月）に「葉隠一日一言を読む」と題して寄稿している。松永は佐賀県唐津市北波多出身。旧制唐津中学から日大文学部卒。小説「柳生一族の陰謀」をはじめ、教育社からは原本現代訳「葉隠」上・中・下巻を発刊している東京在住の作家である。寄稿の一部を紹介する。

彼（河村）が新聞紙上コラムにのっとって一日一言、「葉隠」を語るにふさわしい人であったと言えよう。「葉隠」はもっと読まれてしかるべきの書と思う私としては、読書率の高いと言われるコラムに、氏が「葉隠」を書くと聞いたとき、満空の賛意を表した。いや、むしろ必然、つまり書いて欲しい人、書くべき人は、書くものだと、摂理のようなものを感じた。（中略）

「一月一日」、一年の計は元旦にありで、「ひたすら人間形成、自己完成に努めよ」と、筆を起こした。「二日」は、書初めで、「紙を書き破ると思うて書くべし」を取り上げる。ジャーナリストらしい取り上げ方である。そして、元旦に、彼の思想が真っ向に噴出している。

「西欧に心酔するノーベル賞作家大江健三郎氏に『上品な人間を』といわれるまでもない。日本人の美学の原型を求める高貴な精神が、草深い佐賀に確固として存在したのである」。河村健太郎は、大江健三郎が、「上品な」を「ディーセント」と、外国語でいったことに、コツンときたのだ。

松永は、最後に「葉隠一日一言を座右において、ときたまひらいて、一つひとつに目を通し、心の垢（あか）すりをするには格好の書である」と評している。

戦後50年、私たちは美しいか

佐賀新聞社の編集局でひところ河村とデスクを並べていた筆者は、大先輩の「健さん」に大いに触発され、喜々として記者修行に専念することができた。

あるとき河村はこう言った。「50歳を超えてからは、毎日1、2回は必ず『死』を考えるようになったよ。きょう死ぬか、あす死ぬか。そう考えるとね、『きょう』という日をいとおしいと思うようになった」

河村は、人生の最終章で白血病に伏した。当時、佐賀新聞の東京支社勤務であった筆者が携帯電話に入れると、病院のクリーンルームの河村は思いもよらず元気な声で応じた。「見舞客には面会謝絶だけど、電話はいいんだよ」と笑い、「ご飯がのどを通らなくてねえ」とつらそうだった。そこで佃島《つくだじま》へ走り、佃煮の天安本店の江戸風味の数種を送った。数日後、うれしい電話が届いた。「ご飯をおいしく食べたよ」。声も弾んでいた。それからさらに支社の同僚と図って、河村が望んだ鳩居堂《きゅうきょどう》の原稿用紙を千枚ほども送ったが、それを目にすることもなく、「健さん」は逝った。

河村自身も「葉隠一日一言」の増補改訂にあたり、佐賀新聞文化面に書いている。死を迎える半年前の6月8日付である。一部を紹介したい。

「葉隠」の巻一、二は「葉隠」のいわばエキスです。筆者はここぞとばかり、時間的経過を離れ、順序を違え、意識的に、文学的に構成したのです。筆者すなわち田代陣基の心意気とでもいいましょうか。「葉隠」を読むときには、常にこの文学性を念頭においておかなくてはなりません。

「一日一言」はこの文学性に触発されたものです。

「葉隠」という名前は、何ともまた風変わりな、秘密めいた奥ゆかしいものです。それも口述者の山本常朝が、名付けたものではありません。筆録者の田代陣基が、ひっそりつつましくネーミングしたものらしいのです。

その基づくところがまた文学。恋の歌人西行の恋の歌集「山家集」のなかの、「残花に寄する恋」にある和歌から取ったものらしいのです。

葉隠に散り留まれる花のみぞ忍びし人に逢ふ心地する　（西行）

そうすると、「葉隠」のなかで、忠の本来であるべき姿として、「忍恋」が引用されているのも、うなずけるところです。武士は忠節を表に出してはならない。顕在化してはいけない。隠れたところで陰の奉公を尽くせ。恋の至極は「忍恋」である。「命の内に（生きている間に）それと知らするは深き恋にあらず。思い死にのたけ（丈）の高きこと限りなし」。恋愛論を武士道論に持ち込んだのは「葉隠」だけでしょう。

己を空（むな）しゅうするところに、真の武士道が成立する。「君のために、一命捨てたるほどの清浄なることとあらんや」とも言っています。武士は美しくあらねばならないと言っているのです。

河村はさらに語る。美しい武士は明治の初めごろにはいた。廃藩置県や版籍奉還という革命を、一滴の血も流さずに断行した。江戸にいた外国の外交官や、明治を研究している異国の学者たちが、「こんな革命は世界にない」と驚いている。その上で、「現代の日本で、政治家や官僚、経済人がこんなに汚れていいのでしょうか」と一刀両断にする。「戦後五十年、私たちは美しいでしょうか」と問いかける。最期までジャーナリストとして生ききった河村の内なる叫びであったと思う。

栗原耕吾も「葉隠一日一言」評を同じく「佐賀文化」5号に寄せている。「葉隠の魅力を明快に説く」と題している。一部を抜粋して紹介し、この項の終わりとしたい。

「健筆」という語を広辞苑でひくと「字を書き文を作るのが達者なこと」とある。筆者（耕吾）はこれに「河村健太郎の書く文のこと」と付け加えたい。昭和41年に著作「大きな手」で、五木寛之と直木賞を争い、同44年にも「おたまじゃくしは蛙の子」が直木賞有力候補になった実力派である。

「有明抄」で見せた明解な筆致は、最初の2、3行で「今朝のコラムは〈健さん〉だな」と多くの読者が即断できるようになっていた。その〈健さん〉の葉隠談義である。連載が始まって新聞を読む楽しみが増えた人も多いと思う。

「葉隠の字面《じづら》読み」とでも言おうか、葉隠の文章の最初の出だしでずばり逆説的にいう一節だけを捉え、葉隠の因循《いんじゅん》姑息《こそく》性《せい》を云々する風潮があるなか、河村氏は「続けて後方まで読むこと」という常識的な正論を主張、この「一日一言」でも何度も触れている。

2月4日付け「釈迦も孔子も楠木も信玄も、ついに龍造寺・鍋島に被官かけられ候儀これなく候えば、当家の家風にかない申さざることに候」（夜陰の閑談）の項で、「これはレトリックで『葉隠』独特の誇張法、極言法である。精一杯の刺激的表現は楽しくさえある」と述べ、最終頁には「常朝は手を替え品を替えて表現する。逆説を文字通り受け取られれば意味は逆転する」とある。

（中略）

葉隠批判の一つに、殿様絶対で没我的、盲目的服従を説いているというのがある。封建時代なら藩主第一主義はどの藩も同じだろうが、葉隠の文体の強烈なインパクトはその感を高めるのであろうか。

これに対し、河村氏は「四誓願」の第2番目に「主君の御用に立つべき事」があって、それより大事なものとして「(公に尽くすことにおいて) おくれを取るな」と冒頭に置いている—と指摘される。この着眼は同氏がはじめてであろう。

また、常朝の「家老」志願が、出世と関係なく、あくまで殿に「諫言」できる地位への憧れであり、加えて「黄色の涙を流す程努力したその夢がはかなく挫折した常朝の「文学的な生涯」に対する河村氏の特段の思い入れが感じられる。(中略)

とっつきにくい「葉隠」が、この本によってぐっと手近に親しみ易くなった。そして、300年近い以前、これだけの思索がまとめられた佐賀という地の文化土壌の深さを改めて思い知ることができる。グリーンの表紙が「葉がくれ」をイメージしているようで温かい感じを与えてくれている。

河村が予測したように、「葉隠」は300年後の今日もなお新たな出版もあり、連綿と読み継がれている。

河村が逝って21年。妻昭子は「晩年、河村はすっかり葉隠に魅せられていたようでしたね。自宅近くに石田一鼎さんの墓所のある水月寺があります。一鼎さんは常朝さんの師であり、『葉隠四哲』といわれるお偉いお方。ご住職のご厚意で一鼎さんのすぐお隣りに河村のお墓をお許しいただきました。大変光栄なことで、河村もさぞかし驚き、喜んでいることでしょう」とほほ笑んだ。

隆慶一郎の「死ぬことと見つけたり」

戦争がくれた「葉隠」との出会い

隆慶一郎著「死ぬことと見つけたり」上・下巻　新潮文庫

新潮文庫の時代小説「死ぬことと見つけたり」で隆慶一郎《りゅうけいいちろう》というすごい作家を知った。佐賀藩初代藩主鍋島勝茂の時代、「葉隠」から小説の舞台に飛び出してきた浪人の斎藤杢之助《さいとうもくのすけ》、牛島萬右衛門《うしじままんえもん》それに藩士中野求馬《なかのきゅうま》が、佐賀城下や江戸を舞台に次々と波乱を巻き起こす。鍋島家、主君の大事に際しては「死に切って」現場に駆けつける、死を露《つゆ》ほども恐れない鍋島侍たちの痛快劇である。そこには山本常朝が描いた「葉隠武士」の魂が描かれており、ワクワク胸躍るストーリーである。また、隆の作品には「花の慶次—雲のかなたに」という大ヒットしたコミックシリーズがある。「少年誌で時代劇漫画は売れない」といわれたジンクスを破って大ヒットしたコミック界初期の話題作。隆の原作「一夢庵風流記」を漫画家原哲夫が手掛けた。

東京生まれの隆慶一郎は20歳になって間もない昭和18年12月、

徴兵検査を受け、第1乙種合格となった。学生に対する徴兵猶予制度が廃止され、東京帝国大学文学部フランス文学科を半年繰り上げ卒業となった。東京・品川駅から軍用貨物列車に詰め込まれてひた走ると、九州の博多港から輸送船に乗せられて京城竜山の陸軍23部隊に入隊した。

隆はアルチュール・ランボオと中原中也に傾倒していた。ランボオ作・小林秀雄訳の「地獄の季節」と中原の「山羊の歌」「在りし日の歌」を写し取ったノートの2冊をなんとしても戦地に持っていきたいと策を巡らせた。兵隊になると私物検査は厳重を極める。そこで陸軍では人気の分厚い岩波文庫「葉隠」の中巻の真ん中を切り取って、そこに表紙も裏表紙もすっかり取り去った「地獄の季節」を嵌《は》め込み、背を膠《にかわ》でしっかり固めた。それが隆の「葉隠」との最初の出会いだった。しかし、部隊に着くやいなや私物はすべて没収、保管となった。中原中也もランボオも、それを仕込んだ「葉隠」さえも身辺から消えた。隆はその時の心境を書いている。抜粋である。

それがどれほどの思いだったかは、書きたいと思わない。お蔭で僕は容易には軍隊に適応することができず、上官に反抗して鼓膜を破られた。(中略)甲種幹部候補生に合格したのは奇蹟《きせき》だった。思いもかけず頑丈な肉体のためとしか考えられない。北支の予備士官学校に行くとき、ぼくはビリから2番目だったが、そんなことは屁《へ》でもなかった。本が戻ってきたのである。「地獄の季節」と中原中也が戻ってきたのである。(中略)そして「葉隠」は依然として僕の関心の外にあった。それは「地獄の季節」という凄まじい光を放つ宝石を蔵めた、くすんだ箱に過ぎなかった。

いつごろから「葉隠」を読み始めたのか、正確には覚えていない。なぜ読み始めたかは簡単である。僕たちは文字に飢えていた。全くそれだけのことだった。

当時の僕は歴史とは無縁の人間だった。詩は人生とは垂直に交わるものだ。「葉隠」の思想などどうでもよかった。陸軍の軍人が共鳴する思想など、僕にとっては嫌悪の対象以外の何物でもなかった。僕は一篇のロマンを読むように「葉隠」を読んだ。何をすべきだとか、何をしてはいけないとかいう部分は、いい加減に読み飛ばし、誰それが何をしたという、いわばエピソードの部分ばかり読んだわけである。

〈意外に面白いな〉

それが最初の読後感である。以後2度、3度、5度と繰り返し読んでいるうちに、この面白さは確定的になった。何より人間が素晴らしい。野放図で、そのくせ頑《かたく》なで、一瞬先に何をしでかすか全くわからない、そうした人間像がひどく魅力的だった。

武士道のバイブル「葉隠」なんてものは、どこか遠くに消し飛んでしまって、実に奔放に、自分の意の叶った生き様を頑《がん》として生き抜いた曲者《くせもの》たちを一大ロマン化してしまったというわけである。以後、戦争の間じゅう「葉隠」は「レ・ミゼラブル」や「岩窟王モンテ・クリスト伯」のように、あるいは又「デビット・カッパーフィールド」のように、冒険と波乱に満ちた、痛快この上ない読み物として、僕を楽しませてくれることになった。

未完の名作、残されたシノプシス

隆慶一郎は、大正12年（1923）生まれ、平成元年（1989）11月に亡くなっている。小説「死ぬことと見つけたり」は「小説新潮」の昭和62年（1987）8月号から平成元年8月号にかけて連載されたが、隆の死去によって未完に終わった作品である。新潮文庫は連載終了から6年後の平成6年9月に文庫の上・下巻を刊行しているが、平成26年（２０１４）に30刷に達しているので、息長く読者を繋いでいるのだ。上巻は1話から7話、下巻は8話から15話の構成だが、上巻の裏表紙には次のように上巻の梗概《こうがい》（あらすじ）のさわりを書いている。

常住坐臥《じょうじゅうざが》（いつでも）、死と隣り合わせに生きる葉隠武士たち。佐賀鍋島藩の斎藤杢之助《さいとうもくのすけ》は、「死人」として生きる典型的な「葉隠」武士である。「死人」ゆえに奔放苛烈な「いくさ人」であり、島原の乱では、莫逆《ばくぎゃく》（筆者注＝意気投合してきわめて親密な間柄）の友中野求馬《なかのきゅうま》と敵陣一番乗りを果たす。だが、鍋島藩を天領としたい老中松平信綱《まつだいらのぶつな》は、彼らの武功を「抜け駆け」とみなし、鍋島藩弾圧を策す。杢之助ら葉隠武士３人衆の己の威信をかけた闘いが始まった。

下巻15話の最終は初代藩主鍋島勝茂が、老中松平信綱の佐賀藩つぶしのための執拗な干渉・謀略を案じながらも最期の死の床を迎えようとするところで終わっている。この作品が未完であるように、ストーリーの仕上げはいよいよこれからである。明暦3年（１６５７）正月18日に起こった「明暦の大火」の描写も黒木喬《くろきたかし》著の「明暦の大火」の歴史史料等によって詳細、忠実であり、江戸城本丸や吉原も炎上する。

飯田町から市ヶ谷、番町にかけて、武家屋敷が一斉に火の手をあげ、老中酒井雅楽頭忠清《さかいうたのかみただきよ》の屋敷から真赤な火柱がのぼっていた。

まわりは焼けぼこりで暗闇のようになっていた。

李之助と萬右衛門が小石川にかかったのは丁度このころだった。さすがにこのすさまじい情景に足を止めて見守った。

「城が焼けるな」

李之助が感慨深げに呟いた。

「見ろ、天守閣に燃えうつるぞ」

江戸城天守閣に火が移ったのは、正午から午後1時と云われている。五重の造りだが、どうした拍子か二重目の北西の銅窓が内側から開き、火を吸い込んで炎上したらしい。天守閣の火柱は巨大で、天を貫くばかりの凄まじさだったと云われる。


新潮文庫編集部は巻末に「結末の行方」として報告している。実は作品の最後までを概観できる隆本人の手によるシノプシス（あらすじ）が遺されていたのである。隆の急逝によって未完となった「死ぬことと見つけたり」だが、生前の隆が書き残した物語の山場は、16話に勝茂の死、17話に李之助の死、完結の18話に求馬の死が描かれることになっていた。15話ラストの1行は「そして同じころ、鍋島屋敷では、勝茂が死にかかっていた」で終わっている。

余談になるが、戦時下にあって、いよいよ死地に赴くと覚悟して隆慶一郎のように「葉隠」と「南洲《なんしゅう》翁《おう》遺訓《いくん》」の2冊を携えて任地に向かった男がいた。佐賀県警察部長（今日の県警本部長）を務めた島田《しまだ》叡《あきら》（1901―1945）である。その後、大阪府内政部長に就いていた昭和20年（1945）1月、府知事を通して内務省から沖縄県知事への異動の打診があった。それは沖縄本島への米軍上陸必至といわれる中での難航した官選知事の人事だった。3カ月前の10月10日には米軍機の容赦ない空襲により、那覇市は灰燼に帰していた。島田は躊躇することなく即刻受諾した。妻は驚き、周りの者は引き止めたが、本土防衛戦となる沖縄を死地と悟ったのか、潔《いさぎよ》かった。

神戸市で生まれ育った島田は東京大学法学部を卒業して内務省に入るが、東大野球部で俊足巧打の外野手として鳴らした名選手だった。東大野球部が大正14年（1925）に東京5大学連盟に加入が許され、東京6大学リーグが発足した時の中心人物だった。チームメイトの懇請を受け入れ、高等文官試験を1年遅らせて野球部に残り、連盟加入の合否を決める京都帝大との試合に出場すると、1対1からの延長戦で俊足を生かして2つの盗塁を奪い、ホームベースを踏んで勝利に導いた。平成30年5月中央公論新社刊の門田隆将著「敗れても敗れても—東大野球部百年の奮戦」の冒頭には島田を詳述している。

島田は内務省入省後、37歳から佐賀県警察部長（後の県警本部長）、さらに上海領事館警察部長、千葉県内政部長、愛知県警察部長、大阪府内政部長などの要職をつとめた。なかでも最も印象を深くしたのは佐賀で過ごした2年間だった。島田は県庁や県警など行政の中枢機関がある佐賀城内公園から西方に堀ひとつを隔てたところの曹洞宗「龍泰寺」で、禅の心、生き方を考える「西濠書院《さいごうしょいん》」という勉強会が開かれていることを知り訪ねている。そこで住職佐々木雄堂《さ さ き ゆうどう》との運命的な出会いを果たしている。

西郷隆盛（南洲）に心酔し、佐賀では「葉隠」を学ぶことを楽しみにしていた島田である。毎週末は夜明け前から座禅を組み、さまざまな講話を授けられた。多忙な警察部長の身でありながらひたすら求道に励む島田と佐々木は、肝胆相照らす師弟となった。また佐々木雄堂と栗原荒野《くりはらあらの》は頻繁に訪ね合う知友であり、年嵩《としかさ》の荒野は「葉隠」を説く師でもあったので、この間、荒野は高潔な警察部長島田にも喜んで「葉隠」や武士道を語ったようである。これは荒野から伝え聞いた栗原耕吾の記憶にもあった話である。

島田は、板付飛行場から沖縄へ発つ前に懐かしい佐賀に立ち寄っている。佐々木にあいさつし、一夕、かつての部下であった警察官や懐かしい友人たちと別れの酒を酌み交わした。翌朝、県警本部前での見送りで「ご栄転おめでとうございます」と言われ、「死にに行くんだ。めでたいものか」とニッコリ笑顔で県警差し回しのサイドカーに乗り込んだという。これは当時、佐賀県警幹部であった内川直虎《うちかわなおとら》の回顧談である。

沖縄県最後の官選知事となった島田の座右の銘は「断じて敢行すれば鬼神も之を避く」だった。沖縄戦に備えての島民避難、台湾に飛んで島民の食料確保、玉砕後の沖縄再建を果たすためにと学童の九州疎開など、軍の反対を押し切ってテキパキと指揮を執り、昭和20年6月、玉砕の時を迎えた。アメリカ軍は日本軍の抵抗がやんだ7月2日には沖縄作戦の終結を宣言している。沖縄タイムスの記事によると、同年6月26日以降、摩文仁（糸満市）の海岸近くの壕《ごう》で最後に知事に接した島民の証言として、短銃で自決したようだと記録されている。

毎日新聞那覇支局長で、報道班員として唯一生き残った野村勇三の証言もある。島田は、上海領事館時代からの顔見知りである沖縄戦第32軍司令官の陸軍大将牛島満《うしじまみつる》とともに最期の行動を取ると語り、摩文仁の壕での別れ際に「見苦しい身体を残したくはありません。遠い海の底へ行きますかな」と言って笑ったという。その時、野村は「知事は入水《じゅすい》するつもりだ」と直感したとも語っている。島田の遺体は見つからなかった。その壕は〝最期の知事室〟と呼ばれたという。日本が敗れることを知っていても「葉隠四誓願」を胸に自らの職責に忠実で、島民のために死力を尽くしてくれた島田は、今も沖縄の人々から「島守《しまもり》」として慕われている。

◇　◇

日経新聞は平成19年（２００７）４月14日付け夕刊のシリーズ「文学周辺」に、隆慶一郎著「死ぬことと見つけたり」を取り上げていた。

小説では、佐賀城の外濠に通じる嘉瀬川の掘割で杢之助が釣りをする場面が何度か現れる。この掘割に当たるのが多布施川だ。近くに住む葉隠研究会の理事栗原耕吾さんは、「父がそれほどまでに魅入られた秘密を知りたい」と、県立図書館の資料課長を務めながら親子２代で研究に取り組むことになった。

栗原さんは「（葉隠は）過激な言葉のため誤解されやすいが、死で決着をつける潔さをたたえたものではない。武士としての一生を、いかに理想的な形で生き抜くことができるかを教えたもの」と指摘する。

舞台となった佐賀城のお堀端にはソメイヨシノが咲き誇る。武士道のシンボルとされたサクラの下では、家族連れが楽しそうに弁当を広げている。そばを、胴着をつけた高校の剣道サークルの一団が、掛け声を掛けながらランニングで通り過ぎていく。

心の和む雰囲気の中にいると、「葉隠の精神」とは、そんなに厳しいものではなく、「人間賛歌の書」だったのではないかと思えてしまう。

安部龍太郎の「葉隠物語」

山本常朝《やまもとじょうちょう》が出家して黒土原の草庵に隠棲した10年後に田代陣基《たしろつらもと》が訪ねる。その初会の場面を、歴史文学の第一人者安部龍太郎《あべりゅうたろう》は平成23年（2011）に発刊した「葉隠物語」の最初に短編で描いてみせた。これは数ある写本の中のいくつかに見られる「漫草《みだりぐさ》」を素材に取った作である。「葉隠」の序章ともいえる随想だが、その終わりに、

濡れてほす間《あい》に落ちたる椿かな　　松盟軒主《しょうめいけんしゅ》（田代陣基）

という一句がある。小説表題は、序章「出会い」である。

第3代藩主鍋島綱茂《なべしまつなしげ》の右筆役《ゆうひつやく》であった陣基は、とんだ濡れ衣から役を解かれてしまい、一時は死を覚悟する。19歳のときから13年間仕えて32歳、いよいよこれからとの思いひとしおのときの〝解雇通告〟である。こうなると後は腹を切るしかない、ただし待てよと、死ぬ前に城下でも有名な曲者《くせもの》との評判だった山本神右衛門《やまもとじんえもん》常朝《じょうちょう》に会ってみようと黒土原を訪れる。

陣基はなぜ職を解かれたのか。この疑問点については、中村郁一の「鍋島論語葉隠全集」、栗原荒野の「分類注釈　葉隠の神髄」「校註葉隠」、和辻哲郎・古川哲史の岩波文庫「葉隠」はじめ本書に登場し

たどの葉隠本も言及がない。「32歳で役を解かれ、54歳の時、再び藩主宗茂の右筆となる」とサラリと触れているだけだ。安部の「葉隠物語」は最初にその疑問に切り込んでいる。小説となるとそこが面白い。

（死ぬしかない。死ぬしか…）

心のなかで呪文のように唱えながら、田代陣基は夜の道を駆け続けた。空にかかる弥生の月が、西から迫る雲に少しづつおおわれていく。あたりは次第におぼろになり足元が見えにくくなっていくが、つまずこうが倒れようが構わぬとむきになって先を急いだ。理不尽な理由で禄を奪われ、浪人を命じられた身である。これからは親類縁者に顔向けができないまま、米も買えない貧しい暮らしに耐えていかなければならないのだ。

（そんな屈辱をしのぶくらいなら、腹を切って武士の気概をしめしたほうがいい）

陣基はそう思い詰め、熱に浮かされたように家を飛び出してきたのだ。

事の始まりは同僚の江口清左衛門が酒場で人を切ったことだった。

同僚が酒場で人を切り、切腹を命じられた。だが家中から批判が上がった。「あれは喧嘩ではない。喧嘩両成敗とするのはおかしい」。清左衛門の同僚の右筆たちが助命嘆願書を出すことになり、その嘆願文書の起草を「名文家のほまれ高い田代殿に」とおがみ倒された。陣基は綱茂、さらには吉茂の右筆だが、同僚らは5代藩主宗茂の右筆。切られた相手が重役の息子だから厳罰に処するというのであれば、藩主の信頼までも揺らぐことになる。

陣基は筆を執るとついつい力が入り、必要以上に強い表現になった。これが重役たちの怒りを買い、藩主吉茂が嘆願書に不快の意を漏らしたと伝わると、皆が急に黙り込んだ。すると嘆願書を頼んだ右筆らまでもが「何もあそこまで高飛車に書かずとも……」と逃げ腰になり、「これでは清左衛門を助ける道が閉ざされた」という者までいた。陣基にとっては承服し難いなりゆきだったが、その結果、職を解かれることになった。

安部はこのように陣基がとんだ濡れ衣で浪人になったとのストーリー立てをした。

明け方に通り雨にたたられ、黒土原に着いた時にはずぶ濡れになっていた。こんな姿で人に会うのは非礼きわまりないが、陣基は引き返そうとしなかった。命を捨てると決めたのだから些細な礼儀にとらわれる必要はないと、柄《がら》にもなく強気になって大股で歩いた。

常朝の庵は山のふもとにあった。三間四方ばかりの茅ぶきの草庵で、まわりに生け垣をめぐらしている。背後に迫った山には、桜の巨木が庵をおおうように枝を広げていた。花は今、まさに満開である。しかも先ほどの雨に洗われみずみずしく輝いている。

庭の片隅には人の背丈ほどの椿があった。もう散りかけているが、根本に敷きつめた白砂には落ちた花が一つもない。心を込めて掃き清めていることがひと目で分かる侘び住まいだった。

田代陣基が必死の思いで常朝の庵を訪ねる場面で、短編のさわりの部分だけである。断られるのを覚悟の上で草庵に尋ね着くのだが、陣基の予想に反して、常朝は陣基を草庵に迎え入れる。借りた法衣に着替え、濡れた小袖と袴を囲炉裏ばたに干す。この後事情を話すと、武士としての心構えが未熟であることを厳しく問われる。しかし、願った弟子入りを許されるというストーリーが展開する。こうして常朝と陣基が出会い、「葉隠」の誕生へと続く「序章」となるのである。

「漫草」のあとには、「此の始終11巻、追《おっ》て火中すべし」が念押しのように記されている。常朝からの陣基への申し渡しである。

井沢元彦の「葉隠三百年の陰謀」

歴史小説はおもしろい。中でも登場人物が実在した歴史上の人物であれば、それによって小説の信憑性が増す。架空のキャストで描くフィクションドラマは自由自在に創作できるが、歴史小説となるとそうはいかない。偽りのない時代考証が求められる。かと言って、大筋が史実に基づいていれば、ディテール（細部）の表現、創作は作者の思いのままだ。だから歴史小説はおもしろい。

「葉隠三百年の陰謀」（1991年徳間書店刊）を書いた井沢元彦は、早稲田大学在学中に「倒錯《とうさく》の報復」が江戸川乱歩賞候補作となり、昭和55年（1980）、TBS在職中に「猿丸幻視行《さるまるげんしこう》」で第26回江戸川乱歩賞を受賞している。TBS政治部記者を辞めて本格推理、歴史小説のすぐれた書き手として作家の地位を固めるが、「葉隠三百年の陰謀」の帯には、センセーショナルなキャッチコピーが躍っている。

「名探偵大隈重信の推理が冴える！連続殺人犯は『化猫《ばけねこ》』!?真相は呪われた聖典『葉隠』に潜んでいる！歴史推理の俊英が解明した佐賀藩鍋島家血まみれの歴史とは？」

編集部の読ませたい気持ちも分からないではないが、かなり興味本位を刺激する表現ではある。

小説の構成がユニークである。天正12年（1584）3月、九州の5州をおさめた龍造寺隆信が、島津と有馬晴信の連合軍を攻めた島原の乱に始まる。龍造寺の総兵力5万7千、島津の手勢は3千。先ずは2万の兵を出して一気にひねり潰そうと、隆信が囮《おとり》作戦の囮となって先陣を切る。筆頭家老の鍋島《なべしま》信生《のぶなり》（のちの直茂）は速戦も囮作戦も危険だとして反対したが、それでも隆信は作戦を決行する。

　それほどの危険を犯す必要があるのか。七倍の兵力差があるのだ。正攻法で堂々とぶつかっても勝ちは取れる。信生はそれを言った。

　隆信は首を振った。

　それでは勝つにしても意味が薄い。ここで家久《いえひさ》（島津の当主島津義久《しまづよしひさ》の弟）の首さえ取っておけば、あとの戦いが楽になる。

「機を誤らねばよい」

「機を？」

「そうだ。わしが持ちこたえている間に、そちが駆けつければよいのだ」

信生はうなずいた。

作戦の成否はそこにかかっている。

（若し、万が一間に合わねば、殿の首をむざむざ渡すことになる）

その時、信生がそう思ったのはたしかに主君の身を案じてのことだった。だが、その次の瞬間、別の思案が浮かんだ。

「頼むぞ。あのあたりは深田も多い。足を取られておっては、わしの命が無うなるわ」

豪快に隆信は笑った。

信生は追従の笑いを浮かべた。

ところが第2節の舞台は幕末。大老井伊直弼が暗殺される江戸城桜田門外の変へと移る。長崎の遊学から佐賀に帰藩する大隈重信、副島種臣、江藤新平らが登場し、「葉隠」を話題にする。第3節は佐賀藩主鍋島閑叟《なべしまかんそう》が、ペリー来航の時代背景のなか富国強兵策を進めているが、ある夜、閑叟の寝所に大きな化猫《ばけねこ》が出る。かつて鍋島家の主君であった龍造寺高房が化猫となって跳梁《ちょうりょう》する。

8節は豊臣秀吉と鍋島信生が登場する戦国の世に転じる。信生が聚楽《じゅらく》の謁見《えっけん》の間で初めて秀吉に拝謁する。秀吉から「余の家来にならぬか」と誘われるが、「亡き隆信公のご高恩を被った身」との理由を述べてそれを断り、「弟子にしていただきたい。それを機にわが名を『直茂』と改めたい」と願い出る。隆信からもらった「信」を捨てるという。秀吉は「いずれ龍造寺家を乗っ取りたいということか」と読んだ。

秀吉はカマをかけた。

「信生、わしは来年にでも、関東へ出陣致す。龍造寺殿にも出陣してもらうことになるが、どうだな」

秀吉の頭の中には、別の地名が浮かんでいたが、あえてそれは口にしなかった。

「ハハッ」

直茂はいったん頭を下げたが、すぐに顔を上げ、苦渋に満ちた表情で、

「おそれながら、その儀はかなわぬと存じます。主君民部大輔、生来の病弱にて、出陣などはもはや論外でござる」

「ほう、論外か」

思った通りだった。本当に主君に忠義をつくすつもりがあるなら、こういうことは絶対言えないはずだ。

「大名の座にあるものが、軍役がつとまらぬとは、困ったものだのう、官兵衛」

秀吉はわざと官兵衛に下駄を預けた。この辺は阿吽《あうん》の呼吸で話がつく。

「この飛騨守殿（直茂）に名代を申し付けられる他はございませぬな。そして民部殿は不憫《ふびん》でござるがー」

「隠居させるか」

思い切った荒療治である。それをやれば、龍造寺家の実権は完全に直茂に移行する。


小説の筋立ては自由自在である。初めと終わりが史実と合致していれば、そのプロセスが大きく外れることがなければ作家の推理とロジックに委ねられることにもなる。

安部龍太郎は著書「葉隠物語」の中で、田代陣基は藩主吉茂の勘気を蒙り、濡れ衣を着せられたまま右筆役を解かれ、思い余って山本常朝の草庵を訪ねる筋立てとなっていた。ところが、井沢の「葉隠三百年の陰謀」では全く異なる。藩主吉茂は最も信頼する近臣田代陣基と協議、なかなかの人材と見た常朝を召し出すために一計を案じる。陣基が浪人となって常朝に弟子入りして様子を探るという策略である。

陣基「頑固者ゆえ、長くかかるかもしれませぬがー」。

吉茂「よかろう、許すぞ」

このように奔放に推理する歴史小説の妙味に、写本と関連資料からはみ出すことのできない葉隠研究家や歴史家はきっと苦笑することだろう。

▪▪漫画で読む「葉隠」▪▪

古典が漫画で身近に

出版業界はまさにコミック全盛時代。いまでは映画、テレビもアニメーション抜きにはあり得ない。日本の漫画・アニメ文化は世界を席巻している。日本で生み出されている漫画やアニメの繊細な作画、ストーリー建ての巧みさ、その源泉はなにか。源氏物語や浮世絵、歌舞伎・浄瑠璃など平安、鎌倉、室町、江戸から現代へと受け継がれた日本文化の真髄、日本人ならではの感性というものが存在していて、そこから創作の泉が湧きいでているのではないかと考えてもみる。

筆者は漫画については経験も知識も持ち合わせていない。子どものころ、育った寒村では漫画本を買ってもらえるような家庭はなかった。まして貸本屋もなければ映画館も遠い街にしかなかった。中学生になって、街の友だちが漫画をむさぼり読んでいたころも、最早、漫画を読もうという思いは湧いてこなかった。後年、多少の知識はある。古くは手塚治虫の「鉄腕アトム」、長谷川町子の「サザエさん」、さいとう・たかを「ゴルゴ13」、梶原《かじわら》一騎《いっき》・川崎のぼる「巨人の星」、ちばてつや「あしたのジョー」、水島新司「ドカベン」、少年サッカーブームに火をつけた高橋陽一の「キャプテン翼」、藤子不二雄《ふじこふじお》「ドラえもん」、やなせたかし「アンパンマン」など挙げればきりなく続く。新作も続々と生まれている。

アニメーション映画は米国ディズニーが本場だった。懐かしい「白雪姫」「シンデレラ」「101匹わんちゃん大行進」「ミッキーマウス」から「アナと雪の女王」などの他「ポパイ」「トムとジェリー」などもも根強い人気を保っている。だが、いまでは日本のアニメがすっかりお株を奪っている。近年では興行収入も半端ではない。宮崎駿《みやざきはやお》監督のスタジオジブリ制作の映画「千と千尋の神隠し」が308億円、近作の新海誠《しんかいまこと》の「君の名は。」は250億円とケタはずれである。

硬派の歴史小説も漫画でなら読めるという人、また少年少女も多い。「葉隠」も例外ではない。小中学生が、江戸の古典哲学といわれる「葉隠」を読もうとしても、とても手が出ないが、いったん漫画となるとコミック世代には抵抗がなくなる。劇画と吹き出しの会話での展開は抵抗なく、あっという間に読み込んでしまうのだ。ここでは「葉隠」を描いた4人の漫画家を紹介しよう。

赤塚不二夫《あかつかふじお》

赤塚不二夫（1935—2008）は「天才バカボン」「おそ松くん」「もーれつア太郎」などの作品で〝ギャグ漫画の王様〟と称され、「シェーッ！」「これでいいのだ！」などのギャグを連発するかと思えば、「ひみつのアッコちゃん」などの作品をも生み続けた。学研のマンガゼミナール古典入門では「古事記」「万葉集」「源氏物語」「平家物語」「徒然草」などを手掛け、ビジネス古典コミックスとして「論語」「五輪書《ごりんのしょ》」と並べて「漫画葉隠」（1986年刊・ダイヤモンド社）を出した。

黒鉄《くろがね》ヒロシ

平成13年（2001）には中央公論新社が中公文庫マンガ日本の古典シリーズ（26）で漫画家黒鉄《くろがね》ヒロシ（1945—）の「葉隠」を出版した。黒鉄ヒロシは高知県に生まれ、近年はテレビでもコメンテーターとして活躍しているが、ご当地の英雄「坂本龍馬」の漫画では文化庁メディア芸術祭マンガ部門で大賞受賞、「新選組」で文藝春秋漫画賞、「赤兵衛」で小学館漫画賞審査委員特別賞などを受章している。

黒鉄の「葉隠」は、聞書第一、第二の教訓が3分の2を占め、残りが第三から第十一である。全節が簡略でコミカルに描かれて、思わず吹き出してしまう。冒頭の「夜陰の閑談」も漫画7ページで節文を追い込みながらスッキリ描いてしまう。黒鉄の「あとがき」が愉快である。その一部を紹介すると—、

©中公文庫

「葉隠」の書き下しのお話を編集部からいただいた際の、当方の反応は「とてもとても」であり、「むりのむり」でありました。編集部から「葉隠」の全訳が送られてきた。読んではみたものの、「とても」「むり」なる感想が頭をもたげたので「葉隠は漫画になりません」と断るつもりだったのだが、「葉隠」読後の僕の体質に変化が起きた様子であった。〈武士道といふ

は、死ぬことと見付けたり〉を筆頭にして、他の数々の「葉隠文」たちが、今までなら無茶と思える方向へ僕を押し出そうとしているらしい。

結局は「葉隠」を読者爆笑の中に引き込んで完成させた。なんだか他人事みたいに、あっけらかんと、ひょうひょうと、ひと仕事終えたあとの軽やかな「あとがき」だった。

ジョージ秋山《あきやま》

超ヒット作「浮浪雲《はぐれぐも》」で有名なジョージ秋山（1943—）も平成17年（2005）にコミック文庫「武士道というは死ぬことと見つけたり」を幻冬舎から出版した。小学館の「ビッグコミックオリジナル」に41年間も長期連載された「浮浪雲」。主人公は江戸・品川宿の問屋の主人。ふんわりとした着流しの遊び人風だが、権力にも媚びない強靭な人物像が現代人の心を掴んだ。

©幻冬舎文庫

ジョージ秋山の「葉隠」漫画は、節文の中からさまざま教訓を抜き出し、着物や風体、家並みに至るまで時代考証をおさえて描いて読ませる。「志を高くもて」「大事の思案は軽くすべし」「酒席の心得」「武士の子育て」「利口さを顔に出すな」「沈黙は金なり」

「一日一死」など100節ほどの原文と作画があり、1冊がこれ武士の修養編である。色香あふれる女性の描きよう、その描線の艶っぽさはジョージ秋山ならではである。息もつかせず1冊を読み上げてしまう。

安部《あべ》龍太郎《りゅうたろう》と藤原芳秀《ふじわらよしひで》

新しくは平成27年（2015）に直木賞作家安部龍太郎の時代小説「葉隠」を原作として藤原芳秀が作画を手掛けたコミックス「葉隠物語」第1巻だ。翌年には第2巻を出して完結している。この作品はタイトル通り物語構成となっており、「夜陰の閑談」に始まる。

©リイド社

宝永七年三月五日　初而参会《はじめてさんかい》　古丸《こがん》
浮世から何里あらふか山桜
白雲や只今花に尋合《たずねあひ》　期酔《きすい》

この山本常朝《やまもとじょうちょう》と田代陣基《たしろつらもと》の出会いの場面から始まる。

第1巻　―出会い
第1〜7話　・沖田畷・仇敵島津・恥・父子・

©藤原芳秀／安部龍太郎／リイド社

柳川の槍・昼強盗・駆け落ち

第2巻　第8～15話・死ぬことと見付けたり・去年うせし人・勝茂閉門・曲者たち・小姓不携・介錯人権之丞・忍恋・古今伝授

最終話—葉隠誕生

第八話「死ぬことと見付けたり」（劇画転載）は、山本常朝の祖父中野《なかの》神右衛門《じんえもん》清明《きよあき》が鍋島藩筆頭家老の縁者を討ち果たして、自らも喧嘩両成敗として切腹しようとするのだが、藩祖直茂が切腹を命じるのに苦しむという筋立ての一場面である。

藤原は、鳥取県出身で高校在学中に「魔利巣（マリス）」で小学館新人コミック大賞に入選、作画アシスタントで修行を積んだ時代小説劇画は秀逸である。ページを繰るたびに躍動する武士たちの姿とともに臨場感があふれ出るようである。黒土原の草庵での2人の会話を折り込みながら、初めての参会から正徳6年の「葉隠」の完成、さらに3年後の常朝の死去に至るまでの物語を飽かせず読ませてくれた。

安部は福岡県八女市出身で、国立久留米高専機械工学科卒。東京都大田区役所に勤務、図書館司書も経験した異色の小説家である。2013年に「等伯」で直木賞、歴史時代作家クラブ賞実績功労賞を受章している。

「葉隠」は11巻1343節（校註葉隠）の大著である。漫画で「葉隠」の断片に接した読者にはぜひ本編の読書を勧めたい。

龍造寺・鍋島系図

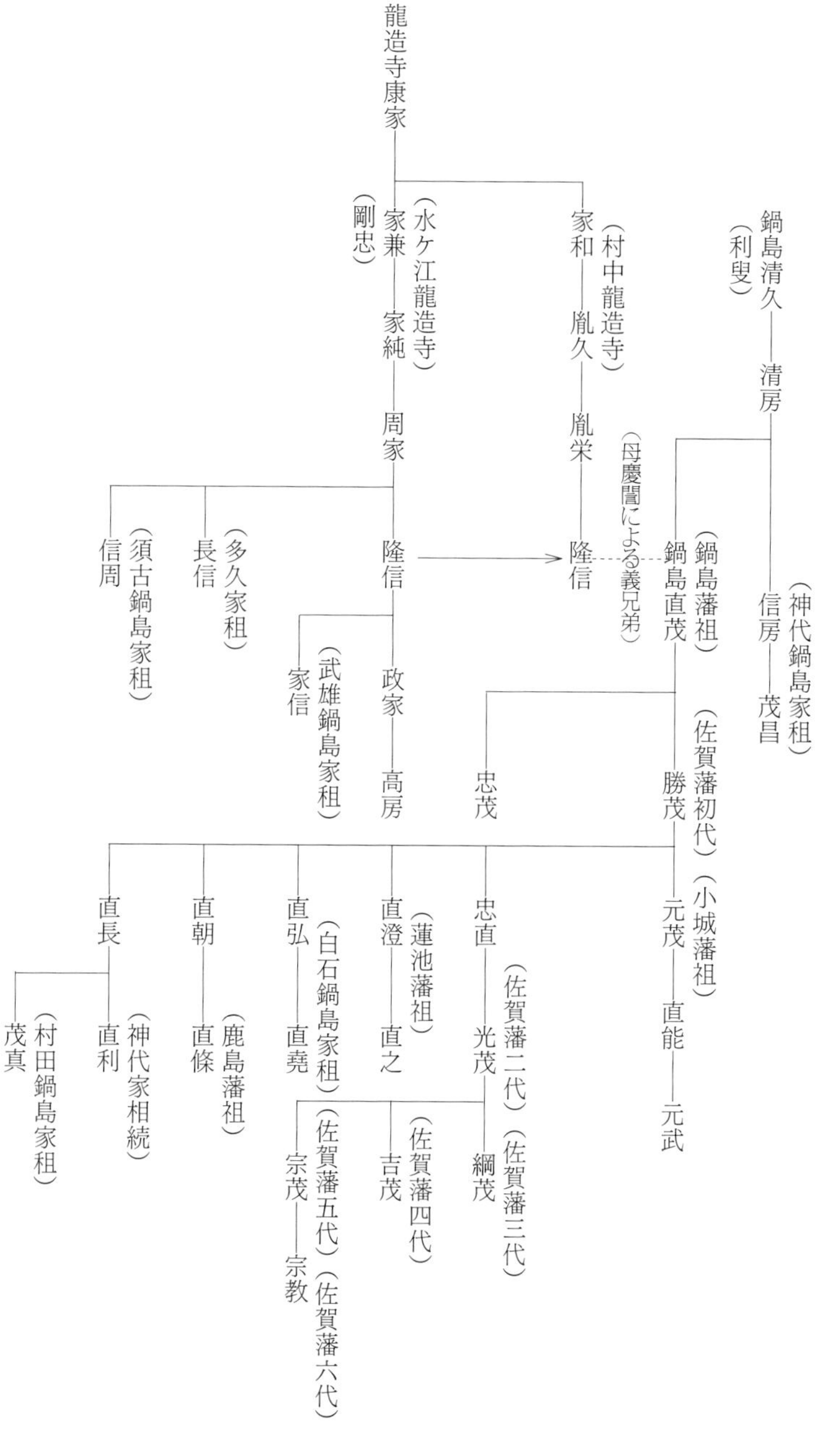

鍋島清久（利叟）
清房
信房（神代鍋島家祖）
茂昌
鍋島直茂（鍋島藩祖）
勝茂（佐賀藩初代）
忠茂
元茂（小城藩祖）
直能
元武
忠直
光茂（佐賀藩二代）
綱茂（佐賀藩三代）
吉茂（佐賀藩四代）
宗茂（佐賀藩五代）
宗教（佐賀藩六代）
直澄（蓮池藩祖）
直之
直弘（白石鍋島家祖）
直堯
直朝
直條（鹿島藩祖）
直長
直利（神代家相続）
茂真（村田鍋島家祖）
龍造寺康家
家和（村中龍造寺）
胤久
胤栄
隆信
（母慶誾による義兄弟）
家兼（水ケ江龍造寺）（剛忠）
家純
周家
隆信
政家
高房
家信（武雄鍋島家祖）
長信（多久家祖）
信周（須古鍋島家祖）

あとがき

昨秋から「葉隠」と格闘してきた。この間、私は一体、「葉隠」の何を書きたいのだろうと自問自答していた。日本の伝統的な武士道精神の中には、現代を生きる私たちが、時代を問わず大切にしなければならないものがあるに違いないと思い続けていた。「葉隠」をふるいにかけると、時代に合わない封建思想や封建制度がふるい落とされ、現代にも伝えたい「倫理」を発見できるのではないかと考えた。金鉱採掘の下流で砂を洗って貴重な宝を探し当てるようなものだ。

その宝を発見できたように思う。それは葉隠研究家栗原荒野が「私の遺言書」と言って、老体にむち打ち、渾身《こんしん》の力をふりしぼって半世紀前に書き上げた「葉隠のこころ」の「あとがき」の中でキラリと光っていた。日本がポツダム宣言を受諾し、無条件降伏をしたときのことを取り上げて、次のように語っていた。

「全人類の願望である恒久平和が実現し、武力戦争がなくなっても、国家間のたたかいは永久にやまないのであって、それはすでに始まっている。しかし、これからのたたかいは「武器なきたたかい」でなければならない。人づくり・国づくり・世界づくりは武器なきたたかい、言い換えれば新しき国際競争である。その競争に役立つ資材は武力に代わる「精神力」であり、その精神力の一つに日本伝統の武士道があり、なかでも「葉隠」はもっとも有力な精神資材である」と。

もうひとつ、第3章「キリスト教と『葉隠』」に紹介した国際政治学者・上智大学名誉教授三輪公忠《みわきみただ》は「今日のアメリカにとって、ふたたび日本が神秘的になりつつある」と32年前に語っていた。さらに

「戦後の日本は、荒廃の中から不死鳥のようによみがえり、しかも『平和主義』を掲げて人跡未踏の境地にさしかかっている。『葉隠』の伝統を汲む戦後の日本人がなしうることは、『平和憲法』を『主君』に見立てて『死に狂い』で守り抜くことだろう」と。

武士は領民の暮らしを支える生産活動には従事しない支配階級であり、農工商が収める年貢すなわち上納によって大事な役割を託されていた。武士は自藩の安全・安心を保障する「義務」を負い、その生き方は他の模範とならなければならなかった。これを現代社会に置き換えれば、「武士」は「公務員」である。日本国憲法第九十九条は「天皇又は摂政及び国務大臣、国会議員、裁判官その他の公務員は、この憲法を尊重し擁護する義務を負う」とある。

本書は、「葉隠」の研究史を軸に据えながら構成したが、本筋から脱線してしまったところも多い。「葉隠」を1年やそこらで1冊に編集するということ自体、とても不遜であることは承知の上での試みだった。従って明治末年から今日に至る数多くの歴史家、研究者の研究成果に頼りながらまとめるという作業をしてきたに過ぎない。

1章から6章までを構成していくのに、誰の、どの図書を選んで、どの部分を抜粋し、採用するかというのは自らの判断でしかない。そこには編集者の意図が働く。山本常朝は、戦乱が終わり、幕藩体制ががどっしりと根をおろした太平の世にあって、「このままでは佐賀藩はだめになる」との危機感を抱いていた。それでは今日の日本はどうだろう。もし現代に山本常朝が蘇《よみがえ》ったとしたら、私は迷わず草庵を訪ねて常朝に問うてみたい。「現代の日本人は美しいか」。

常朝は逆に質問するだろう。「君たちの主君はだれだ」と。常朝の師である石田《いしだ》一鼎《いってい》は「要鑑抄《ようかんしょう》」に「憲法は〝アキラカナルノリ〟と読む。政治に私心のないのを憲法という」と記している。今日、私たちにとっての「主君」は、憲法に則《のっと》っていえば「国民」ということになる。そういう論理から「葉隠」の武士道精神に照らせば、いまどきの政治、経済、教育、福祉などの在り様は、とても国の指導者らが「常住死身」になって「主君」に奉公している姿とは思えない。不正やごまかし、自己保身を詭弁《きべん》のベールで覆い隠して痛痒《つうよう》を感じないリーダーたちは、世が世ならば切腹ものである。

脱稿のめどが立ってきたころ、FIFAワールドカップサッカーのロシア大会が決勝トーナメントに突入した。熱狂の中に日本代表が進出し、激戦の末に緒戦で惜しくもベルギーに敗れた。その時、サッカーファンならずとも世界が、日本の「サムライブルー」を絶賛した。なぜならルールを疎《おろそ》かにしないフェアなチームプレーが美しかった。選手もサポーターもロッカールームやスタンドにゴミを残さず美しく去った。これからもずっと大事にしたい「日本のこころ」である。

2020年は東京五輪・パラリンピック。大会組織委員会は開閉会式の総合統括ディレクターに古典芸能の狂言師野村《のむら》萬斎《まんさい》を起用した。世界に向けて今日の日本の姿のありのままを描いてみせる大会の華である。日本の美、日本のこころの表現を期待してのことだ。

本書は佐賀の歴史研究家大園隆二郎《おおそのりゅうじろう》氏に監修いただき、栗原耕吾《くりはらこうご》夫妻に多大な協力をいただいた。心から感謝申し上げたい。

2018年9月1日

大草　秀幸

葉隠図書・参考文献（網かけ）一覧

（網かけ）参考文献

西暦	元号	年	月	編著者・著者・所属	書籍名	出版社・版元
1716	享保	1	9	山本常朝・田代陣基	葉隠聞書１１巻	
				佐賀県立図書館　９種	写本全１１巻揃	
				佐賀県立博物館　１種		
				佐賀大学附属図書館　１種		
				多久市郷土資料館　１種		
				国会図書館他県外　数種		
				佐賀県立博物館（栗原寄託）	葉隠（孝白本）７冊	
				栗原耕吾氏所蔵	葉隠写本第１～第４抄本	
				鍋島候爵家蔵（写）	葉隠（山本本）	
1628	寛永	5	2	山本常朝	愚見集	
1906	明治	39	3	中村郁一	抄録本葉隠	佐賀郷友社
1916	大正	5	11	中村郁一	鍋島論語葉隠全集	葉隠記念出版会
1920	大正	9	9	古賀説一	葉隠の雫	天明堂（佐賀市）
1930	昭和	5	9	鶴　清気	鍋島論語葉隠概論	平井奎文館
1932	昭和	7	9	中村郁一	山本常朝先生　武士道の経典	大海堂印刷
		7	10	栗原荒野・紀平正美・鈴木大拙他	葉隠講話	有精堂出版部
		7		八谷大鱗・久保大来	輝く武勲と葉隠精神	大坪書店
1933	昭和	8	6	河内平二	葉隠史詩　楠の志づ久	河内後援会鏡山神社
		8	12	濱野素次郎	葉隠精神と教育	勧興小学校
		8		古田浩太	抄録葉隠	大坪書店
1934	昭和	9	4	福田晴鴻	葉隠と湛然大和尚 付信渓先生小傳	福田慶四郎
		9	5	西村謙三	葉隠思想の由来	肥前史談
		9	6	角田貫次	葉隠鈔	国維会東京青年部
		9	8	中野禮四郎	山本神右衛門重澄	日清印刷
1935	昭和	10	1	栗原荒野	分類註釈　葉隠の神髄	葉隠精神普及会
		10	3	鹿島中学校	葉隠抄	鹿島中学校
1936	昭和	11	3	大木陽堂	鍋島論語葉隠全集上・下	教材社
		11	12	古川哲史	鍋島論語における「過度」と「中庸」	思想１２月号抜刷
1937	昭和	12	1	内田鐵洲	葉隠の精神	指南社
		12	4	中島いさ	婦道と武士道書　葉隠	中島いさ
		12	9	山村　魏	いてふ本　葉隠上・中・下	三教書院
1938	昭和	13	3	杉谷船雄	葉隠と誓願教育	師範学校葉隠研究会
		13	4	大森武男	葉隠抄	今井平次郎
		13	6	栗原荒野	葉隠論語と武士道	樟香堂
		13	12	松波治郎	葉隠武士道	小山書房
		13	12	濱野素次郎	葉隠精神と教育	丹丘舎
1939	昭和	14	4	古川哲史	武士道	思想４月号別冊
		14	12	川上清吉	石田一鼎の「誓願」について	肥前史談　国書刊行会
1940	昭和	15		大木陽堂	現代語訳葉隠全集	教材社
		15	2	栗原荒野	校註葉隠	内外書房
		15	4	栗原荒野	葉隠精神と武士道	郷土佐賀社
		15	4	和辻哲郎、古川哲史	葉隠（上）	岩波書店
		15		立花俊道	葉隠武士道と禅	三省堂
1941	昭和	16	4	和辻哲郎、古川哲史	葉隠（中）（下）→９月	岩波書店
		16	5	松波治郎	葉隠武士道と湛然和尚（上）（下）→６月	肥前史談
		16	8	須柄　晴	葉隠名作小説集	教材社
		16		稲上四郎	赤誠の書葉がくれ精神	巧人社
		16	6	佐賀県教育会	葉かくれ読本	子文書房
1942	昭和	17	4	大山茂昭	葉隠の根本思想	肥前史談
		17	5	川上清吉	葉隠の哲人　山本常朝	霞ケ関書房
		17	10	大木雄二	葉隠百話	金鈴社
		17	10	西田長男	葉隠講話	有精堂出版部

西暦	元号	年	月	編著者・著者・所属	書籍名	出版社・版元
1942	昭和	17	11	中村常一郎	葉隠武士道精義	拓南社
		17	12	川上清吉	葉隠の哲人　石田一鼎	霞ケ関書房
		17		野田住郎	少年葉がくれ物語	教学書房
		17		稲上四郎	信念を培ふ葉がくれ感話	巧人社
		17		大木陽堂	註釈葉隠	教材社
		17		紀平正美	葉隠講話	有精堂出版部
		17		松波治郎	葉隠武士道	一路書苑
1943	昭和	18	6	下村湖人	煙仲間	偕成社
		18	8	大木俊九郎	葉隠の精粋	惇信堂
		18	9	栗原荒野	葉隠三十一訓	大政翼賛会佐賀県支部
		18		佐賀県中等教育会	葉隠抄	富山房
		18		知野潔郎	葉隠武士道	天泉社
1944	昭和	19	1	松波治郎	水戸学と葉隠	創造社
		19	12	中野禮四郎	葉隠の由来	中丈館書店
1956	昭和	31	12	栗原荒野	物語葉隠	文画堂
1957	昭和	32		古川哲史	葉隠とその思想	福村書店
1960	昭和	35		郡　順史	葉隠―民族の魂の物語	東洋書房
		35		力富阡蔵	葉隠の人間と思想	
1962	昭和	37	5	古川哲史	青春の倫理	有信堂
1963	昭和	38	3	滝口康彦	異聞放浪記	光風社書店
1964	昭和	39	3	神子　侃	葉隠	徳間書店
		39	3	鍋島直紹・神子　侃	葉隠	経営思潮研究会
1966	昭和	41	8	栗原荒野	葉隠のこころ	佐賀青年会議所
1967	昭和	42	3	上廣哲彦	倫理常識講座	実践倫理宏生会
		42	4	栗原荒野	鍋島直茂公略伝	佐嘉神社・松原神社
		42	6	滝口康彦	拝領妻始末	光風社書店
		42	9	三島由紀夫	葉隠入門	光文社
		42		松田　修	葉隠序説	国語国文第36巻
1968	昭和	43	2	城島正祥	葉隠校註（上）校註（下）→5月	人物往来社
		43	7	佐賀県史中巻	池田史郎他	佐賀県
		43	10	力富阡蔵	葉隠の世界	東洋思想研究所
		43		相良　亨	武士道―葉隠と仏教他	塙書房
1969	昭和	44	1	相良　亨	甲陽軍艦・五輪書・葉隠集	筑摩書房
		44	12	奈良本辰也・駒　敏郎	日本の名著17　葉隠	中央公論社
1972	昭和	47	8	古賀鶴夫	心の自画像	豊文社
1973	昭和	48	1	滝口康彦	鍋島藩聞き書き	新人物往来社
		48	2	滝口康彦	佐賀歴史散歩・葉隠のふるさと	創元社
		48	5	奈良本辰也	葉隠	角川書店
		48	11	郡　順史	葉隠物語	日貿出版社
		48		トレバー・レゲット	紳士道と武士道	サイマル出版会
		48		森川哲郎	処世哲学葉隠入門	
1974	昭和	49	4	勧興小学校	勧興読本	勧興小学校
		49	6	相良　亨・佐藤正英	三河物語　葉隠（日本思想体系１６）	岩波書店
1975	昭和	50	3	郡　順史	葉隠士魂	青樹社
		50	4	栗原荒野	校註葉隠復刻版	青潮社
		50	7	吉田　豊	葉隠入門　犬死を恐れて何ができるか	徳間書店
		50	9	大隈三好	現代訳　葉隠	新人物往来社
		50	9	相良　亨（太陽９月号）	武士道―葉隠のこころ	平凡社
		50	11	池田史郎他	藩史第11巻	人物往来社
		50	11	後藤敏夫	活きたリーダーシップとは何か	学陽書房
		50	11	奈良本辰也	武士道の系譜	中公文庫
1976	昭和	51	3	古川哲史	「葉隠」知られざる世界	西日本新聞社
		51	8	奈良本辰也	小説葉隠	角川書店

西暦	元号	年	月	編著者・著者・所属	書籍名	出版社・版元
1976	昭和	51	9	滝口康彦	葉隠・鍋島武士の人間模様	創元社
		51		倉橋由美子	山本神右衛門常朝―私の中の日本人	新潮社
1977		52	6	森村誠一	会社員ビジネス葉隠	ごま書房
		52	5	神子　侃	現代人の古典シリーズ続「葉隠」	徳間書店
		52	7	池田史郎	葉隠（佐賀市史２巻）	佐賀市
1978	昭和	53	1	Sparling Kathryn訳	葉隠入門Samurai Ethic & Modern Japan	
		53	10	森川哲郎	葉隠入門	日本文芸社
		53		郡　順史	武士道の証明葉隠論語	櫂書房
		53		中村郁一	葉隠全集	五月書房
1979	昭和	54		ウィリアム・S・ウィルソン訳	The Book of the Samurai. HAGAKURE	講談社インタナショナル
1980	昭和	55	3	青木照夫	ビジネスに生かす葉隠の知恵	産業能率大学出版部
		55	7	松永義弘	葉隠（上）（中）（下）	教育社
		55	7	向　高男訳	葉隠	北星堂書店
		55	12	森村誠一	ビジネス葉隠	角川書店
1981	昭和	56	4	中島信三	はがくれ雑話	夕刊新佐賀
		56	6	郡　順史	私釈「葉隠」論語	櫂書房
		56	7	佐賀県社会科教育研究会	佐賀県の歴史	光文書院
		56		向　高男	THE　HAGAKURE	北星堂
1982	昭和	57	6	奈良本辰也	小説葉隠	力富書房
		57	10	佐賀青年会議所	永遠に輝け佐賀の星たちよ	佐賀青年会議所
1983	昭和	58	4	北島治慶	葉隠の教育的意義	ヤマト事務機
		58	5	大園隆二郎	ふるさと人と風土　葉隠・鍋島論語	STSサガテレビ
		58	9	吉田　豊	入門　葉隠の読み方	日本実業出版社
		58	11	滝口康彦	葉隠無残	講談社文庫
		58		奈良本辰也訳編	武士道	三笠書房
1984	昭和	59	1	奈良本辰也	葉隠	中央公論社
		59	4	相良　亨	日本思想史入門	ぺりかん社
		59	9	相良　亨	武士の思想	ぺりかん社
		59	11	林　一夫・志津田藤四郎監修	少年少女葉隠ものがたり	教育出版センター
		59		相良　亨	山本常朝―葉隠の思想	ぺりかん社
1985	昭和	60	1	古賀秀男	日新読本	日新小学校PTA
		60	11	野口武彦	サラリーマン兵法読本	アポリア出版
		60	12	鎌田茂雄	「今」に集中して生きよ	講談社
1986	昭和	61	3	高橋富雄	武士道の歴史（１巻）（２巻）（３巻）	新人物往来社
		61	5	古賀秀男～占部義弘～中野啓	葉隠研究創刊号～第８４号	葉隠研究会
		61	11	赤塚不二夫	漫画　葉隠	ダイヤモンド社
		61	12	奈良本辰也・高野　澄	『葉隠』にみる処世決断	力富書房
1987	昭和	62	7	神坂次郎	元禄武士学	中央公論社
		62	10	三輪公忠	英語文献に見る武士道「葉隠」サムライ	葉隠研究会
1990	平成	2	2	佐々木三知夫	戊辰まごころ・葉隠の役	無明舎出版
		2	2	隆慶一郎	死ぬことと見つけたり（上巻）（下巻）	新潮社
		2	4	竹井博友	「葉隠」を読む	PHP研究所
1991	平成	3	4	井口　潔	２１世紀に生きる知恵	九州大学出版会
		3	5	撫尾清明	和英対照　生きている「葉隠」	大同印刷
		3	5	上廣榮治	倫理実践の時代	実践倫理宏生会
		3	5	郡　順史	葉隠士魂死狂い	春陽堂書店
		3	6	新渡戸稲造・矢内原忠雄訳	武士道	岩波書店
		3	12	森本哲郎	サムライマインド	PHP研究所
1992	平成	4	7	松永義弘	葉隠	教育社
		4	11	古賀秀男代表	いま、世界に生きる葉隠	葉隠研究会
		4	12	城戸　洋	歴史の杜へ　高野和人聞書	西日本新聞社
1993	平成	5	1	ルイジ・ソレッタ神父	イタリア語訳HAGAKURE	AVE出版社
		5	6	小池喜明	「葉隠」の志　「奉公人」山本常朝	武蔵書院

西暦	元号	年	月	編著者・著者・所属	書籍名	出版社・版元
1993	平成	5	7	栗原耕吾	歴史と旅　臨時増刊号「葉隠」	秋田書店
		5	10	小池喜明	「葉隠」の叡智	講談社
		5	10	葉隠研究会	葉隠　東西文化の視点から	九州大学出版会
		5	11	ステイシー・B・デイ　古賀秀男	HAGAKURE Spirit of Bushido	九州大学出版会
		5	12	古川哲史	葉隠の世界	思文閣出版
1994	平成	6	2	北岡俊明	葉隠の経営学	総合法令
		6	4	奈良本辰也・髙野　澄	ビジネスマンの葉隠入門	徳間書店
		6	7	井沢元彦	葉隠三百年の陰謀	徳間書店
1995	平成	7	2	栗原耕吾	葉隠ー江戸時代人づくり風土記	（社）農文協
		7	3	佐賀県	ふるさと歴史物語	佐賀県教育委員会
		7	10	三島由紀夫	葉隠入門（再販）	光文社
		7	10	ステイシー・B・デイ、井口潔	THE WISDOM OF HAGAKURE	九大
		7	12	黒鉄ヒロシ	漫画　葉隠	中央公論社
1996	平成	8	7	中村　仁	復刻版　葉隠と誓願教育	三友社
		8	8	栗原荒野・栗原耕吾	分類注釈葉隠の神髄（復刻版）	青潮社
		8	8	河村健太郎	葉隠一日一言	佐賀新聞社
1997	平成	9	7	新渡戸稲造著、奈良本辰也訳	武士道	三笠書房
		9	12	郡　順史	サラリーマンの葉隠入門	国際情報社
1998	平成	10	4	童門冬二	小説山本常朝	知致出版社
1999	平成	11	3	葉隠用語辞典編纂委員会	葉隠入門書	葉隠フェスタ実行委員会
		11	7	小池喜明	葉隠武士と「奉公」	講談社
		11	10	小野亀八郎	葉隠に学ぶ	立教志塾
2000	平成	12	9	池田賢士郎	校註四書・葉隠索引	葦書房
2001	平成	13	1	童門冬二	葉隠の名将鍋島直茂	実業之日本社
		13	4	岩上　進	葉隠処世観	巴心文庫
		13	4	栗原耕吾	ものがたり葉隠　～16・3	月刊ぷらざ
		13	8	笠原和比古	武士道その名誉の掟	教育出版
		13	8	川上茂治	佐賀の江戸人名誌	佐賀新聞社
		13	10	栗原耕吾	葉隠写本の比較について	福岡博古希記念誌
		13	11	嘉村　孝	葉隠論考	三省堂書店
		13	12	山本博文	「葉隠」の武士道	PHP研究所
		13	12	佐賀新聞社	さが１００年の物語	佐賀新聞社
2002	平成	14	1	岩上　進	葉隠死生観	巴心文庫
		14	3	童門冬二	葉隠の人生訓	PHP研究所
		14	5	中村　仁	葉隠ドットコム　今だからこそ武士道のこころ	創英社
		14	6	笠原和比古	武士道と現代　江戸に学ぶ日本再生のヒント	産経新聞社
		14	7	中西　豪	葉隠の名将鍋島直茂	学習研究社
		14	12	安恒　理	やっぱり会社は辞めてはいけない	明日香出版社
2003	平成	15	2	島岡　晨	日本の名著３分間読書１００	海竜社
		15	5	神子　侃	新篇葉隠	たちばな出版
		15	7	志村史夫	いま新渡戸稲造　武士道を読む	三笠書房
		15	8	山本博文	図解　武士道のことが面白いほど分かる本	中経出版
		15	8	栗原耕吾	やさしい葉隠　～２５・２	葉隠研究
		15	9	藤井楊子	葉隠は暮らしの中に生きている	佐賀新聞社
2004	平成	16	2	中村　仁	葉隠ドット・コム心の花～葉隠暦	佐賀新聞社
		16	4	奈良本辰也	葉隠「武士道の神髄」	三笠書房
		16	4	笠原和比古	武士道サムライ精神の言葉	青春出版社
		16	5	スティーブン・ナッシュ	日本人と武士道	角川春樹事務所
		16	6	ジョージ秋山	漫画　武士道というは死ぬことと見つけたり	幻冬舎
		16	6	武光　誠	日本人なら知っておきたい武士道	河出書房新社
		16	8	山本博文	日本人として武士道を身につける	中経出版
		16	9	童門冬二	小説　葉隠	PHP研究所
		16	10	管野覚明	武士道の逆襲	講談社

西暦	元号	年	月	編著者・著者・所属	書籍名	出版社・版元
2004	平成	16	12	童門冬二	鍋島直茂　葉隠の名将	学陽書房
2005	平成	17	1	本田有明	ヘタな人生論より葉隠	河出書房新社
		17	3	ジョージ秋山	武士道というは死ぬことと見つけたり	幻冬舎
		17	4	ウィリアム・S・ウィルソン	対訳葉隠　HAGAKURE	講談社インターナショナル
		17	7	松永義弘	佐賀士魂	有楽出版社
		17	7	笠原和比古	武士道と日本型能力主義	新潮社
		17	11	藤原正彦	国家の品格	新潮社
2006	平成	18	1	奈良本辰也	葉隠　武士道の神髄	徳間書店
		18	1	久保博司	サムライの日本語	幻冬舎
		18	2	渡辺房男	円を創った男　小説・大隈重信	文藝春秋
		18	3	岸　祐二	武士道	ナツメ社
		18	5	李　登輝	武士道解題～ノーブレス・オブリージュとは	小学館
		18	6	奈良本辰也、駒敏郎　訳	葉隠Ⅰ・葉隠Ⅱ　～7	中央公論新社
		18	7	武光　誠	日本人なら知っておきたい仏教	河出書房新社
		18	7	水野　聡	葉隠現代語全文完訳	能文社
		18	8	菅野覚明	武士道に学ぶ	日本武道館
		18	8	北影雄幸	三島由紀夫と「葉隠」	彩雲出版
		18	11	北影雄幸	三島由紀夫と葉隠武士道	白亜書房
2007	平成	19	1	森良之祐	面白いほどよくわかる武士道	日本文芸社
		19	6	片島紀男	老いと死の超克ーわが葉隠	出門堂
2008	平成	20	4	青木照夫	いまなぜ武士道なのか	ウェッジ
		20	4	アートワークス	武士道まんがで読破	イースト・プレス
2009	平成	21	6	アートワークス	葉隠まんがで読破	イースト・プレス
		21	7	渡辺　誠	葉隠　組織人としての心得を学ぶ百言百話	PHP研究所
2010	平成	22	7	奈良本辰也	葉隠　人間の「覚悟」と「信念」	三笠書房
2011	平成	23	3	安部龍太郎	葉隠物語	エイチアンドアイ
		23	7	市川スガノ	葉隠超入門	草思社
		23	11	ステイシー・B・デイ	英語版「HAGAKURE」	
2012	平成	24	1		マンガで読む武士道	日本文芸社
		24	1	武光　誠	「葉隠」に学ぶ誇り高い生き方	成美堂出版
		24	4	片桐武男	大樹　大隈重信	佐賀新聞社
		24	7	北影雄幸	自衛官のための武士道入門	勉成出版
		24	8	増澤史子・英語解説	英語で読む武士道（新渡戸稲造著）	IBCパブリッシング
		24	11	西山正廣	英訳「校註葉隠」	大同印刷
		24	11	小濱六茶	“葉隠の心”で沖縄に尽くす	やえせプランニング
2013	平成	25	1	北影雄幸	葉隠の精神を読む	勉誠出版
		25	5	武士道学会	武士道読本	国書刊行会
		25	12	小島祥弘、久間善郎ほか	如蘭塾の七〇年	清香奨学会・如蘭塾
2014	平成	26	7	青木照夫	武士道の奥義	ウェッジ
2015	平成	27	6	安部龍太郎、藤原芳秀	葉隠物語（1）（2）～２８・５	リイド社
2017	平成	29	1	斎藤　孝	図解葉隠　勤め人としての心意気	ウェッジ
		29	2	栗原耕吾	佐賀語り「葉隠」～大慈悲の心で	佐賀県教育委員会
		29	9	菅野覚明、栗原剛、菅原令子他	新校訂　全注釈　葉隠（上）	講談社学術文庫
		29	10	佐藤正英（解説）吉田真樹（訳）	定本葉隠（上）（中）（下）～29・12	ちくま学芸文庫
2018	平成	30	3	上廣哲司	会報倫風	実践倫理宏生会
		30	5	菅野覚明、栗原剛、菅原令子他	新校訂　全注釈　葉隠（中）	講談社学術文庫
		30	5	種村完司	「葉隠」の研究	九州大学出版会
		30	8	大草秀幸編著	いまこそ「葉隠」～現代人のこころに倫理の新風を！	佐賀新聞社
		30	11	菅野覚明、栗原剛、菅原令子他	新校訂　全注釈　葉隠（下）	講談社学術文庫

著者略歴

大草　秀幸（おおくさひでゆき）

1947年佐賀県唐津市生まれ。日本大学法学部新聞学科卒。佐賀新聞社記者、文化部長、報道部長、企画部長、東京支社長。唐津市と合併前の相知町長２期。佐賀県立男女共同参画センター・生涯学習センター「アバンセ」館長。葉隠研究会副会長。

いまこそ葉隠
現代人のこころに倫理の新風を

平成30年９月１日発行

著　者　大草　秀幸
発　行　佐賀新聞社
販　売　佐賀新聞プランニング
〒840-0815　佐賀市天神3-2-23
電話　0952-28-2152（編集部）
印　刷　佐賀印刷社

定価（本体2,130円＋税）